中国南水北调集团江汉水网公司年鉴 2024·首卷

中国南水北调集团江汉水网建设开发有限公司　组编

中国水利水电出版社
www.waterpub.com.cn
·北京·

图书在版编目（CIP）数据

中国南水北调集团江汉水网公司年鉴. 2024. 首卷 / 中国南水北调集团江汉水网建设开发有限公司组编. 北京 : 中国水利水电出版社, 2024. 12. -- ISBN 978-7-5226-3144-8

Ⅰ. F426.9-54

中国国家版本馆CIP数据核字第2025EZ2615号

策划编辑：李　亮

责任编辑：王若明　李　康　傅洁瑶

审图号：GS京（2024）2695号

书　　名	**中国南水北调集团江汉水网公司年鉴 2024 · 首卷** ZHONGGUO NANSHUI BEIDIAO JITUAN JIANGHAN SHUIWANG GONGSI NIANJIAN 2024 · SHOU JUAN
作　　者	中国南水北调集团江汉水网建设开发有限公司　组编
出版发行	中国水利水电出版社 （北京市海淀区玉渊潭南路1号D座　100038） 网址：www.waterpub.com.cn E-mail：sales@mwr.gov.cn 电话：(010) 68545888（营销中心）
经　　售	北京科水图书销售有限公司 电话：(010) 68545874、63202643 全国各地新华书店和相关出版物销售网点
排　　版	中国水利水电出版社微机排版中心
印　　刷	涿州市星河印刷有限公司
规　　格	184mm×260mm　16开本　17印张　362千字　15彩插
版　　次	2024年12月第1版　2024年12月第1次印刷
印　　数	001—500册
定　　价	**198.00**元

编纂委员会

编写人员

编辑说明

一、引江补汉工程是南水北调后续工程首个开工项目，是全面推进南水北调后续工程高质量发展、加快构建国家水网主骨架和大动脉的重要标志性工程。《中国南水北调集团江汉水网公司年鉴》（以下简称《年鉴》）创办于2024年，旨在连续记载中国南水北调集团江汉水网建设开发有限公司（以下简称“江汉水网公司”）基本情况以及在引江补汉工程前期规划、工程建设等工作开展过程中的重要事件、重大进展、重要成果等。

二、《年鉴》2024卷为首卷，全面记载了2021—2023年江汉水网公司企业管理、党群工作等方面情况，以及引江补汉工程前期准备、建设进展、征地移民等工作情况。《年鉴》2024卷包括13个类目：特载、概况、工程建设和前期准备工作、工程建设进展、安全生产和质量监督、环境保护和水土保持、征地移民、科技创新和信息化、企业管理、党群工作和企业文化建设、检查监督、大事记、附录。另设有卷首专题图片。

三、《年鉴》类目中包含文章、条目和表格。标有【】者为条目的题名。

四、《年鉴》文稿实行文责自负。文稿的技术内容、文字、数据、保密等问题均经撰稿人所在单位审定。

五、《年鉴》中的数字、计量单位、标点符号等按国家规定执行，技术术语、行业名词等力求符合行业规范要求。

六、《年鉴》中的中央国家机关和国务院机构名称、水利部相关司局和直属单位、有关省（直辖市）南水北调工程建设管理机构、相关企业、各项目法人单位等可使用约定俗成的简称。如：中国南水北调集团有限公司简称中国南水北调集团，中国南水北调集团江汉水网建设开发有限公司简称江汉水网公司，等等。

2021年6月9日，中国南水北调集团董事长蒋旭光（左二）检查引江补汉工程进口段工程前期工作准备情况（安康 拍摄）

2022年6月20日，中国南水北调集团董事长蒋旭光（右二）视察南水北调中线引江补汉工程出口段（江汉水网公司　供图）

2023 年 6 月 19 日，中国南水北调集团总经理汪安南（右四）调研南水北调中线引江补汉工程出口段数字孪生智能建造中心（梁峻豪　拍摄）

2023 年 10 月 13 日，中国南水北调集团总经理汪安南（右四）调研引江补汉工程出口段（何磊　拍摄）

2021 年 10 月 13 日，引江补汉工程项目法人筹备组成立（赵发　拍摄）

2022 年 2 月 25 日，引江补汉工程项目法人筹备组与武汉市东西湖区人民政府签署企业入驻协议（赵发　拍摄）

2022 年 3 月 11 日，中国南水北调集团江汉水网建设开发有限公司揭牌（赵发　拍摄）

2022 年 4 月 19 日，中国共产党中国南水北调集团江汉水网建设开发有限公司党员大会暨党委成立大会召开（赵发　拍摄）

2022 年 8 月 4—5 日，南水北调中线引江补汉工程关键技术交流研讨会在武汉召开（江汉水网公司　供图）

2023 年 1 月 31 日，中国南水北调集团江汉水网建设开发有限公司召开 2023 年工作会议（赵发　拍摄）

2023 年 8 月 21 日，中国南水北调集团有限公司人才教育培训实践基地在江汉水网公司揭牌（赵发　拍摄）

2023 年 9 月 6 日，南水北调中线引江补汉工程项目贷款签约仪式在武汉举行（赵发　拍摄）

南水北调中线引江补汉工程龙潭溪进口效果图

南水北调中线引江补汉工程石花控制闸效果图

南水北调中线引江补汉工程安乐河出口效果图

汉江影响河段综合整治工程效果图

2023 年 4 月 24 日，国家发展改革委评审中心进行南水北调中线引江补汉工程初步设计报告评审（杨丹婷　拍摄）

2023 年 9 月 19 日，南水北调中线引江补汉工程“百日大干”劳动竞赛动员大会启动仪式在湖北丹江口举行（金彦伶　拍摄）

南水北调中线引江补汉工程出口段原始地貌（2022 年 6 月）（江汉水网公司　供图）

南水北调中线引江补汉工程出口段（2023 年 6 月）（金彦伶拍摄）

南水北调中线引江补汉工程输水隧洞 26 号平洞（2023 年 9 月）（何磊　拍摄）

南水北调中线引江补汉工程出口段（2023 年 12 月）（何磊　拍摄）

南水北调中线引江补汉工程出口段输水隧洞衬砌（2023 年 12 月）（王鑫　拍摄）

南水北调中线引江补汉工程 7 号平洞洞内作业（2023 年 12 月）（赵发　拍摄）

南水北调中线引江补汉工程土建 8 标综合加工厂内部（2023 年 12 月）（王东明　拍摄）

南水北调中线引江补汉工程进口段（2023 年 12 月）（张小俊　拍摄）

目　录

五、安全生产和质量监督

六、环境保护和水土保持

七、征 地 移 民

八、科技创新和信息化

十一、检查监督

十二、大事记

十三、附录

一、特　载

蒋旭光出席引江补汉工程项目法人筹备组干部大会

2021年10月13日，中国南水北调集团党组书记、董事长蒋旭光出席在武汉召开的引江补汉工程项目法人筹备组干部大会。集团公司党组成员、总会计师余邦利主持会议。

会议首先宣布了集团党组关于成立引江补汉工程项目法人筹备组的有关决定。

蒋旭光指出，引江补汉工程是南水北调后续工程首个拟开工项目，做好工程建设准备是贯彻落实习近平总书记在推进南水北调后续工程高质量发展座谈会上重要讲话精神的重要举措，具有十分重要的意义。集团上下必须提高政治站位，站在党和国家战略发展全局的高度，齐心协力、全力以赴高质量推进引江补汉工程建设，努力起好头、开好局。

组建引江补汉项目法人筹备组，是集团党组高度重视和全力推进引江补汉工程建设的重要组织措施和保障，标志着引江补汉工程建设准备进入新的重要阶段。去年以来，南水北调中线建管局对引江补汉工程建设准备工作高度重视，采取措施积极推进，做了大量富有成效的工作，为后续工作奠定了良好基础。筹备组要与中线建管局引江补汉办公室做好工作衔接，充分利用好已有资源，全面加快引江补汉工程建设准备工作进度。

蒋旭光强调，当前推进引江补汉工程要把握好六点要求。一是讲政治、抓党建，业务工作与党的建设必须同步推进、一体落实，充分发挥党组织在工程建设中的政治引领和政治保障作用。二是讲团结、顾大局，团结就是力量，大局就是方向，全集团必须心往一处想，劲往一处使，集中优势资源推动工程建设。三是抓开工、促建设，筹备组要尽快组建到位，发挥项目法人主导作用，统筹协调各方关系、周密做好开工前置要件办理，为开工建设做好充分准备。四是打基础、促发展，大力加强基础管理工作，高度重视内部基础管理建设；基础设施、管理设施要与工程建设同步谋划、同时考虑，为工程顺利开工、快速推进做好充足保障。五是强协调、造氛围，从服务国家战略大局、服务经济社会发展的高度，积极主动与各部委、地方政府及相关单位协调，争取各方支持和帮助，营造和谐良好氛围。六是抓廉政、正风气，工程建设领域是廉政风险高发区，要时刻把纪律、底线挺在前面，狠抓廉政建设，防范廉政风险，确保工程安全、资金安全和干部安全。

集团办公室、战略投资部、组织人事部，中线建管局负责人参加会议。

锚定目标　办好“国之大事”
奋力推进引江补汉工程高质量发展

中国南水北调集团江汉水网建设开发有限公司董事长　高必华

（2022 年 9 月 30 日）

南水北调工程事关战略全局、事关长远发展、事关人民福祉。2021 年 5 月 14 日，习近平总书记在推进南水北调后续工程高质量发展座谈会上发表重要讲话，充分肯定了南水北调工程的重大意义，系统总结了实施重大跨流域调水工程的宝贵经验，明确提出继续科学推进实施调水工程的总体要求，对做好南水北调后续工程的重点任务作出了全面部署。引江补汉工程作为南水北调后续工程首个开工项目，也是“十四五”期间构建国家水网的重要一步，是按照高质量发展要求，统筹发展和安全，科学推进工程规划建设的宝贵成果，具有极其重大的政治意义、现实意义和示范效应。工程开工建设是实现南水北调后续工程高质量发展的第一步，需要锚定目标，系统谋划，打好主动仗，下好先手棋，扎实推动工程建设开局起步，行稳致远。

一、引江补汉工程基本情况

（一）工程概况

引江补汉工程从长江三峡库区引水入汉江丹江口水库下游，提高汉江流域的水资源调配能力，增加南水北调中线工程北调水量和供水保证率，并为引汉济渭工程达到远期调水规模、向工程输水线路沿线地区城乡生活和工业补水创造条件。工程多年平均引江水量为 39 亿 m^3，其中通过置换方式向南水北调中线工程补水 24.9 亿 m^3（中线工程多年平均调水量增加到 115.1 亿 m^3），向引江补汉工程沿线补水 3 亿 m^3，并向汉江中下游补水 6.1 亿 m^3，为引汉济渭工程增补 5 亿 m^3。

工程自三峡水库库区左岸龙潭溪取水，采用有压单洞自流输水，经湖北省宜昌市、襄阳市和十堰市，终点位于丹江口水库大坝下游汉江右岸安乐河口。工程由输水总干线工程及汉江影响河段综合整治工程组成。输水总干线工程包括进口建筑物、输水隧洞、石花控制闸、出口建筑物、检修排水泵站和检修交通洞等，全长 194.8km，其中隧洞长 194.3km，隧洞内径为 10.2m，引水流量为 170～212m^3/s。汉江影响河段综合整治工程对丹江口水库坝下长约 5km 的河段，按照现状Ⅳ级航道保障通畅、具备实现远期规划Ⅲ级航道条件进行整治，包括羊皮滩右汊出水渠、航道整治和河道整治等。工程建设总工期为 108 个月。工程可行性研究批复静态总投资为582.35亿元。

（二）工程特点

一是工程隧洞直径大。隧洞等效内径为10.2m，施工采用的TBM刀盘直径达12.2m，开挖洞径越大，揭露的不连续面越多，围岩失稳的概率和规模增大，需要采取的支护强度越大。据调研，国内已完成工程中TBM刀盘直径超过10m的工程仅有6个，施工过程中均出现了各种风险挑战。

二是工程隧洞埋深大。输水隧洞平均埋深大，全线大于1000m埋深的洞段约10km，占总洞长的5%，埋深在600m到1000m之间的洞段长约87km，占总洞长的45%，最大埋深为1182m。

三是工程地质条件复杂。输水隧洞穿越地层涉及古元古界至新生界，跨13个地层单位系，含3大岩类、66个岩组，沿线褶皱断层发育，地层复杂多变，面临“三高三多”不良地质条件，即高地应力、高水压、高地温和断层多、地下水多、软岩洞段多。

引江补汉工程创下6项国内之最，分别是国内在建长度最长的有压引调水隧洞、洞径最大的长距离引调水隧洞、引流量最大的长距离有压引调水隧洞、一次性投入超大直径TBM施工最多的隧洞、洞挖工程量最大的引调水隧洞、综合难度最大的长距离引调水隧洞。

二、建立健全管理体系，牢牢抓住责任制这个“牛鼻子”

（一）推动项目法人责任制顺利实施

项目法人责任制是抓好项目管理最基础和重要的环节。引江补汉工程建设实行项目法人责任制，以此来保障工程建设顺利实施。江汉水网公司是引江补汉工程项目法人，同时也是工程项目招标采购活动的组织者、合同管理的执行者、建设监理的监督者。工程具体建设管理实行二级扁平化管理，即江汉水网公司全面负责，现场建设管理部履行现场建设管理职责。

江汉水网公司作为项目实施的全过程主体，要全面履行项目法人职责，落实终身责任制。在工程开工建设前，做好要件办理、可行性研究审批、初步设计审批、征迁移民、开工备案手续办理等各项前期准备工作；工程开工建设后，要对工程建设全过程管理负责，保证按照项目建设需要组织完成项目建设，对项目建设的工程质量、工程进度、资金管理和生产安全负总责。同时，还要做好现场管理机构组建、参建单位监督管理、廉政建设主体责任履行等工作。现场建设管理部则需要承担起各自管理区域内工程建设的质量、安全、进度等现场建设管理任务。最终实现分工明确、同心协力的工作局面。

（二）推动建设项目招标投标制有序实施

工程建设项目招标投标管理是决定工程建设成败至关重要的一环，对于工程项目的质量保障具有至关重要的作用。合同关系的建立、合同价款的确定、合同条款的确立均需在招标采购环节完成。江汉水网公司作为发包人，必须在分好标、定好价、编好文件、选好队伍上下功夫。科学划分标段，做到内容清晰、边界清楚、避免交叉、减少干扰。充分认识控制价的重要性，力求科学合理、严谨缜密。招标文件是体现发包人思想和理念的主要载体，在依法合规的基础上，要充分体现项目特点和需求。合理设置资格条件，既体现水利工程的根本需要，又体现项目技术特点，把好筛选投标人的第一关。严谨设置评分标准，切合实际、突出重点，择优选好承包商。系统、全面做好合同条款和技术条款拟定，要措辞严谨、杜绝歧义、规避争议，既要对内容考虑周全，又要对权利义务合理分配，还要对风险有所应对。

（三）推动建设工程监理制有效实施

引江补汉工程实施建设工程监理制，充分发挥市场作用，江汉水网公司委托具有相应资质的监理单位，对工程建设实施专业化监督管理。与监理单位签订书面监理合同，保证监理单位责任和权利的统一，充分发挥监理职能，对工程建设进行“三控制、两管理、一协调”，保证工程按期、按量、保质顺利完成，促使工程项目顺利实施。监理单位要按照合同约定做好全过程、全方位的监理任务，组建项目监理机构，加强现场监管，优化工作流程，不仅要切实控制好工程建设的质量、安全、进度和投资，还要做好合同管理、信息管理和组织协调工作，推动项目规范有效实施。

三、坚持党建引领，把引江补汉工程建设成为经得住历史和人民检验的规范、高效、优质、安全、节约、绿色、智能、廉洁的引调水工程

推动引江补汉工程建设，需要我们毫不动摇地坚持中国共产党集中统一领导，确保党始终总揽全局、协调各方，进一步发挥公司党组织把方向、管大局、保落实的领导核心作用，保证党和国家路线方针政策及中国南水北调集团重大决策部署在引江补汉工程落地落实。始终秉承“抓好党建保工程、建好工程促党建”的原则，推动党建与业务深度融合，以高质量党建引领和保障工程建设高质量发展，切实把引江补汉工程建设成为经得住历史和人民检验的规范、高效、优质、安全、节约、绿色、智能、廉洁的引调水工程。

（一）健全内控体系，建设规范工程

内控体系建设是提升企业经营管理水平和风险防范能力的重要方式。江汉水网公司作为集团新组建的法人单位，公司新、人员新、业务新，要从优化环境、制定程序、完善监督、管控风险四个方面建立起内控体系，做精做细“尺子”，把工作框在制度的笼子里，做到内部结构合理、工作体系完善、制度衔接有序。江汉水网公司要成立规章制度建设领导小组，提高制度建设定位，梳理规章制度管理规范与流程，有组织、有计划地开展制度编制工作。做好已制定规章制度的宣贯、监督和评估工作，力求稳妥快速形成公司权责法定、权责透明、协调运转、有效制衡的公司治理机制。

（二）优化进度管理，建设高效工程

进度管理作为工程建设管理的重要组成部分，直接影响着整个工程建设水平以及后期工程安全。结合引江补汉工

程施工特点，需要科学合理制订进度管理计划与方案，落实进度管理目标，建立完善的进度管理体系，即江汉水网公司负总责，各建设管理部分段负责，监理单位控制，设计单位保障，施工单位保证的进度管理体系。采用统一管理、分段实施的进度管理方式，制定节点目标，明确关键线路，按“分批开工、梯次递进”的原则进行工程建设。同时，制定激励约束考核规定，通过考核约束参建单位严格按照合同工期、年度、季度和月度进度计划实施，确保节点目标的实现。

（三）强化质量管理，建设优质工程

办好“国之大事”，必须牢固树立“质量就是生命”的理念。工程建设中，要推行全面质量管理，在集团质量管理体系下，建立完善江汉水网公司负责、参建各方协同落实、政府部门监督保障的质量管理体系。以“标准化、机械化、工厂化、专业化、信息化、智能化”等手段为支撑，通过多种途径保证工程建设质量。深入推行施工过程标准化管理，以确保工程质量为核心，全面贯彻落实“管理制度、人员配备、现场管理、过程控制”四个标准化。创新监管手段，强化建设标准和各专业施工工艺质量控制标准，切实把引江补汉建成放心优质工程。

（四）统筹发展安全，建设安全工程

把安全责任扛在肩上，统筹发展和安全，从守护“生命线”的政治高度来把握和推动引江补汉工程各项工作。建立健全安全生产体系，落实全员安全生产责任制，树牢“管行业必须管安全、管业务必须管安全、管生产经营必须管安全”的理念。严控规划设计，超前开展设计论证，加大设计创新力度，从源头上把控工程安全。积极推行施工作业标准化，探索“以工装保工艺，以工艺保安全”的路径，制定安全管理制度和操作规程，建立预防机制，规范生产行为，不断加强安全生产规范化建设。

（五）加强成本控制，建设节约工程

做好成本控制全过程管理。前期阶段深勘查、细设计，做好加密勘探，深度参与设计，总结类似工程经验做法，做深做细设计工作。科学分标，合理设置资格条件，择优选好承包商。合理合规、科学准确，严格控制变更索赔。充分运用“综合治理”“提质增效”“勤俭办企”等专项活动，树立一切成本费用皆可控理念，推进引江补汉工程成本管理实验室活动，加强建设期全业务链条、全成本要素成本管理，建设节约工程，实现工程高质量发展。

（六）擦亮发展底色，建设绿色工程

把绿色作为引江补汉工程高质量发展的底色，贯穿到工程勘测、设计、施工的全过程。引江补汉工程穿越宜昌、襄阳、十堰三市，生态环境优美，工程建设中决不能逾越生态安全的底线。工程开工准备期，要强化水源区和工程沿线水资源保护，做好工程环境影响评价。工程施工期，要合理优化施工工艺和施工方法，处理好工程建设和保护、利用、修复的关系，力争把工程建设对环境的影响降到最低，擦亮绿色底色，做到人水和谐，着力打造新时代绿色水利工程的亮丽名片。

（七）构筑数字孪生，建设智能工程

以智慧水网建设为目标，利用新技术提高数字化、网络化、智能化水平，构建数字赋能平台，推动数字化与工程建设融合。充分利用一体化感知设施，实现对“人、机、料、法、环、测”施工全要素的感知操控。同时利用数字孪生技术解决长距离隧洞工程 TBM 施工过程中地理信息、地质信息、主机工作状态信息的快速获取、快速解译、快速集成、模拟推演，提高工程施工辅助智能控制与决策能力。总结数字化、智慧化管理经验，努力形成一批易推广、可复制的数字孪生经验做法，赋能高质量建设管理和智慧水网建设。

（八）发挥监督合力，建设廉洁工程

以建设廉洁工程为目标，牢固树立“初始即严、一严到底”的理念。构建全覆盖、全方位、全要素的监督体系，加强工程建设全领域、全过程、全产业链条的监督管理，推动合同、财务、审计、纪检等各专业协同发力，形成监督合力。深化廉洁教育，通过多形式、多途径引导广大干部职工进一步提高廉洁意识、纪律意识、监督意识，恪守职业道德，践行契约精神，始终做到知敬畏警钟长鸣，守底线廉洁从业。聚焦重大项目、重大事项和重大变更，深入一线、靠前监督，对项目立项、招标采购、工程建设、施工验收等环节开展检查，全过程跟踪问效，全方位监督指导，切实打造廉洁、阳光、高效的调水工程。

锚定目标绘蓝图，抢抓机遇谋发展。江汉水网公司将聚焦引江补汉工程建设主责主业、办好“国之大事”，始终肩负好引江补汉工程建设这一光荣使命，谋划好开工建设各项工作，高标准、高质量建设引江补汉工程，在推进南水北调后续工程高质量发展中展现新时代担当作为。

（本文刊载于《中国水利》2022 年 9 月 30 日第 18 期）

树牢安全理念　压实安全责任
为引江补汉工程高质量建设筑牢安全防线

中国南水北调集团江汉水网建设开发有限公司董事长　高必华

（2023年6月26日）

安全生产事关人民福祉，事关经济社会发展大局。习近平总书记始终把人民群众生命安全放在首位，高度重视安全生产工作。习近平总书记关于安全生产的一系列重要论述、重要指示，深刻揭示了安全生产的极端重要性，充分彰显了“人民至上、生命至上”的发展理念，是统筹发展和安全、全面提升安全发展水平的根本遵循。

南水北调是“国之大事”，事关战略全局、事关长远发展、事关人民福祉。引江补汉工程是南水北调后续工程的首个开工项目，对全面推进后续工程高质量发展、加快构建国家水网具有标志性意义。江汉水网公司作为引江补汉工程项目法人，自成立以来，在中国南水北调集团党组的领导下，聚焦主责主业，切实履行项目法人职责，牢牢把握引江补汉工程使命任务，强化管理，抓重点、啃难点、瞄节点，采取了一系列行之有效的措施，全力推进引江补汉工程建设。江汉水网公司组建及治理体系建设、可行性研究批复、工程开工、初步设计编报等目标任务逐一完成，实现了引江补汉工程建设良好开局。今年下半年，引江补汉工程将全面开工建设，江汉水网公司将进一步增强政治敏锐性，充分认清工作面临的风险挑战，提升安全管理水平，扎实开展重大安全隐患专项整治行动，牢牢守住安全发展底线，把思想和行动统一到习近平总书记重要指示精神上来，始终坚持“人民至上、生命至上”，以“时时放心不下”的责任感统筹发展和安全各项工作。

一、提高政治站位，做贯彻安全理念的“明白人”

今年是贯彻落实党的二十大精神的开局之年，是引江补汉工程全面开工建设元年，做好今年安全生产工作意义重大。要坚持稳中求进的工作总基调，统筹发展与安全，不断提升安全生产管控水平，确保工程现场的安全生产形势持续稳定可控。

一是抓好安全生产工作是贯彻落实习近平总书记重要讲话和重要指示批示精神的重大政治任务。习近平总书记多次对安全生产工作作出重要指示，反复强调要坚持发展决不能以牺牲安全为代价这条红线。在“5・14”重要讲话中，习近平总书记强调要从守护生命线的政治高度，切实维护南水北调工程安全。党的二十大报告明确提出推进国家安全体系和能力现代化，坚定不移贯彻总体国家安全观，健全国家安全体系等。这些重要讲话指示批示为我们做好安全生产工作提供了根本遵循，我们要认真贯彻落实新安全生产法，通过安全生产标准化建设，把企业打造成水利行业安全生产排头兵。二是抓好安全生产工作是落实“志建南水北调、构筑国家水网”的关键举措。引江补汉工程作为南水北调后续工程首个开工重大项目，是“十四五”期间构建国家水网的重要一步，具有极其重大的政治意义、现实意义和示范效应，且被评为2022年度国务院国资委央企十大超级工程，确保引江补汉工程安全至关重要。要牢记“志建南水北调、构筑国家水网”的初心使命，心怀“国之大者”，把抓好安全生产工作、营造良好的企业安全文化氛围，作为全体干部职工的思想自觉、政治自觉和行动自觉，为集团高质量发展贡献江汉水网公司的安全智慧。三是抓好安全生产工作是公司必须坚守的责任义务。安全生产关乎公司信誉形象和长远发展，没有安全生产这个前提和保障，就谈不上高质量发展。江汉水网公司作为引江补汉工程项目法人，必须牢固树立总体国家安全观，主动把引江补汉工程建设安全融入构建国家大安全格局，逐步完善管理体制机制，切实履行好项目法人的安全生产首要责任，统筹组织好参建各单位的主体责任，增强参建各单位对安全生产工作重要性的认识，真正把安全视作企业的生命，着力建设本质安全型企业，夯实引江补汉工程高质量建设基础。

二、认真履职尽责，做落实安全责任的“领头雁”

建立健全“党政同责，一岗双责，齐抓共管”的安全生产责任体系，切实做好“三管三必须”，认真履行安全生产主体责任，善于发现问题、思考问题、解决问题，采取有力措施，做到安全责任到位、安全投入到位、安全培训到位、安全管理到位、应急救援到位。要以正在开展的学习贯彻习近平新时代中国特色社会主义思想主题教育为引领，结合6月第22个“安全生产月”活动主题“人人讲安全、个个会应急”，进一步建立健全安全生产责任体系，重点是建立并落实安全生产六个责任，建立全员安全责任清单，落实全员安全责任制，让每个参建人员切实做到人人讲安全、个个会应急。

首先，各级领导干部一定要有忧患意识和戒惧之心，要有睡不着觉、半夜惊醒的压力，要坚持命字在心，严字当头，敢抓敢管、敢于负责，不可有丝毫懈怠。要有高度的责任感和紧迫感，充分认识到安全生产工作的重要性，并将其作为自己的首要任务，带头抓安全，只要我们各级领导重视，在安全管理方面的工作多做一些，事故就会离我们远一点，我们就可以把事故发生率降低一点。其次，要坚决落实全员岗位责任。责任落实是抓好安全生产的“牛鼻子”，必须坚持完善安全生产责任体系，不能把责任制写在纸上、挂在墙上、订在本上，要聚焦责任落实这个核心，推动建立纵向到底、横向到边的全员安全生产责任制。最后，要打通安全工作“最后一公里”。认真贯彻各项管理规定，严格落实岗位安全生产责任制，管住管好关键单位、关键岗位、关键人物，把安全管理重心延伸到工区、班组和现场，真正建立“层层负责、人人有责、各负其责、高效运转”的网格化责任体系，有效解决安全责任传递过程中“上热、中温、下凉”问题，从源头上杜绝“三违”现象，真正夯实安全生产工作的根基。

三、履行国资央企担当，做高质量安全建设的“践行者”

安全生产要坚持标本兼治、重在治本，建立长效机制，坚持不懈抓下去，特别是要抓薄弱环节。随着引江补汉工程全面开工，安全生产压力也不断加大，为确保施工现场长期稳定安全，必须时刻紧绷安全这根弦，以构建水利安全生产风险管控“六项机制”为总抓手，以高质量开展风险分级管控和隐患排查治理为着力点，把安全工作作为首要政治任务来对待，严防各类安全事故发生，坚决守好高质量建设的“生命线”。

*（一）以严控设计质量为源头，努力实现本质安全。*强化本质安全是引江补汉工程建设安全生产的治本之策和必然要求。首先，工程本身技术难度大，要扎实做好水文、地质勘查，针对性加密地质勘探，不断优化线路设计和支洞、斜井、竖井设置方案，尽可能避开和缩短穿越断裂带、岩溶地带、软岩地段，综合比选，安全优先，努力降低施工风险。其次，要不断深入细致开展好不良地质洞段和特殊结构专项设计，尽可能降低施工安全风险，广泛邀请国内权威专家开展设计方案论证，尽最大可能实现规划设计不留隐患，不留遗憾。再次，要加强设计动态优化，结合施工现场情况同步验证设计成果，并对施工过程中的地质超前预报，异常水文地质情况及时预警处置。最后，TBM设备选型对于隧道施工成败至关重要。地质条件是选择TBM设备的重要考虑因素，选择适应地质条件的TBM设备可以有效地应对地层变化、岩土属性等问题，减少工程风险，提高施工效率。在选型过程中要综合考虑地质条件、项目要求、施工管理以及设备性能等因素，确保选择合适的TBM设备来实现高效、高质量的隧道施工，确保施工安全。

*（二）以高标准、严要求为切入点，推动高质量建设管理。*引江补汉工程具有大埋深、长线路、大洞径等技术特点和“高地应力、高水压、高地温，断层多、地下水多、软岩多”等地质难点，面临诸多施工安全风险，塌方、透水、岩爆、有毒有害气体等危险因素都有可能导致重特大人身伤亡事故的发生。一是切实做好参建单位的招标采购工作。通过精心组织，优先选择国内有类似工程施工经验的一流企业参与到工程建设中，并确保中标单位组建一流的项目团队、配备先进的设施装备、采用高效的管理手段。二是坚持“初始即严、一严到底”的管理理念。不断强化公司安全

监管力量，督促参建单位配足、配强安全管理人员，强化现场的安全巡查、日常检查和隐患问题整改，建立严厉的问题督查追责机制，采取经济处罚，停工整顿，人员和队伍退场，参建单位后方函告约谈，公司内部追责的机制，形成高压严管态势。三是扎实做好超前预警防范工作。针对工程线路长，埋深大，地质探明有限等情况，建立科学的管控机制，切实落实“超前预报，超前钻探，超前支护”，切实做好监控量测工作，用于反馈设计、指导施工、预警预报。四是进一步加强安全生产风险管控“六项机制”建设。加强对施工现场重点部位的安全风险管控，全面辨识安全风险，紧紧围绕高空作业、物体打击、坍塌、机械伤害、触电、中毒、有限空间作业和淹溺等导致的人身伤害风险，以及重大设备安全、防洪度汛、渣场和料场安全防护、火灾、工区内交通安全等方面风险，动态开展安全风险辨识与评估，分层分级制定管控措施，建立重大安全风险分级管控清单，实现“一标段一清单”，有效管控各类风险。五是强化隐患治理“五落实”，重大隐患严格执行挂牌督办、治理评价，确保闭环管理。六是开展施工作业规范化、标准化建设，不断规范各项工作流程，确保施工安全有序进行，并配备必要的安全设备，提高检测和安全技术手段。七是从严落实分包单位准入审查机制，加强作业过程安全监管，进一步强化对参建单位安全管理和现场安全的统筹协调，切实把分包单位、劳务人员纳入统一的安全管理体系，建立安全生产责任网格体系，明确网格员和责任清单，杜绝“以包代管”“包而不管”行为，确保任何情况下分包单位和劳务人员的安全生产都处于受控状态，严禁把不具备安全生产条件的队伍引入引江补汉工程施工现场。

（三）以科技创新为动能，做科技兴安的“生力军”。引江补汉工程建设要向科技借力，要敢闯“无人区”，勇当“探路者”，牢牢把握工程建设的关键核心技术，利用科技创新来解决安全生产的瓶颈问题，真正做到靠数据来说话、用算法来分析、向技术要安全。一是充分运用新技术、新工艺，大力推进引江补汉工程数字孪生建设。推动隧洞施工智能化建设，推进“机械化换人、自动化减人、智能化无人”，提升本质安全水平。二是深化安全监管机制，从传统的被动监管向主动监管转变。实施“先导式”监管，采取人员实名和车辆设备轨迹定位系统等先进的技术手段，建立在线实时监管平台，实时对现场进行监测和预警，避免安全事故的发生。三是加强安全信息化建设，建立长隧洞、高边坡、深基坑等部位安全监测预警体系，实时对监测数据进行大数据分析和安全风险评估，对事故和风险进行预测和预警，减少事故发生概率。四是要进一步深化“产学研”融合机制。利用引江补汉工程建设平台，积极与高校、科研机构合作，协同推动产学研深度融合，针对关键核心技术，建立多方融合的创新模式，发挥各方所长，协同创新，合力攻关，推动科技创新成果落地开花，利用先进科技手段做支撑，提升工程建设本质安全水平。

（四）以“四个强化”为依托，加强应急管理能力建设。应急管理工作事关引江补汉工程高标准建设，事关江汉水网公司高质量发展，事关南水北调后续工程高质量推进。要加强应急管理，提高预防和处置突发事件的能力。一是强化应急预案编制。要科学编制、系统制定各项应急预案。各专项应急预案是否完善，是否具有针对性和可操作性，是考察应急管理水平和能力的标志。要紧扣国家应急管理标准化总体方案，遵循应急管理部出台的应急管理标准化建设文件要求，做好与集团和地方各预案的衔接，系统推进引江补汉工程应急管理预案编制工作。二是强化应急力量建设。提高防灾减灾救灾、突发生产安全事故的处置保障能力，加强应急力量建设，是提升引江补汉工程建设应急处突能力的主攻点。主动学业务、强技能、抓培训、强素质，提升全天候、全灾种、多类型综合应急处突能力，为引江补汉工程安全建设提供有力支撑。三是强化应急演练，提升救援能力。通过应急演练锤炼应急管理工作的响应能力。要突出做好“四预”工作，针对项目可能存在的岩爆、岩溶涌水、断裂带大变形塌方、突泥涌水等突发事件处置的典型场景，开展针对性演练，加强会商预报预警，及时启动响应，进一步提升组织指挥、应急救援的能力，确保在关键时刻顶得住、救得出。四是强化信息报送。加强应急事件报送管理，能够为应急防范、应急处突工作提供信息支撑，要采取有针对性的培训、轮训、案例教学、演练等措施不断提升信息报送质量和水平。遇到重特大事件，要采取一切措施尽快掌握情况并及时报送，为及时应对处置重特大灾害发挥支撑作用。

（五）以安全文化培育为基础，塑造引江补汉工程大安全格局。引江补汉工程有近10年的建设期，要想保证长期高质量的安全管理，培育具有江汉水网公司及引江补汉工程建设特色的安全文化至关重要。一是坚持以人为本，营造良好的安全氛围。要以关心和维护所有建设者的生命权为根本导入安全文化理念，以形式多样的安全宣传教育活动为载体增强参建人员的安全意识，着力营造想安全、能安全、愿安全的安全文化氛围。二是加大安全管理力度，构建安全生产长效机制。要建立健全安全生产管理机制，为培育安全文化提供保障，以安全制度长效机制的建立和实施，推动提高安全文化的执行力，让安全文化切实成为督促所有参建者履行安全责任，推动工程安全有序开展的法宝利器。三是结合南水北调东、中线的成功建设管理经验，进一步提炼南水北调安全文化特点。要强化任何风险都可以控制、任何违章都可以预防、任何事故都可以避免的理念，努力做到生产组织零违章、操作过程零失误、设备设施零隐患、执行制度零距离。四是不断提升全员安全意识和责任，从江汉水网公司领导层到一线管理人员均要以身作则，充分展示安全行为和态度，成为一线作业人员的榜样。积极参与安全活动，重视安全问题，并优先考虑安全。五是持续开展安全培训和教育，结合“安全生产月”“消防宣传月”等活动，不断提升所有参建人员的技术水平和安全素质，提高对安全风险的认识和防范意识。鼓励全员参与安全检查、隐患排查等工作，使安全成为全员的责任和习惯。六是鼓励公司及各参建单位积极申报高水平、高标准的安全管理奖项，打造南水北调安全品牌，加强安全对标提升，激发安全管理积极性。

安全生产高于一切，安全责任重于泰山。江汉水网公司坚持以习近平新时代中国特色社会主义思想为指导，深刻认识抓好安全生产工作的极端重要性，始终心怀“国之大者”，以对党和人民高度负责的态度，以永远在路上的决心，全力打好安全生产攻坚硬仗，为引江补汉工程高质量建设筑牢安全防线，打造调水工程建设安全生产管理的典范，为集团高质量发展作出应有贡献。

面对新局面　坚定信心　精心谋划　为引江补汉开局谱新篇

——在引江补汉办公室2021年工作会议上的讲话

南水北调中线干线工程建设管理局引江补汉工程建设
领导小组办公室主任　于澎涛

（2021年2月22日）

同志们：

过去的一年，引江补汉办公室从无到有，逐渐壮大。年底，水利部将可行性研究报告及审查意见报送至国家发展改革委，我们也获得了中线建管局突出贡献集体荣誉称号，这都是大家共同努力的结果。

今天，我们在这里召开办公室2021年工作会，会议的主要任务是传达贯彻中线建管局2021年工作会议、党风廉政建设工作会议精神，总结回顾2020年工作，安排部署2021年工作。

一、2020年工作总结

（一）明确目标，督促推进前期工作

明确了四项主要工作目标：一是全力推进可研报告的编制与审批；二是梳理了8大项具体工作任务，形成了引江补汉工作思维导图；三是总结了引江补汉工程的四大技术挑战，提出引江补汉工程成功与否关键在于TBM施工；四是列出了隧洞施工可能遇到的主要风险因素。至年底，可研顺利通过水利部审查并报送至国家发展改革委。

（二）深入研究，不断提出合理建议

深入了解设计意图，认真研究设计方案，总结南水北调中线工程的经验教训，在工程设计、施工组织、移民征迁、工程管理等方面提出意见建议10余条，融入了引江补汉工程设计方案中，充分体现了中线建管局的利益诉求。

（三）主动作为，考察调研成效显著

先是对工程线路全程开展详细调研，了解地形地貌、周边环境以及地质条件。再是开展了鄂北水资源配置、陕西引汉济渭等10余项类似工程考察调研工作，同时还积极参加各类技术研讨会。考察调研成果丰硕，初步建立了自有的TBM数据库和厘清了超前地质预报工作思路。

（四）结合实际，提前开展体制研究

广泛搜集资料，充分吸取南水北调中线建管经验，提前开展建设管理体制机制研究，为后续引江补汉工程建设实施奠定基础。主要包括工程设计单元划分和标段划分研究、建设管理模式和建设管理机构设置研究以及工程发承包模式研究。

（五）深入现场，组织做好征迁工作

去年11月中旬以来，先后两次组织长江设计公司，开展出口段5km及汉江影响河段建设征地实物调查摸底登记工作，共派驻12人次编入到每个现场调查小组，主要负责现场实物调查、组织协调各方关系、复核调查成果等工作，全面掌握了工程建设征地相关信息。最终顺利完成此次实物调查摸底登记工作。

（六）紧盯节点，协调前置要件办理

经过梳理，引江补汉工程前期共有13项可研批复前置要件和7项开工前置要件。根据要件办理计划节点，分工明确，责任到人，每周汇总并且研判分析进展情况，及时督促催办。截至年底，引江补汉工程建设领导小组办公室已经协调完成了节能专题报告、地震安全性评价2项可研前置要件办理。

（七）提前谋划，开展科研项目研究

组织梳理出了工程需要开展的科研项目清单，并按轻重缓急提出了三项亟须开展的研究项目：一是深埋超大直径长隧洞全断面掘进设备关键技术研究；二是TBM施工超前地质预报方法研究；三是浅埋段、活动断裂带衬砌结构方案的研究。这项工作有所滞后，要力争开展一两项不受线路和方案变化影响的科研项目。

（八）克服困难，做好综合保障工作

顺利完成了办公场地、公务用车租赁、职工就餐住宿、办公网络安装、办公用品配备等工作，基本满足了工程建设期办公需要。

做好疫情防控，编制了防控方案，购置了足量的防疫用品，先后组织5次集中核酸检测，完成了疫苗第一针接种。

和中线建管局党务、综合、人事、财务、宣传等部门以及各分局建立了顺畅的沟通渠道，理顺并解决职工App权限、考勤、劳资、组织关系、报销等问题。

重视宣传工作，在中线建管局网站上发表文章26篇，在《中国南水北调》报上发表文章6篇。

（九）党建引领，及时成立临时支部

去年7月16日，成立临时党支部，明确每周四下午为支部固定学习时间，以集中学习为主。共开展集中学习8次、微党课讲座2次、谈心谈话2次、党员大会1次、警示教育和“厉行勤俭节约、反对餐饮浪费”专题组织生活会各1次、主题党日活动3次。

同志们，2020是不平凡的一年，特别是对引江补汉来讲，是开局元年，都说“万事开头难”，但大家团结一致，克服了疫情影响、白手起家的困难、对工程不熟悉的困难、各方复杂关系的影响，迅速进入角色，做好了自己该做的事情，取得了一定的成绩，受到了中线建管局的表彰，也得到了长江委的认可，在此，对全体员工的辛勤工作和无私奉献表示衷心感谢！

二、2021年形势分析

一切成绩都属于过去。2021年，我们可能面临更为复杂的工作局面，2021年是“十四五”规划开局之年，是中国南水北调集团成立后的起步之年，同时也可能是引江补汉工程开工之年，我们要不忘初心、牢记使命，紧紧围绕“水利工程补短板、水利行业强监管”新时代水利改革发展总基调，进一步认清形势、抓住重点，以此来迎接工程建设中遇到的新机遇、新挑战。

（一）南水北调事业是党中央、国务院高度重视的“国之大事”

习近平总书记多次作出重要指示，强调南水北调是“国之大事”。2020 年 11 月 13 日，习近平总书记调研南水北调东线工程源头江都水利枢纽并发表重要讲话，强调要完善规划和建设方案，加快后续工程建设。

（二）“十四五”规划对南水北调工作提出了新要求

“十四五”规划中提出“提升水资源优化配置”“实施国家水网重大工程”“推进重大引调水重大项目建设”等一系列重大决策部署，不仅深化了水利工作内涵，更为南水北调事业发展注入了新的动力。南水北调工程作为当之无愧的“国之大事”，在“十四五”时期水利改革发展规划中扮演着举足轻重的角色，在持久水安全、优质水资源、健康水生态、宜居水环境、先进水文化等方面发挥着巨大效用。

（三）南水北调中线工程面临的供水能力短板日益凸显

随着供水范围不断扩大，受水区对南水北调的依赖性越来越大，中线工程的重要基础性已达到无可替代的程度。但是由于丹江口水库来水丰枯不均，中线工程尚未建成调蓄水库，且随着京津冀协同发展、雄安新区等国家战略稳步推进，又对中线北调水量提出了新的要求，供水水量不足、保障能力不足的短板日渐凸显。

（四）引江补汉工程上马势在必行

由于南水北调中线一期北调水量供需矛盾突出，最近两个供水年度，河南、河北、北京、天津四省（直辖市）申报用水计划都已超 85.4 亿 m^3 的口门规划供水量，而丹江口水库枯水年份供水量不足 60 亿 m^3，远远不能满足四省（直辖市）用水需求。与此同时，汉江流域区域水资源调配能力减弱，汉江中下游水生态环境问题凸显，以及优化国家水网布局、连通大战略水源地等现实必要性日益迫切。引江补汉工程的实施也是充分践行水利改革发展总基调的具体体现：为中线一期工程补短板。因此引江补汉工程势在必行。

工程实施后，北调水量可由目前的 95 亿 m^3 增加至 117 亿 m^3。水量增加后，中线一期工程水源保障能力不仅进一步提升，而且还能够更好地满足人民群众对美好生活的需要、满足区域协调发展的需要、满足生态文明建设的需要。

工程何时上马？鉴于有关方面和专家有不同的意见，可行性研究批复时间尚不确定，但大家一定做好自己该做的事，做好明天就批复的准备，很有可能局面一下子就豁然开朗。

（五）引江补汉工程审批压力大，开工任务重

首先项目审批压力大，下一步我们要密切关注项目规划审批、积极协调推

动可行性研究报告审批、初步设计报告编制和审批等；其次开工准备任务重，开工前的开工许可、招标采购、施工详图、科研试验、三通一平、机构设置、人员准备等各项准备工作十分繁重；最后环境协调涉及面广，工程范围涉及10个县（区），5个风景区，三峡、丹江口两大水利枢纽，要征求自然资源、航道管理、水利、林业、市政、公路、铁路、电力等多个部门的意见。

（六）引江补汉工程技术难度大，社会关注度高

一是工程技术极其复杂，隧洞长194km，埋深达1200m，穿越各类复杂地层，TBM最大开挖直径达13.2m，为国内最大断面的TBM施工，无前例可循，极富挑战性；二是隧洞施工安全风险高，可能遇到的安全风险有涌水突泥、坚硬岩岩爆、软岩大变形、塌方、高温、有害气体等，处理不当，会对人员和设备构成重大威胁；三是引江补汉工程的工期很长，不管是哪个方案，最小工期均在7年以上，甚至10年左右；四是各方对引江补汉工程的关注度和要求很高，因为是南水北调中线工程的一部分，因此，必须吸取中线工程建设的经验教训，必须建成一流优质工程，必须在整个建管过程中，体现出高水平的管理能力。不能让中线建管局、集团和水利部失望，要对得起社会各界、人民群众，对得起党和国家。

三、2021年主要工作安排

（一）可行性研究报告促审批

可行性研究报告审批是制约工程前期工作进展的关键点，直接影响后续工作的总体进程，促进可行性研究报告获得国家发展改革委审批，是当前办公室的头等大事，一切工作均要紧紧围绕促进可行性研究审批为目标。像去年一样，我们一方面督促设计单位按时拿出高质量的成果，设计成果要体现中线建管局意图，一方面积极参加每次审查会，主动与审批单位沟通汇报、解释说明，为可行性研究审批创造最有利条件。

（二）前置要件抓办理

可行性研究批复前置要件13个、开工前置要件7个共有20个前置要件。已完成2个可行性研究前置要件办理，剩余18个要件仍在持续办理中，其报告书等基础材料均已编制完成，由于工程规划未批复、停建公告未发布，致使剩余的可行性研究要件办理进展停滞。我们需要主动与中线建管局计划发展部、水质中心、长江委规计局、长江设计公司、水保科研所等单位和部门保持联系、及时沟通，共同推动要件办理。

一是建立对口联络机制，按照分工对接可行性研究报告编制单位和中线建管局各部门，定期主动沟通，对办理过程中存在的问题和意见进行反馈修改完善，协调要件办理流程及手续；二是每周了解并督促进度，随时掌握要件进展，及时进行研判分析。

（三）开工准备有谋划

开工准备工作千头万绪，需精心谋划、分类推进，确保各项工作按照节点目标逐一落实。一是认真做好现场管理机构的筹备工作，配齐配强建管人员；

二是密切与上级主管单位及地方监督管理机构联系，及时办理质量安全监督手续，编制安全生产措施方案，确保工程建设规范有序地开展；三是组织实施现场征地、拆迁，实施生产、生活临时建筑工程；四是组织实施施工用水、电、通信、电路和场地平整等工程，提前谋划大功率 TBM 施工用电引接事宜；五是选定提前开工项目；六是督促施工详图设计满足主体施工需要。

（四）移民征迁强协调

移民征迁涉及宜昌、襄阳、荆门、十堰等 4 个市 9 个县（区）、31 个乡镇、119 个村，建设征地 27176.44 亩，农村居民 687 户 1848 人，各类房屋 118820.74m^2，公路 2.74km，10kV 电力线路 3.60km，通信线路 37.29km，广播电视线路 49.90km，供水管道 5.30km，采矿权和探矿权 19 处，地下文物 20 处，涉及地域广，征迁任务繁重。

一是要紧盯湖北省停建公告下发进展情况，加强移民征迁工作的组织与协调，按照“依法操作，先易后难，重点突破，全面推进”的工作原则，高效完成好引江补汉工程丹江口市以外县（市、区）征迁移民实物调查工作；二是加强与设计单位的沟通与联系，高质量完成移民安置大纲和移民安置规划的编制并及时上报水利部和省市有关单位审查或出具意见；三是进一步研究渣场、料场、施工营地转为永久征地的可能，并结合工程现场实际，完善检修维护、抢险、仓库等场地及通道的永久占地范围；四是加强同地方政府及各单位的沟通，根据工程进度，提前着手征迁环境协调，为项目建设创造良好的施工环境。

（五）项目采购要做实

需提前谋划，做实做好项目前期和先期开工项目采购工作。一是根据主管部门和上级单位管理制度，结合工程具体情况，适时编制印发工程采购管理办法，成立采购领导小组，完善采购工作管理体系；二是根据工程前期工作进展和设计审批情况，对有具体实施条件的勘测设计、科研、试验、先期开工项目等，及时完成各项采购相关流程，稳步推进采购工作顺利开展，此外，积极配合上级单位确定拟委托建管的项目范围和投资情况，研究委托方式、权利义务等，并开展合同洽谈、签订工作；三是加强与上级部门、勘测设计、招标代理等单位的协调，并邀请专家进行咨询，保障招标文件和招标控制价的编制质量，减少合同缺陷，降低合同履约和审计风险；四是为确保采购工作质量，可结合项目需求适时开展采购调研活动。

（六）合同管理需强化

强调制度先行，强化合同管理和投资管理工作。一是根据上级单位相关管理制度，及建管单位机构设置情况，适时补充合同管理人员，构建建管局和现场项目部合同管理组织架构，及时研究出台引江补汉工程有关投资计划管理、统计管理、合同管理、采购管理、变更索赔管理、计量支付管理等办法，规范工作流程，健全合同管理和投资管理体系；二是强化新进场合同单位履约管理，加强质量、进度、安全、投资等管理，保障服务水平，力争完成年度投资计划；三是及时组织编制上报年度投资计划，确保项目资金供应；四是及时在采购完成后开展项目管理预算编制工作，做好投资管理和分析工作，建立健全投资管理台账，积极推动引江补汉工程计划合同信息管理系统建设工作；五是适时开展培训学习，计划有针对性地组织《中华人民共和国民法典合同编》、招投标、合同管理、变更索赔处理等方面的培训，同时积极开展内部制度宣贯。

（七）初设科研共推进

一是在国家发展改革委尚未批复可行性研究报告的情况下，需同步组织设计单位开展初步设计报告的编制和报批工作，尽早组织科研试验和技术咨询，为设计方案提供技术支撑，尽量缩短可行性研究批复后初步设计报告编制的时间；二是为配合工程的顺利实施，今年计划开展多个科研项目，重点是勘探试验洞试验方案、大流量超长有压洞水力控制及运行安全保障措施研究和 TBM 选型、功能设计及制造关键技术研究；三是制定科研项目时间节点，6 月之前完成勘探试验洞试验方案初步成果，10 月之前完成大流量超长有压洞水力控制及运行安全保障措施研究初步成果，并提交专家委咨询。

（八）技术储备做到家

为提高全体员工的专业技术水平和工程现场技术保障能力，今年我们务必要将引江补汉工程技术储备工作做到家。除开展专项科研研究外，需在可行性研究及初步设计报告编制审查间隙，重点开展 TBM 项目的现场调研学习。现场调研项目主要有新疆引额济乌工程、新疆 ABH 输水隧洞工程、新疆乌尉公路天山隧道工程、四川乐西高速大凉山隧道工程等；现场调研内容主要为 TBM 施工工法、超前围岩处理工法、超前地质预报及项目建设管理等。

（九）机构设置建机制

一是要根据项目批复进展情况，适时在武汉成立项目建设管理单位，做好单位注册，办公楼建设筹备等工作，明确机构设置、职责划分、人员引进、招聘以及根据岗位合理配置；二是建章立制，在执行中线建管局各项规章制度、办事流程和行为准则的基础上，逐步编制、实施符合引江补汉工作特性的规章制度；三是做好后勤服务，随着机构明确和人员增加，做好办公和生活保障工作，适时出台职工周转房管理办法；四是开展企业文化和运行管理调研，建立具有引江补汉特色的企业文化；五是提高宣传舆论传播能力，挖掘宣传热点和先进事迹，形成自有的、特色的宣传阵地。

（十）党建廉政要做实

党建工作与业务工作同样重要，不能只抓业务忽视党建。两手抓，两手都要硬。如何抓好党建？一是持之以恒抓学习。以参观红色革命基地、观看先进人物事迹、开展专题集中学习研讨等方式，加强理论知识学习、用党的创新理论武装头脑。二是党建业务相融合。学有所思，学有所用，进一步贯彻落实水利部、集团和中线建管局工作部署，立足补短板、强监管，将学习贯彻落实到实际工作中去，做到以党建促业务、党建工作和业务工作深度融合。三是党建基础工作要完善。逐步完善组织机构，完善制度建设，完善党员活动室建设等，党建工作要进入正常化、规范化。通过广泛开展党建学习教育，提高党员的综合能力，增强党组织的凝聚力。四是党风廉政常抓不懈。继续强化“一岗双责”的廉政主体责任体系，抓早抓小，抓在经常，防微杜渐，把党风廉政与业务工作同部署、同落实、同检查、同考核。廉政工作常抓不一定不出事（但肯定会少出事），不抓一定会出事。要像安全工作一样，要经常提醒，才能筑牢防线，要想减少违法，必先减少违规。机构成立后，我们要建立完善的防范风险机制。五是党建工作要与中线建管局保持同步，不能因为我们在外出现脱钩情况，要与局机关党委、党群部、兄弟单位党建部门保持密切联系，跟上节奏不掉队。六是党建工作讲实效。一是提升政治素质（能力），即提高政治判断力、政治领悟力、政治执行力，二是提高中心业务的发展。因此党建工作是否搞得好要看实绩。

以上只是十项主要工作，还有许多工作也很重要，比如疫情防范，要有常态化准备，严防死守；后勤管理，关乎大家吃饭出行，要安排妥当；宣传工作，要提高质量，适时发声；信息化管理，目前处于较低水平，要多看多学，及早谋划；档案资料，是否从现在就开始整编？还是开工后再开始？巡视整改方面，要关注中线建管局巡视问题整改，有些我们要借鉴，避免重复犯错；关于审计工作，应该从现在开始，做任何事头脑里都要有“逢事必审”的意识，按规矩做事。

四、几点工作要求

（一）提升业务素质，建设优质工程

从去年的工作情况来看，大家的业务水平与建好管好引江补汉这一重大项目还有不小差距，目前形势下如何快速提高业务水平，我想先从这几个方面入手：一是认真研读各种报告和审查意见，多读几遍，总会有心得体会，各种审查会也请大家尽量多参加；二是办公室推荐了十几本书，建议大家都能够多读书，每人每月至少完成一本书籍的阅读，当然喜欢阅读的不限于这些；三是推荐了十几个办公软件，建议大家学习使用，熟练掌握，对于提高工作效率很有帮助；四是鼓励大家多写文章，可以是报道、论文或者报告，去年写了一些，效果不错。希望大家要具备最基本的实际动手能力，在实践中增长工作本领，做到人人有特点、各组有绝活。

（二）提升政治修养，筑牢反腐防线

要旗帜鲜明地讲政治，一是提高政治判断力，明是非。把握形势变化、识别现象本质、明辨行为是非、有效抵御风险挑战。二是提高政治领悟力，抓重点。就必须对党中央精神和上级要求深入学习、融会贯通，始终保持高度一致。三是提高政治执行力，看行动。切实做到党中央提倡的坚决响应，党中央决定的坚决执行，党中央禁止的坚决不做，

坚决维护党中央权威和集中统一领导，做到不掉队、不走偏，不折不扣抓好精神贯彻落实。

党性修养要千锤百炼、毫不松劲。要牢牢守住廉政风向标，筑牢反腐防线，做到是非面前分得清、名利面前放得下、关键时刻靠得住，做到开心工作、快乐生活。

（三）提升集体意识，凝心聚力做事

因为工作的需要，大部分同志都是离开家人独身一人来到武汉，来到办公室这个大集体。一滴水汇入江河才有磅礴力量，一个人离开组织就会成为断线的风筝。我们要想干好工程、做出成效、实现人生价值，就必须心往一处想、劲儿往一处使，提升集体意识，充分依靠组织。办公室将全力当好大家的坚强后盾，不管是工作上还是生活上，力所能及帮大家解决问题。

（四）树立品牌意识，注重自我形象

南水北调效益显著，社会关注度高涨，特别是最近几年，供水带来的显著效益，使得社会正面评价大幅上升，同时经济效益也大幅提高，事业发展也有了新起步。具体到我们每个人都是受益者，个人收入得到了提升，个人发展也有了新途径，整体中线事业不断扩大，从保安公司到实业公司、信息科技公司甚至集团的成立，都为大家个人发展拓宽了渠道。

我们每个人思想里都应该有南水北调品牌意识，应该从心里感到自豪。

我们是南水北调中线事业发展的拓荒者，代表的是南水北调中线建管局的形象，是南水北调的形象。因此从工作到生活，都应从严要求自己，自觉维护这个来之不易的品牌。

同志们，回顾过去，我们成绩斐然，展望未来，我们机遇在握，重任在肩！2021年将是攻坚克难、充满挑战的一年，我们要紧紧围绕“水利工程补短板、水利行业强监管”新时代水利改革发展总基调，牢固树立“技术立家、数据为王、半军事化”的管理理念，精心谋划，携手共进，锐意进取，大力发扬孺子牛、拓荒牛、老黄牛精神，以不怕苦、能吃苦的牛劲牛力，不用扬鞭自奋蹄，继续为引江补汉工程建设辛勤耕耘、谱写新篇。

勠力同心　攻坚克难　奋力实现引江补汉工程开工建设

——在筹备组2022年工作座谈会上的讲话

引江补汉工程项目法人筹备组组长　高必华

（2022年2月17日）

同志们：

大家好！今天，我们在这里召开筹备组2022年工作座谈会，这也是筹备组成立4个月以来，第一次召开全体干部职工大会。

1月25日，中国南水北调集团已经召开了2022年工作会议，定下了稳中求进的工作总基调和打造“一流工程、一流企业、一流品牌”的战略目标，旭光董事长更是强调把引江补汉工程开工建设作为推进后续工程高质量发展的头等大事。

今天我们会议的主要内容就是贯彻落实好集团会议精神，总结回顾工程前期工作，分析当前面临的形势任务，厘定公司的发展方向和发展战略，安排部署2022年重点工作。

一、工程前期工作回顾

引江补汉工程前期工作经历了办公室和筹备组两个阶段，在水利部和集团党组的坚强领导下，不仅实现了工程定位上台阶，而且各项前期筹备工作均有了重大突破。特别是筹备组成立以来，人员队伍不断壮大，筹备步伐不断加速。

（一）主动作为、挂图作战，要件办理基本完成过半

积极协调地方相关政府部门，主动分析研判，配合集团完善“两图一表”，实现“挂图作战”，全力推进要件办理。于2020年11月和2021年9月，分两次圆满完成了夷陵区、保康县、谷城县、丹江口市的现场实物调查和社会稳定现场调查工作，为移民安置规划和移民安置大纲等要件的办理扫清了障碍。截至目前，已完成停建通告、地质灾害评估、地震安全性评价、节能专题报告、资金筹措方案及证明文件、项目招标方案、水土保持方案报告书和文物保护专题8项要件办理，另外，取水许可、洪水影响评价2项要件办理也已接近尾声，剩余10项前置要件的报告编制等基础性工作已经完成。

（二）靶向发力、精准施策，积极筹备开工准备工作

围绕尽早开工目标，积极与设计单位对接，召开各类会议研究讨论开工内容、范围、用地等事宜。截至目前，开工项目的主要技术准备工作和出口段初步设计工作已基本完成。针对各项要件

及可行性研究报告审查进度，结合现场实际情况，编制了先期开工项目工作方案、招标方案、用地方案等，在原有主体工程开工方案的基础上，编制了“5·14”和“10·1”主体工程开工方案，将“5·14”开工计划及方案作为调整后的目标开工方案。已按开工时间倒推，就开工前的各项审批手续办理、招标准备工作推进、开工仪式举办等事宜进行了详细计划。同时，结合补充勘探研究，在原定3号、7号、8号支洞的基础上，将工期在90个月以上的支洞纳入先期开工项目，做好了开工前的各项准备工作。

（三）优化配置、精简高效，逐步完善组织机构搭建

根据工作需要明晰了领导班子职责分工，工作小组由原先的4个增设至9个，明确了各小组临时负责人、协助负责人以及与集团对接部门。成立了公司注册领导小组，积极与武汉市各区政府座谈沟通40余次，现场考察调研30余处地块和已开发楼宇，努力争取地方政府的最大政策支持力度，经综合比选和组长办公会审议，确定在东西湖区进行公司注册和永久基地筹建。为确保公司注册筹建，满足工程建设需要，编制上报了《中国南水北调集团江汉水网建设开发有限公司章程》《中国南水北调集团江汉水网建设开发有限公司组织机构、职能配置及人员编制方案》，明确了公司名称、性质和注册资本。

（四）聚焦重点、锐意创新，考察调研科研同步推进

先后组织10余次类似工程现场和设备制造厂家考察调研，积极组织参加各类技术研讨会、座谈交流会、学术报告会，累计形成调研报告10册，编制体制研究方案、报告14册，初步建立了自有的TBM数据库，考察调研成果丰硕。结合引江补汉工程技术难点，拟定先期开展科研项目6项，编制完成《引江补汉工程先期开展科研项目研究提纲》，已有4项科研项目正在顺利有序开展，其他2项随研究进展逐步增加。同时，复杂地段和特殊位置的加密勘探工作也在加速推进，已完成总进尺41690.4m，钻孔157个，最大孔深1021m。

（五）立足当下、科学谋划，制度体系搭建日趋规范

依据国家有关法律法规以及集团相关制度，梳理出25大类155项建设管理规章制度。根据制度出台需求的轻重缓急，制定了规章制度编制计划表、规章制度编审流程，进一步明确了编审、印发流程，正在逐步、分批开展编制工作。目前，周转房管理办法、公文处理办法、物资及服务非招标采购管理办法、差旅费管理办法、费用报销管理暂行规定等9项制度办法已通过组长办公会审议，基本满足现阶段工作需要，实现有章可循、有规可依。

（六）强化学习、挺纪在前，新风正气逐渐成为常态

2020年7月16日，办公室成立临时党支部，开始了规范的政治生活。筹备组成立以来，党组织虽未正式成立，但政治生活从未缺位。在“三对标、一规划”、党史学习教育、十九届五中和六

中全会专题学习的基础上，累计开展集中理论学习 33 次、谈心谈话和廉政谈话 27 人次、微党课讲座 7 次、主题党日活动 6 次、联学研讨活动 2 次。既坚定了政治自觉，又强化了政治担当。在纪检方面，一是强化领导干部“一岗双责”，积极推进全面从严治党，着力营造不敢腐、不能腐、不想腐的政治氛围；二是根据外单位来访较多的情况，制定“两不一只”规定，进一步规范员工与潜在投标方的接触交流行为。

从 2020 年驻汉办公到 2021 年年末，要件办理、开工准备、机构搭建、考察调研、建章立制、政治学习……大家忙了一年有余，都很辛苦，付出了，奉献了，也收获了。特别是面对国家发展改革委可行性研究报告未正式受理、疫情防控等影响，工程前期筹备各项任务极为繁重艰巨。一年多来，我们勠力同心、沉着应对、笃行不怠，为引江补汉工程的全面开工建设夯实了基础。这些成绩的取得，是水利部和集团党组坚强领导的结果，是各有关单位部门大力支持、相互协同的结果，同时也是我们 60 位同志勇毅笃行、攻坚克难的结果。在此，我向大家一年多来的辛勤工作和无私奉献表示衷心的感谢！

二、面临的形势任务

2022 年是国家推进实施“十四五”规划的重要一年，是党的二十大胜利召开之年，是引江补汉工程开工建设年，同时也是江汉水网公司谋划公司发展的探索年。我们的任务会更加艰巨，工作局面也会更加复杂。我们要常怀远虑，保持战力和耐心，进一步认清形势，统一思想认识，抓住重点，以此来迎接工程建设和公司发展中遇到的新机遇、新挑战。

今年的有利形势主要有以下 4 点。

一是习近平总书记的关心关怀，愈发鼓舞人心。习近平总书记半年时间两次视察南水北调工程，亲自主持召开推进南水北调后续工程高质量发展座谈会，在 2022 年新年贺词中再次提及南水北调是“世纪工程”，足以体现习近平总书记对南水北调的关心和关怀。从“国之大事”“四条生命线”到“三个事关”，再到“世纪工程”，习近平总书记不断将南水北调工程战略意义推向新的高度，对推进后续工程高质量发展作出了系统全面的安排部署，为做好南水北调各项工作指明了方向。既有了行动指南，更是鼓舞人心。

二是党中央的坚强领导，更是组织保障。在习近平总书记的亲自谋划、亲自部署、亲自推动下，中央专门成立了由国务院副总理韩正任组长，国务院副总理胡春华、国家发展改革委主任何立峰任副组长的高规格推进后续工程高质量发展领导小组，并成立了专家咨询委员会，办公室设在国务院办公厅，为引江补汉工程的顺利推进奠定了基础，更是为工程建设和公司发展提供了强有力的组织保障。我们深感责任重大、使命光荣。

三是“十四五”规划部署，提供政策支持。国家“十四五”规划纲要明确提出要实施国家水网重大工程，为全面建设社会主义现代化国家提供强有力的水安全保障。全国水利工作会对实施国家水网重大工程又作出了全面的安排部署。近日，国家发展改革委、水利部相继印发了《“十四五”水安全保障规划》《关于实施国家水网重大工程的指导意见》及实施方案，《国家水网骨干工程中央预算内投资专项管理办法》等一系列文件、一揽子政策，为加快推动构建国家水网提供了强有力的政策支持。2月8日，《新闻联播》权威发声，把引江补汉工程定位为“十四五”期间构建国家水网的重要一步，吹响了年内开工的号角。

四是集团党组高度重视，定位头等大事。集团专门成立了党组推进南水北调后续工程高质量发展领导小组，下设前期工作组，并组建前期工作专班，专门推进后续工程高质量发展。特别是集团领导高度重视引江补汉工程，定位引江补汉为后续工程高质量发展的头等大事，将引江补汉的建设管理从中线建管局剥离，专门成立项目法人。同时，集团领导多次带队前往国家发展改革委、水利部、自然资源部、生态环境部等中央部委协调解决前期工作中的重大问题，七次召开专题协调推进会，制定“两图一表”，靠前指挥，现场督战，举全集团之力全力以赴推进引江补汉工程建设。

今年的不利形势主要有以下4点。

一是各方利益尚未平衡，还需沟通协调。目前，工程开工建设面临着各方利益没有得到平衡的问题，各部委之间也没有完全达成一致共识，还存有一些分歧，需要进一步统一思想，加强协调。其中需要我们加大关注的一项就是湖北省利益诉求未得到完全回应，支持力度不够，针对工程的协调动员会至今仍未召开，压力并未实现层层传导，导致湖北省政府有关厅局、地方各有关单位工作配合力度受限。

二是工程建设难度极大，风险系数颇高。工程项目技术难度大，安全风险系数高。主要集中在194.8km的超长隧洞距离，仅次于283.27km长的新疆引额济乌喀双隧洞；12.2m的超大TBM开挖直径，仅次于12.4m的锦屏二级水电站；隧洞埋深大，大于600m的隧洞占比50%，最大埋深1182m；地质条件复杂，具有高地应力、高水压、高地温，断层多、地下水多，存在软岩洞段和两条活动断裂带的特点。

三是项目工期时间紧迫，开工任务繁重。项目的总工期只有108个月，任务重、时间紧迫。而且开工前的施工用地、现场准备、开工许可、招标采购、施工详图、科研试验、三通一平、机构设置等各项准备工作十分繁杂。另外，前期手续审批压力大，焦点主要集中在用地预审等主要前置要件办理上，存在协调难度大、审批周期长的难点。

四是公司正在加速组建，思想还需统一。目前，公司正在加速组建，作为新单位，经验少、任务重，需要一边熟悉完善，一边做好工程建设。大家来自五湖四海，都正在经历一个从原来熟悉的工作环境向新的工作环境、工作对象、工作程序、工作方式转变的过程。从目前来看，同志们的业务水平是没有问题的，不过部分同志的思想认识与建好管好引江补汉这一重大项目还有一定差距，我们要时刻保持知识不足、认识不足、能力不足的紧迫感，尽快统一思想，转变工作观念，持续提升业务水平和思想认识。

三、公司未来的发展方向和发展战略

2021年10月13日，集团董事长蒋旭光亲自来武汉召开引江补汉工程项目法人筹备组干部大会，宣布正式成立引江补汉工程项目法人筹备组，并提出了加快推进引江补汉工程建设的6项具体要求，标志着引江补汉工程建设正式进入新的重要阶段。

2022年1月17日，在筹备组的工作汇报会上，集团领导充分肯定了筹备组过去一年多的工作，并给予了我们集团第一个区域总部的定位和围绕主责主业积极拓展涉水产业的发展方向。

2022年1月25日，集团召开了2022年工作会议，重点围绕“五个三”进行了战略谋划、系统研究、协调推进、开拓发展。强调要全面提升工程建设运营管理能力，高质量开发建设后续工程，全面做好引江补汉工程开工建设准备。

在集团党组的坚强领导下，按照总体部署和工作安排，我们一定要认清责任，抓好机遇，提高政治站位，首先履行好把引江补汉工程建设好的主要职责，锚定旭光董事长提出的打造“一流工程、一流企业、一流品牌”的战略目标，聚焦主责主业，高标准、高质量建设好引江补汉工程，不负集团赋予的光荣使命。同时，还要履行好把江汉水网公司发展好这个职责，谋划好公司的新发展。即以引江补汉工程为基础，在湖北省和附近地区拓展涉水产业，谋求新的出路，实现旭光董事长下达的“建好一个工程，交到一批朋友，打出一片天地，拓展一方空间”的任务。

第一步，高标准、高质量建设好引江补汉工程。引江补汉工程作为推进南水北调后续工程高质量发展的首个拟开工项目，意义非凡。不仅是集团的头等大事，更是我们义不容辞的责任和使命。因此，我们必须围绕好工程建设这个主责主业，不折不扣地落实好、完成好，这是基础，更是根本。

第二步，以引江补汉工程为依托，在工程建设期间，丰富拓展业务板块。一方面是全面梳理盘点家底，哪些板块、项目可以做、能做好，要做到心中有数。另一方面是借助集团强化市场经营和涉水主业拓展的东风，积极探索与有技术储备的施工单位、相关兄弟单位的合作开发模式，在保障工程建设需要的同时，加强对外业务拓展，扩大“朋友圈”。比如可以以成立合资公司的形式开采利用工程砂石骨料，以与新能源公司合作的形式开发工程沿线的风电、光伏和抽水蓄能等。

第三步，选择适当时机，全面拓展涉水产业，参与区域水网、地方水网的建设和开发。要坚持发展才是硬道理，强化一切为了发展、一切服务发展的基本理念，营造一心一意谋发展、凝心聚力抓发展的浓厚氛围。围绕工程建设和国家水网建设，拉长水产业链，在节水供水、生态环保、清洁能源等方面统筹发力。

总的来说，就是要走好工程建设第一步，扩展业务板块第二步，再图涉水产业全面拓展第三步。通过“三步走”的发展战略，最终实现国有资本和国有企业做强、做优、做大的保值增值。

四、2022 年工作安排

锚定公司的发展方向和发展战略，综合研判今年的形势，2022 年筹备组将面临更加艰巨和繁重的任务，责任也更加重大而光荣。去年筹备组干部职工大会上旭光董事长就加快推进引江补汉工程建设提出了 6 项具体要求，我们必须时刻牢记、砥砺奋进。今年，在谋划布局重点工作中，我们还要牢牢把握住以下 10 个关键词，力促工程在 2022 年顺利开工建设，力促业务板块得到丰富拓展，以不负集团的殷殷嘱托和信任。

（一）打好“攻坚战”，要件办理力促可行性研究审批

剩余的 10 项要件是最关键的，也是最难啃的骨头。在应对策略上，一方面要紧密结合集团，协调中央各部委；另一方面要主动作为，有专人协同好、衔接好国家发展改革委、水利部、湖北省政府、长江委、集团各部门，对于其提出的疑惑或者问题，要进行深入研究，并给出说服力强的解释。在实现方式上，要继续采取“盯、快、挤”的工作方法，专人盯死每项要件办理，针对用地预审、矿产压覆等“钉子”问题，采取孤立方式，挤压问题空间，逐步破解，助推可行性研究报告顺利得到国家发展改革委批复。

目前，国家发展改革委已基本认可水利部报送的可行性研究报告，算是正在容缺受理，我们一定要上下一心，促进可行性研究报告早日获得审批。这是当前筹备组的头等大事，一切工作都要以促进可行性研究审批为目标。

（二）用好“窗口期”，做好开工建设准备工作

一定要提前把开工前的各项相关准备工作做扎实、做到位。一是深入优化细化开工计划和方案。我们计划于 2022 年 5 月 14 日开工，有可能提前，也有可能滞后。因此，开工仪式要有实质性的准备，要做到随时开工随时可以使用，并确保仪式庄重得体，收效良好。二是做好先期开工项目研究。之前我们定的先期开工项目是 3 号、7 号、8 号支洞和工程出口段，为有效缩短工期、优化施工安排，要把工期在 90 个月以上的支洞纳入先期开工项目进行再研究，尽快落实可行性。三是做好资金筹措方案研究。按照资金筹措原则，确定好资金筹措规模和投资分摊情况，降低投资风险，以保障工程良性运行和可持续发展。四是打好时间差，用好窗口期，继续加强工程建设前期勘探工作。虽然大家之前已经做了大量的勘探工作，不过受制于疫情等方面的影响，勘探量距离摸清实际地质情况还有不小的差距。下一步，我们要结合初步设计报告对复杂地段和特殊位置继续开展加密勘探工作。

（三）按下“快进键”，加快公司注册企业建设

一是按照国家工商总局新设企业名称保留告知书给出的限定时间，于3月4日前在武汉完成项目法人注册、办公楼选址等工作。二是按照精简高效的原则，抓紧完成机构调整，明确职责划分、人员引进以及薪酬福利体系等。三是对现场管理机构筹建开展进一步研究，寻找缩减为三个现场管理机构的可能性。四是积极完成开办费资金筹集、开立银行账户、完成税务登记等工作。五是随着公司发展，计划通过开通网站、微信公众号、季刊、手机报等多种形式，提高宣传能力，挖掘宣传热点和先进事迹，形成有效的宣传阵地，扩大公司知名度、美誉度和影响力。

（四）找准“切入点”，深度参与可行性研究和初步设计全程

一是深入研究运行期相关管理工作，包括地价、面积、运行管理机构的设置等，认为不合理的地方在可行性研究阶段要主动跟中国国际咨询公司沟通修正，如果在可行性研究阶段不好修正，初步设计阶段也一定要修正过来。二是组织力量全过程参与施工组织设计和初步设计工作，认真领会设计意图，掌握设计细节，把思路和想法贯彻到设计文件中去，特别是施工支洞、竖井、斜井的布置要进一步研究，能取消的要取消，进而实现初步设计成果方案合理、施工方便、投资节省。三是进一步开展施工工法比选研究。包括TBM选型、TBM法和钻爆法施工洞段占比优化等问题，都要再深入、再研究、再论证，确保方案最优，比选最合理。

（五）攻克“技术关”，做足项目建设技术准备

一是要充分利用窗口期，梳理工程关键技术难题，加大关键技术研究。除先期开展的6项科研项目外，持续加快科研项目梳理、研究工作，在合理情况下，实现工期压缩。二是对工程方面的专家、专业咨询机构要早下手、早了解、早掌握，快速凝聚国内外顶尖专家力量，有针对性地开展科技攻关和考察调研工作，为工程顺利实施提供技术支撑。三是规划好信息化系统，做好“智慧引江补汉”，并致力于将其打造成为数字孪生南水北调的样板。四是以开展科研项目为依托，培育出一批具有行业影响力的原创科技成果和专项科技人才，为集团和我们自身的长远发展奠定基础、积累经验、储备人才。

（六）坚持“系统化”，有序开展内控体系建设

内控体系建设是提升企业经营管理水平和风险防范能力的重要方式。要想完全发挥出内控体系的作用，就要建立相关的规章制度予以保障。我们作为新组建的单位，因为公司新、人员新、业务新，所以必须尽快从优化环境、制定程序、完善监督、加强风险四个方面建立起内控体系，把工作框在制度的笼子里，做到内部结构合理、工作体系完善、制度衔接有序。一是根据《规章制度编制计划表》，继续有序开展编制工作，逐步编制、实施符合引江补汉工作特性的规章制度。二是进一步明

确编审流程，促使制度编制规范化、程序化、系统化，更好地为公司管理和工程建设提供制度保障。

（七）拨好“算盘珠”，提前谋划业务板块拓展

引江补汉工程建设是我们的基础和根本，在做好工程建设的前提下，谋求更多、更好的发展是我们必须着重考虑的事情。现阶段，在全面梳理、盘点家底的基础上，还要盘算好有哪些新的业务板块可以做。一是可以和有技术储备的参建方合作开发工程建设砂石骨料，既可以保障工程建设需要，又可以适当进行资金储备。二是可以与新能源公司合作在工程沿线进行风电、光伏和抽水蓄能开发的有益探索。三是可以借助前期与武汉市各区政府在办公楼用地选址上建立的关系，进一步加强沟通协调，探索在武汉市的区域水网建设，为日后拉长水产业链打下基础。

（八）大兴“学习风”，着力培育特有企业文化

企业文化是企业发展的深层次推动力，已经融汇在企业的观念和行为中，潜移默化地影响着企业的发展。作为新组建的单位，全体干部职工都要保持虚心的学习态度，掀起良好的学习风潮，在提升自身工作能力、适应公司发展需求的同时，为企业文化培育奠定基础，增强员工对江汉水网的认同感、归属感、责任感和使命感。

一是要牢固树立终身学习的思想理念。我们站在这样高的一个平台，承担着如此重要的工程建设任务和以后的水网建设开发责任，将来会面临着很多新情况、新问题，需要我们不断去学习、去思考、去研究。学习是重要任务，也是当务之急，请大家牢记。二是加强学习是深化思想认识的必然途径。现在我们面临着194.8km长、12.2m大直径的隧洞建设任务，这是一个全新的领域，必须虚心学习，甘当小学生，一切从学习开始。再忙也要挤出时间读书，用知识装备提升自己的素养。三是以优良的学风保障工程建设高质量发展。学习不能拘于形式，关键还是得看效果。在学习经常化、系统化的基础上，把学习与工作紧密结合起来，把学习成果应用于克服工程建设难点、提升工程建设效率上。

总之，要实事求是，一切从实际出发，以学习为基础，着力培育特有企业文化。一方面可以发扬好传承好南水北调在70年奋斗历程中积淀的使命担当精神、协调发展精神、创新实干精神和伟大移民精神等；另一方面可以为布局好、谋划好我们江汉水网特有的企业文化，增强企业凝聚力，营造良好的企业文化氛围奠定基础。具体来说就是围绕工程建设和公司发展构建一个以水为亮点，有着鲜明江汉特色的企业文化；打造一个以水为名片、有着南水北调品牌基础、鲜明的江汉特色的企业品牌，并传承好、发扬好，以此来拓展企业美誉度和影响力。

（九）处好“五关系”，助力实现高质量发展

一是要处理好公司与国家各部委之间的关系。借助集团力量，上下一心，打好配合，主动与国家部委汇报对接，

持续跟踪可行性研究审批进展情况。二是要处理好公司与湖北省政府的关系。主动作为、主动协调，要有“锲而不舍，金石可镂”的决心和毅力，拿出“吃苦、吃亏、吃气”的劲头，做好沟通、解释工作。不仅为工程顺利开工建设，更为公司参与区域水网、地方水网建设积累关系，打牢基础。三是要处理好公司与集团的关系。要做到高度重视、充分尊重，集团有部署的，要按照指示精神不折不扣贯彻落实好，集团有要求的，要按照时间节点保质保量完成。四是要处理好公司与兄弟单位的关系。不仅包括系统内的兄弟单位，还包括系统外的。努力寻找合作机会，加大合作力度，扩大“朋友圈”，最终实现共赢。五是要处理好公司与参建方的关系。无论是在设计阶段还是在工程建设阶段，一定要充分发挥好我们的主导作用，突出好我们的核心地位，扮演好监督角色，把好质量控制关、安全生产关。

（十）建好“防火墙”，力推党建纪检齐抓共管

一是在满足基本党员人数的基础上，加快推进党委、纪委的设立，切实将“四同步”要求落实落地。及时成立基层党支部、选举支部委员会，充分发挥支部战斗堡垒作用和党员先锋模范作用。二是继续深入学习领会习近平新时代中国特色社会主义思想和习近平总书记的重要讲话重要指示批示精神，特别是“5・14”重要讲话精神，不断强化理论武装，提高政治站位，心怀“国之大者”，牢记“三个事关”，站在党和国家战略发展全局的高度，充分认识引江补汉工程的重大意义。三是认真贯彻落实好中央以及集团党组和纪检监察组的决策部署，牢牢把握推进南水北调后续工程高质量发展的内在要求，促进党建和业务深度融合。四是充分发挥领导干部的“头雁”作用，筹备组主要负责人履行“第一责任人”职责，领导班子成员履行“一岗双责”。研究制定年度全面从严治党主体责任清单，把党风廉政建设责任制的落实与业务工作紧密结合起来，同研究、同部署、同检查、同落实。五是建好教育、制度、监督并重的预防和反腐败工作“防火墙”，形成组织、群众与社会的全方位监督，使各级干部处于有效的监督之下，确保工程安全、资金安全、干部安全。

同志们，节点决定起点，开局关系全局。新的一年，任务依然艰巨，责任更加重大，希望大家迅速行动起来，勠力同心、锚定方向、再接再厉、乘势而上，奋力实现工程开工建设，奋力探索涉水业务新发展，以优异成绩迎接党的二十大胜利召开。

凝心聚力　乘势而上　奋力谱写引江补汉工程全面开工建设新篇章

——在江汉水网公司2022年工作会上的讲话

中国南水北调年鉴江汉水网建设开发有限公司董事长　高必华

（2023年1月31日）

同志们：

大家上午好！今天我们在这里汇聚一堂，召开江汉水网公司2023年工作会议。会议的主要任务是：深入学习贯彻党的二十大精神，完整准确全面贯彻新发展理念和习近平总书记“5·14”重要讲话精神，落实中国南水北调集团2023年工作会议精神，总结回顾公司2022年工作，分析当前面临的形势，安排部署2023年重点任务，奋力推进引江补汉工程实现全面开工建设，为推进南水北调后续工程高质量发展、加快构建国家水网、加速建设世界一流企业作出积极贡献。

一、2022年工作回顾

2022年是党的二十大胜利召开之年，是党和国家历史上具有里程碑意义的一年，也是江汉水网公司创建开局之年和引江补汉工程开工建设之年。党中央、国务院高度重视引江补汉工程，国务院总理对工程开工作出重要批示，7月7日召开开工动员大会，国务院副总理、推进南水北调后续工程高质量发展领导小组组长韩正出席大会并宣布工程开工，国务院副总理胡春华主持大会。引江补汉工程成功入选国务院国资委2022年度央企十大超级工程。

一年来，在集团党组的坚强领导下，江汉水网公司聚焦主责主业，切实履行项目法人职责，牢牢把握引江补汉工程使命任务，强化管理，抓重点、抓难点、抓节点，采取了一系列行之有效的措施，啃下了一个又一个的硬骨头，全力推进引江补汉工程建设。通过全体干部职工的共同努力和奋力拼搏，交出了一份亮丽的成绩单，公司组建及治理体系建设、可行性研究批复、工程开工、初步设计编报、公司基地摘地等目标任务圆满完成，实现了引江补汉工程建设良好开局，得到了上级领导和有关各方的充分肯定。

（一）锚定目标，挂图作战，齐心合力推动开工动员大会胜利召开

一是疏堵点通卡点全力推进要件办理和可行性研究批复。集团领导亲自部署、亲自协调，二十次召开专题协调推进会，集团各部门大力支持、相互协同，

与我们并肩作战，公司领导率领专班常驻现场，千方百计、深入协调，真正体现了上下一盘棋、全员一条心。过程中我们更是挂图作战、极限压缩、压茬推进，坚持“盯、快、挤”的顽强工作方法，超常规加速完成引江补汉工程20项前置要件办理工作。6月27日，国家发展改革委正式批复引江补汉工程可行性研究报告；6月29日，水利部正式批复引江补汉工程出口段初步设计报告。二是齐心合力推动开工动员大会胜利召开。在集团党组的坚强领导下，在集团各部门的大力支持和帮助下，在地方各级政府的协调配合下，我们统筹谋划，组织精兵强将，成立专班，制订方案，梳理清单，把任务精准到点、把责任落实到人，精心策划、精心组织、精心落实、精心检查，多方协同、反复演练，7月7日成功举办引江补汉工程开工动员大会，正式拉开了南水北调后续工程高质量发展帷幕，开工仪式“简洁大气、庄重热烈”，中央及水利部领导给予高度评价，社会反响强烈。

（二）依法合规，强力推进，全面完成年度采购任务和投资计划

一是依法合规及时组织出口段招标采购工作。我们超前谋划，精心准备，深入研讨，反复论证，快速组织编制采购文件，7月24日组织完成出口段土建施工及设备安装标、监理标招标采购工作。二是强力推动出口段征迁工作。坚持统筹推进，认真研究征迁政策，深入分析卡点、堵点、难点。专班人员主动跑办，积极盯办，精准核查，紧盯实施。8月2日与丹江口市人民政府签署《引江补汉工程出口段建设征地移民安置任务与投资包干协议》，如期完成出口段484亩先期建设征地任务，有力保障了出口段工程顺利实施。三是顺利完成年度投资目标和进度目标。及时研究制定2022年度15.15亿元的年度投资计划，迅速组织分解投资，压实责任、密切跟踪、积极促进，全年完成投资15.25亿元，占投资目标的100.7%。编制出口段工程年度建设进度计划，确定出口段主洞、桐木沟检修交通洞进洞施工的年度进度目标，强力推动工程建设的实施落地。出口段工程已进入主体工程建设，主洞具备进洞施工条件，桐木沟检修交通洞进洞施工50m，累计完成土石方开挖68.7万m^3，锚杆施工2628根，喷射混凝土1624m^3。

（三）成立专班，健全机制，圆满完成初步设计报告的编报工作

一是紧张有序推进初步设计招标工作。提前谋划、周密准备，可行性研究报告批复后，迅速启动初步设计采购工作，10月顺利完成初步设计招标及合同签订。二是统筹推进初步设计编制各项工作。公司与长江设计集团联合成立工作专班，组建方案、概算、移民和水（环）保4个专业小组，协调解决有关问题。制订初步设计编制工作方案和计划，明确各专题报告编制完成时间节点和责任人，紧抓关键，压茬推进。三是深度参与初步设计编制。在集团的指导下，深度参与初步设计，建立设计会商会和专题会制度，组织召开研讨会30余次、

设计会商会8次、技术专题会23次和初步设计专家咨询会11次，协调解决重大问题，及时把集团和公司的理念和思路贯彻到初步设计中。四是强化考核激励约束机制。在勘察设计招标文件中，设置初步设计、招标设计、施工图设计阶段全周期、全要素及全过程考核机制，强化设计责任，充分调动设计单位的工作积极性和创造性。五是建立咨询机制。与高等院校、科研机构等单位建立合作机制，聘请专业技术人才，开展咨询论证和技术支持，破解技术难题。六是高质量完成初步设计报告编制目标。为了克服错综复杂的疫情，采取集中办公，实施封闭管理，发扬“5+2”“白+黑”的拼搏精神，一年工期半年完成。12月25日将编制的17份初步设计报告、6份附件、1050张图纸和17份专题报告等成果顺利报送集团。1月8—10日，水利部水规总院召开引江补汉工程初步设计报告审查会，为初步设计报告如期获批奠定了坚实基础。

（四）围绕发展，强化管理，高效推进公司组建和干部队伍建设

一是高效完成公司组建。2月25日，江汉水网公司完成工商注册；3月11日，公司正式挂牌运营，实现了从筹备组到公司的高效转变。二是合理设置机构。根据集团批复“三定”方案，设立11个职能部门，及时成立丹江口建设管理部，相继成立保康及宜昌两个建设管理部筹备组，保障各项工作有效运转。三是有序充实人才队伍。根据工程建设及发展需要，通过系统内外选调、校园招聘等方式，多批次、多层次，有序充实干部队伍99人。四是配齐配强各层级干部。根据工作需要择优选拔部门正职干部6名，部门副职干部12名，处室职级干部15名。五是协调解决职工后顾之忧。积极与地方政府沟通协调，在职工户口落户、购房资格及购房补贴、子女教育、职工家属就业等方面积极争取地方支持。六是完成公司基地项目摘地工作。成立工作专班，及时摸清地方政策，对供地方案进行深入研究，经多次沟通，在兼顾地方政府诉求的基础上，12月15日顺利完成办公用地网上竞拍，成功竞得位于武汉市东西湖区的26亩商务地块，目前已完成土地使用权出让合同签订相关手续办理，为公司基地后续建设和公司长远发展奠定了坚实基础。

（五）围绕重点，深入调研，稳步推进科技创新

一是持续推进科研项目立项。以服务引江补汉工程建设为导向，围绕工程重点难点，组织技术交流，开展现场调研，召开专家咨询会，提出了6项重点科研项目，目前正在积极推进与工程难题紧密相关、支撑总体初步设计的科研项目。二是广泛开展技术交流。围绕引江补汉工程关键技术，积极与科研院所、高等院校、有关企业等单位开展技术交流30余次，承办“南水北调后续工程中线引江补汉工程关键技术交流研讨会”，取得良好成效。三是深入开展学习调研。在前期引江补汉办公室开展的10余次工程现场调研基础上，继续深入开展“走项目 学经验 促提升”大调研活动，实

地调研滇中引水、珠三角水资源配置、宜兴铁路、江西铜矿千米竖井等项目，累计形成调研报告10余份，深入开展调研情况大讨论，统一管理思想、完善管理理念、明确管理思路、优化管理方法。四是加速推进数字孪生建设。成立数字孪生建设领导小组，推动勘察设计孪生平台、数字化建管系统开发先行先试项目，实行清单管理，实施挂图作战，目前勘察设计孪生平台已完成初版功能开发，数字化建管系统已完成采购，正在稳步推进建设开发。

（六）建立机制，压实责任，强化落实质量安全责任

一是逐步完善组织保障。公司及建管部均成立了本级安委会及质量工作领导小组，明确了公司领导、各部门及建管部的工作职责及分工，将各参建单位纳入质量安全管理体系，建立了由建管部牵头、参建各方齐抓共管的责任网格。二是确保质量安全管理机制有效运转。公司及丹江口建管部先后组织召开安委会、质委会、专题会及月例会13次，及时传达上级有关精神，分析质量安全生产形势，部署质量安全工作。三是逐步完善质量安全管理规章制度。印发《安全生产管理办法》《工程建设质量管理办法》《突发事件应急管理办法》等21项管理制度，并及时组织宣贯学习，确保高效应用。四是扎实开展安全生产专项行动。深入组织安全生产提升年、“迎二十大”安全加固等专项行动以及“安全生产月”活动，增强了全员安全意识、营造了浓厚的安全生产氛围，保障了安全生产各项工作有序开展。五是积极推动安全风险分级管控和隐患排查治理工作。强化危险源管控责任和措施的落实，及时开展出口段工程“拉网式”安全风险辨识，共辨识危险源74项，编制风险评价报告并督促整改。六是强化全员质量安全生产责任制运行及考核情况的监督检查。组织各参建单位签订质量安全生产责任书，进一步压实生产责任，严把工程建设准入审查、班前交底、考核奖惩等各环节质量安全关，最大限度防范遏制各类事故发生。

（七）依法合规，完善机制，着力加强投资控制管理

一是着力加强初步设计招标控制。可行性研究报告批复后，迅速组织开展初步设计招标工作，深入优化方案，设置初步设计招标控制价，在合同中约定设计优化奖惩条款，合同金额可控在控。二是强化工程招标管理。在确保符合行业现行编制规定和定额要求的基础上，结合市场价格和竞争情况，合理设置招标控制价、资格条件，科学设置评分标准、合同条款。建立投资控制考核机制，强化对参建各方的考核，在招标文件中，约定进度款支付比例，增加考核基金并严控价差调整。三是加强资金管控。编制印发财务制度20项，初步完成财务管理体系搭建。严格落实全面预算管理，逐层分解预算目标，压实预算执行责任，确保预算全面落实。四是积极开展各类专项行动。扎实开展综合治理专项行动，进一步提升合规管理，开展提质增效专项行动，制订成本管理实验室活动方案，

深入推进全过程成本管理，开展勤俭办企专项行动，推动规范高效管理和资金使用。2022年，管理费用支出0.51亿元，比年初预算节省36%，“三公经费”控制在预算批复范围内。

（八）固本强基，统筹推进，持续完善公司治理体系

一是全力推进制度建设。成立制度建设领导小组，明确规章制度编审流程，分两批次梳理出了涵盖公司治理、工程建设管理等内容的制度清单，已编制完成127项，满足公司治理和工程建设需要。二是初步形成权责法定、协调运转、有效制衡的公司治理体系。制定党委会、董事长办公会、总经理办公会议事规则，明确公司各治理主体的权责边界和工作方式，同步编制公司决策程序指引、部门内设机构职责、建管部运营手册，进一步理顺组织机构职能和管理层级，治理体系进一步完善。三是建立并实施督办机制。围绕重点工作、重要决定、领导批示，确定督办事项，建立工作清单，实施动态管理，加强过程催办，全年推动20项重要事项办结。四是积极开展“管理实验室”活动。根据集团公司的统一部署，印发工作方案，成立领导小组及办公室，强力推动基础制度管理完善，强化制度编制、宣贯和应用，不断改进制度的适用性和可操作性，着力推动工程建设及科技创新制度体系建设。五是科学编制“十四五”发展规划。围绕引江补汉工程建设核心任务，确定了公司“12345”发展思路与目标，为公司后续发展谋好篇、布好局。六是加强宣传引导。坚持做好工程建设及公司发展重大节点宣传工作，2022年共发表各类新闻报道92篇，联系媒体配合开工动员大会、关键技术交流会等重大活动，发表媒体报道97篇，营造了良好舆论氛围。创新宣传形式和手段，12月26日公司门户网站、微信公众号正式上线，反响良好。七是持续统筹疫情防控和公司各项工作。2022年新冠疫情防控形势空前严峻复杂，我们主动作为、沉着应对，坚决落实上级和地方防控要求，不断完善疫情防控管理体系，建立基础信息日报和离汉审批制度，多次组织桌面推演，及时采取居家办公、在线办公、集中办公等工作模式，确保工作不脱节，保障重点工作进展。同时确保各类防疫、生活物资保障到位，切实保护员工身心健康，“二十条措施”出台前公司全员实现“零感染”，且平稳度过疫情防控政策调整适应期，在做好疫情防控的同时，实现了初步设计报告编报、出口段工程建设、公司基地摘地等重点工作的稳步推进。

（九）党建引领，挺纪在前，全面加强党建和党风廉政建设

深入贯彻新时代党的建设总要求，认真贯彻落实习近平总书记关于国有企业党的建设重要论述精神，始终坚持“两个一以贯之”，在完善公司治理中加强党的领导，以高质量党建引领保障高质量发展。一是建立健全党组织。根据集团直属党委统一部署，成立公司党员大会筹备组，制定公司“两委”成立工作方案，4月19日胜利召开党员大会，

选举产生第一届公司党委和纪委，并先后成立7个党支部、16个党小组。二是建立完善现代企业制度。充分发挥公司党委把方向、管大局、保落实作用，制定“三重一大”决策制度实施办法和党委议事规则，制定党委会前置研究和决策事项清单，严格实行“第一议题”制度，召开党委会24次，审议议题132项。三是全面压实党建责任。制定党委落实全面从严治党主体责任清单、重点任务清单，层层传导压力，逐级压实责任，推动党委书记履行全面从严治党第一责任人责任，党委班子成员落实“一岗双责”。组织开展两轮次落实全面从严治党主体责任和中央八项规定精神执行情况专项检查，及时发现问题并整改落实，召开公司党委与纪委会商会，推动管党治党不断走向“严紧硬”。四是促进党建与业务融合。深入开展“学查改”专项工作，紧密结合职能职责，按照“六对照六看六查”要求，查摆问题，剖析原因，整改提升；积极开展“奋进红五月 喜迎二十大”活动，制订实施方案，形成20项重点任务，弘扬五种精神、做到五个争当，确保活动实效；实施“党建+”工程，推动各党支部结合自身职责开展党建活动，强化党建与业务工作融合；开展“庆七一 促开工”主题党日系列活动，为推动工程开工凝聚合力、注入动力；开展“走好第一方阵 我为二十大作贡献”专题党课和主题党日活动，引导党员干部鼓足奋进新征程、建功新时代的精气神。五是坚持初始即严、一严到底。积极打造廉洁引江补汉工程，6月7日，与长江水利委员会纪检组签署了南水北调后续工程廉洁共建协议；8月15日，配合集团在武汉召开引江补汉工程廉洁共建联席会议，推动廉洁建设和工程建设齐头并进，促进监督与项目一同“上马”。监督力度不断加强，监督效能逐步精准，严的基调氛围日渐成型，广大干部职工遵规守纪意识不断提升。

事非经过不知难，人间万事出艰辛。我们走过的每一步都来之不易，凝聚了大家的心血和汗水。总结一年的工作，成绩的取得，一是根本在于习近平总书记的亲切关怀和党中央的高度重视。习近平总书记多次对南水北调作出重要指示批示，党中央的高度重视、习近平总书记的关心关怀，有力引领和保障了南水北调后续工程首开重大项目各项目标的如期实现。二是关键在于集团的坚强领导。集团领导靠前指挥，深入一线，现场督战，全力以赴推进要件办理、开工动员会等重大关键项目，帮助我们坚定信心，极大地促进了引江补汉工程提前实现开工目标；集团各部门职能前移，及时为工程建设排忧解难，帮助我们提高效率、果断决策，发挥了很好的作用。三是得益于各级政府和上级有关部门的大力支持。各级政府和上级有关部门以南水北调建设大业为重，以高度的政治责任感和使命感，积极推进引江补汉工程前期工作。水利部统筹协调调度，努力推动引江补汉工程从规划到实施。国家发展改革委、交通运输部、生态环境部、自然资源部、国家林草局、湖北省人民政府对工程规划设计、要件办理、选址用地等各项工作给予了有力支持，为引江补汉工程顺利开工奠定了坚实基础。四是离不开公司全体干部职工和参建各方的辛勤付出。班子成员团结协作、率先垂范，全体员工勠力同心、顽强拼搏，形成了强大的工作合力，保证了各项工作不断取得新成绩、新进展。参建各方共同努力，主动作为，攻坚克难，全力完成了公司年度各项任务。

借此机会，我谨代表公司党委，向所有关心、支持引江补汉工程建设和公司发展的社会各界朋友表示由衷的敬意，向全体干部职工、参建各方一年来的辛勤付出和无私奉献表示衷心的感谢！

二、面临的形势和挑战

同志们，2023 年是全面贯彻落实党的二十大精神的开局之年，是全面推进南水北调后续工程高质量发展、加快构建国家水网的关键一年，是集团转隶国务院国资委后适应新形势、新要求的第一年，也是引江补汉工程迈向全面开工建设的加速起步之年，我们必须准确把握南水北调在党和国家事业全局中担当的重大使命，准确认识引江补汉工程面临的新形势、新要求、新任务，坚定信心，抢抓机遇，乘势而上，切实增强做好引江补汉工程全面开工建设的信心和底气。

（一）深刻领会好习近平总书记心中的“国之大事”

南水北调是“国之大事”，事关战略全局、事关长远发展、事关人民福祉。习近平总书记半年时间两次视察南水北调工程，亲自主持召开推进南水北调后续工程高质量发展座谈会，多次作出重要指示批示。中央成立了推进南水北调后续工程高质量发展领导小组，高位推进后续工程规划建设，明确要求加快实施引江补汉工程。充分体现了对“国之大者”的深远考量，彰显了南水北调工程在构建新发展格局中的战略地位，为我们做好南水北调各项工作指明了方向，提供了根本遵循和行动指南。

（二）充分利用好国家政策提供的有利环境和发展机遇

在党的二十大胜利召开之际，党中央、国务院正式印发了《国家水网建设规划纲要》，明确了国家水网建设的总体布局、具体任务和工作要求，对国家水网宏伟蓝图作出了全面系统安排。水利部相继印发了《关于实施国家水网重大工程的指导意见》《贯彻落实〈国家水网建设规划纲要〉实施方案》等一系列文件，对构筑国家水网提出了新举措、新要求，为加快推动构建国家水网、高标准高质量推进引江补汉工程建设提供了有利的政策环境支持。同时，受疫情等超预期因素冲击，国家经济面临下行压力，党中央、国务院多次强调，要全面加强水利等网络型基础设施建设。引江补汉工程作为全面推进南水北调后续工程高质量发展、加快构建国家水网主骨架和大动脉的重要标志性工程，吸纳投资大，产业链条长，肩负着拉动经济增长、创造就业机会的政治责任和社会担当。这些有利的政策环境为我们高标准高质量建设好引江补汉工程提供了强大助力。

（三）牢牢把握好集团给予引江补汉工程的倾力支持

集团成立以来，南水北调后续工程建设进入了加速期和快车道。集团把引江补汉工程开工建设作为集团推进南水北调后续工程高质量发展的头等大事。专门组建江汉水网公司作为项目法人，强化公司治理和引江补汉工程前期各项工作的研究指导，以最鲜明的态度、最迅速的行动、最有力的措施，举全集团之力推动前期工作和工程建设，不仅给予了我们强大的信心，也为我们全面推进后续工程建设提供了坚强后盾。

新的征程上，江汉水网公司肩负的责任更加重大、使命更加光荣。同时，我们也要清醒看到，引江补汉工程建设面临的困难和挑战还有很多，难题还有不少。

1. 工程技术复杂程度高，施工难度空前。引江补汉工程地质条件复杂、技术难度大，面临“三高三多”不良地质条件，TBM 需要 10 台，开挖直径达 12.2m，最大埋深 1182m，大于 600m 埋深的隧洞占比 50%，施工难度空前。突泥涌水、软岩变形和岩爆等技术难点突出，同时还带来了 TBM 选型、支洞布置困难、掘进过程中排水要求高、高地温等诸多一系列难题。如何有效破解这些难题，将是工程建设能否顺利的关键点。

2. 鉴于投融资体制改革，投资控制压力大。工程可行性研究批复总投资 582 亿元，其中中央预算内投资 205 亿元，仅占 35%，其余 65%均需公司自筹解决。且工程投资超出概算 10%的部分，不得计入水价，需要公司自身消化，这无形给工程投资控制带来更大压力。同时，由于工程建设周期长，物价变化、突发事件等因素会对工程投资带来很多不确定性，投资控制难度大。另外，高标准高质量建设引江补汉工程需要一批高素质建设管理人才，并且考虑为南水北调后续工程建设培养一支专业技术干部队伍的实际需要，建设管理费用需求较大，而初步设计报告中建设管理费为 5.56 亿元，缺口也很大。

3. 地方政府支持力度有待进一步激发，征地移民难度大。从可行性研究要件办理过程看，湖北省一直主张引江补汉沿线输水工程应与引江补汉工程同步建设，据悉水利部已将沿线输水工程可行性研究报国家发展改革委，但是否能顺利获批或何时获批存在不确定性，会直接影响湖北省对引江补汉工程的支持力度。从当前办理先行用地情况看，我们虽然积极与地方政府和湖北省水利厅沟通，协调办理地方政府承诺及行业主管部门超规模动工说明两个要件，但是目前仍然没有确定结果；而先行用地办理的依据是《关于用地要素保障接续政策的通知》，该文件有效期截止时间为 2023 年 3 月 31 日，其间穿插工程招标、移民安置补偿等工作，时间紧迫，协调难度很大，先行用地办理一旦超期，对前期开工计划影响巨大。

4. 对标高质量建设引江补汉工程需要，干部职工能力有待进一步提高。对于我们广大干部职工来说，建设引江补汉工程是一份全新的事业。公司成立以来，我们五湖四海选拔人才，从原南水北调中线建管局、水利、铁路等相关单位以及通过校园招聘充实了一批工作人员。集团对建设引江补汉提出了高标准、严要求，正式转隶国务院国资委以后，管理体制、机制等又将面临新的转变，这对我们都是新的冲击和考验。对标高质量建设引江补汉工程新形势、新任务、新要求，需要我们及时转变思想观念，迅速适应角色定位，提高政策把控能力、统筹谋划能力和工作执行能力，进一步提高工作质效，更好地满足高质量建设引江补汉工程需要。

三、2023 年工作安排

同志们，2022 年，我们圆满完成了集团部署的各项任务，实现了公司开局起步和引江补汉工程开工目标。2023 年，引江补汉工程即将全面铺开建设，责任和使命更加重大和光荣。新使命催人奋进，新征程任重道远。

综合分析形势任务，做好 2023 年工作的指导思想和总体目标是：全面贯彻习近平新时代中国特色社会主义思想，深入贯彻落实党中央、国务院国资委和集团党组的重大决策部署，在集团的坚强领导下，聚焦引江补汉工程全面开工建设总体目标，凝心聚力，乘势而上，全力以赴推进初步设计报告批复、工程建设全面开工、出口段工程标杆建设等重点任务，推动江汉水网公司高质量发展迈出有力步伐，奋力谱写引江补汉工程全面开工建设新篇章。

为完成 2023 年任务，需要我们重点抓好以下九个方面的工作：一是毫不松懈，精心组织初步设计批复工作，保证初步设计报告尽早获批；二是统筹协调，全力推进工程全面开工建设，确保完成年度投资任务和工程建设任务；三是持续加压，深入做好出口段工程建设，不断提高管理水平，树立窗口形象；四是开拓创新，持续做好科研攻关工作，重点做好与当前工程建设密切相关的科研成果推广和转化；五是一丝不苟，严把工程建设质量关口，争创优质精品工程；六是压实责任，狠抓安全生产和生态环保工作，切实提高工程建设安全和生态环保管理水平；七是完善机制，持续健全公司治理体系，不断提升公司治理能力；八是精心谋划，积极开创公司发展之路，持续践行公司发展战略；九是强根铸魂，以高质量党建引领保障高质量发展，积极营造风清气正的政治氛围和干事创业的生动局面。

（一）毫不松懈，精心组织初步设计批复工作

一是充分认识初步设计及时批复的重要性。去年年底，在大家的共同努力下，我们顺利完成初步设计编制，并报水利部审查。初步设计及时批复是引江补汉工程全面开工建设的前提。因此，我们要把困难想得更多些，把准备工作做得更足一些，把目标节点盯得更紧一些，对下一步审批会出现的难点和问题要提前做好分析和准备。二是以钉钉子精神做好审查跟踪。在集团的统一部署下，会同集团有关部门做好国家发展改革委、水利部、水利部水规总院的沟通

协调工作，跟踪做好初步设计审查，配合完成审查解释和意见整改工作，加强与审查、核概单位及相关主管部门的沟通汇报，力争在2023年6月底前初步设计报告获得国家发展改革委核概及水利部批复，推动主体工程尽早全面开工建设。三是继续深入研究完善初步设计成果，做好成果质量、投资控制等方面把控，对尚未明确的重大技术问题进一步深入研究，及时破解技术难题。

（二）统筹协调，全力推进工程全面开工建设

一是做好施工准备工程开工实施工作。根据工程计划安排，把控制工期大于100个月的5个施工支洞（3号、6号、7号、8号、12号）作为第一批项目于4月中旬先行开工。同时把其他检修交通洞对应的永久用地、进场道路、场平等准备工程，以及进水口龙潭溪大桥工程，也作为施工准备工程提前实施。二是制定工程总体进度计划。结合初步设计成果，根据不同工期要求，做好施工总体进度安排，按进度计划分批次组织工程全面开工建设。三是做好主体工程分标工作。要提前谋划工程分标各项事宜，细化分标内容，及时编制引江补汉工程主体工程分标方案，为工程招标做好准备。四是做好招标采购工作。编制招标方案、招标文件，融入管理思路，完善合同条款，确保及时依法合规完成采购工作。五是提前启动移民安置协议谈判工作。加强与省水利厅和沿线地方政府的沟通协调，统筹好先期开工项目征迁和全面开工建设征迁工作，做好初步设计批复后与沿线相关地方政府的协议签订准备，为工程开工提供用地保障。六是确保完成年度投资任务。2023年度投资计划为28.41亿元，结合工程总体建设进度要求，做实做细年度投资计划的分解、下达和过程监管工作，明确目标，压实责任，全面加强对投资控制的全过程管理，以月保季、以季促年，确保完成年度投资任务。七是加快推进宜昌、保康建管部筹建和工程开工各项准备工作，加快建章立制，加强与地方政府相关部门的沟通联络，营造良好建设环境。

（三）持续加压，深入做好出口段工程建设

一是明确目标，锚定任务不松劲。2023年引江补汉出口段工程即将进入施工高峰期，要细化任务、强化措施，围绕出口段工程主洞开挖掘进1km、桐木沟检修交通洞开挖支护完成、检修排水泵站（厂区工程）开挖支护完成、安乐河桥新建工程下部结构施工完成、安乐河整治工程河道上游侧施工完成、两郧断裂防渗固结灌浆施工等建设目标，精心组织、精心施工，确保目标任务的实现。二是加快出口段工程建设用地手续办理，确保2023年5月出口段工程建设用地手续全部办结。三是按照样板引路、试验先行原则，继续打造出口段工程样板工地，构建动态、实时的建设项目调度体系，不断提高管理水平，树立窗口形象。

（四）开拓创新，持续做好科研攻关工作

一是深入开展调研交流。结合引江

补汉工程技术难点，继续有针对性地开展考察调研工作，持续与有关高等院校、科研院所、行业协会学会进行技术交流，拓宽研发资源合作渠道和形式，努力构建“产学研用”平台，促进技术资源、人才资源等要素的有效组合、协同与共享，为工程顺利实施提供技术支持。二是推动科研项目落地。把创新作为第一动力，在守正创新中找到突破口，持续深入开展深埋大直径TBM快速施工、深埋长隧洞超前地质精准预报、TBM施工不良地质超前加固处理等技术研究，重点做好与当前工程建设密切相关的科研成果推广和转化。三是持续推进数字孪生建设。全力推动数字孪生引江补汉先行先试项目建设，加强对工程建设进度、质量、安全、投资控制等全过程信息化管控。

（五）一丝不苟，严把工程建设质量关口

一是推行全面质量管理，全面贯彻“质量第一 规范管理 利国利民”的质量方针，争创优质精品工程，确保工程项目一次验收合格率达到100%和较大及以上质量事故“零”目标的实现。二是对标先进、对标一流，健全完善技术性制度标准和管理性制度标准，形成科学完整的质量制度标准体系，认真开展现有制度标准适用性评价并组织实施修订工作，夯实质量管理基石。三是强化参建各方主体责任，全面构建参建各方质量管理体系，实行“建设单位履行首要责任、各参建单位履行主体责任”的质量管理体制和工程质量责任终身制。四是强化激励约束与考核机制，严肃查处工程质量事故和质量违规行为，努力营造“比学赶帮超”的质量管理氛围。五是深入推行施工过程标准化管理，全面贯彻落实“管理制度、人员配备、现场管理、过程控制”四个标准化，加强质量管理培训教育，提高管理人员技术水平。六是进一步完善质量管理监督机制，创新监管手段，强化建设标准和各专业施工工艺质量控制标准，有效预警、防范和化解工程质量建设隐患。

（六）压实责任，狠抓安全生产和生态环保工作

一是贯彻执行好管理标准规范以及规章制度，进一步研究运用好南水北调一期工程建设及水利部水利工程监督管理的经验做法。二是创新工程管理的思路方法和手段，充分运用新技术，提升管理信息化、智能化水平，切实提高工程建设安全和生态环保管理水平。三是全面开展安全生产标准化建设，督促参建各方在工程现场持续推行安全标准化管理。四是强化对参建单位的激励考核，进一步规范现场施工管理行为，持续完善风险辨识管控和隐患排查治理，实现工程建设目标全面受控。五是建立生态环境监测监控体系，充分利用数字孪生、遥感测量、视频监控和大数据分析等手段，持续做好环境影响长期跟踪监测与管理。六是加大生态环保科学研究，推进“工程创伤面及高陡岩质边坡植被恢复、隧洞施工排水与涌水分离和处理”等科研项目立项实施，并强化科研成果应用。

（七）完善机制，持续健全公司治理体系

一是进一步理顺公司各部门和各建管部职能定位，充分发挥各部门的管理、监督、服务职能，做实做强各建管部的现场管理职责，完善公司治理结构和权责边界，进一步健全权责法定、协调运转、有效制衡的公司治理体系。二是着力实施“管理实验室”活动，形成一套规范高效并具有引江补汉特点的工程建设管理、科技创新管理制度体系，推进合规管理体系建设，不断提升公司治理能力。三是强化监管，依法合规深化合同管理，加强对投资控制的总体规划和跟踪管理，积极推进合规管理体系建设，从设计、招标、建设等全过程对投资进行控制。四是建立健全全面有效的预算管理体系和科学严密的成本管理体系，加强引江补汉项目建设期全生命周期成本控制。五是强化风险管控，构建业务部门、法务部门、审计部门“三道防线”协同联动、覆盖全面、运行有效的全面风险管理体系。六是结合工程建设需要和公司实际，进一步引进和充实人员队伍。深化新时代“人才强企”战略，多业态培养人才，在引江补汉工程建设实践中培养和锻炼一流人才。

（八）精心谋划，积极开创公司发展之路

一是对照集团“十四五”发展规划，结合自身发展实际，高质量完善公司“十四五”发展规划，谋划好公司发展方向。二是持续践行公司“12345”发展战略，在高标准高质量建设好引江补汉工程的基础上，审时度势，积极探索下步战略，力争在沿线砂石骨料开采、民用爆破、地方配套工程及相关涉水项目开发等方面取得突破。三是稳步推进公司基地项目建设。成立工作专班，全面开展公司基地项目建设勘察设计，积极推进建设项目立项、可行性审批、规划设计等前期工作。同时结合引江补汉工程主体工程初步设计报告批复情况，严格按照招标采购相关规定，及早确定设计和施工单位，力争公司基地在2023年开工建设。

（九）强根铸魂，以高质量党建引领保障高质量发展

一是坚持把政治建设摆在首位，深入学习贯彻习近平新时代中国特色社会主义思想，持续抓紧抓实抓好党的二十大精神学习宣传贯彻工作，引导党员干部深刻把握其丰富内涵、精神实质和实践要求。充分发挥党委把方向、管大局、保落实的作用，推动工程建设和公司发展融入贯彻落实党的二十大各项决策部署的生动实践。二是压紧压实全面从严治党主体责任，进一步强化制度体系建设，补齐制度短板，将党的制度建设贯穿于公司治理各环节。严格抓好党内法规制度落实，贯彻落实公司党委全面从严治党主体责任清单、重点任务清单和中央八项规定精神实施办法，对标对表检视查找问题，促进全面提升。三是进一步夯实基层基础，扎实推进党支部标准化规范化建设，不断健全组织制度、

规范工作流程、完善考核机制，持续提升基层党建工作质量。四是坚持党管干部，加强干部队伍建设，做好干部培养、选拔、管理和使用工作，着力发现培养优秀青年干部。五是围绕工程建设和公司治理两条主线，坚持监督与公司治理同步抓，廉洁共建与工程建设同步上马，着力提高纪检监督的预防、发现、处置能力，突出政治监督，做实日常监督，坚持初始即严、一严到底的决心，强化正风肃纪，积极营造风清气正的政治氛围和干事创业的生动局面。

同志们，路虽远，行则将至；事虽难，做则必成。2023 年已经到来，这必将是充满机遇和挑战的一年。回顾过往艰辛历程，我们充满激越与感动，展望新年繁重的任务，我们必将坚定更大的决心和信念。让我们站在新的起点，以党的二十大精神为引领，以集团工作会议精神为指导，以更加饱满的热情、更加昂扬的斗志、更加坚定的信心、更加充实的干劲，坚持“干”字当头、“实”字为要，勇担引江补汉工程全面开工建设新使命，再接再厉，驰而不息，继续拼搏，在“志建南水北调，构筑国家水网”的征途上当好先锋队和主力军，为全面建设社会主义现代化国家、以中国式现代化全面推进中华民族伟大复兴作出新的贡献。

坚持严的主基调不动摇
以全面从严治党新成效引领保障高质量发展

——在公司 2023 年党风廉政建设和反腐败工作会议上的讲话

中国南水北调集团江汉水网建设开发有限公司党委书记、董事长　高必华

（2023 年 2 月 1 日）

同志们：

今天会议的主要任务是，深入学习贯彻习近平总书记在二十届中央纪委二次全会上的重要讲话精神及全会精神，贯彻落实中国南水北调集团 2023 年党风廉政建设和反腐败工作会议要求，总结公司 2022 年党风廉政建设和反腐败工作，研究部署 2023 年工作。

刚才，贾志营同志传达了习近平总书记在二十届中央纪委二次全会上的重要讲话及全会精神，王志文同志总结了公司 2022 年党风廉政建设和反腐败工作并就今年工作作出安排部署，大家要结合实际抓好贯彻落实。下面，我代表公司党委讲三点意见。

一、充分认识公司党风廉政建设和反腐败工作取得的成效和面临的新形势

2022 年，公司党委坚决贯彻落实党中央及集团党组决策部署，全面加强党的建设，坚定不移正风肃纪反腐，一体推进“两个责任”，纵深推进全面从严治党，促进公司组建、可行性研究批复、工程开工、初步设计编制等重点任务高质量完成。目前，出口段征迁移民工作已基本完成，工程累计完成土石方开挖 65 万 m^3，主洞具备进洞施工条件，桐木沟检修交通洞已进洞施工。全年完成投资 15.25 亿元，为投资目标的 100.7%。12 月成功竞得公司武汉市东西湖区办公用地，土地使用权出让合同已完成签订，引领保障了公司各项事业高质量发展。

（一）政治建设进一步加强。深入学习贯彻党的二十大精神，党委班子开展宣讲 9 次，参加集团专题学习班 3 次，组织专题读书班 3 期，研讨发言 22 人次，多形式组织党员开展学习并撰写心得 100 余篇。落实党委会“第一议题”制度，组织理论中心组学习 12 次，认真学习贯彻习近平新时代中国特色社会主义思想、习近平总书记重要指示批示精神，深刻领悟“两个确立”的决定性意义，不断增强“四个意识”、坚定“四个自信”、做到“两个维护”。

（二）管党治党责任进一步压实。制定党委落实全面从严治党主体责任清单、重点任务清单，推动全面从严治党

主体责任落实，全年召开党建工作领导小组会1次，全面从严治党专题会2次，党风廉政建设和反腐败工作协调小组会2次，意识形态工作专题会2次，法治建设暨党内法规执行工作专题会1次。组织党委与纪委专题会商，针对落实全面从严治党主体责任及中央八项规定精神检查发现问题，共同研究工作，管党治党责任不断夯实。

（三）正风肃纪反腐进一步深化。一体推进“三不腐”，组织开展警示教育专题会、新入职员工廉洁教育培训，统计关键岗位人员亲属在系统内工作、亲属及特定关系人经商办企业情况，监督协助整治靠企吃企问题。落实“组地”协作机制，与长江委纪检组签署南水北调后续工程廉洁共建协议，配合集团在武汉召开引江补汉工程廉洁共建联席会议，组织召开引江补汉工程廉洁共建协调组第一次会议，印发引江补汉工程廉洁共建实施方案，制定廉政风险防控清单，着力打造优质廉洁工程。

（四）作风建设成效进一步提升。印发贯彻落实中央八项规定精神实施办法，开展专项自查检查，发现11项问题，督促整改11项。紧盯节假日“四风”问题，发送廉政提醒信息、组织学习典型案例、发布廉洁过节公众号文章。组织党员干部签订“厉行节约 反对浪费”承诺书，纪检干部监督“光盘行动”开展情况，对考察调研明确落实中央八项规定精神要求，作风建设取得实效。

（五）监督治理效能进一步发挥。聚焦学习贯彻党的二十大精神、贯彻落实重大决策部署、全面从严治党主体责任、执行中央八项规定精神、党建工作责任制等开展政治监督。加强对“一把手”和领导班子的监督，紧盯选人用人、招标采购、履职履责、疫情防控开展日常监督，部署工程建设廉政风险防控、征迁移民资金使用等专项监督，促进党委为主导，各类监督贯通协同高效。

当前，反腐败斗争形势依然严峻，要时刻保持解决大党独有难题的清醒和坚定。在肯定公司党风廉政建设和反腐败工作成效的同时，必须清醒看到，我们的工作还存在一些不足，面临不少挑战。一是引江补汉工程建设面临风险挑战。引江补汉工程地质条件复杂、投资规模大、建设周期长，不确定性多。随着工程推进，初步设计审批、施工准备、投资计划、招标采购等任务压力巨大，采购、签认、审批、结算等权力运行廉政风险极大，必须坚持以严的措施、严的纪律保障工程廉洁高效。二是公司内控管理还需进一步加强。公司党委自成立以来，大抓制度建设，初步形成了制度体系，保障了公司依法合规开展各项事业。但从监督检查情况看，个别部门（建管部）存在制度执行不够到位问题，管理工作还存在一定短板，需要高度重视、予以改进。三是公司作风建设需要进一步强化。公司党委坚持初始即严，锲而不舍落实中央八项规定精神，制定出台了贯彻落实中央八项规定精神实施办法，干部职工廉洁意识不断增强，但在执行中，个别部门（建管部）还存在对政策把握不够准确等情况，需要持之以恒加强作风建设。对这些问题，我们已经采取措施加以改进，今后必须加大工作力度。

二、深刻领会习近平总书记二十届中央纪委二次全会重要讲话精神，一刻不停推进全面从严治党

（一）突出政治统领，引领党的各项建设贯通协同。全面从严治党，加强党的领导是核心。公司经过一年发展，党的各方面建设、公司治理工作稳步推进、初显成效。进入新时代，面对新形势新任务，我们必须全面加强党的各项建设，以政治上的加强推动全面从严治党。要牢牢把握党的政治建设统领作用，注重统分结合、纲举目张，坚持把政治标准和政治要求贯穿于党的各项建设之中，全面推进党的思想建设、组织建设、作风建设、纪律建设，把制度建设贯穿其中，推动党的各项建设有机衔接、协同协调，促进主体责任和监督责任整体推进、协同发力，管党治党与业务工作相互融合、相互促进，将严的基调、严的措施、严的氛围融入公司治理全过程，以高质量党建引领公司高质量发展。

（二）完善体制机制，健全制度体系。构建全面从严治党体系，重点是健全体系，基础在制度。公司组织机构、制度机制初步建立，已建立的各项制度和体制管不管用、好不好用，还需要实践深入检验，确保科学有效。我们要在实践中不断优化治理结构、风险管控、合规化体系建设，首先坚持制度治党、依规治党，做到有规必依、执规必严，依靠党章党规党纪规范行为、处置问题，同时着眼工程建设和公司发展需要，进一步理顺公司各部门、各建管部职能定位，充分发挥各部门的服务、监督、管理职能，做实做强各建管部的现场管理职责，不断完善公司治理结构和权责边界，健全权责法定、协调运转、有效制衡的公司治理体系。着力实施“管理实验室”活动，及时进行制度建立和修改完善工作，形成一套规范高效并具有引江补汉特点的全面从严治党、工程建设管理制度体系，最大限度释放制度体系的管党治党效能。

（三）运用辩证思维，坚持系统治理。习近平总书记关于全面从严治党的重要论述，充满了唯物辩证法智慧，我们要深刻领会，自觉运用。管党治党上，把握好抓“关键少数”与管“绝大多数”的辩证统一，既要抓住“关键少数”，以上率下；又要管住“绝大多数”。日常监督上，把握好抓早抓小与严肃执纪的辩证统一，运用好“四种形态”，对苗头性、倾向性问题，提醒纠偏，对顶风违纪问题，从严查处。责任落实上，把握好明责履责与追责问责的辩证统一，既要加强主体责任清单落实，形成一级抓一级、层层抓落实的责任体系，又要坚持失责必问，倒逼主体责任压紧压实。惩治腐败上，把握好治标与治本的辩证统一，在不敢腐、不能腐、不想腐上全面发力，既坚定不移、精准有序惩治腐败，又聚焦监督这个基本职责，推进纪检、审计、巡视巡查各类监督贯通协同，强化源头治理。坚持内容上全涵盖、对象上全覆盖、责任上全链条、制度上全贯通，进一步健全全面从严治党体系。

三、准确把握二十届中央纪委二次全会部署要求，坚定不移推进党风廉政建设和反腐败工作

习近平总书记在二次全会上的讲话，深刻分析大党独有难题的形成原因、主要表现和破解之道，深刻阐述健全全面从严治党体系的目标任务、实践要求，对坚定不移推进全面从严治党作出战略部署。集团领导在党风廉政建设和反腐败工作会议上也分别就贯彻落实提出了要求，我们要全面学习把握，狠抓贯彻落实，切实把思想和行动统一到党中央及集团公司决策部署上来，扎实推动党风廉政建设和反腐败工作。

（一）推动政治监督具体化精准化常态化。政治监督不是空泛的、抽象的，而是具体的、实践的。今年，是全面贯彻落实党的二十大精神的开局之年，是加快推进引江补汉工程全面开工建设的关键之年，这些都是“国之大者”“国之大事”，我们要将推动党的二十大精神、党中央决策部署同引江补汉工程、公司发展实际紧密结合，聚焦习近平总书记关于南水北调、国企改革等重要指示批示精神，以及党的二十大重大决策部署贯彻落实情况跟进监督，围绕“一把手”和领导班子落实全面从严治党主体责任、执行民主集中制、依规依法履职用权等情况全程监督，紧扣施工准备工程开工建设、初步设计批复、工程全面开工、出口段工程标杆建设、年度投资目标完成、公司基地开工建设、项目开发取得突破等核心任务精准监督，做到令行禁止，压实责任、纠正偏差、抓实整改，推动政治监督具体化、精准化、常态化，确保落地见效。

（二）筑牢中央八项规定精神堤坝，持续纠“四风”树新风。公司自成立就高度重视作风建设，部署开展二次专项自查，针对存在问题督促整改，还将继续深入开展自查。从检查情况看，公司各部门、各建管部能够从严要求、贯彻执行，但依然存在一些执行不规范问题，需要持续加强监督。要聚焦违规吃喝、公车私用等顽瘴痼疾抓好整治，持续抓好节假日作风建设，以纠治问题实际成效筑牢精神堤坝。持续纠“四风”树新风，把纠治形式主义、官僚主义摆在更加突出位置，密切关注苗头性、倾向性、隐蔽性问题，着力纠治庸懒散，遇到问题躲绕推等陋习，不断巩固“勤俭办企”成果，继续在精简文件、会议上下功夫，以作风建设成效助推公司发展。

（三）全面加强纪律建设。当前公司人员来自五湖四海、四面八方，思想认识、个人经历存在差异，对“严”要求的认识需要进一步强化，必须把各项纪律“立起来”“严起来”。要将党章党规党纪作为理论学习中心组学习、党支部学习、干部培训必修课，不断增强党员干部纪律意识，转化为日常习惯和自觉遵循。要宣传好先进典型，发挥教育引领作用，让党员干部学有榜样、行有示范、赶有目标。要认真落实公司新时代廉洁文化实施方案，加强廉洁文化教育，营造积极健康的党内政治文化。要深化

警示教育，通过召开警示教育会、印发通报文件等以案示警、以案明纪。需要强调，公司新入职了一批年轻员工，提拔了一些年轻干部，要重视年轻干部纪律教育，对新入职员工廉政培训、廉政集体约谈、任前廉政谈话等要长期坚持，引导年轻干部扣好“第一粒扣子”。

（四）坚持“三不腐”一体推进。反腐具有长期性、复杂性，必须深化标本兼治、系统治理，一体推进不敢腐、不能腐、不想腐。要紧盯政策支持大、投资密集、资源集中的领域和环节，重点关注“靠企吃企”等问题，通过信访举报、监督检查、巡视巡查等主动发现问题，提升问题处置能力。对管理层面问题，要督促整改、规范管理；对党员干部苗头性、倾向性问题，要及时提醒、及时纠偏；对违规违纪问题，要深挖细查、严肃处理。坚持系统思维，透过问题看本质、透过业务看政治，注重看到管理漏洞、制度缺失、责任缺位等深层问题，推动以案促改。坚持“一案双查”，对失职失责、落实打折扣、搞变通等问题，严肃追责问责。坚持“三个区分开来”，激发干部职工干事创业的积极性。

（五）建立协同高效大监督工作格局。引江补汉工程具有资金密集、资源富集、权力集中的特征，廉洁风险考验极大，随着工程建设全面铺开，廉政风险陡增，要想不做执纪“后半篇文章”，必须做好监督“前半篇文章”。要健全党统一领导、全面覆盖、权威高效的监督体系，充分发挥党风廉政建设和反腐败工作协调小组作用，强化工作联通协作，加强纪检、党群、审计等部门沟通联动，定期通报情况，形成监督合力。强化与湖北省纪委监委、沿线地方纪委监委沟通联系，继续做好后续参建单位廉洁共建工作，组织各建管部与所在地方纪委监委、合作单位深入开展廉洁共建，推动廉洁共建机制运转，构建有力有效的大监督工作格局。

（六）锻造高素质纪检干部队伍。要紧扣规范化、法治化、正规化加强自身建设。强化政治建设，充分发挥纪委委员表率作用，组织学习贯彻习近平新时代中国特色社会主义思想和党的二十大精神，带动纪检干部提高政治站位、忠诚履职尽责。强化能力建设，通过开展培训、集中学习、实践锻炼等方式，贯通学好党规党纪、法律法规，持续提高斗争本领。强化廉洁建设，主动接受监督，增强法治意识、程序意识、证据意识，不断提高纪检工作规范化、法治化、正规化水平。严格内部流程管控，对执纪违纪现象零容忍，坚决防治“灯下黑”，打造忠诚干净担当的纪检干部队伍。

同志们，全面从严治党永远在路上，自我革命永远在路上，我们要以习近平新时代中国特色社会主义思想为指导，以党的政治建设为统领，全面贯彻落实党的二十大精神，一刻不停推进全面从严治党，坚定不移推进党风廉政建设和反腐败工作向纵深发展，把严的基调、严的措施、严的氛围长期坚持下去，为高质量建设引江补汉工程和公司高质量发展提供有力保障。

二、概　况

公 司 情 况

【引江补汉工程建设领导小组办公室】

2020年5月27日，经水利部同意，中线建管局作为引江补汉工程的项目法人，负责工程建设和后续运行管理。经中线建管局党组研究决定，成立南水北调中线干线工程建设管理局引江补汉工程建设领导小组，下设办公室（以下简称“引江补汉办公室”），负责统筹研究和协调解决引江补汉工程建设过程中的有关重大问题，全面推进引江补汉工程建设各项工作。

2020年6月2日，引江补汉办公室一行5人入驻武汉开始办公，9月22日，第二批次10人驻汉办公。引江补汉办公室共15人，内部暂设综合组、合同组、工程组、技术组，主要负责督促协调前期设计，办理项目审批前置要件，参与征迁实物调查，开展技术工作调研准备，筹划组建建设管理机构等工作。具体为负责领导小组的日常管理工作；负责现场联络沟通长江委，及时反馈有关需求；负责现场联络沟通勘测、设计等相关单位，督促前期设计工作进展；联系协调中线建管局局属各部门，按照分工推进引江补汉前期工作；了解工程情况和设计意图，提出设计建议；为成立建设管理机构做好相关准备工作；负责领导小组交办的其他工作。

自2020年6月2日以来，引江补汉办公室督促长江委设计院分别编制了38.7亿m^3和50亿m^3的规划报告，以及50亿m^3的可行性研究（以下简称“可研”）报告并上报水利部进行审查；开展建设管理体制研究及技术准备工作，包括分标方案、先期开工项目研究、建管体制研究、TBM选型研究及功能设计研究等；组织开展了出口段5km及汉江影响河段建设征地实物调查工作；协调解决前期经费2.3亿元，确保项目前期工作正常开展；推动工程前期20项要件报告编制和手续办理，完成地质灾害评估、地震安全性评价、节能专题三项要件。　（韩东方）

【引江补汉工程项目法人筹备组】　经中国南水北调集团党组会议研究决定，2021年10月13日，在原引江补汉办公室的基础上组建成立引江补汉工程项目法人筹备组（以下简称“筹备组”），负责与中线建管局引江补汉工程建设领导小组做好工作衔接，加强人员力量整合，充分利用好已有资源，全面加快引江补汉工程建设准备工作进度，确保尽快具备开工条件。

筹备组共有干部职工 61 人（含援疆干部 1 人），其中领导班子 7 人，按照优化配置、精简高效的原则，设置了综合组、合同组、财务组、人事组、党群纪检组、技术组、工程移民组、安全机电组、前方筹备组 9 个工作小组，每个小组均有明确的集团公司对接部门，并配置了临时负责人和协助负责人。

筹备组主要围绕项目法人注册、要件办理、工程开工三大任务开展工作。同时，以集团制度为依据，规范搭建制度体系，并根据制度出台需求的轻重缓急，认真梳理、分批编制。（赵发）

【江汉水网公司】 江汉水网公司于 2022 年 2 月 25 日在武汉注册成立。

江汉水网公司定位为引江补汉工程项目法人和集团产业型区域总部，在中国南水北调集团的统一领导下，具体承担引江补汉工程建设管理职责，对工程建设的质量、安全、进度和资金使用负责。承接集团“志建南水北调、构筑国家水网”的战略使命，以“建一流水利工程、创一流涉水企业”为愿景，以调水工程开发建设与运营、相关生态保护和环境治理为核心功能，开拓经营保障国有资产保值增值。

江汉水网公司名称由来：“江汉”二字取自“引江补汉”，公司在完成引江补汉工程建设的基础上，将引江补汉工程建设与水网建设开发形成有机联系，再以立足江汉地区为基石，积极参与湖北省、长江经济带乃至全国的水网建设和涉水产业开发，以水网建设开发作为公司的未来发展方向。

公司经营范围包括：工程项目建设管理与运行；工程投资和资产管理，水网规划、建设开发与运营；水生产供应，水生态保护，水污染治理；水文化旅游资源开发运营；工程总承包和专业承包；工程咨询及技术服务；工程勘察设计；电力生产；物业服务；软件和信息系统集成开发及运行维护；土砂石开采；矿产资源（非煤矿山）开采。

江汉水网公司当前的主要任务是高标准、高质量建设好引江补汉工程，全力促进南水北调后续工程高质量发展。放眼未来，江汉水网公司将适时拓展涉水产业，参与区域水网、地方水网的建设和开发，在节水供水、生态环保、绿色建材、清洁能源等方面统筹发力，为助推区域和地方经济高质量发展贡献南水北调力量。（赵发）

【公司领导班子】 江汉水网公司领导班子成员任职情况详见下表。

姓名	职　　务	任职时间	任职文件
高必华	党委书记	2022 年 3 月 25 日	南水北调党任〔2022〕7 号
	董事长	2021 年 12 月 29 日	南水北调任〔2022〕1 号

续表

姓名	职　　务	任职时间	任职文件
于涛	党委副书记	2022 年 3 月 25 日	南水北调党任〔2022〕7 号
	总经理	2021 年 12 月 29 日	南水北调任〔2022〕1 号
贾志营	党委副书记、董事	2022 年 3 月 25 日	南水北调党任〔2022〕7 号、南水北调任〔2022〕13 号
李志伟	党委委员、副总经理	2022 年 3 月 25 日	南水北调党任〔2022〕7 号、南水北调任〔2022〕13 号
周阳宗	党委委员、副总经理	2022 年 3 月 25 日	南水北调党任〔2022〕7 号、南水北调任〔2022〕13 号
	总工程师	2023 年 12 月 7 日	南水北调江汉任〔2023〕12 号
尹延飞	党委委员、副总经理	2023 年 3 月 25 日	南水北调党任〔2022〕7 号、南水北调任〔2022〕13 号
王齐常	党委委员	2022 年 3 月 25 日	南水北调党任〔2022〕7 号
	总会计师	2021 年 12 月 29 日	南水北调任〔2022〕1 号
王志文	党委委员、纪委书记	2022 年 3 月 25 日	南水北调党任〔2022〕7 号
上海峰	党委委员、副总经理	2022 年 3 月 25 日	南水北调党任〔2022〕7 号、南水北调任〔2022〕13 号
曹应超	高管		

（袁周）

【公司本部内设机构】　江汉水网公司本部内设 11 个部门：综合部、经营发展部、财务资产部、人力资源部、党群工作部、纪检部、审计部（法律事务部）、科技部、工程管理部、信息机电部、质量安全部。

1. 综合部　综合部主任为孙建平（2022 年 7 月 21 日任），副主任为安康（2022 年 7 月 21 日任）。其主要职责包括：协助公司领导对公司总部机关行政事务、业务工作等进行综合协调，组织公司总部机关日常工作；负责公司总部机关公文管理、机要保密、综合信息、印信、证照管理工作；负责制定董事会工作规则，并在董事会日常工作中落实相关政策要求；负责董事会日常工作的组织、协调、综合服务工作；负责综合管理规章制度的制定、印发、解释、执行、修编、废止等工作；负责重要会议、活动组织协调，重大问题调查研究，重要文稿起草等工作；负责督办督查管理，对重点工作、重要决定、领导批示和交办事项进行督办督查；负责工商事务管理工作，负责企业登记注册、经营范围变更、企业经营许可专项审批等事项；负责公司总部机关重要公务接待、办公用房、公务用车、办公设备和用品、物业食堂、管理用固定资产实物管理等机关事务工作；负责组织实施新闻发布、媒体采访、重大宣传、大型展览展示等活动，组织策划、树立、宣传推广企业品牌和工程品牌；负责引江补汉传统媒体和新媒体平台的建设、维护及推广；负责引江补汉网络舆情监控及应对；负责公司总部机关安全保卫、信访、社会治安综合治理等管理工作；负责牵头组织公司总部机关办公楼建设管理；完成领导交办的其他工作。

2. 经营发展部　经营发展部主任为杨胜祥（2022年7月21日任），副主任为鲁翔（2023年3月28日任）。其主要职责包括：负责招标采购、投资管理等归口管理工作；负责计划管理，组织编制、调整投资计划并监督执行；负责统计管理，组织开展统计分析，编制统计年报；负责编制采购（招标）计划，组织采购（招标）工作；负责工程价款结算归口管理工作；负责组织开展重大合同变更索赔项目审批、价差调整管理、预备费使用管理等投资控制管理工作；负责组织工程合同完工结算工作；负责对标管理和流程管理工作，负责管理标准的制订、修订和评估工作，组织开展管理创新和流程梳理、优化及执行情况评价工作，指导所属单位流程优化；负责贯彻落实国家、中国南水北调集团关于国资国企改革、行业体制改革部署要求，组织起草并落实公司综合性改革方案，协调推进公司专项改革；负责企业发展研究，制定中长期发展战略和规划，收集整理有关经济信息资料、政策法规，研究业内标杆企业的发展动态，进行战略环境分析，拟订企业的发展方向；负责选择符合企业发展方向及产业政策的项目，积极寻找优质、可控的合作项目，提供专业的意见，供决策参考；负责分析评价公司存量资产，规划设计资本运营方案，实现国有资产保值、增值；负责经营业绩考核工作，确定经营业绩考核体系及指标、目标，对所属单位经营状况进行经营业绩评价，对接集团经营业绩考核工作；完成领导交办的其他工作。

3. 财务资产部　财务资产部副主任为薛和平（2022年7月21日任）。其主要职责包括：贯彻执行国家法律、财经法规及上级主管部门制定的相关规定；开展财政、税收、金融等经济政策研究，参与对外投融资等重大经营管理；负责制定财务管理、会计核算等制度，完善财务内控机制，建立财务管理体系和会计核算体系，防范财务风险；负责收入、成本、费用及纳税管理，编制资金收支计划；组织开展资金监管工作；负责会计核算并编制会计报表，报送相关信息，组织编制项目完工财务决算和竣工决算；负责组织全面预算管理工作，做好预算的编制、下达、控制、核算和分析工作，参与工程项目概算、预算的审查；负责资产价值管理，建立资产管理体系，组织开展清产核资和产权登记，保障资产安全、保值和增值；参与工程项目招标文件、项目变更合同的审查及单项工程验收、工程阶段性验收和工程竣工验收工作；完成领导交办的其他工作。

4. 人力资源部　人力资源部副主任为黄文强（2022 年 7 月 21 日任）。其主要职责包括：负责组织机构设置、职能配置及人员编制管理；负责人才队伍建设，组织实施人才引进、教育培训、绩效考核、表彰奖励、职称评聘、执业资格管理等工作；负责组织实施干部选拔任用及监督工作；负责薪酬福利及社会保险管理；负责外事管理，组织出国（境）考察培训及外事接待；负责人事档案、劳动合同、考勤休假管理；负责承办退休人员服务工作；完成领导交办的其他工作。

5. 党群工作部　党群工作部主任为万金波（2022 年 7 月 21 日任）。其主要职责包括：履行公司党委办事机构职能，坚持党对一切工作的领导，落实党建工作责任制，协助党委履行全面从严治党、党风廉政建设主体责任，全面推进党的政治建设、思想建设、组织建设、作风建设、纪律建设，把制度建设贯穿其中；负责公司党委决策议事相关配合工作，督促检查各级党组织贯彻执行公司党委决议情况；落实党委理论学习中心组制度，加强领导班子和全体党员干部思想政治建设和理论学习，协助党委抓好公司领导班子建设和干部队伍、人才队伍建设，规范开展组织生活；负责党的宣传和统一战线工作；负责公司各级党组织标准化、规范化、信息化建设，组织开展述职评议、党建考核、创先争优，按要求开展党建督查工作；负责党员发展、党员教育管理、业务培训等工作，做好党费和党组织工作经费的收缴、使用管理；负责组织精神文明建设，开展企业文化创建工作，承担工会委员会日常工作，指导共青团和妇女工作；负责配合上级巡视，开展内部巡查、党风政风监督检查；完成领导交办的其他工作。

6. 纪检部　纪检部副主任为岳广贤（2022 年 7 月 21 日任）。其主要职责包括：负责公司纪委日常工作，根据公司纪委安排，履行监督执纪问责专责；负责公司纪委协助公司党委推进全面从严治党相关工作，促进全面从严治党党委主体责任和纪委监督责任贯通协同；负责公司纪委协助公司党委加强党风建设和协调反腐败工作相关工作，落实党委党风廉政建设和反腐败协调小组日常工作；负责开展监督，对失职失责的公司各级党组织和党员干部提出问责建议，督促公司各级党组织和党员干部履职尽责、担当作为；负责开展职责范围内的执纪审查工作，受理有关检举、控告和申诉；负责党员纪律教育，组织开展纪法教育、廉政教育，推进廉洁文化建设；负责纪检干部队伍建设；完成领导交办的其他工作。

7. 审计部（法律事务部）　审计部主任为秦戈（2022 年 10 月 26 日任），副主任为孟兵锋（2022 年 10 月 26 日任）。其主要职责包括：负责开展内部审计，对项目投资、专项资金、费用支出、资产使用管理等所有经济财务活动进行审计监督；负责对内部控制制度执行的有效性进行评价，对经济财务风险进行防控检查；负责对所属单位主要负责人履行经济责任情况进行审计；负责对有关经济活动举报事项进行调查核实；负责配合外部审计，督促落实审计整改意见和审计决定；负责公司重要经营决策、规章制度和合同的法律审核；负责公司合规管理，法律纠纷案件管理，授权委托办理，外聘律师管理，普法工作；负责合同管理，对合同立项、合同签订及执行进行监督指导；负责合同评审，审查合同主体、履约能力、经营范围、前置程序等，审查合同内容，评估合同风险；负责企业信用管理，组织诚信企业建设；完成领导交办的其他工作。

8. 科技部　科技部副主任为杨旭辉（2022 年 7 月 21 日任）。其主要职责包括：负责科技创新管理，组织科研项目立项和实施、科技奖项申报、科技成果与新技术推广应用、科技交流与合作；负责技术管理工作，组织编制或审查重大技术方案；参与可研阶段设计文件的审查、评估，组织或参与初步阶段设计文件的审查；负责组织设计文件的审核、批复、上报等工作；负责工程安全监测仪器埋设安装、观测维护和成果分析等管理工作；完成领导交办的其他工作。

9. 工程管理部　工程管理部副主任为李占京（2022 年 7 月 21 日任）、刘国玉（2022 年 7 月 21 日任）。其主要职责包括：负责对公司工程建设项目的统筹管理、总体协调；负责公司工程进度、征地移民、生态环境保护、验收、档案等管理体系建设，并制定相应制度和流程；负责组织制定公司年度工程建设目标，编制年度工程建设计划，并向集团备案；审核建设管理部年度工程建设计划，监督、指导和考核工程建设计划的实施；负责监督公司土建工程（包括水工、建筑、绿化以及与工程建设直接相关的环境保护和水土保持项目等，下同）建设，贯彻执行国家法律法规、水利行业法规、规章与技术标准；负责统筹公司工程征地移民计划、资金以及征地移民质量管理，牵头组织与地方人民政府签订征地移民协议，牵头开展征地移民全过程的监督与评估，牵头工程影响区文物保护、压覆矿产资源补偿等专项工作，负责国家部委和省级的使用林地、建设用地手续办理；负责统筹公司生态环境保护工作的计划、实施、验收、资金和使用管理，负责监督管理节能减排工作的落实，组织生态环境保护新技术、新工艺的开发、推广、应用和总结；负责公司档案业务管理工作，履行公司本部档案管理职能，负责组织工程档案项目法人验收，统筹负责公司档案信息化建设、数字档案馆建设和管理有关工作等；负责公司工程建设项目文明施工管理，统筹推进文明工地创建活动；负责公司土建工程投资、变更和进度款审核及监督管理；负责组织制定工程验收计划，组织工程验收工作；负责公司工程建设信息的收集、汇总和编报工作；完成公司领导交办的其他工作。

10. 信息机电部　信息机电部副主

任为陶少雄（2022 年 7 月 21 日任）。其主要职责包括：负责信息化顶层设计，编制信息化建设总体规划，制定信息化建设标准；负责智慧引江补汉工程系统建设及管理；负责编报机电、物资招投标计划，负责管理机电、电力、通信、控制等设备的技术、设计、招标工作；负责监督、协调、管理机电设备和消防设施的采购、监造、交付、安装、调试和验收工作；负责信息系统与通信网络安全管理，制定应急预案，开展应急演练，落实安全保障措施；负责督促对 TBM 的运行维护管理，保障 TBM 设备完好率；负责生产性物资的统筹管理工作；完成领导交办的其他工作。

11. 质量安全部　质量安全部副主任为韦国虎（2022 年 7 月 21 日任）。其主要职责包括：负责公司工程质量、安全生产和应急管理等监督管理体系建设，制定相关制度、预案等；负责公司工程质量监督管理工作，组织制定公司质量方针和质量目标；组织或配合上级单位开展质量监督检查，督促落实问题整改；负责公司安全生产监督管理工作，监督指导落实全员安全生产责任制；组织开展安全生产风险分级管控和隐患排查治理工作；组织开展综合性安全生产教育培训和安全生产标准化工作；组织或参与公司生产安全事故、质量事故的调查和处理，督促协调事故责任单位及时、准确向有关部门上报相关信息；负责公司突发事件应急管理工作，负责组织开展公司自然灾害、生产安全事故的应急管理日常工作，监督指导各建管部工程防洪度汛工作；承担公司质量管理委员会办公室、安全生产委员会办公室及应急管理领导小组办公室的日常工作；完成公司领导交办的其他工作。（袁周）

工程情况

【工程概况】　引江补汉工程从长江三峡库区引水入汉江丹江口水库下游，提高汉江流域的水资源调配能力，增加南水北调中线工程北调水量和供水保证率，并为引汉济渭工程达到远期调水规模、向工程输水线路沿线地区城乡生活和工业补水创造条件。工程多年平均引江水量为 39.0 亿 m^3，其中通过置换方式向南水北调中线工程补水 24.9 亿 m^3（中线工程多年平均调水量增加到 115.1 亿 m^3），向引江补汉工程沿线补水 3.0 亿 m^3，并向汉江中下游补水 6.1 亿 m^3，为引汉济渭工程增补 5.0 亿 m^3。

工程自三峡水库库区左岸龙潭溪取水，采用有压单洞自流输水，经湖北省宜昌市、襄阳市和丹江口市，终点位于丹江口水库大坝下游汉江右岸安乐河口。工程由输水总干线工程及汉江影响河段综合整治工程组成。输水总干线工程包括进口建筑物、输水隧洞、石花控制建筑物、出口建筑物、检修排水建筑物和检修交通洞等，全长 194.7km，其中隧洞长 194.3km、隧洞内径 10.2m；进水口设计水位和最低运行水位采用三峡水库防洪限制水位 145m（吴淞高程），最高运行水位采用三峡水库正常蓄水位 175m（吴淞高程），相应引水流量为

170～212m^3/s。出水口设计水位受汉江水位顶托控制，设计水位90m（吴淞高程），最低运行水位88.2m（吴淞高程），最高运行水位91.7m（吴淞高程）。汉江影响河段综合整治工程对丹江口水库坝下长约5km的河段，按照现状Ⅳ级航道保障通畅、具备实现远期规划Ⅲ级航道条件进行整治，包括羊皮滩右汊出水渠、航道整治和河道整治等。

引江补汉工程输水隧洞采用“钻爆法＋TBM法”组合施工方案，共布置25条施工支洞，其中16条平洞、4条岔洞、5条竖井。引江补汉工程出口段包括约5km隧洞及出口建筑物，主要施工内容包括：出口段隧洞（K189＋226～K194＋311）、出口检修闸、出口检修排水泵站、安乐河整治及交通桥。

（张国锋）

【工程效益】 南水北调中线受水区特别是京津冀地区是我国最缺水的地区之一，按照《南水北调工程总体规划》，中线一期工程多年平均调水量95亿m^3，与受水区地表水和地下水联合运用，共同保障受水区的城市供水。中线一期工程通水以来，水质持续稳定在Ⅱ类及以上，受水区对南水的需求不断增加，供水地位已由“辅”变“主”，成为沿线受水区许多主要城市的主力水源，中线一期工程的供水保证能力亟须提升。中线一期工程自2014年年底建成通水以来，北调水量呈逐年增长趋势，其中2019—2020年度供水量86.22亿m^3、2020—2021年度供水量89.03亿m^3，连续两年供水量超设计规模85.4亿m^3（折算陶岔断面多年平均调水量95亿m^3）。随着京津冀协同发展、雄安新区建设等国家重大战略实施，中原城市群建设的推进，以及城乡供水一体化的实施，中线供水范围将不断扩大，北方受水区用水需求还将进一步增长。北方受水区受制于水资源禀赋，要实现人与自然和谐共存，社会经济与生态环境协调发展，增加中线北调水量势在必行。同时，近年来汉江流域连续枯水年呈增加趋势，丹江口水库1956—2018年年均入库径流量为374亿m^3，较原规划采用的388亿m^3（1956—1998年系列）减少约14亿m^3，其中1999—2002年年均入库径流量仅为260亿m^3，1999年水平可调水量仅为22.6亿m^3，汉江来水减少导致中线一期工程可调水量存在较大缺口。另外，水源区汉江生态经济带建设也对汉江流域水资源保障提出了新要求。随着流域来水的减少和流域内外用水需求的增加，汉江流域水资源供需矛盾将愈加突出。

因此，为应对北方受水区用水需求进一步增长、供水稳定性进一步提高等新要求，保障北方受水区供水安全，以及增强汉江枯水年水资源调配能力、缓解汉江流域用水压力，迫切需要实施中线后续水源工程。

引江补汉工程从长江三峡库区引水入汉江丹江口水库下游，通过置换方式提升中线一期工程水源保障能力，保障受水区供水安全。结合中线总干渠输水能力挖潜，可将中线一期多年平均调水规模从95亿m^3增加至115.1亿m^3；显著提升中线一期工程供水保证能力，特枯年份最低引水量由 22.6 亿 m^3 提高至 64.7 亿 m^3。中线一期工程得以更好应对受水区水资源条件变化形势，更有力支撑国家重大战略实施，并通过置换用水和生态补水等措施，推进地下水超采治理和生态环境修复，为受水区经济社会高质量发展作出更大贡献。此外，引江工程将水资源丰沛的长江三峡水库与汉江连通，还可有效应对汉江流域来水减少，提高汉江流域水资源调配能力，保障流域内外供水安全，推动汉江流域生态经济带建设。（赵传波）

【工程特点】 引江补汉工程主体为一条总长 194.7km 的输水隧洞，主要有以下三个特点。

（1）工程隧洞直径大。隧洞等效内径 10.2m，施工采用的 TBM 刀盘直径达 12.2m，开挖洞径越大，揭露的不连续面越多，围岩失稳的概率和规模增大，需要采取的支护强度越大。据调研，国内已完工程中 TBM 刀盘直径超过 10m 的工程仅有 6 个，施工过程中均出现了各种风险挑战。

（2）工程隧洞埋深大。输水隧洞平均埋深大，全线大于 1000m 埋深的洞段约 12.1km，占总洞长的 6.2%；埋深在 600～1000m 之间的洞段长约 58.8km，占总洞长的 30.2%；最大埋深为 1230m。

（3）工程地质条件复杂。输水隧洞穿越地层涉及古元古界至新生界，跨 10 个地层单位系，穿越 41 个岩组，沿线褶皱断层发育，地层复杂多变，面临“三高三多”不良地质条件。（赵传波）

【技术难点】 由于工程面临大直径、大埋深和地质条件复杂等问题，将给工程安全、质量和工期带来较大风险，工程施工过程中将会遇到以下技术难点：施工过程可能遇到突泥涌水和坍塌等情况风险较大，将导致生产安全事故和施工停滞等问题发生；施工过程可能发生软岩变形等风险，将导致 TBM 卡机，延误工程进度，处理不当会导致衬砌破坏，影响工程安全；岩爆段施工难度较大，易发生安全生产事故，给施工人员和设备带来安全隐患。

引江补汉工程开工后，将创下 6 项国内之最：长度最长的有压引调水隧洞，工程单洞距离长度为 194.19km；洞径最大的长距离引调水隧洞，等效洞径为 10.2m；引水流量最大的长距离有压引调水隧洞，最大引水流量为 212m^3/s；一次性投入超大直径 TBM 施工最多的引调水隧洞，直径 12m 级 TBM 数量为 10 台；洞挖工程量最大的引调水隧洞，单洞洞挖总量近 3000 万 m^3；综合难度最大的长距离引调水隧洞，最大埋深 1230m，埋深超过 600m 的洞段占 36.4%。

（赵传波）

【工程投资】

1. 投资概算　按 2022 年第四季度价格水平计算，引江补汉工程初步设计（以下简称“初设”）概算静态总投资为 5515823 万元。其中，根据国务院关于该项目可研报告的批复，中央预算内投资和重大水利工程建设基金共安排2054347万元，超支不补，按照项目建设进度分年安排。

2. 投资分类　按工程项目分类，输水总干线工程概算静态投资为5475056万元，汉江影响河段综合整治工程概算静态投资为40767万元；按投资种类分类，工程投资由工程部分、建设征地移民补偿、环境保护工程、水土保持工程等4类投资组成，工程部分概算静态投资为5165873万元，建设征地移民补偿概算静态投资为130780万元，环境保护工程概算静态投资为135825万元，水土保持工程概算静态投资为83345万元。

3. 投资完成　2022年度完成投资15.25亿元，投资计划完成率为100.69%，其中包括工程部分投资12.53亿元、征地移民费1.17亿元、建设管理设施购地费用0.91亿元、环境保护费0.51亿元、水土保持费0.02亿元、建设期融资利息0.11亿元。

2023年度完成投资29.86亿元，投资计划完成率为101.56%，其中包括工程部分投资21.76亿元、征地移民费7.26亿元、环境保护费0.16亿元、水土保持费0.75亿元、建设期融资利息调减0.1亿元、建设管理设施购地费用0.03亿元。　（郭海）

三、工程建设和前期准备工作

概　述

从2002年国务院批复的《南水北调工程总体规划》中提出中线工程将来要研究从长江补水到2022年引江补汉工程开工建设，前后历时20年，经历了3个阶段。

1. 研究策划阶段　2002年，国务院正式批复《南水北调工程总体规划》，明确南水北调中线工程分期建设，并提出了要研究从长江补水的水源方案。2012年国务院批复的《长江流域综合规划（2012—2030年）》考虑中线工程再从汉江增加调水量，加上汉江本流域经济社会发展用水，将超过汉江流域水资源承载能力，要求“根据汉江流域经济社会发展状况及水资源利用程度，尽快启动从长江干流引水补充汉江的研究，并相机实施”。在此背景下，引江补汉工程应运而生。

2. 规划论证阶段　水利部高度重视引江补汉工程。2017年4月，水利部批复了长江委编制的《引江补汉工程规划任务书》，引江补汉工程前期工作正式启动。2019年12月，水利部将《引江补汉工程规划》及其审查意见报送国家发展改革委。受国家发展改革委委托，中国国际工程咨询有限公司于2020年4月对《引江补汉工程规划报告》进行评估，评估认为“成果基本满足规划阶段深度要求，建议下阶段继续做好前期工作”。2020年8月，水利部组织长江委编制完成《引江补汉工程可行性研究报告》。

3. 加速推进阶段　2021年5月14日，习近平总书记主持召开推进南水北调后续工程高质量发展座谈会并发表重要讲话，对南水北调工作作出重大战略部署，为推进后续工程规划建设指明了方向、提供了根本遵循。至此，引江补汉工程进入加速推进阶段。2021年8月，水利部将《引江补汉工程可行性研究报告》修订成果及其审查意见报送国家发展改革委。2022年5月，中国南水北调集团向国家发展改革委报送《中国南水北调集团有限公司关于审批引江补汉工程可行性研究报告的请示》；6月27日，经国务院批准，国家发展改革委以《关于印发〈国家发展改革委关于审批南水北调中线引江补汉工程可行性研究报告的请示〉的通知》（发改农经〔2022〕978号）批复引江补汉工程可研报告；随后中国南水北调集团向水利部报送

《中国南水北调集团有限公司关于申请〈引江补汉工程输水总干线出口段初步设计报告〉审批的请示》，水利部批复先期开工项目出口 5km 段初设报告。

在推进南水北调后续工程高质量发展领导小组统一领导下，有关部委和地方各级政府齐心协力、上下联动，为工程开工建设提供了有力支持。水利部加强协调、统筹调度，全力推动引江补汉工程从规划到实施；国家发展改革委提前介入可研评估，严格把关，及时审批；财政部提前介入可研评估，参与完善资金筹措方案；自然资源部及国家林草局加快推进涉地涉矿等要件办理；生态环境部依法推进、加速完成环境影响评价（以下简称“环评”）工作；交通运输部积极推进、快速完成航评要件办理；湖北省政府专门成立工作协调领导小组，协调各厅（局）和地方各级政府推进工程规划设计、要件办理、选址用地等各项工作；专家咨询委员会深入调研，组织论证咨询，提出应加快推进引江补汉前期工作、尽快开工建设的意见；中国南水北调集团全面履行项目法人主体责任，举全集团之力组织做好规划设计、要件办理、可研及初设报批、开工准备等各项工作。（黄云辉　谢颖迪）

可研阶段工作

【工程规划】 国务院 2002 年批复的《南水北调工程总体规划》中明确南水北调中线工程分期建设，第一期工程多年平均调水量为 95 亿 m^3，第二期工程在第一期工程的基础上扩大输水能力 35 亿 m^3，多年平均调水规模达到 130 亿 m^3；届时将根据调水区生态环境实际状况和受水区经济社会发展的用水需求，在汉江中下游兴建其他必要的水利枢纽或确定从长江补水的方案和时间。2012 年国务院批复的《长江流域综合规划（2012—2030 年）》要求根据汉江流域经济社会发展状况及水资源利用程度，尽快启动从长江干流引水补充汉江的研究。长江三峡水库作为我国战略水源地，水量丰沛，可作为南水北调中线工程后续水源向汉江补水，即引江补汉。

1. 规划编制　2017 年，水利部以水规计〔2017〕169 号文批复了长江委报送的《引江补汉工程规划任务书》（以下简称《规划任务书》）。2019 年 9 月，长江委按照《规划任务书》要求，组织编制完成《引江补汉工程规划（2019）》（以下简称《规划 2019》）。2020 年 9 月，根据中国国际工程咨询有限公司初步评估意见和项目深化论证成果，结合可研阶段相关专题研究技术讨论会意见，水利部组织规划编制单位对《规划 2019》进行了修订和审查，形成《引江补汉工程规划（2020）》（以下简称《规划 2020》）。

2. 规划内容　引江补汉工程多年平均从长江引水 38.7 亿 m^3，扣除输水损失后向汉江净补水 36.7 亿 m^3。工程实施后充分利用已建南水北调中线一期工程输水能力，多年平均北调水量可达到 117.4 亿 m^3；引汉济渭工程调水量达到远期规模 15 亿 m^3；汉江中下游黄家港断面最小要求下泄流量 490m³/s 时段保证率可达 95%以上；利用输水工程空闲输水能力向沿线净补水 3 亿 m³。坝下自流方案设计输水流量为 200m³/s；坝上提水方案设计输水流量为 190m³/s；坝下坝上结合方案中坝上大宁河提水设计输水流量为 40m³/s、坝下自流设计输水流量为 170m³/s。

3. 规划方案　三峡归州自流引水方案由引水工程和河道整治工程组成。引水工程从三峡库区长江干流北岸归州镇上游 2.5km 取水，向北经湖北秭归县、兴山县、保康县、谷城县、丹江口市自流至丹江口大坝下游潘家岩村安乐河口入汉江，输水线路长约 194km，设计流量为 200m³/s，采用一条圆形有压隧洞自流输水，等效洞径为 10.6m，进出口设计水位分别为 145.00m 和 90.00m。按照航道标准整治隧洞出口上溯至丹江口大坝 5km 长的汉江减水河段。施工总工期为 7.5 年，匡算工程投资为 525.8 亿元。

4. 规划评估　受国家发展改革委委托，中国国际工程咨询有限公司分别于 2020 年 4 月和 11 月对《规划 2019》和《规划 2020》进行评估，并形成了评估意见（咨农地〔2020〕3384 号、咨农地〔2021〕60 号）。　（黄云辉　谢颖迪）

【可研工作】

1. 前期可研组织　长江委于 2020 年 5 月 20 日委托长江勘测规划设计研究有限责任公司开展引江补汉工程项目可研报告编制及先期开工项目的初设工作。另外，委托长江水资源保护科学研究所开展引江补汉工程环评服务。

2. 可研修编　根据习近平总书记在推进南水北调后续工程高质量发展座谈会上的重要讲话精神，2021 年 7 月，水利部对可研报告组织全面检视与修改完善。

3. 可研报审　2021 年 1 月 4 日，中国国际工程咨询有限公司出具《关于引江补汉工程规划（2020 年修订）的咨询评估报告》（50 亿 m³ 规模）（咨农地〔2021〕60 号）；8 月 23 日，水利部水规总院以水总设〔2021〕264 号文将《引江补汉工程可行性研究报告》（39 亿 m³ 规模）审查意见报送水利部，水利部基本同意修改后的可研报告；8 月 30 日，水利部以水规计〔2021〕262 号文将《引江补汉工程可行性研究报告》（39 亿 m³ 规模）修订成果及其审查意见报送至国家发展改革委。

4. 可研审批　2022 年 5 月，受国家发展改革委委托，中国国际工程咨询有限公司对《引江补汉工程可行性研究报告》进行了咨询评估，并出具了评估报告；6 月 24 日，经国务院批准，国家发展改革委对《引江补汉工程可行性研究报告》进行了批复。（黄云辉　谢颖迪）

【前期要件办理】

1. 发布停建令

（1）工作内容。依据《大中型水利水电工程建设征地补偿和移民安置条例》（国务院令第 471 号、国务院令第 679 号）第七条："实物调查工作开始前，工程占地和淹没区所在地的省级人民政府应当发布通告，禁止在工程占地和淹没区新增建设项目和迁入人口，并对实物调查工作作出安排。”引江补汉工程由湖北省人民政府发布停建通告，自停建通告发布之日起，任何单位和个人不得在工程建设控制范围内新增、扩建和改建项目，不得从事采矿、采石、取土、挖塘、垦荒、修坟、植树和种植多年生经济作物等活动，以合理控制工程项目征迁移民投资，杜绝出现抢建、抢栽现象。

（2）办理流程。

1）提出申请。原南水北调中线干线工程建设管理局以《关于申请发布禁止在引江补汉工程建设征地范围内新增建设项目及迁入人口通告的函》（中线局计函〔2021〕12号）向湖北省人民政府提出申请。

支撑条件：工程规划获得批复；工程建设征地范围明确。

2）征求停建意见。湖北省人民政府收到申请函后，转交水行政主管部门湖北省水利厅具体承办。湖北省水利厅以《关于征求引江补汉工程停建通告有关意见的函》征求湖北省发展改革委、自然资源厅、生态环境厅、林业局等省级相关行业主管部门以及工程所在地市级人民政府（十堰市、襄阳市、宜昌市人民政府）关于停建通告的意见。

3）意见收集及反馈。湖北省水利厅收集各单位意见，并向项目法人单位反馈，通过协商，各方达成一致意见。

湖北省水利厅以《关于发布禁止在引江补汉工程建设征地范围内新增建设项目及迁入人口通告的意见》（鄂水利函〔2021〕618号）向湖北省人民政府提出拟办意见。

4）发布停建通告。湖北省人民政府以《关于禁止在引江补汉工程和输水沿线补水工程建设控制范围内新增建设项目及迁入人口的通告》（鄂政函〔2021〕142号）向工程沿线地方政府、省级相关行业主管部门下发停建通告。

（3）办结时间。该要件于2021年11月11日办结。（韩东方）

2. 移民安置规划大纲

（1）工作内容。根据《大中型水利水电工程建设征地补偿和移民安置条例》（国务院令第679号）规定，引江补汉工程移民安置规划大纲主要工作内容如下：

2021年11月6日，湖北省人民政府发布《关于禁止在引江补汉工程建设控制范围内新增建设项目及迁入人口的通告》（鄂政函〔2021〕142号）后，宜昌市夷陵区、远安县，襄阳市保康县、谷城县和十堰市丹江口市5个县（市、区）人民政府按程序组织对各辖区内的实物摸底调查成果进行核对、汇总、公示与复核，并对实物调查成果进行了行政确认。

2022年4月2日，水利部水规总院会同湖北省水利厅对《引江补汉工程建设征地移民安置规划大纲》进行了审查；2022年5月10日，《引江补汉工程建设征地移民安置规划大纲》得到水利部、湖北省人民政府的批复。

（2）办理流程。

1）开展实物调查。依据《大中型水利水电工程建设征地补偿和移民安置条例》（国务院令第 679 号）规定，实物调查工作开始前，工程占地和淹没区所在地的省级人民政府应当发布通告，禁止在工程占地和淹没区新增建设项目和迁入人口，并对实物调查工作作出安排。

2020 年 8 月上旬，长江设计集团有限公司编制完成《引江补汉工程可行性研究阶段建设征地实物调查细则》；10 月 29 日，湖北省水利厅以鄂水利函〔2020〕462 号文印发《实物调查细则（审定本）》，批复后的调查细则是实物调查的依据。

2021 年 9 月 6—23 日，江汉水网公司会同长江设计公司完成宜昌市夷陵区、远安县，襄阳市保康县、谷城县和十堰市丹江口市 5 个县（市、区）实物调查外业工作，随即开展内业资料整理、张榜公示及复核工作。11 月 29 日远安县第一榜公示期无异议提出，作为最终榜；12 月 9 日夷陵区、谷城县第二榜公示期无异议提出，作为最终榜；12 月 22 日保康县、丹江口市第三榜公示结束。

2）地方人民政府出具实物调查成果确认函、移民安置承诺书。2022 年 3 月，工程沿线各县（市、区）人民政府对实物调查成果发函确认；4 月，工程沿线各县（市、区）人民政府对移民安置方案进行承诺。

3）编制移民安置规划大纲。2021 年 11 月 6 日，湖北省人民政府发布《关于禁止在引江补汉工程建设控制范围内新增建设项目及迁入人口的通告》（鄂政函〔2021〕142 号）；各县（市、区）人民政府组织对各辖区内的实物调查成果进行核对、汇总、公示与复核后，各县（市、区）人民政府以文件形式予以确认。长江设计集团有限公司在充分征求移民意愿、听取了地方政府意见后，编制完成《引江补汉工程建设征地移民安置规划大纲》以下简称《移民安置规划大纲》（征求意见稿）；根据各县（市、区）提出的意见和建议，长江设计集团有限公司对《移民安置规划大纲》（征求意见稿）进行进一步完善，编制完成《移民安置规划大纲》（送审稿）。

4）水利部与湖北省人民政府联合审查。2022 年 4 月 2 日，水利部委托水利部水规总院对《移民安置规划大纲》（送审稿）进行审查，湖北省有关厅局及工程沿线地方人民政府有关单位参加审查。长江设计集团有限公司根据审查会意见对《移民安置规划大纲》（送审稿）修改完善后，形成《移民安置规划大纲》（审定稿）。

5）水利部与湖北省人民政府联合批复。2022 年 5 月 10 日，《移民安置规划大纲》（审定稿）得到水利部、湖北省人民政府的批复。

（3）办结时间。该要件于 2022 年 5 月 12 日办结。

3. 移民安置规划

（1）工作内容。根据《大中型水利水电工程建设征地补偿和移民安置条例》（国务院令第 679 号）规定，根据经批准的《移民安置规划大纲》编制移民安置规划。移民安置规划是工程可研报告审批的前置要件。编制移民安置规划应当以资源环境承载能力为基础，遵循本地安置与异地安置、集中安置与分散安置、政府安置与移民自找门路安置相结合的原则。应当尊重少数民族的生产、生活方式和风俗习惯。应当与国民经济和社会发展规划以及土地利用总体规划、城市总体规划、村庄和集镇规划相衔接。

（2）办理流程。

1）编制移民安置规划报告。根据水利部安排，2022 年 4 月 2 日，水利部水规总院会同湖北省水利厅对《移民安置规划大纲》进行审查，并出具审查意见。江汉水网公司随即组织长江设计集团有限公司对移民安置规划大纲进行修改完善，同时组织力量对移民安置规划报告进行完善。在《移民安置规划大纲》批复后完成移民安置规划报告编制。

2）相关县（市、区）出具移民安置规划报告认可意见。2022 年 4 月 15 日，水利部水规总院向水利部出具《水规总院关于报送引江补汉工程建设征地移民安置规划大纲审查意见的报告》后，江汉水网公司立即组织长江设计集团有限公司将《引江补汉工程建设征地移民安置规划报告》（征求意见稿）发至各县（市、区）。5 月 10 日，收到工程沿线全部县（市、区）人民政府反馈意见。

3）水利部水规总院和湖北省水利厅审查。2022 年 4 月 27 日，江汉水网公司分别向中国南水北调集团与湖北省水利厅报送《中国南水北调集团江汉水网建设开发有限公司关于恳请向水利部报审引江补汉工程建设征地移民安置规划的请示》（南水北调江汉工〔2022〕4 号）、《中国南水北调集团江汉水网建设开发有限公司关于恳请审核引江补汉工程建设征地移民安置规划的函》（南水北调江汉工函〔2022〕10 号）等相关文件。4 月 28 日，水利部水规总院会同湖北省水利厅对移民安置规划大纲进行了审查。

4）水利部水规总院出具审核报告，湖北省水利厅出具行政许可决定书。2022 年 5 月 13 日，水利部水规总院出具了《引江补汉工程建设征地移民安置规划报告》审核意见，湖北省水利厅出具了行政许可决定书。

（3）办结时间。该要件于 2022 年 5 月 13 日办结。（景佩瑞）

4. 规划选址意见书

（1）工作内容。规划选址意见书是建设工程在立项过程中，由城市规划行政主管部门出具的该建设项目是否符合规划要求的意见书。根据《土地管理法实施条例》第二十四条，建设项目确需占用国土空间规划确定的城市和村庄、集镇建设用地范围外的农用地，涉及占用永久基本农田的，由国务院批准；不涉及占用永久基本农田的，由国务院或者国务院授权的省（自治区、直辖市）人民政府批准。建设项目批准、核准前或者备案前后，由自然资源主管部门对建设项目用地事项进行审查，提出建设项目用地预审意见。建设项目需要申请核发选址意见书的，应当合并办理建设项目用地预审与选址意见书，核发建设项目用地预审与选址意见书。

根据《中华人民共和国城乡规划法》（2019年修正）第三十六条，按照国家规定需要有关部门批准或者核准的建设项目，以划拨方式提供国有土地使用权的，建设单位在报送有关部门批准或者核准前，应当向城乡规划主管部门申请核发选址意见书；前款规定以外的建设项目不需要申请选址意见书。根据《中华人民共和国土地管理法》（2004年修正）第五十二条，对建设项目进行可行性研究论证时，土地行政主管部门可以根据土地利用总体规划、土地利用年度计划和建设用地标准，对建设用地有关事项进行审查，并提出意见。

（2）办理流程。在用地预审审批、穿越各级自然保护区审批及矿产资源压覆审查意见方面已取得的条件包括：①收集资料，包括用地资料、图纸（用地预审所需图纸、标注项目用地范围的土地利用总体规划图）、土地利用现状图及其他相关图件等，编制规划选址论证报告；②湖北省自然资源厅组织召开规划选址论证会；③取得沿线各县（市、区）自然资源主管部门出具的初审意见；④提交资料至湖北省自然资源厅审批。

（3）办结时间。该要件于2022年5月10日办结。（张国锋）

5．建设项目用地预审

（1）工作内容。建设项目用地预审是《中华人民共和国土地管理法》确立的一项根本管理制度。根据《建设项目用地预审管理办法》（国土资源部令第68号）和《自然资源部关于做好占用永久基本农田重大建设项目用地预审的通知》（自然资规〔2018〕3号）的规定，用地预审是实施土地管理利用总体规划、严格土地管制的一项根本政策工具，也是建设管理程序的重要环节。

（2）办理流程。

1）编制完成相关报告。编制完成土地利用总体规划修改方案、基本农田补划方案、生态红线不可避让性论证报告和土地利用节约集约报告。

2）相关部门审查。2022年3月7日，江汉水网公司向宜昌市、襄阳市自然资源和规划局申请《引江补汉工程项目土地用途调整方案暨永久基本农田补划方案》踏勘论证。3月8日、9日，宜昌市、襄阳市自然资源和规划局分别向湖北省自然资源厅出具勘探论证的请示文件；3月21日，湖北省自然资源厅出具相关报告文件；3月10日，宜昌市、襄阳市人民政府出具不可避让生态保护红线的请示文件；3月30日，湖北省人民政府出具不可避让生态保护红线的论证意见。

3）湖北省自然资源厅审查。湖北省自然资源厅相关处室需对用地预审资料联合初审，根据审核意见，修改完善用地预审相关资料。2022年4月7日，湖北省自然资源厅出具《湖北省自然资源厅关于引江补汉工程项目用地预审初审意见的报告》。

4）自然资源部审查。2022年4月

11日，湖北省自然资源厅将引江补汉工程用地预审资料向自然资源部正式报送。4月12日，江汉水网公司根据自然资源部反馈的用地预审组卷资料相关意见，协调湖北省自然资源厅完成资料内容修改、替换及整编刻盘等工作。4月13日，自然资源部接收用地预审资料。4月16日，江汉水网公司会同湖北省自然资源厅组织召开用地预审审批补正事项视频会议。4月18日，江汉水网公司完成用地预审补正问题相关资料，湖北省自然资源厅出具建设用地补正审查意见。4月22日，用地预审要件通过自然资源部会审。

（3）办结时间。该要件于2022年5月6日办结。（景佩瑞）

6. 社会稳定风险评估及备案

（1）工作内容。重大工程项目在可行性研究阶段，项目单位需要编制社会稳定风险分析报告，由项目所在地人民政府或其有关部门指定的评估主体组织对项目单位做出的社会稳定风险分析开展评估论证，提出社会稳定风险评估报告。

1）社会稳定风险分析。依据《国家发展改革委关于印发〈国家发展改革委重大固定资产投资项目社会稳定风险评估暂行办法〉的通知》（发改投资〔2012〕2492号）第三条："项目单位在组织开展重大项目前期工作时，应当对社会稳定风险进行调查分析，征询相关群众意见，查找并列出风险点、风险发生的可能性及影响程度，提出防范和化解风险的方案措施，提出采取相关措施后的社会稳定风险等级建议。社会稳定风险分析应当作为项目可行性研究报告、项目申请报告的重要内容并设独立篇章。"

2）社会稳定风险评估。依据《国家发展改革委关于印发〈国家发展改革委重大固定资产投资项目社会稳定风险评估暂行办法〉的通知》（发改投资〔2012〕2492号）第五条："由项目所在地人民政府或其有关部门指定的评估主体组织对项目单位做出的社会稳定风险分析开展评估论证，根据实际情况可以采取公示、问卷调查、实地走访和召开座谈会、听证会等多种方式听取各方面意见，分析判断并确定风险等级，提出社会稳定风险评估报告。"

根据《中共中央办公厅国务院办公厅印发〈关于加强新形势下重大决策社会稳定风险评估机制建设的意见〉的通知》（中办发〔2021〕11号）、《中共湖北省委办公厅、湖北省人民政府办公厅印发〈关于进一步加强新形势下重大决策社会稳定风险评估工作的实施意见〉的通知》（鄂办发〔2021〕35号）及湖北省委政法委意见，湖北省水利厅作为引江补汉工程社会稳定风险评估主体单位，对项目法人单位编制的社会稳定风险分析报告进行评估，通过评估后报湖北省委政法委备案。

（2）办理流程。

1）编制社会稳定风险分析报告。引江补汉工程社会稳定风险评估及备案要件的工作任务包含在可研报告大合同内，由长江设计集团有限公司承担。江汉水网公司组织长江设计集团有限公司对工程沿线开展社会稳定风险公众参与调查，并编制《引江补汉工程社会稳定风险分析报告》。

2）编制社会稳定风险评估报告。由评估主体单位确定第三方评估机构，依据《重大固定资产投资项目社会稳定风险分析篇章和评估报告编制大纲（试行）》（发改办投资〔2013〕428 号）对《引江补汉工程社会稳定风险分析报告》开展评估工作，并编制《引江补汉工程社会稳定风险评估报告》。

3）向工程沿线县级政法委备案。湖北省水利厅组织夷陵区水利局、远安县水利局、谷城县水利局、丹江口市水利局向 4 区（县）委政法委备案《引江补汉工程社会稳定风险评估报告》，并出具备案意见。

4）向工程沿线市级政法委备案。湖北省水利厅组织宜昌市水利局、襄阳市水利局、十堰市水利局向 3 个地市委政法委备案《引江补汉工程社会稳定风险评估报告》，并出具备案意见。

5）组织召开评审会。在向湖北省委政法委备案前，按照湖北省委政法委要求，湖北省水利厅组织相关专家召开《引江补汉工程社会稳定风险评估报告》评审会，并取得通过评审的意见。

6）向湖北省委政法委备案。湖北省水利厅以《关于申请引江补汉工程社会稳定风险评估备案的函》（鄂水利函〔2022〕220 号）向湖北省委政法委申请备案。

湖北省委政法委以《关于对引江补汉工程社会稳定风险评估报告予以备案的函》（鄂政法备案〔2022〕3 号）予以备案。

（3）办结时间：该要件于 2022 年 5 月 7 日办结。 （韩东方）

7. 航道通航条件影响评价

（1）工作内容。2021 年 9 月，完成《引江补汉工程航道通航条件影响评价总报告》及各分报告编制；9 月 24 日，报送《关于申请审批南水北调引江补汉工程航道通航条件影响评价报告的函》（中线局引江函〔2021〕10 号）至交通运输部水运局，正式申请航评要件办理；9 月 26 日，交通运输部水运局印发航道通航条件影响评价审核受理通知书。

2021 年 10 月 18—20 日，中交水运规划设计院有限公司组织了引江补汉工程航道通航条件影响评价技术咨询现场踏勘及座谈会。2021 年 11 月 20 日，中交水运规划设计院组织召开了引江补汉工程航道通航条件影响评价报告审查会，会议上交通部基本认可航评报告的内容，但提出了取水口饮用水水源保护区划定对航道设施的影响问题，交通部提出此问题解决后才能正式批复。

2021 年 12 月 2 日，组织编写了《南水北调引江补汉工程龙潭溪取水口与宜昌港的协调性分析汇报材料》。

2022 年 2 月 7 日，报送《关于恳请支持引江补汉工程引用水水源保护区划分有关事宜的函》至湖北省人民政府；3 月 16 日，收到湖北省生态环境厅印发关于引江补汉工程水源保护区划定有关意见的函（鄂环函〔2022〕136 号），解决了取水口饮用水水源保护区划定对航道设施的影响问题。

2022年4月6日，中交水运规划设计院有限公司完成航评要件评估报告，并报交通部水运局；4月22日，取得《交通运输部关于南水北调引江补汉工程航道通航条件影响评价的审核意见》（交水函〔2022〕202号）。

（2）办理流程。

1）申请。递交纸质申请材料，并进行网上申报。

2）受理。行政许可受理窗口接收申请材料，审批机关对申请作出处理，将受理通知书、不予受理决定书、补正通知书或不受理告知书送达申请人。

3）审查。由受理部门根据国家有关规定对申请材料进行初审，并开展第三方技术咨询评估，征求有关航道管理部门意见。

4）许可决定。经审查，符合条件的，由受理部门出具准予行政许可决定；不符合条件的，出具不予行政许可决定。

5）许可送达。由受理部门行政许可窗口部门将许可决定送达申请人。

（3）办结时间。该要件于2022年4月23日办结。（黄云辉）

8. 地质灾害评估

（1）工作内容。按照国务院发布的《地质灾害防治条例》（国务院令第394号）第二十一条规定："在地质灾害易发区进行工程建设应当在可行性研究阶段进行地质灾害危险性评估"；按照原国土资源部《关于加强地质灾害危险性评估工作的通知》（国土资发〔2004〕69号）第四条规定："评估单位应自行组织具有资格的地质灾害防治专家对拟提交的地质灾害危险性评估报告进行技术审查，并由专家组提出书面审查意见。"

按照湖北省自然资源厅《关于进一步规范开展地质灾害危险性评估工作的通知》（鄂自然资规〔2019〕2号）规定："各项目建设单位是评估的责任主体，应组织开展工程建设项目地质灾害危险性评估工作""评估单位根据专家审查意见，对评估报告进行修改后，应将评估报告、专家审查意见连同地质灾害危险性评估防灾避灾措施告知书一并函告项目建设单位，项目建设单位要严格按照评估报告和告知书提出的意见建议落实地质灾害防范措施。评估单位将评估结果函告项目建设单位的同时，应将告知书抄送所在地县级自然资源主管部门。地质灾害危险性评估报告不报自然资源主管部门备案登记。"

（2）办理流程。

1）编制评估报告。引江补汉工程地质灾害评估要件的工作任务包含在可研报告大合同内，由长江勘测规划设计研究有限责任公司承担。受长江勘测规划设计研究有限责任公司的委托，湖北省地质调查院和长江岩土工程有限公司共同承担引江补汉工程建设用地地质灾害危险性评估工作。

2）组织审查。湖北省自然资源厅组织专家对《引江补汉工程建设用地地质灾害危险性评估报告》进行评审，通过评审并取得专家意见，对报告进行修改完善。

3）出具防灾避灾措施告知书。长江勘测规划设计研究有限责任公司出具《引江补汉工程建设用地地质灾害危险性评估防灾避灾措施告知书》（长设函〔2022〕73号）。

（3）办结时间。该要件于2021年9月27日办结。（韩东方）

9. 文物保护专题

（1）工作内容。文物指建设征地涉及的地下文物和地面文物，对建设征地影响的文物，应查清分布，确认保护价值，评估影响程度。应坚持保护为主、抢救第一、合理利用、加强管理的方针，实行重点保护、重点发掘。

根据《水利水电工程建设征地移民安置规划设计规范》，在可研报告阶段，由项目法人委托有资质的文物考古单位会同主体设计单位进行调查，根据文物保护价值和影响程度等，提出文物保护方案，估算保护费用。对规模较大的保护项目，应按文物保护工程专业现状勘察及方案设计的深度要求进行设计，编制文物保护费用估算。

（2）办理流程。

1）由项目法人委托有资质的文物考古单位会同主体设计单位进行调查。

2）文物考古单位依据工程设计资料，会同工程沿线文物管理部门开展沿线实地文物调查。

3）根据调查结果，编制《引江补汉工程文物保护方案》并报送至湖北省文化和旅游厅。

4）湖北省文化和旅游厅对文物调查勘探报告与文物保护方案出具确认意见。

（3）办结时间。该要件于2021年12月15日办结。

10. 矿产资源压覆评估

（1）工作内容。建设项目选址前，建设单位应向项目所在地国土资源主管部门查询矿产资源规划、矿产资源分布和矿业权设置情况，依据批复的同意压覆矿产资源文件或相关部门出具的未压覆矿产资源的证明文件，作为建设项目用地预审及审批的依据。

（2）办理流程。

1）压覆矿产资源查询。依据《省国土资源厅关于进一步规范建设项目压覆矿产资源审批管理工作的通知》（鄂土资规〔2013〕1号），引江补汉工程建设项目选址初步确定后，应向工程沿线区（县）自然资源主管部门查询矿产资源规划、矿产资源分布和矿业权设置情况。

2）压覆矿产资源调查评价与审查。通过查询了解到项目建设可能压覆矿产资源或与矿业权批复坐标范围重叠，建设单位根据有关法规、工程建设规范及项目建设、运行管理要求，合理确定引江补汉工程保护范围标准，明确建设项目压覆范围，委托具有相应资质的地质勘查单位编制建设项目压覆矿产资源调查评价报告，提交湖北省自然资源厅组织专家审查和评审备案。经审查同意后印发《关于〈引江补汉工程压覆矿产资源调查评价报告〉矿产资源储量评审备案的复函》（鄂自然资储备字〔2022〕13号），同时建议项目建设单位与工程压覆相关矿业权人签订同意压覆矿产资源意向性协议。

3）压覆矿产资源审批。建设项目压覆矿产资源调查评价报告经评审中心审查通过，经认定涉及压覆矿产资源且无法避让，在与相关矿业权人签订同意压覆意向书后，向湖北省自然资源厅申请办理压覆矿产资源审批手续。引江补汉工程压覆矿产资源包含《矿产资源开采登记管理办法》附录所列34个矿种之一，且压覆重要矿产资源累计查明储量达到大型矿区规模以上，在省自然资源厅出具《湖北省自然资源厅关于引江补汉工程压覆重要矿产资源初审意见的报告》后，由项目法人报自然资源部审批。

4）压覆矿产资源储量登记。在压覆矿产资源批准后，建设单位到湖北省自然资源厅办理压覆矿产资源储量登记手续。

（3）办结时间。该要件于2022年6月10日办结。（杨军平）

11. 环境影响评价

（1）工作内容。

1）开展环评工作。依据国务院《建设项目环境保护管理条例》第六条“国家实行建设项目环境影响评价制度”，第七条“建设项目对环境可能造成重大影响的，应当编制环境影响报告书，对建设项目产生的污染和对环境的影响进行全面、详细地评价”“建设项目环境影响评价分类管理名录，由国务院环境保护行政主管部门在组织专家进行论证和征求有关部门、行业协会、企事业单位、公众等意见的基础上制定并公布”，第九条“依法应当编制环境影响报告书、环境影响报告表的建设项目，建设单位应当在开工建设前将环境影响报告书、环境影响报告表报有审批权的环境保护行政主管部门审批；建设项目的环境影响评价文件未依法经审批部门审查或者审查后未予批准的，建设单位不得开工建设”，引江补汉工程需编制《引江补汉工程环境影响报告书》，由生态环境部环境工程评估中心组织技术评估后，报生态环境部审批。

2）公众参与。根据生态环境部《环境影响评价公众参与办法》第二条“本办法适用于可能造成不良环境影响并直接涉及公众环境权益的工业、农业、畜牧业、林业、能源、水利、交通、城市建设、旅游、自然资源开发的有关专项规划的环境影响评价公众参与，和依法应当编制环境影响报告书的建设项目的环境影响评价公众参与”规定，引江补汉工程需开展3次公众参与公示。

3）穿越风景名胜区论证。按照国务院《风景名胜区条例》（2016修订）第二十八条“在风景名胜区内从事本条例第二十六条、第二十七条禁止范围以外的建设活动，应当经风景名胜区管理机构审核后，依照有关法律法规的规定办理审批手续。在国家级风景名胜区内修建缆车、索道等重大建设工程，项目的选址方案应当报省、自治区人民政府建设主管部门和直辖市人民政府风景名胜区主管部门核准”，引江补汉工程需编制《引江补汉工程穿越长江三峡风景名胜区选址论证及景观影响评价专题报告》，由湖北省林草局审查，并出具核准意见。

4）穿越自然保护区论证。按照国家林草局《在国家级自然保护区修筑设施审批管理暂行办法》第五条“修筑设施的单位或者个人应当向国家林业和草原局提出申请，并提交以下申请材料：（一）申请表。（二）拟修筑设施必须建设且无法避让国家级自然保护区的说明材料。包括：拟修筑设施项目批准文件及规划或者工程设计文件等；机场、铁路、公路、水利水电、围堰、围填海等建设项目，还应当提供修筑设施在选址选线上无法避让国家级自然保护区的比选方案。（三）拟修筑设施对自然生态影响的说明材料。包括：拟修筑设施对国家级自然保护区主要保护对象和自然生态系统影响的评价报告或者评价登记表，以及减轻影响和恢复生态的补救性措施。国家级自然保护区属于湿地类型的，应当按照‘先补后占、占补平衡’的原则，提供湿地恢复或者重建方案；机场、铁路、公路、水利水电、围堰、围填海等建设项目，还应当提供修建野生动物通道、过鱼设施等消除或者减少对野生动物不利影响的方案。（四）相关主体的意见材料。包括：省级人民政府林业主管部门的初审意见。（五）国家林业和草原局公告规定的其他申请材料。前款规定的评价报告、评价登记表的内容和适用范围由国家林业和草原局规定”规定，引江补汉工程需编制《引江补汉工程对湖北五道峡国家级自然保护区生物多样性影响评价报告》，由国家林草局出具行政许可决定。

5）穿越森林公园审核。按照国家林草局《森林公园管理办法》第十二条“占用、征收、征用或者转让森林公园经营范围内的林地，必须征得森林公园经营管理机构同意，并按《中华人民共和国森林法》及其实施细则等有关规定，办理占用、征收、征用或者转让手续，按法定审批权限报人民政府批准，交纳有关费用。依前款规定占用、征收、征用或者转让国有林地的，必须经省级林业主管部门审核同意”规定，引江补汉工程穿越官山省级森林公园，需经湖北省林草局审核同意。

6）受水区治污规划。按照生态环境部《水利建设项目（引调水工程）环境影响评价文件审批原则》第六条“受水区水污染治理以改善水环境质量为目标，遵循‘增水不增污’或‘增水减污’原则，并有经相关地方人民政府认可的水污染防治相关规划作为支撑”规定，在项目环评报告报批前，工程新增供水受水区需批复水污染防治规划或出具承诺。

7）研究专题设置。为支撑《引江补汉工程环境影响报告书》审批，设置25个专题或专项研究报告，其中部分报告需取得主管部门审查意见或通过技术审查，如穿越风景名胜区、自然保护区、森林公园、工程方案专题、水生生态专题等。

（2）办理流程。

1）确定报告编制单位，并开展第一次公众参与公示。2020年6月，长江水资源保护科学研究所与长江委签订《引江补汉工程环境影响评价服务合同》。项目法人单位在北京市水务局网站、河北省人民政府网站、湖北省人民政府网站、陕西省人民政府网站、河南省人民政府网站、重庆市人民政府网站、南水北调中线工程建设管理局网站进行首次环评信息公示。

2）编制环评报告书。开展外业工作，进行环境监测、生态调查、现场查勘复核。开展内业工作，按照长期持续推进、短期封闭集中的工作方式，进行环评报告书和 25 个专题报告的编制工作。

3）批复治污规划。经协调，治污规划由生态环境部在环评批复时统一提出要求。

4）敏感区出具意见。国家林草局出具《国家林业和草原局关于同意引江补汉工程在湖北五道峡国家级自然保护区实验区建设的行政许可决定》［林保许准（鄂）〔2021〕003 号］。湖北省林草局出具《省林业和草原局办公室关于引江补汉工程穿越官山省级森林公园有关资源和环境问题的函》（2021 年 10 月）、《关于引江补汉工程穿越长江三峡风景名胜区选址方案的函》（鄂林保函〔2022〕56 号）。

5）环评单位完成《引江补汉工程环境影响报告书》（征求意见稿），通过网络平台、报刊和现场张贴 3 种方式开展第二次公示工作。

6）在环评报告报审前，通过中国南水北调集团门户网站，开展引江补汉工程环境影响报告书和公众参与说明第三次公示。

7）报送生态环境部审批。江汉水网公司以《关于审批引江补汉工程环境影响报告书的申请函》（南水北调江汉综函〔2022〕9 号）报送生态环境部。

8）出具审批意见。生态环境部以《关于引江补汉工程环境影响报告书的批复》（环审〔2022〕69 号）批复引江补汉工程环评报告。

（3）办结时间。该要件于 2022 年 6 月 9 日办结。

12. 节能专题报告

（1）工作内容。按照《水利水电工程可行性研究报告编制规程》（SL/T 618—2021）中 1.0.4 规定：“编制可行性研究报告应贯彻国家的方针政策，根据国土空间规划、国家和地区经济社会发展规划的要求，按照有关技术标准，对工程项目的建设条件进行调查和勘测，在可靠资料的基础上，进行方案比较，从技术、经济、社会、环境和节水节能等方面进行全面论证，评价工程建设的可行性。”

根据国家发展改革委《关于印发〈不单独进行节能审查的行业目录〉的通知》（发改环资规〔2017〕1975 号）规定，水利工程在《不单独进行节能审查的行业目录》中；且通知中规定：“对于本目录中的项目，建设单位可不编制单独的节能报告，可在项目可行性研究报告或项目申请报告中对项目能源利用情况、节能措施情况和能效水平进行分析”“节能审查机关对本目录中的项目不再单独进行节能审查，不再出具节能审查意见”。

引江补汉工程为水利工程，在不单独进行节能审查的行业目录内，无需单独编制节能报告，无需进行节能审查。

（2）办结时间。该要件于2021年8月30日办结。（韩东方）

13. 地震安全性评价

（1）工作内容。在工程建设项目可行性研究阶段，需要对工程场地（包含工程建/构筑物及相关线路工程）进行地震安全性评价，用于确认本建设项目工程选址与抗震设防要求以及防震减灾的需求。由建设单位委托具备地震安评资质的从业单位进行评价，向省级地震主管部门或国家地震主管部门（或专家委员会）申请审定，由主管部门出具报告审定意见。

（2）办理流程。

1）地震安全性调查评价。依据《中华人民共和国防震减灾法》《湖北省防震减灾条例》《湖北省地震安全性评价管理办法》，以国家标准《工程场地地震安全性评价》和《中国地震动参数区划图》为指导，评价单位开展工程各重要建筑物及比选线路的资料收集、野外地质调查、样品试验测试及内业整理工作。

2）编制地震安全性评价报告。根据收集的区域地震地质资料、野外实际勘测结果和试验测试数据，完成场地地震安全性的综合评价，编制完成地震安全性评价报告。

3）报告审查。将完成的报告初稿送至中国灾害防御协会，由该协会组织技术咨询专家组对报告进行审查，经过一审返回修改意见；报告编制单位根据专家意见对报告进行修改完善，并交专家组审定。中国灾害防御协会印发《关于〈引江补汉工程重要工程场地地震安全性评价报告〉专家组意见》（中灾协安技询〔2020〕44号），认为报告内容符合国家标准《工程场地地震安全性评价》（GB 17741—2005）的要求，结论可信。

（3）办结时间。该要件于2021年9月27日办结。（杨军平）

14. 项目招标方案

（1）工作内容。根据《水利工程建设项目招标投标管理规定》（2001年水利部第14号令）第十七条规定“招标前，按项目管理权限向水行政主管部门提交招标报告备案。报告具体内容应当包括：招标已具备的条件、招标方式、分标方案、招标计划安排、投标人资质（资格）条件、招标代理、评标方法、评标委员会组建方案以及开标、评标的工作具体安排等”，同时根据引江补汉工程的情况，在招标前应向水利部提交招标报告，即招标方案。

（2）办理流程。

1）编制初稿。根据《水利工程建设项目招标投标管理规定》（2001年水利部第14号令）相关要求，以可研上报内容为基础，先行编制完成招标方案初稿。

2）征求江汉水网公司内部意见。根据编制完成的招标方案初稿，与公司各小组（部门）沟通并进一步完善招标方案初稿。

3）征求中国南水北调集团企业管理部意见。在江汉水网公司内部决策程序完成前，将编制完成的招标方案初稿电子版提交集团企业管理部征求意见。

4）履行内部决策程序。根据引江补汉工程项目法人筹备组相关决策程序规定，招标方案经筹备组组长办公会审议通过。

5）上报中国南水北调集团。2022年4月25日，以《中国南水北调江汉水网公司关于引江补汉工程先期开工项目招标实施方案的报告》（南水北调江汉合〔2022〕2号）将招标方案上报集团。

6）报送水利部备案。引江补汉可研及出口段初设批复后，根据批复结果，对招标方案进行了修改完善，7月2日以《中国南水北调集团江汉水网建设开发有限公司关于报送引江补汉工程先期开工项目招标报告的报告》（南水北调江汉经发〔2022〕6号）将最终招标方案上报集团，并由集团正式报送水利部备案。

（3）办结时间。该要件于2021年11月28日办结。（郭海）

15. 项目资金筹措方案

（1）工作内容。为满足引江补汉工程项目建设资金，根据国家水利投融资相关政策以及项目可研要求，通过中央财务投资、集团资本金、银行贷款、发行债券、股权投资等多种筹融资方式，为引江补汉工程筹集资金。

（2）办理流程。引江补汉工程经济评价及资金筹措方案由设计单位编制完成，经中国南水北调集团审定后，报水利部等上级部门审批。

（3）办结时间。该要件于2021年11月25日办结。（曾宪坤）

16. 取水许可申请及水资源论证

（1）工作内容。2021年8月，组织长江勘测规划设计有限责任公司完成《引江补汉工程水资源论证报告》编制；9月和10月，分别向中国长江三峡集团有限公司和汉江水利水电（集团）有限责任公司印发《关于商请同意引江补汉工程建设工作的函》，征求利益第三方同意工程建设的意见；9月和11月，分别取得中国长江三峡集团有限公司和汉江水利水电（集团）有限责任公司的复函。2021年10月14日，南水北调中线建管局向长江委提交《关于申请引江补汉工程建设项目取水许可审批的函》；12月10日，长江委在湖北省武汉市主持召开《引江补汉工程水资源论证报告》专家评审会，并通过审查。2022年3月，取得《长江水利委员会关于引江补汉工程取水申请的行政许可决定》（长许可决〔2022〕42号）。

（2）办理流程。

1）申请。递交纸质申请材料，并进行网上申报。

2）受理。行政许可受理窗口接收申请材料，审批机关对申请作出处理，将受理通知书、不予受理决定书、补正通知书、不受理告知书送达申请人。

3）审查。审批机关对申请材料进行全面审查，对于新申请和重新申请，组织完成建设项目水资源论证报告书技术审查，并提出审查意见。审批机关认为需要听证的，要向社会公告，并举行听证。申请人、利害关系人要求听证的，审批机关组织听证。并向相关部门发出征求意见书，相关部门及时出具反馈意见书。审查部门认为需对重大行政许可事项进行合法性审查的，可送至法制工作机构进行审查。

4）决定。经审查，对符合条件的应作出批准决定，并由审批机关签发批准文件；对不符合条件的应作出不批准决定，并书面告知申请人不批准的理由和依据，出具不予许可决定书。

（3）办结时间。该要件于2022年3月11日办结。

17. 洪水影响评价类行政许可

（1）工作内容。2021年9月，组织长江勘测规划设计有限责任公司完成《引江补汉工程洪水影响评价报告》编制；9月和10月，分别向中国长江三峡集团有限公司和汉江水利水电（集团）有限责任公司印发《关于商请同意引江补汉工程建设工作的函》，征求利益第三方同意工程建设的意见；9月和11月，分别取得中国长江三峡集团有限公司和汉江水利水电（集团）有限责任公司的复函。2021年9月，南水北调中线建管局向长江委提交《"四个一"行政许可事项申请表》，申请审批洪水影响评价报告。2021年12月21日，长江委在湖北省武汉市主持召开《引江补汉工程洪水影响评价报告》专家评审会，并通过审查。2022年2月，取得湖北省水利厅关于引江补汉工程洪水影响评价的意见。2022年4月，取得《长江水利委员会关于引江补汉工程洪水影响评价的行政许可决定》（长许可决〔2022〕64号）。

（2）办理流程。

1）申请。申请人递交纸质申请材料，并进行网上申报。

2）受理。行政许可受理窗口接收申请材料；审批机关对申请作出处理，将受理通知书、不予受理决定书、补正通知书、不受理告知书送达申请人。

3）审查。由受理的流域管理机构根据国家有关规定对申请材料进行审查，对需要组织开展听证等事项的，由该流域管理机构行政许可窗口部门告知申请人。

4）许可决定。经审查，符合条件的，由该流域管理机构出具准予行政许可决定；不符合条件的，出具不予行政许可决定。

5）许可送达。流域管理机构行政许可窗口部门将许可决定送达申请人。

（3）办结时间。该要件于2022年4月13日办结。（黄云辉）

18. 水土保持方案报告书

（1）工作内容。根据《中华人民共和国水土保持法》第二十五条："在山区、丘陵区、风沙区以及水土保持规划确定的容易发生水土流失的其他区域开办可能造成水土流失的生产建设项目，生产建设单位应当编制水土保持方案，并按照经批准的水土保持方案，采取水土流失预防和治理措施。"根据《开发建设项目水土保持方案编报审批管理规定》第二条："凡从事有可能造成水土流失的开发建设单位和个人，必须编报水土保持方案。"

根据《水利部关于下放部分生产建

设项目水土保持方案审批和水土保持设施验收审批权限的通知》要求，国务院审批（核准、备案）项目，水土保持方案由水利部审批。

（2）办理流程。

1）编制水土保持方案。

2）报送水利部审批。

3）水利部组织技术评审。

4）水利部出具批复文件。

（3）办结时间。该要件于2021年11月25日办结。（张国锋）

19. 使用林地（先行用地）

（1）工作内容。在工程建设项目可研报告和初设报告批复后，建设项目占用林地的，由建设单位依照相关法律法规向林业主管部门申请办理建设用地审批手续。建设项目占用林地批准文件是建设项目用地申请办理的前置。

（2）办理流程。

1）林业调查。根据《中华人民共和国森林法》《中华人民共和国行政许可法》《中华人民共和国森林法实施条例》《建设项目使用林地审核审批管理办法》相关规定，江汉水网公司需要委托设计单位，结合地方自然资源主管部门备案的“三调”数据，开展建设用地范围内的林地现状和相关林业保护设置情况调查。

支撑条件：批复的可研报告，批复的初设。

2）编制使用林地可行性报告。根据用地范围内林业情况调查结果，按林地属别和用途编写使用林地可行性报告，并测算相应的森林植被恢复费。

3）使用林地审批。根据《建设项目使用林地审核审批管理办法》规定，分别缴纳临时使用林地和永久占用林地森林植被恢复费。丹江口市林业局依规受理出口段临时使用林地申请文件，并依法出具《引江补汉工程输水总干线出口段建设临时使用林地审核同意书》（丹林（临）准字〔2022〕5号）。经丹江口市、十堰市、湖北省林业主管部门逐级审批，国家林草局印发《使用林地审核同意书》（林资许准（鄂）〔2022〕010号），同意引江补汉工程输水总干线出口段项目永久使用林地。

（3）办结时间。该要件于2022年7月4日办结。

20. 建设用地（先行用地）

（1）工作内容。按照《建设用地审查报批管理办法》（国土资源部令第69号）有关规定，引江补汉工程先期开工段符合办理工程先行用地要求。申请先行用地前，不仅需要与丹江口市人民政府签订建设征地移民安置任务与投资协议，并拨付补偿资金，还需要协调丹江口市人民政府及时出具关于南水北调中线引江补汉工程项目先行用地有关情况的承诺和说明，最后要协调各级自然资源部门完成相关技术审查。

（2）办理流程。

1）与地方政府签订移民安置协议。与丹江口市人民政府签署引江补汉工程出口段建设用地移民安置任务与投资包干协议书，并将第一笔补偿费用拨付到丹江口市人民政府，保障了先行用地各项补偿。

2）取得丹江口市人民政府承诺。丹江口市人民政府承诺在动工前将用地补偿费发放到先行用地涉及村组和群众，承诺不会因先行用地发生信访问题或突发事件。

先行用地涉及的村组和群众对先行用地补偿标准和安置途径无异议，同意先行用地，并出具书面意见。国有土地涉及的丹江口市水利和湖泊局、交通运输局和国网湖北省电力有限公司丹江口市供电公司均做出承诺，同意先行用地。

3）相关部门审查。2022 年 8 月 4 日，江汉水网公司向丹江口市人民政府拨付了第一笔建设征地与补偿资金后，丹江口市自然资源和规划局启动了先行用地审查工作；8 月 14 日，十堰市自然资源和规划局完成南水北调中线引江补汉工程项目先行用地审查工作。

4）湖北省自然资源厅审查。2022 年 8 月 19 日，湖北省自然资源厅完成审查工作，向自然资源部报送了关于南水北调中线引江补汉工程项目先行用地的请示。

5）自然资源部审查。2022 年 8 月 29 日，自然资源部向湖北省自然资源厅出具了南水北调中线引江补汉工程项目先行用地的批复文件。

（3）办结时间。该要件于 2022 年 8 月 29 日办结。（景佩瑞）

【可研阶段专题研究】 2022 年 6 月，国家发展改革委以《关于印发〈国家发展改革委关于审批南水北调中线引江补汉工程可行性研究报告的请示〉的通知》（发改农经〔2022〕978 号）批复引江补汉工程可研报告，标志着引江补汉工程可研阶段的 16 项专题研究已顺利通过审核，其中专题研究内容如下。

1. 水资源配置与规模　输水总干线渠首设计水位采用三峡防洪限制水位 143.30m，相应向汉江设计补水流量为 170m^3/s；最高引水位采用三峡正常蓄水位 173.30m，相应向汉江最大补水流量为 212m^3/s。预留的沿线补水工程分水口设计流量为 40m^3/s。引江补汉工程多年平均引水量为 39.0 亿 m^3。其中，中线陶岔渠首多年平均补水 24.9 亿 m^3，补水后多年平均北调水量为 115.1 亿 m^3；向汉江中下游补水 6.1 亿 m^3，并具备利用工程空闲时段应急补水的潜力；补充引汉济渭工程按远期规模引水后，丹江口水库入库径流减少量为 5.0 亿 m^3；向输水工程沿线补水约 3.0 亿 m^3。

2. 工程方案比选　引江补汉工程布局综合比选了提水至汉江丹江口水库坝上的方案（坝上方案）、引水自流至丹江口水库坝下的方案（坝下方案）及坝下自流引水和坝上提水相结合的双线引水方案（坝上坝下结合方案）3 类。通过从水源水质、对调入区水质的影响、地质条件、施工条件、移民征地、补水效益、经济性等方面进行比选，3 类方案技术上均有较大难度；坝上方案技术经济无优势，还存在水质风险；坝上坝下结合方案投资最高，经济性差；坝下方案技术风险相对可控，经济性最好，供水成本最低；因此推荐坝下方案。

3. 汉江右岸水资源配置　2035 水平

年输水线路沿线补水区生产生活需水量约为25.0亿m^3，采用较先进的用水指标，充分挖潜当地水源供水能力，并提高再生水利用水平后，预测输水线路沿线补水区2035水平年总缺水量为5.8亿m^3。引江补汉工程在优先满足汉江补水需求的前提下，为输水线路沿线城乡生活和工业补水创造条件件，有助于提升区域水资源调配能力，缓解水资源供需矛盾。多年平均补水量约为3亿m^3。

4. 南水北调中线一期总干渠过流能力复核　不考虑丹江口水库可引水量和受水区需求限制，南水北调中线一期工程总干渠渠首段年过流能力为132.5亿m^3；受冰期过流能力和北方受水区用水需求的限制，1956—2018年系列中线一期总干渠多年平均输水能力约为126亿m^3。进一步考虑可调水量条件，中线一期总干渠输水能力的发挥程度与引江补汉工程布局和规模相关；引江补汉工程采用坝下方案时，不同引江流量规模下相应的中线多年平均北调水量为114亿～119亿m^3。

5. 中线受水区新增北调水量分配方案　引江补水后，将总补水量24.9亿m^3分为两大部分，第一部分为补亏水量4.8亿m^3，即补齐中线一期引江前因系列延长等原因造成的北调水量亏缺；第二部分为新增分配水量20.1亿m^3，因受制于中线总干渠输水能力，新增北调水量有限，不能满足受水区各省（直辖市）2035年用水缺口。按照天津是否参与水量分配，可将新增水量分配方案分为两大类，选定其中4种方案进行水资源配置，并以天津不参与新增水量分配且考虑东线、中线互济原则方案作为代表方案；代表方案中河南新增水量7.4亿m^3，河北（不含雄安）新增水量3.3亿m^3、雄安新增水量3.3亿m^3、北京新增水量6.1亿m^3。

6. 大流量输水隧洞水力过渡过程研究　引江补汉工程输水隧洞长达194km，采用有压输水方式，设计流量为170m^3/s，最大工作水头达100m，水头高、变幅大，为国内外罕见的大流量超长有压输水隧洞。针对工程输水流量大、隧洞超长的工程特点，对有压输水隧洞过渡过程进行分析并对水锤防护措施进行研究，可避免有压输水隧洞水锤可能导致的衬砌破坏。

控制闸采用锥阀控制启闭方式，可降低闸门启闭对水力过渡过程的影响；利用沿线布设的11条检修交通洞作为调压井，并在闸前设溢流调压井，可达到控制沿线最大压力水头“不大于1.3倍最大工作压力”的标准。

控制闸启闭过程中，闸前164km洞段、控制段及其下游30km洞段内的压力、流速、流态等水力指标相互耦合并动态变化，水动力特性尤为复杂。研究控制段三维水气两相流与上游、下游有压隧洞一维水锤耦合数学模型，开展有压隧洞与控制闸段水动力特性演化过程研究，为输水系统水锤防护、控制段设计以及系统调度运行提供支撑。

7. 超长深埋隧洞施工方案及TBM选型初步研究　引江补汉工程输水隧洞长194.3km，最大埋深为1182m，TBM最大开挖断面直径为12.2m，穿越多条主要区域性断裂，存在涌水突泥、高外水压力、软岩变形、硬岩岩爆等不良地质问题，具有超长、深埋、大断面、穿越地质条件复杂等特点，受地形、地质条件的限制，布置施工支洞条件较差。

隧洞采用“钻爆法＋TBM法”组合的施工方案，输水隧洞TBM法施工段长约119.51km，占比为61.51%。对岩性均一的良好地质洞段，提高岩爆施工安全性，选择工期和投资更具优势的护盾式TBM；对岩性较复杂存在较大范围深埋软岩洞段，从降低卡机风险、方便不良地质预报与处理方面考虑，选择敞开式TBM。该工程初选2台护盾式TBM、7台敞开式TBM。

8. 深埋长隧洞不良地质处理初步研究　引江补汉工程除取水口、石花控制闸及出口建筑物外，全线由深埋长隧洞构成，沿线地质条件复杂，工程地质问题较多，采取综合措施保障洞室结构稳定及施工期人员和设备安全是工程建设顺利进行的重要前提，甚至在一定程度上决定了工程的成败。

对不良地质问题，按照“超前预报、超前灌浆、超前支护”的原则，针对不同地质问题和灾害等级，及时合理处置。在可研阶段厘清输水隧洞及施工支洞沿线各段地质问题，逐段提出相应结构措施和施工措施。主体工程开工前以勘探试验洞形式开展不良地质处理试验研究和现场生产性试验，查明岩体物理力学性质，获取超前灌浆等施工工艺参数，为设备制造、结构设计、施工管理提供可靠的基础信息。

9. 工程区断裂活动性研究　引江补汉工程区处于中国地势第二阶梯东缘向第三阶梯过渡地带，大地构造上位于秦岭褶皱系和扬子准地台两个一级构造的交会部位，区内构造较为发育。新构造断裂活动包括断裂的继承性活动和新生的第四纪断层作用，绝大部分区域主干断裂，新构造期都有不同程度的新活动，其活动强度总体上是由北向南有减弱的趋势；区域新构造活动主要表现为拗陷活动、穹状隆起运动、掀斜活动、块断差异升降活动、断裂活动、温泉等形式；区域新构造运动的基本特征主要表现为继承性与新生性、整体性与差异性、新构造运动的阶段性，新构造运动强度并不强烈。

坝上方案引水线路穿过区域性断裂1条，坝下方案引水线路穿过区域性断裂7条。坝上方案引水线路穿过12条主要断裂，坝下方案引水线路穿过50条主要断裂。

综合运用预测震级转换法、滑动速率法、断层长度转换法等方法综合评价城口-房县断裂房县以东段及通城河断裂未来百年位移量值，结果显示与线路相交的城口-房县断裂房县以东段百年位移设防水平向量值为0.172m，垂直向量值为0.205m，通城河断裂带未来百年位移设防水平向量值为0.023～0.118m，垂直向量值为0.066～0.205m。

城口-房县断裂房县以东段及通城河断裂带位于6.0级地震潜在震源区，潜在地震造成的最大变形带影响带宽带小于100m。

10. 坝下方案深埋长隧洞物探AMT法解译研究　可研阶段坝下方案深埋长隧洞地球物理勘察，在充分考虑工作任务、工程特点、地球物理条件、地形地貌特征、工作量及工期要求等因素的情况下，进行了方法选择、AMT法工作参数选取、地质要素地球物理响应特征及物探解译原则研究，取得的解译成果得到了验证，提高了AMT法资料解译水平，深化了物探解译成果。

11. 坝下方案岩溶水文地质初步研究　引江补汉工程位于湖北省西北部，从地质构造上可以分为南、中、北三段；其中，南段主要位于黄陵断穹核部崆岭群碎屑岩分布区；北段主要位于秦岭褶皱系武当群碎屑岩分布区，其中谷城县石花镇一带超覆有少量白垩系—第三系红色砂砾岩沉积；中部为扬子准地台震旦系-三叠系沉积盖层组成，该沉积盖层主要为海相碳酸盐岩夹页岩、粉砂岩等碎屑岩组成的层状地层结构。线路的南段和北段总体都以碎屑岩裂隙水为主，该地层本身岩石致密，裂隙不发育，含水层富水性极差，水量十分贫乏，仅表层风化裂隙带和断裂构造带赋存有少量基岩裂隙水，水文地质条件相对比较简单；中部震旦系-三叠系沉积盖层区以碳酸盐岩岩溶裂隙水为主，因地层岩性、地质构造和岩溶发育的不同，地层含水性、赋水性及导水性都有显著差异，4条隧洞线路方案的水文地质条件各不相同。

根据对4个引水方案的水文地质条件及突涌水条件、突涌水量等的评价以及不同方案之间的综合对比分析可知，归安线与龙安1线两个方案穿越的可溶岩长度较短，且以埋藏型岩溶为主，隧洞整体以渗涌水为主，而龙安2线和3线两个方案穿越的可溶岩长度较大，且以裸露型岩溶为主，线路穿越多个大型向斜汇水构造、地下水集中排泄区以及长距离穿越青峰断裂带，存在多处严重的岩溶水害问题。因此，从水文地质条件和突涌水灾害风险方面进行分析可知：归安线和龙安1线两个方案相近，龙安1线较归安线方案略优；龙安2线和3线两个方案相近，涌水量要明显大于龙安1线和归安线。

综上所述，结合区域地质构造、岩溶含水岩组结构、岩溶发育控制因素、岩溶发育程度、岩溶地下水系统特征及其与隧洞的空间关系等地质、岩溶水文地质条件，参考隧洞涌水量定量评价结果综合分析对比，龙安1线和归安线明显比龙安2线和3线优越，从岩溶水文地质角度来看龙安1线引水方案相对最优。

12. 坝下方案地应力场特征初步研究　引江补汉工程输水线路位于秦岭褶皱系（Ⅰ）和扬子准地台（Ⅱ）两个一级构造单元交汇区域，线路穿越了多个次级构造单元，各次级构造单元构造地质特征差异明显。坝下方案共布置了18个地应力测孔，历经5个月完成了可研阶段的水压致裂法地应力测试工作，同时搜集了工程区其他项目的地应力测试资料。总体上，主应力量值呈现出$\sigma_H > \sigma_h > \sigma_v$或$\sigma_H > \sigma_v > \sigma_h$的关系特征，而且最大水平主应力侧压系数明显较大，说明工程区受到较强的水平向构造挤压作用影响。结合次级构造单元来看，最大水平主应力方向呈现明显的分区特征。

13. 坝下方案工程区岩石（体）力学特性初步研究　较系统地开展室内岩石力学特性试验研究，获取不同年代地层和不同风化程度的各种岩石的单轴抗压强度、变形模量、声波、三轴强度、直剪强度、点荷载强度、膨胀特性等参数，为设计提供可靠的地质依据。

14. 调水对梯级电站发电影响研究　各引江方案均将影响长江干流的三峡、葛洲坝，以及汉江干流的丹江口、王甫洲、新集、崔家营、雅口、碾盘山、兴隆等水利枢纽。坝上方案、坝上坝下结合方案还将影响堵河的潘口、小漩、黄龙滩等水利枢纽，受影响的梯级电站共12级。依据长江干流和汉江流域的各水文站，分别推求了各受影响梯级电站1956—2018年的坝址径流系列，资料系列较长、代表性较好，与规划阶段成果相比，多年平均流量偏差在1%以内。以各受影响梯级电站调度规程为基础，结合相关专题研究和实测拟定成果，对各受影响梯级电站关键参数及水库调度运行方式进行了分析与复核，复核情况与实际情况基本相符。

15. 调水对丹江口坝下水位非衔接段航道影响及综合治理对策研究　工程实施后，对丹江口水库调度进行调整，丹江口大坝枯水期下泄流量将减小，丹江口坝下至引江补汉出水口之间河段流量相应减少，导致丹江口至黄家港段水位下降，引航道口门和步行桥附近航道局部水深进一步减小；羊皮滩中上段流速稍微增加，安乐河出口及羊皮滩尾段流速显著增加，引起羊皮滩右汊冲刷，同时整个羊皮滩右缘、羊皮滩头部和尾部都可能受冲刷崩退。针对引江补汉工程实施后丹江口水库调度的调整及补水出流与汉江衔接产生的不利影响，提出引江补汉工程的治理目标为：保证工程影响河段现状Ⅳ级航道畅通，并具备通过后续工程措施实现规划Ⅲ级航道建设标准的条件；抑制丹江口坝下减水段水位下降，基本恢复工程影响河段水面线，最大限度减少对生态、滨水景观影响；协调安乐河出流与羊皮滩综合治理需求，河道疏挖与湿地营造相结合，塑造较为完整的羊皮滩滩型，促进工程治理与生态的有机融合。

基于实现航道尺度、控制沿程水位、合理布局补水汇流及羊皮滩修复的目标，分别研究论证了补水出口与汉江衔接工程、航道治理工程和河道整治工程的分项工程治理思路、工程措施及实施效果，在此基础上提出了引江补汉工程河段的综合治理方案。

16. 引江补汉工程信息化总体方案研究　数字孪生引江补汉工程充分运用新一代信息技术，建立覆盖工程全域的空-天-地感知网，提升引江补汉工程建设阶段隧洞超前地质预报、支护方案动态优化，施工过程进度仿真、质量管控、安全评价、投资预算管控，以及运营阶段水量联合调度、生态环保、安全监测等物联感知操控、全要素数字映射、可视化呈现、数据融合供给、分析计算、模拟仿真推演、虚实融合互动以及自学习、自优化的核心能力，实现工程的数字化映射、智慧化模拟、精准化决策和“四预”功能，从而降低工程建设的试错成本和建设成本，提升工程建设效率，保证工程安全和质量。

数字孪生引江补汉工程总体架构由基础设施、数字底座、智能运行中枢、数字孪生应用体系四大横向层，以及工程安全防线（保障平台网络信息安全等）和标准规范（保障与长江委、中线建管局、三峡、丹江口以及工程沿线相关单位的信息共享交换，平台内数据、服务交互等）两大纵向层构成。其中，基础设施建设为工程提供必要的基础环境；数字底座是工程的“算据”，为上层应用提供数据支撑；智能运行中枢是工程的能力中台，也是工程大脑；数字孪生应用体系是工程全生命期各阶段信息化、数字化、智能化和智慧化应用。

（黄云辉）

初设阶段工作

【初设工作】 2022年7月8日，水利部在武汉召开专题调度会，研究部署加快推进引江补汉工程整体初设工作，要求2022年底前编制完成引江补汉工程初设报告并上报水利部。在中国南水北调集团的大力指导和深度参与下，江汉水网公司坚持“上下联动、交叉并行、依法合规、极限压缩”，组织专人常驻北京，加强与水利部水规总院、评审中心的沟通协调和工作对接，密切关注初设概算编制，积极反映公司诉求，充分表达公司意愿。历经近9个月的对接协调，2023年9月12日，国家发展改革委正式批复初设概算，核定工程概算静态总投资551.58亿元；9月22日，水利部正式批复引江补汉工程初设报告。

1. *初设修编*　2022年7月，根据水利部工作部署，江汉水网公司立即组织全面启动引江补汉工程整体初设工作，按照编制规程要求并结合可研审查评估意见，编制了引江补汉工程初设阶段勘察设计工作大纲。

按照勘察设计合同和工作大纲要求，组织开展了大量的外业勘察试验工作，就工程地质、线路布置、水力控制、施工方案等关键问题进行了深入研究，编制完成初设专题研究报告15份，同时开展了下穿公路、铁路等安全评估及专项设计，并取得相关主管部门意见。工作过程中，江汉水网公司全程参与，先后组织召开20多次专家咨询及专题内审会；水利部水规总院提前介入，就输水工程局部线路比选专题、高水头超长有压隧洞水力控制专题、TBM选型及配置专题、输水隧洞施工通道布置专题、隧洞支护与衬砌设计专题等专题报告及时多次组织召开技术讨论会，并对引江补汉工程设计施工相关重大技术问题提出了指导意见。经各方通力协作，于2022年12月编制完成《南水北调中线引江补汉工程初步设计报告》（送审稿）（以下简称《初设报告》）。

2. 初设审批　2023 年 1 月 8—10 日，水利部水规总院在北京召开会议，对《初设报告》进行了技术审查，基本同意报告推荐的总体方案，并提出了报告修改意见。围绕审查意见和专家关注的重点问题，组织长江设计集团有限公司对《初设报告》进行了修改和补充。2023 年 3 月 6—8 日，水利部水规总院在北京召开会议，对修改后的《初设报告》进行了复核，基本同意该报告。会后，根据复审意见对《初设报告》进行了修改完善，水利部水规总院于 2023 年 4 月 4 日向水利部正式报送了《初设报告》审查意见。2023 年 4 月 11 日，水利部正式行文将《初设报告》报送国家发展改革委核定概算。2023 年 4 月 20—25 日，国家投资项目评审中心组织了引江补汉工程现场调研查勘，并在宜昌市召开了引江补汉初设概算评审会。2023 年 5—8 月，国家投资项目评审中心进行《初设报告》概算评审工作，并于 8 月 18 日将引江补汉概算评审报告报送国家发展改革委投资司。2023 年 9 月 15 日，国家发展改革委将引江补汉工程初设报告概算核定文件函复水利部。2023 年 9 月 22 日，水利部正式批复引江补汉工程初步设计报告，并于 9 月 25 日印发准予行政许可决定书。（黄云辉）

【初设阶段专题研究】　2023 年 9 月，水利部印发《南水北调中线引江补汉工程初步设计报告准予行政许可决定书》（水许可决〔2023〕45 号），标志着引江补汉工程初设阶段的 19 项专题研究已顺利通过审核。专题研究内容如下。

1. 南水北调中线一期工程总干渠输水能力复核　非冰期输水渠段按加大流量，冰期输水渠段非冰期按加大流量，冰期分年型、分段控制冰期过流能力，不考虑丹江口水库可引水量和受水区需求限制，渠首段最大年输水量为 132.5 亿 m^3；穿黄工程断面年均输水量为 100.9 亿 m^3；入河北断面考虑冰期输水后，多年平均输水量约为 79.0 亿 m^3；入北京断面年均输水量约为 17.0 亿 m^3。

2. 工程调度初步研究　引江补汉工程以丹江口水库蓄水位为启停控制条件：丹江口水库水位较低且位于补水区时，工程向汉江补水；丹江口水库水位较高且位于停止补水区时，工程停止向汉江补水；在补水区和停止补水区之间设置缓冲区，避免频繁启停。引江补汉工程向汉江补水时一般不控制输水流量，丹江口水库结合发电调度和生态要求控制下泄流量。初拟三峡特枯年限制引水条件：11 月至次年 4 月，当三峡水位低于 160m 且丹江口水位高于 150m 时，引江补汉工程不引水；如遇汉江特枯年，为减少对南水北调中线和汉江中下游用水的影响，引汉济渭工程仍需采取避让措施。

3. 输水工程局部线路比选及优化　以可研阶段推荐的工程总布局为基础，结合专题勘察成果，对桩号 K92～K104 和桩号 K104～K146 洞段进行局部线路比选。对桩号 K92～K104 洞段，综合考虑工程地质风险、施工风险、施工布置、施工总工期以及工程投资等因素，比选线路投资较省，能提高工期保证率，整体占优，线路长度相比可研推荐线路缩短约 0.1km。对桩号 K104～K146 洞段，布置了 3 条比选线路，以地形、地质条件为主要决定因素，结合施工风险、施工布置、环境保护以及工程投资等因素，推荐比选 1 线作为推荐线路。

4. 输水隧洞施工方案及通道布置 施工方案共布置了 27 条施工支洞，其中 22 条平洞（含 4 条岔洞）、5 条竖井（均为单竖井）。相较可研方案进行了如下优化调整：取消 4 号斜井，5 号斜井调整至 6 号平洞内开岔洞方案；7 号、11 号平洞内增设了 7－1 号、11－1 号岔洞；8 号平洞进口调整至鸡冠河岸边，TBM6 由洞内组装改为洞外组装；取消 8－1 号竖井，百峰断层采用地表预注浆后 TBM 掘进通过；结合输水线路调整，将“平行导洞＋9 号、10 号横通洞”调整为“9 号、10 号竖井”；桩号 K164＋00～K176＋250 浅埋软岩段由钻爆法调整为盾构/单护盾双模 TBM。

5. 输水隧洞 TBM 选型及配置 工程采用 9 台 TBM，其中 4 台敞开式、3 台单护盾式、2 台双护盾式。TBM1、TBM4、TBM5 和 TBM9 从经济性、便于超硬岩施工、断层和沿断裂带的涌水突泥超前处理等方面考虑，采用敞开式 TBM；TBM2、TBM3 从防中等岩爆安全性、施工工期等方面考虑，采用双护盾式 TBM；TBM6、TBM7、TBM8 从施工安全、工期保障率等方面考虑，采用单护盾式 TBM。

6. 高水头超长有压隧洞水力控制 阀控方案采用 6 台 DN2600 活塞阀或 4 台 DN2600 锥阀作为水力控制设备，闸控方案采用弧形门替代调节阀作为水力控制设备，两者在技术上均可行。但与阀控方案相比，闸控方案运行可靠性高、检修维护方便、工程投资略少。该阶段推荐中部闸控方案。

7. 输水隧洞支护与衬砌设计

（1）一般地质洞段支护和衬砌设计。钻爆法施工洞段初期支护以锚喷支护措施为主，局部洞段辅助超前锚杆、超前小导管、超前管棚等预支护措施；敞开式 TBM 施工洞段初期支护根据设备特性、围岩类别和不同埋深采取钢筋排、喷锚挂网和随机钢支撑以及增加超前管棚等预支护措施；考虑敞开式 TBM 开挖、初次支护及二次衬砌等工序衔接与施工效率，采用预制混凝土仰拱与模筑混凝土边顶拱衬砌结构；双模式 TBM/盾构洞段净断面直径为 10.0m，全断面布设预制 C50 混凝土管片的厚度为 60cm，管片拼装后进行注浆。

（2）不良地质洞段支护和衬砌设计。对雾渡河断裂以及土门断裂等典型断裂带，提出了地下水封堵与支护建议方案；TBM6、TBM7 和 TBM8 软岩施工洞段（埋深不超过 700m）Ⅳ类围岩的卡机风险低；TBM7 埋深超 700m 的软岩洞段，考虑增加在刀盘直径方向上的扩挖量。对于 TBM6、TBM7 和 TBM8 软岩施工Ⅴ类围岩洞段（埋深不超过 700m），考虑在刀盘直径方向上扩挖 30cm；TBM6、TBM7 和 TBM8 开挖洞段需预制部分C60高强混凝土管片和钢-混凝土管片（TBM7）作为一次支护，并采取一些加固措施（预应力锚索等）后，再施作二次模筑混凝土；岩爆超前预处理措施主要为喷水软化、超前泄压；针对地震黏滑位错威胁，以设置铰接抗错断结构为主，辅以适当扩大隧洞外径，同时加厚衬砌。

8. 输水隧洞穿越工程活动断层洞段支护设计　对于工程穿越活动断裂带的洞段，在既有钻爆段Ⅴ类围岩开挖尺寸的基础上，适当扩挖隧洞，增大隧洞外径，同时加厚衬砌，使内外径保持一致。在此基础上，考虑每隔一定距离设置铰接段。

9. 工程安全监测　工程线路长，地质条件复杂，为充分了解各建筑物的工作状态并确保工程施工及运行安全，有针对性地对沿线主体建筑物开展安全监测。主要监测部位包括取水口、输水隧洞、石花控制闸、出水口、检修排水泵站等建筑物。监测项目以围岩变形、渗流渗压为主，兼顾主要建筑物的应力、应变、温度等监测项目。

10. 施工供电方案　根据工程输水总干线的施工总布置，结合当地电源情况、施工组织设计、施工用电负荷及施工点的位置，统一规划设计引江补汉工程施工供电系统，以及相应的输配电线路及施工变电站。

11. 隧洞不良地质洞段风险评价及处置　输水隧洞及其施工支洞主要存在涌水突泥、高外水压力、硬岩岩爆、软岩变形、高地温、有害气体及放射性等工程地质问题。按照对工程的影响程度，划分为突出问题、重要问题、一般问题3类。突出问题为涌水突泥、高外水压力；重要问题为软岩变形、硬岩岩爆。按照工程地质问题和环境地质问题可能引起的地质灾害风险，可划分为Ⅰ级（极高）、Ⅱ级（高）、Ⅲ级（一般）3个风险等级。对不良地质问题，应坚持“预防为主、防治结合”“有疑必探、先探后掘”的方针，按照“超前预报、超前灌浆、超前支护”的原则，针对不同地质问题和灾害等级，及时合理处置。针对不同类型的地质问题，逐段提出相应的结构措施和施工措施。

12. 输水隧洞物探AMT法解译　工程输水隧洞地球物理勘察选用AMT法较为适宜。AMT法对电性差异较大的地层分层、具有一定规模的断层或褶皱构造探测准确率较高，对具有一定规模的低阻含水体也有很明显的反映。输水隧洞AMT法揭示111个视电阻率低阻异常区，结合地质资料、钻孔验证情况，推断裂隙密集带或断层破碎带81个、岩性界面16个、背斜构造1个、其他低阻异常区13个。

13. 输水工程线路区岩溶及水文地质　工程沿线地质构造复杂，不同线路段水文地质条件具有显著差异，通过开展大面积水文地质测绘、钻探、物探、水文地质试验与动态监测、隧洞涌水量与高外水压力预测等工作，基本查明工程沿线水文地质条件及存在突涌水风险的线路段，提出线路水文地质比选意见。

14. 输水工程线路区地应力场特征　工程整体以水平应力为主导；不同次级

构造单元呈现明显的应力分区特征；应力量值与岩体类别和岩石强度相关；应力分布与地形存在依赖关系。对施工支洞、竖井部位地应力特征的分析表明：5号岔洞、6号支洞、6-1号竖井及连接洞、14号支洞深埋硬岩洞段地应力为高应力水平，9号竖井及连接洞、13号支洞深埋软岩洞段地应力为高应力水平。

15. 输水工程岩石（体）物理力学特性　本专题对工程输水隧洞所有地层代表性岩石（体）的物理力学参数、岩体基本质量评价、大埋深条件下层状软岩的力学特性、层状软岩的长期蠕变特性、硬岩岩爆特性及TBM施工适宜性岩石特性等成果的获取，为隧洞围岩分类、围岩稳定性计算分析、隧洞开挖设计、TBM施工掘进功效以及隧洞施工安全提供重要技术支撑。

16. 隧洞主要工程地质问题　工程主要工程地质问题有涌水突泥、高外水压力、硬岩岩爆、软岩大变形、活动断裂活动性影响、对地表水及地下水环境影响、超硬岩对施工效率影响、高地温、有害气体及放射性问题。

17. 隧洞超前地质预报设计　工程有必要在施工期开展隧洞超前地质预报工作，经研究应优选采用隧洞综合超前地质预报、地质调查与分析法、物探法、超前钻探法及岩爆微震监测。TBM施工洞段需综合考虑TBM掘进机停机维护时间与物探法、超前钻孔法冲击钻占用开挖工作面的时间。钻爆法施工洞段需综合考虑物探法、超前钻孔法冲击钻及取芯钻占用开挖工作面的时间。

18. 输水隧洞穿越既有公路设计　工程输水线路与沿线公路交叉部位共28处，其中穿越高速公路共6次，穿越国道和省道共22次。采用现行国家标准对下穿隧洞段进行专项设计及影响分析，理论上引江补汉输水隧洞的施工对交叉点公路基本无影响；输水隧洞控制开挖钻爆不会对公路造成破坏。但为最大限度地减少施工期对地面道路的影响，在隧洞交叉点桩号前后50m范围内应将支护等级提高一个等级。

19. 输水隧洞穿越既有铁路设计　工程输水隧洞沿线与铁路交叉由南向北依次涉及宜兴铁路（宜兴铁路联络线）万家山隧道、郑万高铁后坪隧道、襄渝铁路襄渝二线、襄渝铁路襄渝线、汉十高铁谷城隧道共计4条铁路5处（襄渝铁路含支线），铁路各有关单位均原则同意引江补汉工程以隧洞形式下穿。

（谢颖迪）

四、工程建设进展

工程进度管理体系建设

江汉水网公司建立公司统一管理、各建设管理部分段实施，监理单位控制，设计单位保障，施工单位保证的进度管理体系。编制了进度管理规定、监理管理规定、激励约束考核规定等文件；梳理编制工程建设计划，明确节点目标和工期目标；加强工程建设进度跟踪管理和施工资源检查，及时进行纠偏；加强激励约束考核，保证工程建设进度。

2022 年 12 月 12 日，印发引江补汉工程进度管理规定，明确公司进度管理组织机构及工作职责，确定了各参建单位进度管理工作内容及职责，确定了进度管理工作流程和保障措施。2022 年 12 月 17 日，印发引江补汉工程建设监理管理规定。2022 年 12 月 30 日，印发引江补汉工程施工单位激励约束考核管理规定，初步建立起引江补汉工程进度管理体系。

（张国锋）

开工动员大会

按照水利部关于引江补汉工程开工动员大会工作部署，中国南水北调集团高度重视，董事长亲自部署，分管领导协调督促，集团各部门协同推进，成立专门组织机构，强化大会各项准备工作的协调机制。江汉水网公司成立开工准备工作专班和动员大会分会场领导小组，下设征地、合同、工程、通信电力、会务、宣传 6 个保障小组，超前组织开展仪式现场征地、动员大会方案策划等关键工作。公司领导深入一线、靠前指挥，亲自参与夜间值班，带领现场工作组，专人盯办会议用地手续，连夜抢抓场地平整进度，提前完成现场会场布置工作。

水利部南水北调司、湖北省水利厅、十堰市政府提前派出专班，及时进驻现场，围绕会场布置、征地、爆破、电力通信保障、交通、会议接待、安保、防疫、信访等方面给予大力支持。根据会议时间节点安排，多次组织现场全要素演练、视频链接专项测试以及室内模拟推演。现场各方集中办公，倒排工期，压茬推进。现场驻点人员实行日会商机制，每日一计划、当天一总结，狠抓各环节和细节的落实，全力筹备开工动员大会各项工作。

2022 年 7 月 7 日上午，南水北调中线引江补汉工程开工动员大会以视频连线方式在北京和湖北举行。中共中央政治局常委、国务院副总理、推进南水北调后续工程高质量发展领导小组组长韩正出席大会，并宣布工程开工。中共中央政治局委员、国务院副总理胡春华主持大会。中国南水北调集团负责同志报告工程准备情况，湖北省、水利部、国家发展改革委负责同志致辞。上午10时28分，韩正下达工程开工令。推进南水北调后续工程高质量发展领导小组有关成员单位、中央有关部门单位和湖北省负责同志，以及南水北调后续工程专家咨询委员会有关专家、工程建设者代表等共260余人参加大会。（赵传波）

2022年建设进展

【工程进度安排】

1. 完成出口段土地征迁工作　2022年完成出口段永久征地约380亩，占工程永久征地面积约13.8%；临时征地约150亩，占工程临时征地面积约0.9%。

2. 实施出口5km段隧洞及出口建筑物　2022年输水总干线出口段项目主要进行施工生产、生活临时设施建设及隧洞出口土石围堰、出口建筑物基础开挖和26号支洞进场道路施工。（张国锋）

【施工准备工作】

1. 图纸准备　2022年10月13日，江汉水网公司与长江勘测规划设计研究有限责任公司签署引江补汉工程勘察设计合同（2022）年度勘察设计服务协议。截至10月29日，设计单位共提交图纸34套，包括出口段总布置图、出口段99m以上开挖支护图、输水隧洞开挖支护图、输水隧洞钢筋结构图、两郧断裂灌浆布置图、施工导流图、出口边坡及输水隧洞安全监测设施布置图、桐木沟交通洞安全检测仪器布置图、桐木沟交通洞开挖支护图、桐木沟交通洞钢筋结构图、桐木沟弃渣场水保施工图、皮家沟场平施工图、安乐河料场施工图、桐木沟道路施工图、施工技术要求等施工图纸，满足出口段主体工程开工建设需要。截至12月31日，设计单位累计提交施工图纸44套。

2. 招标采购　出口段工程采购涉及勘察设计、土建施工及设备安装、监理、质量检测、安全监测、征地移民监督评估、水土保持与环境保护监测等内容。其中勘察设计、征地移民监督评估以引江补汉工程为整体进行招标，具体采购情况如下：土建施工及设备安装标中标单位为中国水利水电第五工程局有限公司，于2022年8月15日签订合同；监理标均中标单位为黄河工程咨询监理有限公司，于2022年8月15日签订合同；出口段质量检测标暂按询价方式采购至2023年底，合作单位为长江科学院，于10月28日签订协议；施工初期安全监测相应工作内容由出口段土建施工标承包人先行实施；引江补汉工程征地移民监督评估标中标单位为长江工程监理咨询有限公司，于10月12日签订合同；引江补汉工程输水总干线出口段水土保持与环境保护监测标由中国南水北调集团生态环保有限公司实施，于11月7日签订合同；出口段工程勘察设计中标单位为长江勘测规划设计研究有限责任公司，于2022年10月13日与江汉水网公司签署引江补汉工程勘察设计合同（2022）年度勘察设计服务协议。

3. 主要设备和原材料　依据施工合同，出口段工程建设（土建部分）所用骨料自料场开采，其他原材料由施工单位解决；经过前期协调、调度、调研，并经参建各单位研究确定，在砂石骨料及混凝土系统投入使用前原材料由施工单位通过市场采购，原材料已于开工前落实来源；施工单位现场已投入各类设备58台（套），包括挖掘机（$1.4m^3$）16台、自卸汽车（$22m^3$）27台、钻机（阿特拉斯ROC D7）2台、潜孔钻机（B3）2台、高压旋喷钻机1台、多臂钻（XE3C）1台、洒水车（$10m^3$）2台、推土机（SD160）2台、混凝土搅拌站（HZS120）2台、装载机（50）2台、制浆系统（80）1套；后期根据工程建设需要，进一步调整设备类型和数量，满足合同和工程建设进度要求。

4. 现场准备　10月29日前各项施工准备工作基本完成，主要包括：出口段现场场平、出口段及26号施工支洞进场道路、施工用水、施工用电、临时生产设施（砂石系统、拌和站、试验室等）等临时工程；设计技术交底；出口段施工组织设计、检修闸及抽排泵站开挖专项施工方案编制及审批；施工爆破手续办理完成；出口段树木砍伐证办理；控制点交桩及控制网复核等。

5. 开工手续办理　2022年10月25日，江汉水网公司与水利部建设管理与质量安全中心签订了引江补汉工程输水总干线出口段工程建设质量监督书。6月24日，出口段临时使用林地手续办理完毕；7月5日，出口段永久使用林地手续办理完毕，确保了工程开工动员大会用地手续合法合规。8月4日，江汉水网公司向丹江口市人民政府支付了第一笔征地移民补偿款，丹江口市自然资源部门随即启动先行用地报批资料组卷工作；8月30日，取得自然资源部批复许可文件，先行用地手续办理完毕。

（张国锋）

【建设实施情况】　截至2022年12月31日，出口段抽排泵站及检修闸已开挖至高程80.00m，主洞已具备进洞条件；桐木沟检修交通洞（26号施工支洞）已进洞，并掘进至桩号0+23；安乐河出口左岸平台混凝土拌和站、钢筋加工厂、试验室等临建设施验收完毕，并投入使用。（张国锋）

【完成工程量】　2022年，土石方开挖累计完成68.3万m^3，占合同量227.3万m^3的30%；锚杆施工累计完成2628根，占合同量14.4万根的0.19%；喷混凝土施工累计完成$1800m^3$，占合同量29.6万m^3的0.61%。（张国锋）

2023年建设进展

【概况】　2023年重点开展了引江补汉工程初步设计编制和报审，施工准备工程、施工供电工程及主体工程招标采购，施工准备工程及出口段工程建设等工作。主要进行了主隧洞、施工支洞开挖支护及衬砌施工，进场道路路基、路面和边坡防护施工，拌和站及厂区临时设施建设。（张国锋）

【工程进度安排】

1. 出口段工程　输水隧洞洞身开挖、支护完成700m；检修泵站开挖支护完成；安乐河上游侧河段河道整治完成80m；桐木沟交通洞洞身开挖支护和衬砌完成。

2. 全线工程

（1）施工准备。完成11条施工支洞对应的施工准备工作，主要包括：修建施工道路（道路、桥梁、隧道等）49.07km，10处工区及生活区场地平整，4座砂石系统、14座混凝土生产系统建设，183km施工用电线路建设。

（2）施工支洞。3号施工支洞洞身开挖支护100m，6号施工支洞洞身开挖支护100m，7号施工支洞洞身开挖支护150m，8号施工支洞洞身开挖支护200m，12号施工支洞洞身开挖支护200m。（张国锋）

【施工准备工作】

1. 施工详图准备　江汉水网公司与长江勘测规划设计研究有限责任公司签署引江补汉工程勘察设计合同（2023、2024）年度勘察设计服务协议。截至2023年底，设计单位提交1号、3号、6号、7号、8号、9号、10号、11号、12号、13号、14号、15号、16号、17号、20号、23号、25号、26号等18条支洞（竖井）进场道路以及石花闸、水田坝防汛备料场、黎家山料场等永久场内道路施工详图，1号、3号、6号、7号、8号、12号、13号、17号、19号、20号、23号、25号、26号支洞洞口开挖及支护图和衬砌钢筋图，水田坝防汛备料场、邓家畈防汛备料场、将军垭弃渣场、溪沟弃渣场、老虎岭沟弃渣场、霞子沟弃渣场、四棵树沟防汛备料场、洪峪口弃渣场、温家沟弃渣场水土保持措施施工详图（一期），满足当前施工需要。设计单位共组织设计交底40次。

2. 质量安全监督手续办理　2023年12月4日，江汉水网公司与水利部建设管理与质量安全中心签订《水利工程建设质量监督书》（建安监督3号）。

3. 主要设备和材料落实　各参建单位经过前期调度、调研，并与设计单位沟通，主要设备和材料已落实来源，工程主要设备采取自购和租赁两种方式相结合，主要原材料在工程沿线各市（县）采购。（张国锋）

【建设实施情况】

1. 施工准备工程

（1）进场道路。2023年18条进场道路基本修筑完成（桥梁除外），共计46.95km。18条进场道路具体如下：3号、6号、7号、8号、9号、10号、11号、12号、14号、15号、16号、17号、20号、23号、25号施工支洞进场道路及水田坝防汛备料场、石花闸进场道路。

（2）料场及弃渣场。2023年共有10

座防汛备料场及弃渣场开工建设，其中防汛备料场3座、弃渣场7座。建设内容主要包括：场内道路、排水箱涵（或涵管）及其他环保和水保内容。

（3）施工支洞。2023年共有14条施工支洞开工建设。其中，1号施工支洞进行洞口开挖；3号、6号、7号等13条施工支洞完成洞口边坡施工，进行洞身开挖支护施工，累计完成洞身开挖2788m。

2. 出口段工程

（1）出口主隧洞。出口段主隧洞于2023年2月18日开始洞身施工，2023年累计完成洞身开挖支护1009m、边顶拱混凝土399m。

（2）检修交通洞。桐木沟检修交通洞于2022年12月开始洞身施工，2023年9月贯通，累计完成洞身开挖支护842.11m、边顶拱混凝土479m。

3. 施工供电　2023年完成铁塔组立622基，35kV架空线路建设178km，电缆敷设12.96km，施工变电站建设13座。

4. 临时工程及其他　2023年完成施工区建设12处、混凝土生产系统7座。

（张国锋）

【完成工程量】　2023年完成土石方297.36万m^3、混凝土39.2万m^3、钢筋制作安装9555t。（张国锋）

现场建设管理

【建管一部】

1. 概况　建管一部于2023年2月23日成立，主要负责龙潭溪进口段、K0＋000～K72＋050段主隧洞、1～7－1号施工支洞、6－1号竖井等部位的建设管理和宜昌市夷陵区境内引江补汉工程征迁移民协调工作。管理范围内主隧洞长度约为72.05km，施工支洞合计长约15.18km。隧洞采用“钻爆法＋TBM法”组合施工方案，共有4台TBM掘进设备，分别为TBM1、TBM2、TBM3、TBM4。主要施工标段包括引江补汉工程施工及金结机电安装1标、施工及金结机电安装2标、施工及金结机电安装3标。

2. 机构设置　建管一部设主任1名、副主任2名，处室正职4名、副职3名，内设综合处、合同处、工程处、质量安全处。其中，综合处负责综合事务、党群纪检和后勤保障等工作；合同处负责投资计划、统计上报、合同管理、物资采购、合规审查、风险管理、成本管理等工作；工程处负责工程建设监督管理、科技、信息化、环境保护和征迁移民等工作；质量安全处负责工程质量和安全生产监督管理等工作。

3. 部门领导及分工

（1）党支部书记、主任万连宾（2022年10月26日任）。负责建管一部全面工作，履行党的建设、安全工作等第一责任人职责；分管综合处，联系雾渡河工区。

（2）党支部纪检委员、副主任李耀忠（2023年3月28日任）。负责在分管工作范围内贯彻落实建管一部支部委员会、主任办公会决议决定，履行党的建设“一岗双责”。负责建管一部年度投资计划、统计信息上报、采购管理、合同价款结算、工程合同变更和索赔管理、价差管理、投资控制、征迁移民等工作。分管合同处，联系店垭工区。

(3) 党支部组织委员、副主任、总工程师高锋（2023年11月29日任）。负责在分管工作范围内贯彻落实建管一部支部委员会、主任办公会决议决定，履行党的建设“一岗双责”。负责建管一部工程建设、质量管理、安全生产、应急管理、防汛度汛、文明施工、生态环保、水土保持、工程验收、信息机电、科研技术、安全监测、超前地质预报、档案管理等工作。分管工程处、质量安全处，联系太平溪工区。

4. 工程建设管理

(1) 党建和纪检工作。

1) 党建工作：建管一部党支部于2023年6月成立，设支部书记1名、支部委员4名、正式党员16人。支部成立以来，始终坚持以习近平新时代中国特色社会主义思想为指导，全面贯彻新时代党的建设总要求，围绕引江补汉工程建设中心任务，贯彻落实上级决策部署，聚焦工程建设管理目标，不断夯实党建基础，积极发挥党支部战斗堡垒作用和党员先锋模范作用，奋力推动完成投资目标和建设任务，以高质量党建引领保障引江补汉工程高标准、高质量建设。围绕工区设置党小组，积极践行“支部建在连上”的光荣传统，建强基层战斗堡垒。扎实开展主题教育、党纪学习教育，抓实读书班和支部学习。规范抓好组织生活，严格落实“三会一课”制度，落实重要事项集体研究决策机制。常态化组织开展谈心谈话，掌握员工思想动态，正向激励，营造团结向上氛围。深入实施“党建+”工程，创建“一岗一区一队”，发挥党员先锋模范作用，促进工程建设。同时积极落实群团工会工作举措，开展团建和文体活动，多措并举、凝心聚力。2024年，支部被江汉水网公司党委评为2023年度优秀党支部，同时被评为中国南水北调集团2024年度先进基层党组织。

2) 纪检工作：建管一部积极落实江汉水网公司廉洁共建要求，为建设“阳光工程”打下坚实基础。2023年7月21日，建管一部组织召开引江补汉工程廉洁共建夷陵片区联席会议，贯彻落实2023年7月7日在保康召开的引江补汉工程廉洁共建推进会会议精神，扎实推进廉洁共建工作落地见效。审议了引江补汉工程廉洁共建夷陵片区实施方案，夷陵区纪委监委、建管一部及参建各方现场机构签署《引江补汉工程廉洁共建夷陵片区廉洁共建备忘录》。2024年2月28日，召开引江补汉工程廉洁共建促进会，不断做实做细引江补汉工程廉洁共建各项工作。持续深入开展落实中央八项规定精神、集中纠正“四风”问题、深化廉洁共建联防联控的各项监督举措。

(2) 样板工程建设。2023年，建管一部重点推广施工过程标准化管理，全面落实公司首件制样板引路工作要求，试验先行，执行“从工序到总体”的创优保障原则。先后开展了前期土建施工

1标首段路基填筑、首根桩基、首个桥墩、首段挡墙、首节排洪箱涵、首节隧洞衬砌等工程首件验收评估工作，及时总结提升，有效指导后续工程施工建设。

（3）信息化建设。建管一部严格落实江汉水网公司数字孪生工作计划，完善组织管理机构，明确各参建单位数字建管系统推广应用分管负责人和信息化专员，形成信息化建设网格管理模式。深度参与数字建管系统建设与优化，通过集中办公、线上会议等多种形式，组织参建单位参加公司信息机电部组织的信息化及数字建管系统培训，督促参建单位完成数字建管系统各模块文件上传及数据录入工作，搭建数字建管体系。在公司信息机电部关于2023年9月和10月数字建管系统推广应用考核结果中，建管一部考核得分分别为81分和80分，推广应用初见成效。

5. 前期施工准备工程1标

（1）工程建设管理概况。建管一部紧紧围绕前期准备工程建设目标，周密部署各项施工任务。针对前期准备工程和供电线路工程施工强度高、施工难度大、施工队伍弱、管理跨度大等问题，选优配强现场建管人员，党员干部下沉一线抓生产，各工区选派2名精干人员24小时常驻现场，建管部负责人采取常驻与轮巡相结合的方式分片区督导工程建设。及时组织编制总进度计划、年进度计划、月进度计划和周进度计划控制工程进展，对关键线路上的施工项目、施工工序严格控制，研究制订各工作面人力资源投入、机械设备投入和组织保障措施。每天收集进度信息，形成建设管理日报，逐日检查进度完成情况，以日保周、以周促月、以月保年。定期召开进度专题会，研判进度计划执行情况，分析进度问题并及时调整纠偏。严格执行建设管理程序，严厉惩处工程质量、安全、环保、水保违规行为，对于不符合管理规定、屡查屡犯的行为一律采取约谈或停工整顿的方式消除隐患。根据实际情况优化设计方案，完善功能布局，降低工程造价。始终坚持绿色、低碳、可持续发展理念，通过规范化、标准化表土剥离堆存避免水土流失，打造“绿色工程”，实现了施工污废水处理率100%、处理后回用率100%的目标。

（2）质量和安全管理。持续加大质量基础管理提升力度，监督指导落实质量管控各项措施。督促各参建单位建设完善质量管理体系，畅通质量管理体制机制。印发《建管一部工程建设质量管理实施细则》，明确各参建单位的质量管理责任和质量管控技术要点。狠抓原材料进场报验和试验检测，加强自检、抽检。不定期抽查砂石骨料、混凝土拌和物等关键项目关键指标，现场即时筛分检测，及时清退不合格材料。坚持即验即评，制作单元工程质量评定样表，规范文字资料填写。坚持首件评估、样板引路、试验先行，推广施工过程标准化管理。强化培训，提升质量管控能力，开展专项检查，查缺堵漏补短板。

建立健全安全及应急管理体系，成立安全生产委员会和防洪度汛领导小组，设置专职安全管理人员。强化安全风险源辨识及隐患排查治理，着力推进双重预防机制，督促指导编制风险辨识报告并开展巡视检查。深化推进“重大事故隐患专项排查整治2023行动”，狠抓施工现场安全管理。全程参与隧洞暗挖、桥梁模板支架等安全专项施工方案专家论证，确保工程施工安全、高效。深入开展安全检查及问题整改，消除事故隐患，累计开展安全检查12次，共发现事故隐患155项。持续开展安全教育培训，严格落实“班前5分钟”安全教育制度，全面提升全员安全生产意识和能力，各参建单位累计开展教育培训62920人次。

（3）移民征迁。积极与地方政府建立沟通渠道，充分发挥地方政府征迁人员的工作主动性和积极性，协调各方关系，共同推进征迁安置工作。以“先行用地”方式征用永久用地，为前期准备工程开工提供用地保障。结合夷陵区移民征迁工作实际简化征迁流程，对土地征收启动公告发布、土地现状调查、征地补偿安置公告、组织听证等流程进行合理优化和简化，高效推进房屋及青苗实物调查、土地分户测绘等各项征迁工作。按期交付建设用地，前期施工准备工程和施工供电工程计划征地714.35亩，实际交付705.32亩，完成占比98.74％。高效协调完成拆迁任务，计划拆迁51栋62户，实际完成拆迁49栋60户，完成占比96.1％。全力做好移民征迁安置资金保障工作，累计拨付征迁补偿和安置资金共计33619.39万元，占征迁协议总包干费用的85.28％。

6. 土建施工及金结机电安装1标

主要建筑物包括（但不限于）：进口建筑物（包括取水口、龙潭溪排导建筑物等）；输水隧洞（桩号K0＋000～K20＋100），长约20.10km；1号检修交通洞（1号平洞）。

（1）进口建筑物。进口建筑物位于三峡大坝上游左岸约7.5km龙潭溪内，由取水口建筑物和龙潭溪排导建筑物组成。

取水口建筑物：引江补汉取水口结构形式为岸塔式，上游设置拦沙坎，坎顶高程为130.00m。取水塔顺流向长30m、宽34m，孔口尺寸为10.4m×9.8m（宽×高），底板顶高程为127.00m，塔顶高程为177.30m；塔内依次布置拦污栅、分层取水闸门、检修门和事故门。孔口两侧闸墩内分别布置1座阀井，阀井净尺寸为11m×5.7m（长×宽），内设一套DN1800电动活塞阀作为充水工作阀。沿线补水工程取水塔紧邻引江补汉取水塔并排布置，共用塔顶交通桥；在二者的流道中间设置空箱式导墙以作分流之用。

龙潭溪排导建筑物：龙潭溪排导建筑物位于龙潭溪右岸，由排导渠、排导洞和下游消能防护区组成，作为取水口施工的导流建筑物，将永久保留，以防止龙潭溪冲沟推移质进入取水口。排导洞轴线长369.83m，为城门洞形断面，断面尺寸为10m×12m（宽×高），进口、出口高程分别为167.00m和165.00m。排导洞出口设泄槽及挑流鼻坎，以挑流方式与三峡库水衔接，泄槽长72.78m，底宽15m，上游底板高程165.00m，泄槽末端挑流鼻坎顶高程为150.00m。为保护下游河道岸坡，挑坎下游设消能防护区，防护区宽60m，底高程为143.00m，两侧岸坡采用贴坡混凝土防护。排导渠布置于排导洞上游，轴线长415.6m，采用矩形断面钢筋混凝土结构，底宽15m，深12m，上游、下游底高程分别为168.00m和167.00m。排导渠混凝土施工完成后，上游采用石渣进行二期回填，填筑平台顶高程为180.00m，施工期作为施工场地使用，后期作为鱼类增殖放流站用地。

（2）输水隧洞（桩号K0＋000～K20＋100）。输水隧洞（桩号K0＋000～K20＋100）长20.10km。其中，输水隧洞K0＋000～K1＋750长1.75km，为钻爆段，采用现浇钢筋混凝土衬砌结构，衬砌后断面内径为10.4m，衬砌厚度为40～80cm；输水隧洞K1＋750～K20＋100长18.35km，为TBM1掘进段，采用现浇钢筋混凝土衬砌，衬砌后断面内径为10.2～10.6m，衬砌厚度为45～60cm。

（3）1号检修交通洞（1号平洞）。1号检修交通洞在施工期为TBM1的施工通道，洞口位于三峡库区龙潭溪左岸，长823m。1号检修交通洞洞口底板高程为185.00m，与输水隧洞桩号K1＋260相交处高程为126.70m，高差约为58m，平均纵坡约为7%。1号检修交通洞采用马蹄形断面，最大净断面尺寸为10m×8m（宽×高）。

7. 土建施工及金结机电安装2标

主要建筑物包括（但不限于）：输水隧洞（桩号K20＋100～K51＋680），长31.58km；3号检修交通洞（3号平洞）；6号检修交通洞（6号平洞）洞身段；5号岔洞。

（1）输水隧洞（桩号K20＋100～K51＋680）。输水隧洞（桩号K20＋100～K51＋680）长约31.58km。其中，K20＋100～K31＋650，长11.55km，为TBM2掘进段，采用预制钢筋混凝土管片衬砌，衬砌后断面内径为10.4m，衬砌厚度为50cm；K31＋650～K38＋331，长6.68km，为钻爆段，衬砌后断面内径为10.4m，采用现浇钢筋混凝土衬砌结构，衬砌厚度为40～80cm；K38＋331～K51＋680，长13.35km，为TBM3掘进段，采用预制钢筋混凝土管片衬砌，衬砌后断面内径为10.4m，衬砌厚度为50cm。

（2）3号检修交通洞（3号平洞）。3号检修交通洞在施工期为TBM2的施工通道，洞口位于雾渡河右岸支流清溪沟北岸，长3268.70m。3号检修交通洞洞口底板高程为412.50m，与输水隧洞桩号K32＋120相交处高程约为119.44m，高差为293m，平均纵坡约为11.4%；采用马蹄形断面，最大净断面尺寸为10m×8m（宽×高）。3号检修交通洞（3号平洞）由其他承包人负责洞口和洞口平台施工（不含洞口场平硬化），以及洞身段（桩号K0＋000～K0＋400）开挖支护、混凝土衬砌、回填灌浆等施工，具体实施范围及内容以移交时工程面貌为准。

（3）6号检修交通洞（6号平洞）。6号检修交通洞在施工期为TBM3的施工通道，洞口位于雾渡河镇秀家河，长为3877.26m。6号检修交通洞洞口底板高程为458.00m，与输水隧洞桩号K38＋331.50相交处高程为117.89m，高差约为340m，平均纵坡约为9.22%。6号检修交通洞洞身段（桩号K0＋000.00～K0＋570.00）长0.57km，为钻爆法施工段，采用马蹄形断面，最大净断面尺寸为12.6m×12.6m（宽×高）；洞身段（桩号K0＋570.00～K3＋877.26）长3.31km，为TBM法施工段，采用圆形断面，开挖直径为11.9m，衬砌后断面内径为10.4m，衬砌厚度为50cm。6号检修交通洞（6号平洞）由其他承包人负责洞口和洞口平台施工（不含洞口场平硬化），以及洞身段（K0＋000～K0＋200）开挖支护、混凝土衬砌、回填灌浆等施工，具体实施范围及内容以移交时工程面貌为准。

（4）5号岔洞。5号岔洞与3号检修交通洞、6号检修交通洞一起在施工期作为处理雾渡河断裂的施工通道，长约1.99km。5号岔洞起点接6号检修交通洞（6号平洞），高程为305.00m，终点与输水隧洞桩号K34＋821相交处高程为118.77m，高差为186m，平均坡度为9.4%。5号岔洞采用马蹄形断面，最大净断面尺寸为10m×8m（宽×高）。

8. 土建施工及金结机电安装3标

主要建筑物包括（但不限于）：输水隧洞（桩号K51＋680～K72＋050段），长20.37km；6－1号竖井；7号检修交通洞（7号平洞）；7－1号岔洞。

（1）输水隧洞（桩号K51＋680～K72＋050）。输水隧洞（桩号K51＋680～K72＋050）长20.37km。其中，输水隧洞K51＋680～K56＋420长为4.74km，为钻爆段，衬砌后断面内径为10.4m，采用现浇钢筋混凝土衬砌结构，衬砌厚度为40～80cm；输水隧洞K56＋420～K69＋880长为13.46km，为TBM4掘进段，采用现浇钢筋混凝土衬砌，衬砌后断面内径为10.2～10.6m，衬砌厚度为45～60cm；输水隧洞K69＋880～K72＋050长2.17km，为钻爆段，衬砌后断面内径为10.4m，采用现浇钢筋混凝土衬砌结构，衬砌厚度为50～70cm。

（2）6－1号竖井。6－1号竖井位于现有巷道旁，采用单井形式，净断面直径为7.8m。6－1号竖井井口高程为726.00m，终点与输水隧洞桩号K54＋254相交处高程为112.58m，竖井深约613m，底部连通洞长约670m。

（3）7号检修交通洞（7号平洞）。7号检修交通洞在施工期为TBM4的施工通道，洞口位于呼北高速路旁，长3680.25m。7号检修交通洞洞口底板高程为445.00m，与输水隧洞桩号K69＋880相交处高程为105.48m，高差为340m，平均纵坡约为9.3%。7号检修交通洞洞身段（桩号K0＋000.00～K0＋930.00）长度为0.93km，为钻爆法施工段，采用马蹄形断面，最大净断面尺寸为12.6m×12.6m（宽×高）；洞身段（桩号K0＋930.00～K3＋680.25）长2.75km，为TBM法施工段，采用圆形断面，开挖直径为12.2m，衬砌后断面内径为10.4m，衬砌厚度为65cm。7号检修交通洞（7号平洞）由其他承包人负责进行洞口和洞口平台施工（不含洞口场平硬化），以及洞身段（桩号K0＋000.00～K0＋300.00）开挖支护、混凝土衬砌、回填灌浆等施工，具体实施范围及内容以移交时工程面貌为准。

（4）7－1号岔洞。在7号检修交通洞（7号平洞）内设置7－1号岔洞，通往输水隧洞下游侧，长0.21km。7－1号岔洞起点高程为119.84m，终点与输水隧洞桩号K70＋219相交处高程为105.20m，高差约为15m，平均纵坡为7.0%。7－1号岔洞采用马蹄形断面，最大净断面尺寸为8.5m×7m（宽×高）。

（王占武　尹安宁）

【建管二部】

1. 概况　建管二部于2023年2月23日成立，2023年6月1日挂牌，主要负责引江补汉工程K72＋050～K131＋500（保康县境内）输水总干线主隧洞、辖段内施工支洞及竖井、张家山料场、辖段内其他料场及弃渣场等部位的建设管理，包括4条施工支洞（8号、11号、12号、13号）、3条竖井（9号、10号、12－1号）及2条岔洞（8－1号、11－1号）。此外，辖段内还包含1个砂石加工系统、1个管片预制厂及5座35kV变电站等合计10个施工区，管理区域输水总干线主隧洞长度为59.45km，施工支洞合计长度为13.11km；涉及TBM设备4台，分别为TBM5、TBM6、TBM7、TBM8；管理范围分布于保康县境内，涉及6个乡镇27个村。

2. 机构设置　建管二部建设初期人员控制数为26人，其中主任1人、副主任2人，处室正职4人、副职3人、普通员工16人。

3. 部门领导及分工

（1）党支部书记、主任彭春林（2023年9月20日任）。主持建管二部全面工作。

（2）党支部纪检委员、副主任王克生（2023年3月28日任）。负责工程质量、安全生产和应急管理、安全生产应急救援协调、安全度汛防汛管理、安全事故配合调查以及征迁移民、环境保护和水土保持、文明施工工作。分管工程处（征迁移民、环境保护和水土保持、文明施工）、质量安全处、综合处。

（3）党支部组织委员、副主任、总工程师王东来（2023年10月12日任）。负责工程建设管理、生态环境保护、档案管理、金结机电、信息自动化、科研技术、合同价款结算、授权范围内工程变更及索赔审批、审计、法务、合规审查、年度投资计划、授权范围内采购组织，分管工程处（除征迁移民、环境保护和水土保持、文明施工外）、合同处。

4. 工程建设管理

（1）党建和纪检工作。

1）党建工作。2023年，建管二部成立了党支部，完成支委选举和补选，对后备干部推选、员工岗位分配、设计变更等重大管理事项集体研究；推进第二批学习贯彻习近平新时代中国特色社会主义思想主题教育，围绕“以学铸魂、以学增智、以学正风、以学促干”开展专题研讨；围绕江汉水网公司“百日大干”劳动竞赛活动，开展“一岗一区一队”创建活动，彭春林等10位同志成功创建党员示范岗，8号、11号、12号工区创建党员责任区、党员先锋队；印发“党建+安全生产工程”实施方案，重点把握隐患排查、危险源辨识、高边坡滑坡隐患巡查等10项实施路径，推进党建与安全生产同频共振、合拍共鸣。

2）纪检工作。2023年7月7日，建管二部承办公司廉洁共建推进会，集团纪检组、湖北省纪委监委、工程沿线市（县）纪委监委以及公司纪委书记、纪检部等40余人参加会议；与参建各方签订了廉洁共建备忘录，制定并印发了《引江补汉工程（保康段）廉洁共建实施方案》，组织梳理参建各方廉洁风险点识别及防控措施清单；与保康县纪委监委、县引江补汉工程建设协调指挥部共同建立长江大保护（引江补汉保康段）监督会商、监督征拆复核机制；开展落实中央八项规定精神、纠正“四风”问题、深化廉洁共建联防联控的监督检查。

（2）样板工程建设。2023年，建管二部重点推进工程质量管理标准化建设，全面落实公司首件认可制工作要求，在开工前期即开始策划首件任务清单和实施计划，按照实施计划有序推进，做好事前、事中、事后的质量把关和总结推广工作。先后推进了10号混凝土路面、8号框格梁、10号波形护栏、8号仰拱施工等一批样板工程，在全线起到示范作用。

（3）信息化建设。建管二部参与数字化建管系统建设和优化，重视数字化建管系统的应用和推广工作，强化组织管理，层层压实责任；明确数字建管系统推广应用分管领导、信息化专员，并组织参建单位明确各业务板块负责人，制订日报、周报制度，丰富工作形式，提高操作技能；组织各参建单位参加信息机电部开展的数字建管系统培训，并组织专题集中办公，提升系统熟练度；结合实践，对接系统优化；组织参建单位收集汇总系统使用中的问题，对接开发团队，完善系统功能。在公司信息机电部关于2023年9月和10月数字建管系统推广应用考核中，建管二部均为第1名，推广应用成效显著。

5. 前期施工准备工程2标

（1）进度管理。项目部根据该项目的技术难点、现场实际情况，制定切实可行的实施性施工组织设计，选择最优的施工方案，做到点线明确、轻重分明、计划可靠、资源配置合理。项目部配合建管二部及有关单位推进征地拆迁工作，取得地方政府及有关部门的支持。树牢“起步就是冲刺、开局就是决战”的思想，分析研究应完成工程量、现有资源配置情况、政策环境、社会环境、自然条件等制约因素，找准关键线路，用足空间时间，做到未雨绸缪，不断优化劳动竞赛方案，营造“比、学、赶、超”的竞赛氛围。

（2）质量和安全管理。项目部自开工以来，始终坚持以“百年大计，质量第一”为导向，项目部、工区、施工班组实现三级联动，建立健全以中国南水北调集团总部全面监督、区域分片监管、项目部具体实施、各级质量管理人员分级卡控、全体员工遵章守纪相结合的质量保证体系。

树立“方案先行，标准统一”的质量管理理念。在进行工序施工前，编制施工方案、作业指导书，在施工中一以贯之，结合教育培训和技术交底，逐步做到工艺流程标准化作业。各级人员都学习、掌握、运用标准，达到标准，杜绝随意性。

贯彻落实首件认可制度，2023年9月7日，项目部举办了10号竖井进场道路施工首件制示范质量观摩交流活动，经江汉水网公司激励约束考核管理工作领导小组批准，向项目部颁发1张“绿牌”。

项目部坚持“一岗双责、齐抓共管、失职追责”和“管行业必须管安全、管业务必须管安全、管生产经营必须管安全”要求，全面履行企业主体责任、属地管理责任和部门监管责任，开展了以“人人讲安全、个个会应急”为主题的“安全生产月”宣传活动，将每月10日作为“安全生产日”，开展以“全参与、治违章、除隐患、遏事故”为要求的“问题随手拍”活动，查小查早，立查立改。

（3）投资控制。2023年，前期2标计划完成投资16505.82万元，实际完成投资14342.87万元，完成比例为86.90%。

6. 土建施工及金结机电安装4标

（1）张家山砂石料场。张家山砂石加工系统位于湖北省襄阳市保康县歇马镇张家山地区，主要承担引江补汉工程土建施工及金结机电安装4标段，以及该工程项目3标、5标、6标共计约290万m^3混凝土骨料和约58万t豆砾石的生产任务。

（2）8号检修交通洞。8号检修交通洞在施工期为TBM5和TBM6共用的施工通道，洞口位于鸡冠河左岸，长2944.64m。8号检修交通洞洞口底板高程为331.00m，与输水隧洞桩号相交处高程为95.10m，高差约为236m，平均纵坡为8.5%，是全线唯一一洞双机且具备检修排水泵站的隧洞。

（3）综合加工厂。综合加工厂采用全封闭钢结构，设置原材料堆放区、拱架加工区、网片加工区、成品堆放区、氧气乙炔存放区、废料区等；响应绿色施工、智能建造的建设要求，采用数控设备以及智能机器人自动生产线，加工作业更加智能、绿色。

（4）2号预制管片厂。2号预制管片厂位于保康县马良镇，布置于沮河右岸，距离8号检修交通洞洞口东北直线距离约2km，占地面积约为115亩，分为管片生产区、拌和站、钢筋加工区、水养区、存储区、办公区、生活区、试验室、三环拼装试验区等功能区，主要承担向4标、5标、6标供应所需的预制管片生产、预制行车道的生产和运输任务。

7. 土建施工及金结机电安装5标

（1）9号竖井。9号竖井是项目全线深度最大的竖井工程，采用单井形式，净断面直径为7.8m，井口高程为

749.50m，井深653.26m，与输水主隧洞直线距离约为110m，通过井底联通洞与输水主隧洞在桩号K95＋819处相交。竖井建成后主要承担井底联通洞及输水主隧洞钻爆段施工时的出碴及人员、设备、物料的运输任务。9号竖井以Ⅳ类围岩为主，稳定性问题相对突出，存在软岩大变形、有害气体超标等问题。

（2）10号竖井。10号竖井是项目全线最早开工的竖井工程，采用单井形式，净断面直径为7.8m，井口高程为581.60m，井深484.25m，与输水主隧洞直线距离约为135m，通过井底联通洞与输水主隧洞在桩号K103＋736处相交。竖井建成后主要承担井底联通洞及输水主隧洞钻爆段施工时的出碴及人员、设备、物料的运输任务。竖井围岩以Ⅳ、Ⅴ类为主，少量Ⅲ类，围岩稳定性问题相对突出，存在软岩大变形、有害气体超标问题。

（3）11号检修交通洞。11号检修交通洞位于湖北省保康县朱家厂村，作为TBM7的施工通道，洞身段（桩号K0＋000～K0＋600）为钻爆法施工段，采用马蹄形断面，最大净断面尺寸为12.6m×12.6m（宽×高）；洞身段（桩号K0＋600～K3＋250）为TBM法施工段，开挖直径为12.2m，采用预制钢筋混凝土管片衬砌，衬砌后断面内径为10.4m，衬砌厚度为65cm。11号检修交通洞位于金斗-鞍子寨复式倒转背斜核部，褶皱发育，穿越地层岩性复杂，围岩以Ⅲ、Ⅳ类为主，少量Ⅴ类。围岩含水介质以裂隙、溶隙为主，地下水类型为裂隙-溶隙水，总体属中等-强富水，断裂（层）、褶皱核部、裂隙密集带等洞段富水程度相对更强。勘探期间多处钻孔揭露有承压水，揭露最大流量为800L/min，地下水位高出检修交通洞顶板80～380m，渗水、涌水风险高。

8. 土建施工及金结机电安装6标

（1）12号检修交通洞。12号检修交通洞位于湖北省保康县过度湾镇，整体呈L形布置，长1790m，高差为140m，平均纵坡为7.8%。12号平洞K0＋000～K0＋750m为钻爆法施工段，采用马蹄形断面，最大净断面尺寸为12.6m×12.6m（宽×高）；剩余部分为TBM法施工段，开挖直径为12.2m，采用预制钢筋混凝土管片衬砌，衬砌后断面内径为10.4m，衬砌厚度为65cm。

（2）13号平洞。13号平洞位于湖北省保康县过度湾镇，毗邻12号检修交通洞。13号平洞为钻爆法施工通道，呈S形布置，长1.59km，高差为140m，平均坡度为8.9%。13号平洞采用马蹄形断面，最大净断面尺寸为8.5m×7m（宽×高）。

（3）综合加工厂。12号平洞综合加工厂位于湖北省襄阳市保康县城关镇G241国道东，交通便利。该加工厂主要为12号平洞、12－1号竖井、13号平洞钻爆施工段提供工字钢拱架、40U型钢拱架、钢筋网片、小导管（管棚）、砂浆锚杆等钢构件，总加工任务约为

4.5 万 t。（任敬存　李辉）

【建管三部】

1. 概况　2022 年 8 月 15 日，丹江口建管部成立，2023 年 2 月 23 日丹江口建管部更名为建管三部。主要负责引江补汉工程 K131＋500（14 号平洞至下游洞挖终点）～K194＋190（输水隧洞出口）段输水总干线主隧洞、辖区内施工支洞及竖井、料场、弃渣场等部位的建设管理，施工支洞和竖井主要包括 14 号施工支洞、15 号竖井、16 号施工支洞、17 号施工支洞、19 号施工支洞、20 号施工支洞、23 号施工支洞、25 号施工支洞、26 号施工支洞、输水隧洞出口段等 10 个施工区，管理区域输水总干线主隧洞长度为 62.69km、施工支洞合计长度为 13.426km；涉及 TBM 设备 2 台，分别为 TBM9、TBM10；管理范围分布于保康县、谷城县及丹江口市境内，涉及 6 个乡镇 22 个村；洞室开挖工程量为 861 万 m^3，混凝土工程量为 264 万 m^3。

2. 机构设置　建管三部工程建设初期编制控制人数为 26 人，其中主任 1 名、副主任 2 名，处室正职 4 名、副职 3 名，内设综合处、合同处、工程处、质量安全处。截至 2023 年 12 月 31 日，建管三部共有职工 19 名。

3. 部门领导及分工

（1）党支部书记、主任尹建勋（2022 年 10 月 26 日任）。主持建管三部全面工作。

（2）副主任、总工程师张建伟（2023 年 9 月 20 日任）。配合做好工程建设管理工作，分管工程处、质量安全处。主要负责工程变更及索赔的立项、环境保护和水土保持管理、技术管理、进度管理、质量管理、安全生产、防汛及应急管理、安全监测、金结机电、消防安防、信息自动化、第三方评估和检测等建设管理工作。

（3）党支部纪检委员、副主任焦小彦（2022 年 7 月 21 日任）。配合做好建管三部日常管理工作，分管综合处、合同处。主要负责综合事务、后勤管理、财务资产、人力资源、信访维稳、制度建设、党建和纪检、合同价款结算、工程变更及索赔初审、合规审查、年度投资预算等工作。

4. 工程建设管理

（1）推行"首件认可"，打造样板工程。2022 年，按照先导试点原则，建管三部将分项工程中最先开工、工程量较大且工艺工序具有推广价值的施工项目作为首件工程，并将首件工程中的每一个工序作为首件工序，制定作业指导书和施工工艺方案，严格按照程序进行策划、修正、实施、验证总结，成熟后进行推广实施。以首件工程样板示范引领后续同类工程的标准化施工，贯彻"标准成为习惯、习惯符合标准、结果达到标准"的管理理念，提高项目施工工艺水平和技术质量管理水平，确保工程质量合格，创造精品工程。

建管三部先后组织开展了 25 号沥青路面、17 号混凝土路面首件验收评估，总结出沥青混凝土的拌和、摊铺、压实设备的效率及水泥混凝土路面平整度、横坡等尺寸控制及施工工艺和施工组织的适应性，为引江补汉工程后续大规模施工奠定了基础。

（2）征迁安置工作。结合年度产值、形象目标及线性工程特点，建管三部成立了以主任为总负责人的征迁专班，实现多方协作，发挥合力作用，共同推进工程沿线的征迁移民工作。其中，建管三部征迁专班负责协调征迁安置日常工作；县征迁指挥部自上而下部署征迁任务；各参建单位自下而上反馈征迁中出现的问题；各工区负责督促、跟踪现场征迁进度，实时掌握、反馈现场征迁信息，做到第一时间发现问题、研判分析、解决问题，极大提高了征迁效率。

建管三部积极组织县征迁指挥部、移民设计、移民监理、林业用地许可办理单位、用地手续办理单位等相关单位集中办公，以“依法合规”为基本出发点，统筹协调各参建单位开展征迁工作。集中办公工作机制具有及时、高效、畅通三大亮点，通过面对面办公、现场会诊等方式，使得各参建单位能够及时高效地传达上级政策精神，交流最新进展信息。面对征迁过程中出现的问题，各单位能够及时研讨并拿出合理化意见，逐一解答、销号，为征迁工作保驾护航。

截至2023年12月31日，谷城县计划征收征用土地272.303hm^2，其中永久用地37.808hm^2、临时用地234.495hm^2；累计移交土地161.692hm^2，其中永久用地37.808hm^2、临时用地123.884hm^2；已搬迁人口109人，规划搬迁人口140人。谷城县冷集红英养殖场签订了补偿合同并进行了搬迁，谷城县冷集安安大酒店实施时对进场道路线型优化，调整为不予搬迁。江汉水网公司累计拨付谷城县征地移民安置补偿资金16548.03万元，谷城县兑付征地移民安置补偿资金6865.33万元。

（3）智能建造。建管三部充分利用信息化、智能化手段，加强对施工现场的管理，实现在建设过程中“一屏观全域、一网管全局”的目标。门禁道闸、扬尘噪声监测、洞内有毒有害气体监测等11类感知设备设施在2023年已投入运行，实时掌握现场环境、人员动向；同时采用人脸信息采集识别实名制，人员车辆定位、拌和站、凿岩台车、衬砌台车等13项各类监测数据采集可靠，及时了解施工、设备动态。通过建立安全智能建造中心，将智慧工地相关应用数据进行集成、分析、处理、存储，提升安全和现场管控信息化水平。通过指挥中心的数据分析平台，对项目进行科学化管理，提高管理水平，形成项目的统一管理，实现对劳务人员、机械设备、物料、环境等主要生产要素的动态管理。项目终端信息实现自动采集、移动App数据录入，现场基本实现各工作面远程监控，减轻现场人员工作负担，提升工作效率。

（4）人才队伍建设。自2022年7月7日开工以来，建管三部共培养新分配学员6名，分别从综合管理、工程管理、质量管理、合同管理、党建纪检等方面进行培养，目前均是建管三部骨干力量；建管三部培养中层干部8名，分布在工程建设各个专业，其中提拔1名为部门副职级干部、5名处室正职级干部、1名处室副职级干部，同时为江汉水网公司其他部门培养6名重要骨干，为公司人才队伍建设、引江补汉工程高质量发展作出了贡献。

5. 前期施工准备工程3标　引江补汉工程（谷城段）主要建设内容包括输水总干线主隧洞及其检修交通洞、石花建筑物、辖段内施工支洞及竖井、料场、弃渣场及进场道路等，其中输水总干线主隧洞长度约为62km，施工支洞和竖井合计长度为11.86km。该段地形地质条件复杂，部分涉及高地应力、高水压、高地温，而且断层多（其中青峰断裂带长6.1km）、地下水多，施工技术难度极大，项目建设极具挑战性。

前期施工准备工程3标由中国水利水电第十四工程局有限公司承建，建设内容主要包括3个弃渣场、6条施工支洞、7条进场道路，进场道路设计总长度为26.1km，涉及桥梁2座。截至2023年12月25日，路基铺筑完成26.1km，路面铺装完成11.1km，2座桥梁正在进行桩基施工。施工支洞按照“能开尽开、能干尽干”的原则，2023年共有6条支洞进洞施工，共计开挖支护完成700m。施工支洞采用多臂钻进行钻孔，机械化、安全性大幅提高，工程进度有保障。

6. 土建施工及金结机电安装7标

（1）14号平洞。14号平洞位于保康县过渡湾镇，长1.47km。14号平洞洞口高程为207.19m，与输水隧洞桩号K133+728相交处高程为87.49m，高差为119.7m，平均坡度为8.17%。14号平洞采用马蹄形断面，最大净断面尺寸为8.5m×7m（宽×高）。

（2）15号竖井。15号竖井位于谷城县紫金镇洪峪村，采用单井形式，净断面直径为7.8m。15号竖井井口高程约为358.00m，竖井总深度约为303m，底部联通洞（井下车场）终点与输水隧洞号K138+454相交处高程为85.13m，长约253m。

（3）16号平洞。16号平洞位于谷城县紫金镇洪峪村，长2.45km。16号平洞洞口高程约为305.00m，与输水隧洞桩号K141+981相交处高程约为83.00m，高差约222m，平均坡度为9.1%。16号平洞采用马蹄形断面，最大净断面尺寸为8.5m×7m。

（4）17号检修交通洞。17号检修交通洞（17号平洞）位于谷城县紫金镇，长2.58km。17号平洞洞口高程为288.50m，与输水隧洞桩号K145+948相交处高程为80.13m，高差约为208m，平均坡度为8.1%。17号平洞采用马蹄形断面，最大净断面尺寸为8.5m×7m（宽×高）。

（5）综合加工厂。根据现场实际地况及施工强度需求，计划在15号竖井和17号平洞各建设一座综合加工厂。综合加工厂内分区设置钢筋加工、木材及模板加工，主要承担锚杆、钢筋网片、衬砌钢筋、钢拱架、格栅钢架、超前小导管、大管棚、小型金属结构、模板、木材等加工任务。

（6）蒋家坡石料场。蒋家坡砂石加工系统位于谷城县紫金镇蒋家坡村，承担引江补汉输水工程土建施工及金结机电安装7标及6标共计约252万t混凝土骨料和约9.12万t豆砾石的生产任务。

7. 土建施工及金结机电安装8标

（1）石花控制闸及石花泵站。石花控制建筑物用于衔接前后两段有压隧洞，主要包括石花控制闸和石花泵站。

石花控制闸长约256m，顺水流向依次包括调压井兼工作门井、闸室、稳流池、检修门井。闸前布置一座调压井兼工作门井，井底高程为65.00m，顶高程为198.00m。闸室设双层闸门，下层布置2个底孔，工作门采用平面定轮门，底槛高程为65.00m，单孔尺寸为4m×10m（宽×高）；上层布置1个中孔，工作门采用弧形门，堰顶高程为104.00m，孔口尺寸为6m×8m（宽×高）。底孔和中孔均向后连通至稳流池，稳流池断面为城门洞型，净尺寸为150m×19m×44m（长×宽×高）。稳流池末端设检修门井，净尺寸为3.1m×10.4m，井底高程为65.00m，井顶高程为164.00m。

石花泵站为竖井圆筒式，位于石花控制闸东侧，两者轴线距离为59.65m，最小岩柱厚度为35m。泵站顺水流向依次布置有引水隧洞、进水池、进水管、竖井式泵房、出水管和出水池等。泵房内径为25m，底板建基面高程为55.60m，竖井顶高程为165.30m，井深109.7m；布置3台单级双吸卧式离心泵，设计总排水流量为5.13m^3/s，单泵设计流量为1.71m^3/s，工作扬程为100.5m。

（2）19号平洞。19号平洞为TBM9的施工通道，位于谷城县四棵树村附近，长1.31km。19号平洞洞口底板高程为153.20m，与输水隧洞桩号K163＋085相交处高程为65.52m，高差约为88m，平均纵坡为6.7%。19号平洞采用马蹄形断面，最大净断面尺寸为10m×8m（宽×高）。

（3）20号检修交通洞（20号平洞）。20号检修交通洞在施工期为TBM10的施工通道，位于谷城县何家湾村盐池河右岸，长1.15km。20号检修交通洞洞口高程为134.50m，与输水隧洞桩号K164＋429相交处高程为65.16m，高差约为69m，平均纵坡为6.1%。20号检修交通洞采用马蹄形断面，最大净断面尺寸为10m×8m（宽×高）。

（4）3号预制管片厂。3号预制管片厂位于湖北省襄阳市谷城县五山镇北河左岸，距20号平洞口下游直线距离约为1.2km。预制管片厂布置于北河左岸一级阶地，场地距北河最近距离约为30m，顺河布置。3号预制管片厂承担TBM10施工洞段所需的预制管片、TBM9施工洞段所需预制仰拱等成品的生产和运输任务。

8. 土建施工及金结机电安装9标

（1）23号检修交通洞。23号检修交通洞位于谷城县严家沟左岸，长1.25km。23号检修交通洞洞口高程约为177.00m，与输水隧洞桩号K178＋009相交处高程为69.69m，高差约为107m，平均坡度为8.6%。23号检修交通洞采用马蹄形断面，最大净断面尺寸为8.5m×7m（宽×高）。

（2）25号平洞。25号平洞位于谷城县冷集镇，长1.73km。25号平洞洞口高程为220.20m，与输水隧洞桩号K186＋579相交处高程为71.62m，高差约为149m，平均坡度为8.7%。25号平洞采用马蹄形断面，最大净断面尺寸为8.5m×7m（宽×高）。

9. 出口段标　引江补汉输水总干线出口段工程（K189＋226～K194＋786）位于湖北省襄阳市谷城县、丹江口市，包括出口段5085m输水隧洞（K189＋226～K194＋311）、出口建筑物和桐木沟检修交通洞，由中国水利水电第五工程局有限公司承建。

截至2023年12月25日，引江补汉工程出口段主隧洞累计开挖支护完成989m，全断面衬砌完成387m。桐木沟检修交通洞（26号平洞）全长865m，于2023年9月26日实现贯通，较年度计划提前3个月，全断面衬砌完成479m；两郧断裂带防渗固结灌浆于2023年10月2日全部完成，累计灌浆进尺14556m；安乐河整治工程一期全部完成，安乐河桥下部结构施工完成。

（王伟　金彦伶）

【建管四部】

1. 概况　2023年3月3日，江汉水网公司以《中国南水北调集团江汉水网建设开发有限公司关于成立引江补汉工程建设管理四部的通知》（南水北调江汉人〔2023〕10号）正式成立建管四部，先期主要负责公司业务办公用房项目的规划和建设管理。

2. 机构设置　建管四部共4人，内设综合处、合同处、工程处3个处室。综合处负责综合事务、后勤接待、宣传报道、党群纪检和财务报销等工作，配备2人，其中处室正职1人。合同处负责计划统计、合同管理、采购管理、法律合规、风险管理、履约管理等工作，配备处室副职1人。工程处负责项目前期手续办理、方案设计、报规报建，以及项目实施期间进度管理、质量管理、安全管理、计量验收、档案管理等，配备处室正职1人。

3. 业务办公用房建设情况

（1）项目立项。参加中国南水北调集团组织召开的业务办公用房项目专题会议5次，组织江汉水网公司专题会议9次，研讨并厘清项目筹建工作思路，对重要工作进行安排部署。2023年12月10日，公司以《中国南水北调集团江汉水网建设开发有限公司关于业务办公用房项目立项的请示》（南水北调江汉经发〔2023〕43号）正式向集团上报业务办公用房项目立项申请报告。

（2）推进地方政府交地。委托地方政府认可的专业机构开展宗地权籍测量，协调土地储备中心、金银湖街道办、东方马城等各方完成土地确权。制作张贴场地清理公告，督促宗地上各附着物所有人及时清理作物。针对宗地内遗留的电路设施迁改、东方马城油罐清理等事项，多方协调推进场地清理工作。2023年7月10日，完成土地交付手续办理。

（3）办理用地不动产登记。2023年12月6日，完成武汉市东西湖区金银湖街金南一路以东、金山大道以南17279.76m^2商务金融用地的国有建设用地使用权不动产权登记，并于12月13日以《中国南水北调集团江汉水网建设开发有限公司关于完成武汉用地使用权不动产登记的报告》（南水北调江汉建四〔2023〕1号）向集团报备。

（4）准备概念方案征集。2023年3月28日，东西湖区自然资源和规划局召开区亮点项目征集工作部署会，明确将江汉水网公司业务办公用房项目列为区重点、亮点项目，要求开展概念设计方案征集活动。江汉水网公司组织中南建筑设计院、中信建筑设计院、中建三局建筑设计院、长江设计院等知名设计单位开展方案预征集，共开展22次交流研讨，为正式开展征集工作厘清思路。

（黄跃）

五、安全生产和质量监督

概　　述

【安全生产】 江汉水网公司坚持“安全第一，预防为主，综合治理”的安全生产方针，按照“管行业必须管安全、管业务必须管安全、管生产经营必须管安全”建立并压实全员安全生产责任制。全面履行项目法人首要责任，压实参建各方的主体责任，持续有效运行“双重预防”机制，推进水利安全生产风险管控“六项机制”建设。大力推进“科技兴安”，持续加强机械化、自动化、智能化应用，全面落实超前地质预报、安全监测及超前地质处理等措施，不断优化数字孪生引江补汉工程的“四预”功能建设，不断提升本质安全水平。

（张国帅）

【质量监督】 江汉水网公司积极推行全面质量管理，建立健全质量管理体，始终坚持以严的基调加强全方位质量监督管理，压实质量管理责任。坚持首件评估、样板引路、试验先行，推进智能建造，创新工艺工法，确保施工质量。不断创新完善质量管理机制，全面查找管理短板和质量隐患，认真对待、严格落实问题整改，建立问题销号制度，不断促进管理规范，保障建设质效，不断推进“精品工程”建设。（张国帅）

安全生产

【构建安全监管体系】 2021 年 10 月，引江补汉工程项目法人筹备组组织成立安全机电组，负责引江补汉工程安全监管工作；2022 年 5 月，安全机电组调整为江汉水网公司安全环保部；2023 年 5 月，安全环保部更名为江汉水网公司质量安全部，全面负责引江补汉工程安全监管工作，进一步完善安全监管组织体系。

2022 年 7 月，江汉水网公司成立了安全生产委员会（以下简称“安委会”），公司主要负责人任主任，公司其他领导任副主任，公司各部门及所属单位主要负责人为成员。安委会下设办公室，作为安委会日常办事机构。

2022 年 8—12 月，江汉水网公司组织制定了安全监管各项规章制度，主要包括江汉水网公司安全生产管理办法、江汉水网公司安全生产目标管理规定、江汉水网公司安全生产责任制管理、江汉水网公司安全生产委员会工作规则、江汉水网公司突发事件应急管理办法、江汉水网公司突发事件综合应急预案、江汉水网公司生产安全事故应急预案、江汉水网公司消防安全管理、引江补汉工程建设安全生产管理规定、引江补汉工程安全生产风险分级管控与隐患排查治理管理等，构建了基本完备的安全监管制度体系。（张国帅）

【压实安全生产责任】 2023年3月，江汉水网公司与各建管部签订年度安全生产责任书，建管三部与辖区各参建单位签订年度安全生产责任书，构建了“全面覆盖、分级负责、责任到人、动态管理”的安全生产责任网络。

2023年8月，江汉水网公司印发实施公司首批安全生产责任清单，细化明确了公司领导、各部门主要负责人、各建管部主要负责人的安全生产责任。

2023年9月，江汉水网公司印发实施公司全员安全生产责任清单，细化明确了公司各部门分管负责人、各处室负责人、全体员工的安全生产责任。

江汉水网公司按季度召开安全生产委员会会议，常态学习安全生产重要文件，分析安全生产形势，安排部署下阶段安全生产工作，持续解决管理过程中存在的安全问题。

2023年11月，江汉水网公司举办以“强化安全意识，共建安全工程”为主题的引江补汉工程第一期安全生产专题培训班，公司各部门、各建管部、各参建单位共计52人参加培训，培训采取让参建单位选派代表进行安全宣讲的培训方式，提升了各参建单位的参与感、责任感，强化责任意识。（张国帅）

【防控安全风险隐患】 持续开展安全生产精准监督检查和专业帮扶，综合运用“四不两直”“双随机”“明察暗访”“异地交叉”“互联网＋”等方式，查找深层次问题和管理漏洞，聚焦重大事故隐患排查整治，持续组织专家开展监督检查，提高主要领导带队检查比重，扎实开展全国两会、节假日、汛期等重点时段监督检查，加强对常见违章作业、违规行为的打击力度。

持续推进安全风险管控“六项机制”建设，印发风险管控工作要求文件，统一引江补汉工程的危险源辨识评定标准，不断提升风险查找能力和科学评价能力；通过采用自动监测和人工检测手段，不断加强预测预警、强化监测监控，初步建立了风险预警机制；加强风险源头动态管理，分层分级制定管控措施，建立“一标段一清单”，精准防控能力得到有效提升；2022—2023年，编制专项应急预案37项，现场处置方案66项，按照重大危险源“一源一案”要求，认真落实应急预案各项防范措施，有效提高风险化解能力。（张国帅）

【提升本质安全水平】 精准配置施工设备，保障引江补汉工程安全建设。针对隧洞施工的核心装备TBM，组织高校和科研单位开展相关研究，基于国内外大直径TBM工程案例数据库，分别采用以不良地质条件为阈值评分的方法和深部复合地层 TBM 适应性评价方法进行了 TBM 综合选型，为每一台 TBM 定做了针对性参数配置，大幅提高设备应对不良地质体能力；研发关键子系统智能监测、掘进参数采集及大数据分析、卡机预警技术，大幅降低 TBM 卡机风险，确保高效掘进。

强化超前地质预报，高效指导安全施工。2022—2023 年，系统梳理国内隧洞工程专项超前预报实施技术现状、合同方式及经验教训，明确引江补汉工程专项超前地质预报实施形式；坚持“预防为主、有疑必探”的方针，施工超前地质钻探全洞段实施开展专项超前地质预报全洞段覆盖，采用长、中、短多方法相结合的超前地质预报方案，确定了结合前期勘探、地质素描、掘进设备大数据分析的综合超前地质预报成果综合分析运用会商机制，充分发挥预报对施工的指导作用，防患于未然，保证施工安全。（张国帅）

质量监督

【建立质量管理体系】 引江补汉工程建设质量管理采用建设单位负责、监理单位控制、设计和施工及其他参建单位保证、政府监督相结合的质量管理体系；设立相应的质量管理机构，配备质量管理人员，制定质量管理制度，明确各部门、各岗位质量管理职责，建立健全各自质量管理体系；从组织落实、责任落实、制度落实、措施落实、质量管理经费落实 5 个方面，不断强化质量管理，确保质量管理体系高效运行。

2022 年 5 月，江汉水网公司组织成立工程管理部，负责引江补汉工程建设管理、质量管理等工作；2023 年 5 月，因机构调整，江汉水网公司组建质量安全部，全面负责引江补汉工程质量管理工作，进一步完善质量管理组织体系。

2022 年 8 月，江汉水网公司成立了工程质量管理委员会（以下简称“质委会”），公司主要负责人任主任，公司其他领导任副主任，公司各部门及所属单位主要负责人为成员。质委会下设办公室，作为质委会日常办事机构。

2022 年 8 月至 2023 年 5 月，江汉水网公司组织制定了质量管理规章制度，主要包括江汉水网公司工程建设质量管理办法、引江补汉工程建设责任单位项目负责人质量终身责任制实施细则、引江补汉工程试验检测管理规定、工程建设施工单位激励约束考核规定等，构建了基本完备的工程质量管理制度体系。（张国帅）

【落实政府质量监督要求】 江汉水网公司高度重视水利部建设管理与质量安全中心（以下简称“水利部建安中心”）质量监督工作，及时完成项目划分并报备，积极配合日常质量监督工作。针对监督发现的问题，把整改工作作为一项重要任务来抓。严格落实工程质量管理首要责任，召开问题整改专题会，明确整改要求、时间节点、任务分工等，加强问题整改，确保工程施工质量。

2023年1月，江汉水网公司向水利部建安中心报送《关于引江补汉工程输水总干线出口段土建施工及设备安装项目划分的报告》；同月，水利部建安中心回函批复同意。

2023年11月，水利部建安中心对引江补汉工程输水总干线出口段在建工程的施工质量和安全生产情况开展了巡查，并下发监督巡查通报，江汉水网公司积极组织对巡查通报问题进行整改；12月，公司向水利部建安中心报送引江补汉工程出口段质量与安全监督巡查通报问题整改回复的函。

2023年12月，江汉水网公司与水利部建安中心签订了水利工程建设质量监督书（南水北调中线引江补汉工程）。水利部建安中心全面履行引江补汉工程质量监督职责。（张国帅）

【推行全面质量管理】 江汉水网公司始终坚持以严的基调加强全方位质量监督管理，充分借助各级监督检查力量，创新完善质量管理机制，全面查找管理短板和质量隐患，认真对待、严格落实问题整改，建立问题销号制度，促进管理规范，保障建设质效，推进“精品工程”建设。

2022—2023年，江汉水网公司及时组织各参建单位项目负责人签订《工程质量终身责任承诺书》，明确项目负责人对工程质量负总责。在各施工现场设立质量责任公示牌，公开各责任单位名称、项目负责人姓名、电话等信息，进一步明确各参建单位质量责任。

全面推行“首件工程认可制”，提升质量管控水平。按照先导试点原则，将分项工程中最先开工、工程量较大且工艺工序具有推广价值的施工项目作为首件工程，制订作业指导书和施工工艺方案，严格按照程序进行策划、修正、实施、验证总结，成熟后推广实施。以首件工程样板示范，引领后续同类工程标准化施工，施工工艺和质量管理水平不断提高。

全面推进隧洞施工大机配套作业和综合加工厂自动化，以机械化、自动化作业确保施工质量稳定可控，持续提升质量管理规范化、标准化水平。

全面推行工程建设质量观摩活动。2023年9月，江汉水网公司在保康县举办引江补汉工程前期施工准备工程施工质量观摩活动，设计、监理、施工等单位50余人参加观摩；现场观摩了10号竖井进场道路的施工准备、施工工程控制、环境保护和水土保持措施等内容，并就模板安装、混凝土浇筑、灌缝等技术要点进行现场交流，召开工程质量观摩交流座谈会。通过观摩交流，学习先进经验，营造“比、学、赶、超”建设氛围，不断推进施工质量提升。

不断强化监督检查，加强问题整改。2023年2月、9月，江汉水网公司分别组织对引江补汉工程全线开展全面质量检查，及时下发检查通报，明确整改要求、时间节点，跟踪督促问题整改，及时进行整改销号，确保工程建设质量。

（张国帅）

六、环境保护和水土保持

概　　述

江汉水网公司始终将习近平生态文明思想融入工程设计、建设全过程，围绕生态保护、污染防治、水土流失治理、节能降碳等，将绿色理念融入工程建设各个方面，全面落实环评报告、水保方案及批复意见要求。推进生态环境保护科研项目实施，强化创新成果应用。运用激励约束考核强化现场管控，结合数字孪生、遥感测量和大数据分析等手段，对薄弱环节或重点隐患进行高标准防控，建立突发环境事件应急处置机制。尽可能减少工程建设对环境的影响，努力从源头将引江补汉工程打造成为具有南水北调特色的绿色工程、生态工程，争创“国家水土保持示范工程”、争获“中国生态文明奖”。

（王宏亮　黄顺）

环评报告和水保方案审批

【环评报告审批】　2020年5月，长江水资源保护科学研究所（以下简称“长江水保所”）中标引江补汉工程环评服务，承担《引江补汉工程环境影响报告书》编制工作。长江水保所完成水文水资源、地表水环境、水生生态、陆生生态、地下水环境、污染源调查等专题（专项）研究工作，作为环境影响报告书的技术支撑。2022年4月，长江水保所编制完成《引江补汉工程环境影响报告书》；6月10日，生态环境部以环审〔2022〕69号文批复《引江补汉工程环境影响报告书》。（王宏亮　黄顺）

【水保方案审批】　2020年4月，长江勘测规划设计研究有限责任公司（以下简称“长江设计公司”）中标引江补汉工程可研阶段勘测设计项目，承担引江补汉工程可研报告及水土保持方案报告书的编制工作。2021年10月，长江设计公司编制完成《引江补汉工程水土保持方案报告书》；同月，水利部水规总院主持召开了《引江补汉工程水土保持方案报告书》审查会；11月25日，水利部以水许可决〔2021〕69号文批复了《引江补汉工程水土保持方案报告书》。

（王宏亮　黄顺）

环 境 保 护

【环保设计】　在初设评审过程中，江汉水网公司就工程线路新增2处生态敏感区，取水口分层取水设计，汉江中下游小清河、滚河、蛮河等5条污染支流水环境综合治理等重点、堵点问题，多次与生态环境部及地方政府部门沟通协调，为初设顺利获批提供有力保障。2023年9月，国家发展改革委正式批复引江补汉工程初设概算，工程环保投资概算为135824.88万元，初设阶段较可研阶段投资减少了20735.31万元。

（王宏亮　黄顺）

【环保措施落实】 江汉水网公司在引江补汉工程出口段和前期施工准备工程建设过程中全面落实环保设备措施与工程建设“三同时”要求，各标段大气环境保护、声环境保护、固废处置、陆生生态保护等措施与工程建设同步实施到位，生产、生活废水处理达标后回用。截至2023年12月，出口段工程建成并稳定运行6个废水处理系统，前期施工准备工程建成并稳定运行8个临时废水处理系统。（王宏亮　黄顺）

【环境监测】 2022年11月和2023年12月，江汉水网公司先后与中国南水北调集团生态环保公司（以下简称“生态环保公司”）签订引江补汉工程出口段和全线水保与环保监测服务合同。截至2023年12月，生态环保公司共完成引江补汉工程出口段5个季度水环境、环境空气、声环境季度监测，以及水生生态和陆生生态补充监测任务，完成引江补汉工程全线施工前陆生生态监测任务。

（王宏亮　黄顺）

水土保持

【水保设计】 初设阶段共布置21个弃渣场，与可研阶段相比，弃渣场数量减少4个，8个位置发生变化，7个弃渣场弃渣量增加20%以上，3个弃渣场级别提高一级，属于重大设计变更。保康县和谷城县共8个弃渣场涉及选址调整，均取得地方政府弃渣场选址确认文件。2023年9月，国家发展改革委正式批复引江补汉工程初设概算，工程水保投资概算为83344.56万元，初设阶段较可研阶段投资减少23576.31万元。水保设计变更随着初设的批复已完成相关程序。

（王宏亮　黄顺）

【水保措施落实】 引江补汉工程出口段和前期施工准备工程均按照水保方案设计，实施了多种工程措施、植物措施和临时措施，满足“三同时”要求。已启用水田坝防汛备料场、邓家畈防汛备料场等8个弃渣场，年度新增弃渣量137.24万m^3；截至2023年12月，设计的7个料场均未启用。弃渣场均修筑拦渣墙、排水管涵或箱涵，从下往上分层分级堆渣，弃（取）渣、料基本规范。2023年已剥离并集中堆存保护约27万m^3表土，并进行有效保护利用。

（王宏亮　黄顺）

【水保监测】 2022年11月和2023年

12月，江汉水网公司先后与中国南水北调集团生态环保公司（以下简称“生态环保公司”）签订引江补汉工程出口段和全线水保与环保监测服务合同，针对重点部位水土流失动态、水土流失防治措施、土壤流失情况等开展水保监测。截至2023年12月31日，生态环保公司共完成引江补汉工程出口段5个季度水保监测任务，完成施工前全线水保本底值监测以及2个季度水保监测任务。

（王宏亮　黄顺）

七、征地移民

概　　述

引江补汉工程建设征地涉及宜昌市夷陵区、远安县，襄阳市保康县、谷城县，十堰市丹江口市等 3 个市、5 个县（区）、17 个乡镇、55 个村、85 个村民小组，建设征地总面积为 18967.90 亩，其中永久征地总面积 2470.03 亩、临时用地总面积 16497.87 亩。工程建设征地范围内有农村居民 239 户 803 人，有房无户籍户 122 户，个体工商户 27 家，农副业设施 6 处，单位 7 家，企业 10 家，各类房屋建筑面积 72520.59m^2。

2022 年，在中国南水北调集团党组的正确领导下，江汉水网公司紧盯时间节点，充分发扬“钉钉子精神”，攻坚克难，精准发力，及时高效完成引江补汉工程涉及征地移民各项工作，为工程如期开工提供用地保障。一是完成前期工作涉及征地移民 10 项要件办理，确保了工程可研报告及时报批。二是完成开工动员大会会场及爆破区涉地涉林临时手续办理，确保了开工动员大会顺利举办。三是完成出口段征地补偿安置协议签订，取得出口段先行用地批复，确保了出口段工程建设用地需要。

2023 年，引江补汉工程征地移民工作围绕用地手续办理、施工准备工程开工、初设批复、主体工程建设等重大任务全面铺开，通过建立起高效的省、市、县（区）级协调机制，创新性地与工程沿线的县级人民政府签订征地补偿与移民安置补偿协议。2023 年 3 月，江汉水网公司分别与宜昌市夷陵区和襄阳市保康县、谷城县签订了引江补汉工程征迁补偿和安置任务协议书，为顺利取得引江补汉前期施工准备工程建设用地奠定基础；4 月，引江补汉前期施工准备工程先行用地获得自然资源部批复。5 月，引江补汉工程出口段正式用地获得国务院批准。9 月工程总体初设获批后，江汉水网公司积极与沿线地方政府协商，推动剩余部分工程征迁补偿和安置任务协议书签订；12 月底前分别与宜昌市夷陵区和襄阳市保康县、谷城县签订协议书。至此，引江补汉输水总干线工程移民安置协议全部签订完成。

2022 年，引江补汉工程出口段共完成移民安置搬迁有房有户籍 10 户、有房无户籍 19 户，支付征地补偿和移民安置资金 10500 万元；丹江口市政府移交土地895.07亩、其中永久用地692.08亩、临时用地202.99亩。2023年，引江补汉工程共完成移民安置399人，支付征地补偿和移民安置资金72829万元；工程沿线地方政府移交土地4146.10亩，其中永久用地1074.77亩、临时用地3071.33亩；工程出口段项目永久用地692.088亩（其中新增建设用地600.3亩）于2023年5月24日获得国务院批准。

（景佩瑞）

移民安置

【移民安置规划大纲】 根据《大中型水利水电工程建设征地补偿和移民安置条例》（国务院令第679号）规定，经批准的移民安置规划大纲是编制移民安置规划的基本依据。主要包括移民安置的任务、去向、标准和农村移民生产安置方式以及移民生活水平评价和搬迁后生活水平预测、水库移民后期扶持政策、淹没线以上受影响范围的划定原则、移民安置规划编制原则等内容。

移民安置规划大纲的前置条件是工程占地和淹没区所在地的省级人民政府发布通告（停建令），禁止在工程占地和淹没区新增建设项目和迁入人口。通告发布后，项目法人会同工程占地和淹没区所在地的地方人民政府实施工程占地和淹没区实物调查。实物调查是移民安置规划大纲编制的基本依据，事关群众切身利益、工程顺利推进、社会和谐稳定。该工作应当全面准确，调查结果经调查者和被调查者签字认可并公示后，由有关地方人民政府签署意见。

2022年4月2日，水利部委托水利部水规总院对《移民安置规划大纲（送审稿）》进行审查，湖北省有关厅（局）及工程沿线地方人民政府有关单位参加审查。5月10日，《移民规划大纲（审定稿）》取得水利部、湖北省人民政府的批复。

（景佩瑞）

【移民安置规划】 根据《大中型水利水电工程建设征地补偿和移民安置条例》（国务院令第679号）规定，根据经批准的移民安置规划大纲编制移民安置规划。移民安置规划是工程可研报告审批的前置要件。编制移民安置规划应当以资源环境承载能力为基础，遵循本地安置与异地安置、集中安置与分散安置、政府安置与移民自找门路安置相结合的原则。应当尊重少数民族的生产、生活方式和风俗习惯。应当与国民经济和社会发展规划以及土地利用总体规划、城市总体规划、村庄和集镇规划相衔接。移民安置规划须在移民安置规划大纲取得水利部和湖北省人民政府联合批复后才能编制报审。

依据批复的《移民规划大纲（审定稿）》，江汉水网公司组织长江设计公司编制完成《引江补汉工程建设征地移民安置规划报告（征求意见稿）》，并发至市、县两级政府征求意见，根据相关市、县反馈意见修改完善后，形成《引江补汉工程建设征地移民安置规划报告（送审稿）》。2022年5月13日，水利部水规总院出具了引江补汉工程建设征地移民安置规划报告审核意见，湖北省水利厅出具了行政许可决定书。

（景佩瑞）

用地报批

【建设项目用地预审】 根据《建设项目用地预审管理办法》（国土资源部令第68号）和《自然资源部关于做好占用永久基本农田重大建设项目用地预审的通知》（自然资规〔2018〕3号）的规定，用地预审是实施土地管理利用总体规划，严格土地管制的一项根本政策工具，也是建设管理程序的重要环节。

用地预审涉及占用生态红线、基本农田等问题，该要件办理涉及环节多，办理周期长，审核较严格。需提前收集齐全工程沿线各区、县基础技术资料，并根据技术资料初步完成生态红线不可避让性论证、基本农田补划方案、土地利用总体规划修改方案、土地利用节约集约报告等相关资料。2022年5月4日，引江补汉工程用地预审取得自然资源部批复。

（景佩瑞）

【临时用地报批】 临时用地选址应当坚持“用多少、批多少、占多少、恢复多少”，尽量不占或少占耕地，可利用劣质耕地的，不占用优质耕地。临时用地一般不得占用永久基本农田，确需占用永久基本农田的，必须能够恢复原种植条件，并符合《自然资源部、农业农村部关于加强和改进永久基本农田保护工作的通知》（自然资规〔2019〕1号）中与申请条件、土壤剥离、复垦验收等方面有关的规定。临时用地选址应避让国务院批准的生态保护红线范围，因无法避让确需占用的，参照临时占用永久基本农田规定办理，严格落实恢复责任。直接服务于工程施工项目的制梁场、拌和站等难以恢复原种植条件的，不得以临时用地方式占用永久基本农田，可以建设用地方式或者临时占用未利用地方式使用土地。直接服务于铁路工程施工的制梁场、拌和站，按照自然资源部有关规定执行。取土场应选址在荒山、荒坡等劣质地，严禁在耕地和永久基本农田范围内取土。临时用地选址应合理划定弃土（渣）场范围。

在临时用地使用方面，江汉水网公司始终秉承节约集约、合理用地的理念。临时用地管理采取的主要措施如下：一是在工程施工阶段，要求参建单位对临时用地进行方案比选，优化工程设计，尽可能减少占用规模，以提高土地利用率，促进建设项目节约集约利用土地，合理控制用地成本；二是根据工程建设需要合理安排临时用地手续办理时序，一方面避免了因闲置浪费导致逾期使用情况发生，另一方面也减少了征地补偿年限和耕地占用税资金使用年限，减轻了资金压力与风险。

（景佩瑞）

【先行用地报批】 2022年6月，在国家发展改革委批复引江补汉工程可研报告与水利部批复南水北调中线引江补汉工程输水总干线出口段（K189＋226～K194＋786）初设报告后，为贯彻落实党中央关于疫情要防住、经济要稳住、发展要安全的决策部署和国务院扎实稳住经济一揽子政策措施的要求，响应国家加快水利工程建设的重大决策，缩短工程总体进度，工程部分单体工程施工难度大、工期紧，为保证工程按期完工，实现工程预期效益，特申请出口段项目先行用地。

与县级人民政府签订出口段工程建设移民安置任务与投资框架协议并支付补偿费用是先行用地办理的前置条件。《国土资源部关于进一步改进建设用地审查报批工作提高审批效率有关问题的通知》（国土资发〔2012〕77号）中规定：先行用地涉及征收农村集体土地的，征地补偿安置应征得农民同意并确保补偿及时足额支付到位，地方政府应承诺动工前将补偿费发放到相关村组和群众，确保不因先行用地发生信访问题和突发事件。依据上述文件，江汉水网公司与地方政府签订移民安置协议并支付补偿费用，在取得村组同意及地方政府承诺等工作完成后，再开展先行用地组卷报审。

2022年8月30日，引江补汉工程出口段项目先行用地取得自然资源部批复。2023年4月1日，引江补汉工程（K0＋000～K189＋226）先行用地取得自然资源部批复，此次先行用地从湖北省自然资源厅上报到自然资源部批复用时仅4天。 （景佩瑞）

【建设用地报批】 为满足工程建设进度和投资需要，根据中国南水北调集团部署和集团历次关于引江补汉工程有关意见，江汉水网公司精准把握用地有关政策，充分发扬“钉钉子精神”，攻坚克难、精准发力，在集团环保移民部的指导下，引江补汉工程出口段项目于2022年8月取得自然资源部先行用地批复，2023年5月取得国务院批复，各层级审查均“零补正、一次性过”。引江补汉工程出口段永久用地手续办理创造了湖北省重点工程最短批复时间纪录，为加快推进南水北调后续工程高质量发展提供了用地保障。 （景佩瑞）

八、科技创新和信息化

概　　述

引江补汉工程是我国在建调水工程中最具挑战的项目之一，江汉水网公司坚持科技引领和数字赋能，2022—2023年，先后印发《中国南水北调集团江汉水网建设开发有限公司科研项目管理办法（试行）》《中国南水北调集团江汉水网建设开发有限公司科研项目“揭榜挂帅”实施规定（试行）》《数字化管理办法》等制度，初步完成科技创新与信息化管理制度建设。2023年，围绕“管理实验室”活动，开展科技创新示范试点工作，依托在研科研项目改进制度的适用性和可操作性，创新和完善了相关制度及管理流程。截至2023年底，引江补汉工程勘察设计孪生平台已完成初版功能开发，数字化建管系统已完成建设并投入运行。（王志刚）

重要成果

2022年9月16日，江汉水网公司编制印发《中国南水北调集团江汉水网建设开发有限公司科研项目管理办法（试行）》。

2023年9月28日，江汉水网公司编制印发《中国南水北调集团江汉水网建设开发有限公司科研项目“揭榜挂帅”实施规定（试行）》。（王志刚）

科技和科普

【科技规划】 根据引江补汉工程地质条件的复杂性，不良地质条件下的安全、快速施工是项目成败的关键，按照服务工程建设、急用先行、重点以解决地质风险为原则，确定了与工程建设紧密相关、支撑总体初设的重点科研项目，并优先在可研、初设中研究，剩余技术难题在施工前利用批复的科研费用再开展研究。

2022—2023年，江汉水网公司主要围绕复杂地质条件下超大直径TBM选型、优化及智能掘进系统进行研究，并取得初期成果，重点解决引江补汉工程TBM设备选型配置问题。（王志刚）

【科研项目】 2023年3月3日，江汉水网公司完成《复杂地质条件下超大直径TBM选型、优化及智能掘进系统科研项目技术开发合同》签订。2023年底，完成子课题引江补汉工程超大直径TBM地质适应性选型、适应性设计研究，并将相关成果应用于设备招标。

（王志刚）

【技术应用】 2022—2023年，江汉水网公司组织开展“走项目 学经验 促提升”调研活动，先后完成滇中引水、珠三角水资源配置工程、新疆EH工程等多个地质条件复杂、施工难度大、具有借鉴价值的工程调研和技术交流，形成的调研报告为引江补汉工程积累了建设管理经验。

2023年6月，依托“复杂地质条件下超大直径TBM选型、优化及智能掘进系统研究”课题成果，确定了引江补汉输水隧洞各区段TBM优化选型方案及超大直径TBM地质适应性功能配置方案，并应用于设计方案和设备招标。

2023年，围绕“管理实验室”活动，江汉水网公司开展科技创新示范试点工作，通过试点工作改进制度的适用性和可操作性，重点围绕提高科技创新能力，创新和完善相关制度及管理流程。

（王志刚）

【科普工作】 2022年9月，利用在夷陵区进行实物调查的机会，江汉水网公司组织“科技下乡村”活动，通过发放宣传册普及南水北调知识并解答村民征迁问题。2022年9月，江汉水网公司在公司所在地（汉江大厦）开展科普活动，通过播放引江补汉工程宣传片及布置展板、立屏等形式进行科普宣传；同时通过公司OA系统开展调水知识答题活动，公司全体职工参与线上答题。2023年9月，江汉水网公司在宜昌市夷陵区太平溪镇九四中学开展“科普进校园”活动，其间对南水北调工程背景、实施过程、技术难题、防溺水安全等知识进行讲解。

（谢颖迪）

标准和创新

【标准管理】 2023年，江汉水网公司根据中国南水北调集团有限公司质量安全部授权，组织编写《输水隧洞钻爆法施工安全管理规定》（送审稿）。主要内容以引江补汉工程为依托，结合国内外先进的隧洞工程建设管理经验，根据项目法人、设计、监理、施工等参建单位的管理职责，涵盖管理、人员、作业、机械设备、车辆运输、消防、应急处置等相关方面安全技术管控内容。主要技术内容包括：钻爆前技术准备和临时设施准备；洞口和洞身施工安全技术要求；钻孔爆破、出渣与运输、支护与加固施工安全技术要求；施工地质及超前预报工作要求；施工期安全监测技术要求；施工风、水、电、照明与防尘要求；安全设施与应急处置的相关要求；施工安全信息化工作任务和要求。 （何军）

【创新平台】 2023年8月24日，江汉水网公司申请设立中国南水北调集团基层技术创新中心（长距离输水隧洞关键技术创新中心）；12月，中国南水北调

集团同意长距离输水隧洞关键技术创新中心（筹建）设立。（谢颖迪）

机电管理

【机电管理工作】 江汉水网公司围绕机电管理工作既定职责，不断强化组织体系，完善管理机制，依据工作特性统一规划、协同推进，力求高标准执行。根据工程建设实际，机电管理工作聚焦于主体工程收尾阶段，前期工作重心包括施工供电管理、TBM（硬岩掘进机）管理、大型施工设备管理，以及机电金结设备的规划、调研与选型等等；后期则聚焦现场建设实施，确保每一步都精确无误，实现项目管理的全面优化，成效显著。2023年12月31日，公司按期完成176km的35kV电源引接线路架设、12.96km电缆敷设和13座施工变电站建设任务。创新采用“一招两采”模式，一次招标，同时解决施工单位采购和10台超大直径TBM设备采购问题。（王文一）

【TBM采购】 针对工程沿线地质复杂、TBM形式多样的特点，江汉水网公司采用“先通用，后个性”的编写方式，“多层次，多阶段”的审查方式，充分整合各类资源，组织各方专业力量参与文件编制；按照部门内审、公司复审、专家三次终审的程序，循序渐进开展方案审查，确保技术条款科学合理。通过入厂调研、现场调研、座谈交流等多种方式，不断吸收借鉴，完善TBM设备配置，储备实施经验。经过多方分析、多模式论证，选定乙采甲控模式，强化市场机制，创新使用“一带三”方式选定TBM供应商，充分发挥设备供应商在整个施工期的主观能动性，保障施工单位和设备供应商在整个施工期间充分配合、高效协同。（王文一）

数字化转型

【数字孪生引江补汉】 为开展数字孪生先行先试，加快推进数字孪生建设及应用推广，助力工程建设管理“安全、降本、增效”，江汉水网公司成立数字孪生建设领导小组、建管系统工作小组。明确各部门、各专业的责任分工、工作要求，完善组织管理体系，建立日报、周协调、月调度、专题会商等工作机制；组织设计院开展初设数字孪生专项设计，做好顶层规划，配合完成初设审批相关事宜；开展“百日攻坚活动”，细化任务分解，明确节点目标，加大资源投入，清单管理、挂图作战，加速工作开展。做好数字孪生分标规划，明确主体工程、安全监测、质量检测、超前地质预报等单位信息化建设内容，编制系统集成及数据集成标准。全面开展业务需求梳理、深化设计等工作，深入借鉴类似工程的成功案例，有效融入系统开发。紧紧围绕投资、进度、质量、安全开展集中攻坚，顺利完成先行先试建设任务，初步建成数字孪生引江补汉1.0版，基本实现业务管理线上化、流程化，满足工程建设管理远程监管现场、动态跟踪数据指标、开展决策会商及监测预警处置要求。

数字孪生引江补汉获中国水利水电勘测设计协会2023年“智水杯”水工程BIM应用大赛勘测设计组金奖以及工业和信息化部第六届“绽放杯”5G应用征集大赛“5G+水利海洋”专题赛赛道二等奖。会同业务部门推进电子档案应用，获批水利部电子签章应用试点。

（王文一）

【信息化建设】 江汉水网公司不断加强数字化管理体系建设，编制了数字化管理办法、引江补汉工程数据分类与编码等5项技术标准。

公司成立网络安全和信息化领导小组，明确了组织机构，建立了公司主要领导牵头、分管领导负责、信息机电部具体落实、主要业务部门协同配合的工作推进机制，强化统筹协调。

（王文一）

【网络安全】 江汉水网公司成立了网信领导小组及安可替代领导小组，全方位细化任务，指导工作高效开展，编制印发了网络安全事件应急预案、网络安全管理办法及软件正版化工作要求，不断完善网络安全防护体系。完成建管部初期网络安全基础设施及公司本部至集团和云平台的网络专线建设，部署了国产CAD、PDF、流量监控等软件和硬件设备；签订了网络安全承诺书、使用正版软件承诺书等纸质文件，进一步明确职责，定期开展网络安全检查，不断强化责任意识，加强监测监控；高效开展与公安部、水利部的网络实战攻防演习，网络安全保障水平得到持续提升。

（王文一）

九、企业管理

综合管理

【服务“两办会”运转】 江汉水网公司持续优化决策运转机制，不断完善公司治理体系，进一步提升公司管理水平，构建现代国有企业治理体系。制定公司工作规则、董事长办公会议事规则、总经理办公会议事规则等基本管理制度。梳理各管理机构权责边界，形成公司决策系统会议审议及领导审批事项清单，保障公司决策系统规范、高效运转。

根据公司工作规则，明确“董事长办公会是董事会闭会期间，董事长根据公司章程规定和董事会授权按照民主集中制原则行使职权的决策机制”“在董事会组建或闭会期间，需由董事会研究决策的重大事项由董事长办公会集体研究决定”。截至 2023 年底，累计召开董事长办公会 37 次，审议事项 120 项，形成会议纪要 36 期，高效做好会议通知、议题材料、会务、决议印发、执行落地等服务保障工作，确保公司重大事项决策效率。

保障经理层依法行权履职，确保工作部署落地见效。印发《中国南水北调集团江汉水网建设开发有限公司总经理办公会议事规则》，及时协调经理层日常工作安排，确保经理层有序开展工作。截至 2023 年底，累计召开总经理办公会 27 次，拟订、审议事项 128 项，形成纪要 27 期，高质量完成总经理办公会各项服务保障工作，保障公司经营管理质效。

（汪孟书）

【综合政务保障】

1. 行政后勤保障管理　2020 年 10 月 1 日起，江汉水网公司租赁位于武汉市东西湖区航天路 7 号汉江大厦部分楼层作为公司过渡期办公用房，选定汉江大厦物业服务单位提供会务、保洁、餐饮等服务，逐步完成办公家具及办公设备配置、网络电话迁入等工作。研究制定周转住房管理办法，采取就近租赁商品房等形式保障员工过渡期内居住需求。研究制定职工食堂开办方案及管理办法，2022 年 5 月 1 日，正式向职工提供饮食服务，按照吃好、账清、不浪费的原则进行管理。2020 年 10 月至 2023 年 3 月，采用租赁方式提供经营和业务保障用车；2023 年 3 月、9 月，采用公开招标采购方式分两批次购置 27 台车辆，按照用车审批、“一车一卡”、单车核算等方式进行管理。2023 年 5 月起，主要通过中国南水北调集团选定供应商采购平台，集中采买办公用品，在厉行节约的前提下，严格办公用品领用、发放、盘点及使用分析管理。

2. 疫情防控常态化管理　统筹常态化疫情防控和公司各项工作，平稳度过疫情防控常态化管控期和政策调整适应期。在疫情呈现复杂性、艰巨性、反复性的情况下，面对疫情防控空前严峻形势，公司主动作为、沉着应对，坚决落实属地和上级单位防控要求，不断完善疫情防控管理体系，落实单位、个人防护责任，建立基础信息日报和离汉审批制度，多次组织桌面推演，及时采取值班值守、居家办公、在线办公、集中办公等工作模式，确保工作不脱节，保障重点工作稳步开展。同时确保各类防疫、生活物资保障到位，切实保护员工身心健康。《中央优化疫情防控工作二十条措施》出台前，公司实现全员“零感染”。（李志）

【新闻宣传】

1. 搭建宣传平台　江汉水网公司开发建设了公司门户网站，并通过门户网站系统收集中国南水北调集团及上级管理部门的相关资讯内容，发布反映公司动态管理的重要信息。同步建设公司微信公众号，与门户网站形成互动，丰富宣传形式，夯实宣传基石。微信公众号名称为“中国南水北调江汉水网”；公司门户网站域名为 nsbdjhsw. com. cn；nsbdjhsw. com；nsbdjhsw. cn。2022 年 12 月 26 日，公司门户网站和微信公众号在向集团报告备案后同步上线运行。

2. 制度建设　公司依据集团相关新闻宣传制度制定了《中国南水北调集团江汉水网建设开发有限公司新闻宣传工作管理办法》《中国南水北调集团江汉水网建设开发有限公司网站信息发布管理规定（暂行）》《引江补汉工程项目驻地及周边区域标牌标识设置实施方案》《中国南水北调集团江汉水网建设开发有限公司突发舆情应急预案（第一版）》，及时完成办法宣贯工作，确保公司宣传工作有规可依、有序进行。

3. 组建宣传队伍　公司各职能部门、各建管部指定一人为通讯员，组建通讯员队伍，负责从事该部门宣传工作，提供稿件和相关信息。2022 年 10 月至 2023 年 10 月共召开 3 次宣传通联会议，明确了通讯员职责，宣传贯彻公司新闻宣传工作管理办法和年度宣传工作要点。

4. 新闻稿件编写报送　江汉水网公司所有稿件信息发布均严格执行新闻稿件“三审三校”审核制度，确保无误，并采用科技手段，如黑马校对和开普云进行再次把关确认。公司注重对外宣传推广，完成引江补汉工程介绍片制作和《水脉传承》宣传片更新，并同步制作了引江补汉工程宣传手册，更好地塑造和传播公司与引江补汉工程品牌形象。

（赵发）

【文电档案工作】

1. 文件收发管理　2021—2023 年共

收文 2000 余件，发文 800 余件，2022 年印发《中国南水北调集团江汉水网建设开发有限公司公文处理办法（暂行）》，对文件收发全流程进行规范。

建立公文问题台账，通过不定期对公文写作质量进行通报、召开公文质量改进工作专题会、开展公文写作培训等方式，提高公司人员公文写作水平。

2. 印章、证照使用管理　2022 年印发《中国南水北调集团江汉水网建设开发有限公司印章管理办法》《中国南水北调集团江汉水网建设开发有限公司证照管理办法》，对印章、证照的审批和使用进行规范。　（赵连珍）

【督办工作】　2022 年，印发《中国南水北调集团江汉水网建设开发有限公司督办工作管理办法（暂行）》（南水北调江汉综〔2022〕22 号），根据江汉水网公司年度工作报告及年度重点任务工作清单，最终确立督办事项 21 项。督办事项办结完成 20 项，停办 1 项。

2023 年，印发《中国南水北调集团江汉水网建设开发有限公司督办工作管理规定》（南水北调江汉综〔2023〕23 号），同时废止《中国南水北调集团江汉水网建设开发有限公司督办工作管理办法（暂行）》（南水北调江汉综〔2022〕22 号），印发了《中国南水北调集团江汉水网建设开发有限公司关于印发 2023 年度工作要点的通知》，对公司重大决策、领导的重要指示批示事项建立督办台账。2023 年，江汉水网公司共下发督办事项 23 项，内容涵盖年度工作报告中提到的安全生产、科技创新、经营管理、队伍建设等相关内容，通过电话督办、定期提醒等形式加强重点工作、重点项目的督查督办力度，2023 年度督办事项全部办结完成。　（赵连珍）

【保密工作】

1. 保密工作组织机构的基本情况

（1）机构设置。江汉水网公司设有保密工作委员会，主任由书记和总经理担任，成员由公司领导层及各部门主要负责人组成。保密工作委员会下设办公室，由综合部承担日常保密工作。

（2）队伍建设。各部门确定一名保密联络员，负责部门内部日常保密管理工作。

（3）基础设施建设。保密工作室已初步建立，配备了单机电脑、打印机、碎纸机、红白插座、保密柜、手机存放箱，保证了公司日常保密工作的顺利开展。

2. 保密工作开展情况

（1）机要通道建设。2022 年 9 月 15 日在湖北省机要局开通机要通道。

（2）规章制度建设。2022 年制定印发《中国南水北调集团江汉水网建设开发有限公司保密工作管理办法（暂行）》，规范密件的使用和管理。

（3）宣传教育开展。江汉水网公司组织全体员工完成“中国保密在线”线上学习、“保密观 App”答题、党的保密历史和保密知识答题，邀请武汉市国家保密局专家来现场授课，召开保密专题会议传达和学习有关保密工作的文件精

神，等等，开展了多种形式的保密宣传教育活动。（赵连珍）

财务和资产管理

【制度建设】 截至2022年底，江汉水网公司共制定包括财务管理办法、会计基础工作管理规定等17项财务管理类制度，全面推进财务制度体系建设，基本形成上下贯通、执行有效的财务内控机制，促进财务管理工作规范化、流程化。

2023年，江汉水网公司共制定包括全面预算管理办法、债权债务管理规定等4项财务管理类制度，修订包含差旅费管理规定、企业负责人履职待遇管理规定等6项制度，成立预算管理委员会，进一步加强财务管理、财务监督等职能，全面推进一体化、合规化管理。组织公司财务制度宣贯培训4次，做到人人能理解、会运用。（霍紫烟）

【信息化建设】 截至2022年底，根据中国南水北调集团整体工作安排，江汉水网公司相继完成会计核算、会计报表、报销系统、合同管理等信息化建设工作，实现自动生成会计凭证、自动进行现金流辅助、一键生成会计报表、集团内部快速对账等功能。

截至2023年底，江汉水网公司建设完成包括项目管理模块、预算管理模块、司库管理系统等信息化建设工作。项目管理模块的建设为引江补汉项目基本建设投资管理提供了信息化平台，从财务角度出发，满足财务与工程项目的业务往来管理，并实现财务对工程项目的管控；该模块以出口段土建工程为着手点，逐步建立起以概算为基础，合同工程量为依据，集预付款管理，工程报量、进度款单、应付款、付款单全流程工程结算管控程序于一体。随着引江补汉项目主体工程开工建设并完成第一期结算，项目管理模块已实现对引江补汉工程财务核算全覆盖，为工程全部完工验收转固奠定了良好的基础，完成项目管理模块的先行先试使命，并推广至集团内其他二级单位。

根据集团统一部署，江汉水网公司加入集团财务共享系统，进一步规范各项经济业务核算工作。对接“数字孪生引江补汉”数字化项目建设，协调与财资平台之间合同计量、结算支付等数据的贯通衔接，提升后续引江补汉工程成本分析水平。（霍紫烟）

【筹融资管理】 2022年，引江补汉项目申请中央财政一般公共预算资金15亿元，向中国南水北调集团申请调剂资金1亿元，办理农业银行1.05亿元周转贷款，配合办理农发基金10亿元资本金投资手续，合理把握资金到位节奏，降低资金财务成本。结合建设项目资金需求，配合开展银行授信工作，已完成3家，额度约为532亿元。

2023年，引江补汉项目申请中央财政一般公共预算资金22.4亿元、重大水利投资基金6亿元。在集团指导下，引江补汉工程市场化融资方案进一步落地，完成8家银行额度330亿元贷款合同的签订，有序推动公司增资扩股各项工作。2023 年 12 月 25 日，收到国家绿色发展基金股份有限公司 15 亿元增资款。（霍紫烟）

【预算管理】 2022 年，中国南水北调集团批复引江补汉工程投资预算指标 15.15 亿元，其中管理费用预算 0.81 亿元。全年工程投资完成 15.2 亿元，执行率为 100.3%。其中，建设管理费用支出 0.6 亿元，执行率为 74%。

2023 年，集团批复引江补汉项目投资预算指标 28.49 亿元，其中管理费用预算 1.28 亿元。全年工程投资完成 28.8 亿元，执行率为 101.8%。其中，建设管理费用支出 0.93 亿元，执行率为 72.6%。（霍紫烟）

【年度决算】 截至 2022 年底，江汉水网公司资产总额为 26.84 亿元，负债总额为 11.84 亿元，所有者权益总额为 15 亿元，资产负债率为 44%。全年现金总流入 27.30 亿元，总流出 26.69 亿元，现金及现金等价物期末余额为 0.61 亿元。

截至 2023 年底，公司资产总额为 75.74 亿元，负债总额为 6.36 亿元，所有者权益总额为 69.37 亿元，资产负债率为 8.40%。2023 年现金及现金等价物期初余额为 0.61 亿元，全年现金总流入 44.37 亿元，总流出 44.92 亿元，现金及现金等价物期末余额为 0.06 亿元。

（霍紫烟）

【资产管理】 2023 年，江汉水网公司资产产权管理工作启动，配合中国南水北调集团进行公司产权登记的申请，完成国资监管在线产权管理信息系统中企业信息登记相关数据的建立。（霍紫烟）

【资金管理】 江汉水网公司配合中国南水北调集团进行司库管理系统建设，做到资金全口径归集，按规定编制资金年度、月度预算，合理确定财政资金、银行贷款等资金到位时间，既保证引江补汉工程建设资金需求，又降低存款余额，避免资金闲置浪费。

公司严格履行资金支出分级授权审批制度，严格支出范围和审批程序，对于大额资金事项严格执行“三重一大”集体决策和支付联签制度。

公司签订土建施工及金结机电安装施工标段等合同项目三方资金监管协议，中国农业银行、中国建设银行资金监管系统成功上线运行，实现对工程建设资金的全方位监管。

公司配合各施工单位建立农民工工资专户，敦促项目开工前按规定足额缴纳农民工工资保证金或出具银行保函；定期开展拖欠农民工工资问题排查工作，有效保障农民工工资支付，防范拖欠风险。（霍紫烟）

【成本管控】 江汉水网公司围绕机制建设，全过程控制工期、质量及关键环节（初设、招标、合同履行、变更及调整、索赔和保险），持续推进成本管理实验室活动，加强引江补汉项目建设期全生命周期成本控制，研究制定引江补汉工程全业务链条、全过程成本管控考核办法。

公司巩固综合治理、提质增效和勤俭办企专项行动成果，树立勤俭节约、从源头管理的理念，严格按节俭、适用、整洁、大方要求开支资金。（霍紫烟）

【税务管理】 2022年3月，江汉水网公司完成税务登记，按月规范纳税申报。全年勾选增值税专用发票1036张，待抵扣进项税额为4514万元；缴纳合同印花税、资本金印花税共计21万元；代扣代缴个人所得税31万元。研究项目建设期增值税留抵退税政策，加强与东西湖区税务局沟通协调，推动增值税留抵退税工作。

2023年，全年勾选增值税专用发票3574张，待抵扣进项税额为13351万元，销项税额为0.05万元；缴纳合同印花税、资本金印花税共计153万元，土地使用税1.2万元，车船税1万元，契税271.5万元；代扣代缴个人所得税302万元。（霍紫烟）

战略规划和投资计划

【发展规划】 2023年7月25日，江汉水网公司编制印发《江汉水网建设开发有限公司发展规划（2023—2025）》，以争创“一流工程、一流企业、一流品牌”为目标。“十四五”期间，公司按照“高质量建设引江补汉工程，高水平创建江汉水网公司，高起点打造集团区域总部”三大发展思路，聚焦主责主业，全面履行引江补汉工程建设和管理法人职责，全力推进引江补汉工程高质量建设，全面创建中国南水北调集团优质子公司，筑牢企业高起点发展基石。

为确保公司发展规划落地生根、走深走实，进一步推进落实“高质量建设引江补汉工程、高水平创建江汉水网公司、高起点打造集团区域总部”的战略部署和近期及远期规划目标，2023年8月24日，江汉水网公司印发《中国南水北调集团江汉水网建设开发有限公司发展规划（2023—2025年）实施方案》，形成工作任务清单，每年年中和年末梳理任务完成情况并形成工作台账，查找存在的问题和不足，提出切实可行的保障措施，确保规划按照既定的路线稳步推进。（黄跃）

【投资计划】

1. 2022年投资计划　2022年6月17日，江汉水网公司以《中国南水北调集团江汉水网建设开发有限公司关于申请引江补汉工程2022年投资建议计划的请示》（南水北调江汉经发〔2022〕3号）上报引江补汉工程2022年投资建议计划19.92亿元。2022年6月17日、9月22日，中国南水北调集团分别以《中国南水北调集团有限公司办公室关于下达引江补汉工程2022年企业自筹投资计划的通知》（办战略〔2022〕137号）和《中国南水北调集团有限公司关于转发下达引江补汉工程2022年中央预算内投资计划的通知》（南水北调战略〔2022〕178号）下达引江补汉工程2022年企业自筹投资计划和中央预算内投资计划，分别下达投资0.15亿元和15亿元，合计15.15亿元。

2. 2023年投资计划　2022年9月15日，江汉水网公司以《中国南水北调集团江汉水网建设开发有限公司关于引江补汉工程2023年投资建议计划的请示》（南水北调江汉经发〔2022〕19号）上报引江补汉工程2023年投资建议计划28.41亿元。2023年5月6日，根据集团意见，江汉水网公司以《中国南水北调集团江汉水网建设开发有限公司关于引江补汉工程2023年投资建议计划的请示》（南水北调江汉经发〔2023〕7号）重新上报引江补汉工程2023年投资建议计划29.40亿元。2023年6月28日，集团以《中国南水北调集团有限公司关于转发下达引江补汉工程2023年中央预算内投资计划的通知》（南水北调战略〔2023〕110号）下达引江补汉工程2023年投资计划，包括中央预算内投资22.4亿元和企业自有投资1亿元；7月24日，集团下达2023年国家重大水利工程建设基金投资计划6亿元；合计下达2023年投资计划29.4亿元。　（黄跃）

经营管理

【招标采购】

1. 招采制度　2022年9月4日，江汉水网公司印发《中国南水北调集团江汉水网建设开发有限公司采购管理办法（试行）》。2023年7月5日，公司修订印发《中国南水北调集团江汉水网建设开发有限公司采购管理办法》；7月21日，公司印发《中国南水北调集团江汉水网建设开发有限公司采购工作指引（试行）》。

根据《中国南水北调集团江汉水网建设开发有限公司采购工作指引（试行）》要求，2023年8月31日，江汉水网公司组建招标采购内部专家库，专家库首批共50名成员，主要由公司各职能部门、各建管部工作满8年且具有中级及以上专业技术资格人员组成。专家库成员主要负责公司自行组织的非招标项目评审工作。

2. 采购项目　针对引江补汉工程主体工程招标采购工作，江汉水网公司编制"党建＋招标采购"工作方案，在采购过程中创造性地使用招标代理机构联合工作机制、"一招两采"的采购模式提升采购质效。公司利用工程初设报告批复的空档期，深入开展类似工程调研及招标文件编制工作，吸收滇中引水工程、环北部湾调水工程招标采购经验，同时融合公司管理思路，提升招标文件编制的科学性。引江补汉工程初设报告于2023年9月22日得到批复后，主体工程第1－6标、8标于9月27日发布招标公告，11月20日完成招标工作，11月28日完成合同签订工作，合同金额为280.78亿元。2023年12月，各标段施工单位全部进场施工，实现引江补汉主体工程2023年全面开工建设的目标。

（黄跃）

【合同管理】

1. 管理制度　为规范江汉水网公司

合同价款结算管理，提高合同价款结算工作效率，2022 年 7 月 26 日，江汉水网公司印发《中国南水北调集团江汉水网建设开发有限公司合同价款结算管理规定（试行）》；2023 年 6 月 28 日，公司修订印发《中国南水北调集团江汉水网建设开发有限公司合同价款结算管理规定》。为规范引江补汉工程变更和索赔管理工作，有效控制工程投资，维护公司合法权益，2022 年 10 月 9 日，公司结合工程管理过程中的实际情况印发《中国南水北调集团江汉水网建设开发有限公司工程变更和索赔管理办法（试行）》；2023 年 8 月 21 日，公司修订印发《中国南水北调集团江汉水网建设开发有限公司工程变更和索赔管理办法》。

2. 管理工作开展情况　截至 2023 年 12 月 31 日，江汉水网公司共计办理移民征迁、土建施工、物资采购等各类项目合同结算资料审签手续 193 期，结算金额为 25.2 亿元；完成开工动员大会策划服务项目、场地平整项目变更、桐木沟交通洞新增钢拱架变更批复，涉及变更金额 270 万元；组织完成前期准备工程施工 2 标、3 标新增施工内容补充协议签订，协议金额为 5220 万元；组织完成可研报告编制、环评报告编制合同第 4 次付款协议签订工作，协议价格为 1.61 亿元。在合同管理过程中，公司注意利用信息化手段提升工作质效，结合公司建设的引江补汉数字孪生平台，在信息化系统建立合同管理、投资管理、变更管理等模块，并结合各模块运行情况持续完善模块功能，实现无纸化办公，提高工作质效。（黄跃）

【投资管理】

1. 投资管理制度　2022 年 9 月 27 日，江汉水网公司印发《中国南水北调集团江汉水网建设开发有限公司综合统计管理实施细则（试行）》。为加强引江补汉工程投资控制管理，提高工程投资效益，2022 年 10 月 8 日，公司印发《中国南水北调集团江汉水网建设开发有限公司工程投资控制管理办法（试行）》。

2. 投资执行情况　截至 2023 年 12 月 31 日，引江补汉工程累计完成投资 465914 万元，占工程静态总投资的 8.45%。其中，2023 年投资计划为 29.4 亿元，2023 年累计完成投资 29.86 亿元，完成年度投资计划的 101.57%。

（黄跃）

组织和人事管理

【机构组建】　依据《中国南水北调集团有限公司关于中国南水北调集团江汉水网建设开发有限公司“三定”方案有关事项的批复》，江汉水网公司本部内设 11 个职能部门，分别是综合部、经营发展部、财务资产部、人力资源部、党群工作部、纪检部、审计部（法律事务部）、科技部、工程管理部、信息机电部、质量安全部。公司下设 4 个建设管理部门：引江补汉工程建设管理一部、引江补汉工程建设管理二部、引江补汉工程建设管理三部、引江补汉工程建设管理四部。

2023年3月3日，公司成立引江补汉工程建设管理一部、引江补汉工程建设管理二部、引江补汉工程建设管理三部、引江补汉工程建设管理四部，作为引江补汉工程现场建设管理机构；原宜昌建设管理部、保康建设管理部、谷城建设管理部、丹江口建设管理部撤销。5月29日，安全环保部更名为质量安全部，原安全环保部所承担的环境保护和水土保持、文明施工管理职能调整至工程管理部；工程管理部所承担的质量管理职能调整至质量安全部。（袁周）

【队伍建设】 根据工程建设和公司管理需要，江汉水网公司按照严把选人用人关、切实体现工作需要、向关键岗位倾斜的原则，通过选调、社会招聘、校园招聘、接收退役士官等方式，初步建立起精简高效、结构合理、素质优良的水利人才队伍。截至2023年12月，公司共有干部职工133人，具备硕士研究生及以上学历人员有43人，其中博士研究生学历人员4人；具有高级以上专业职称人员为62人。（袁周）

【薪酬管理】 江汉水网公司建立健全公司薪酬体系，严格执行中国南水北调集团制定的职工薪酬预发标准，结合公司实际工作需求，研究制定公司薪酬管理办法、薪酬管理实施细则、高质量发展基金管理办法，规范薪酬分配及发放过程管理。

构建多层次社会保障体系，研究建立企业年金、补充医疗保险，明确工作思路和实施路径。社会保险方面，完成公司社保、公积金账户设立工作；按规定及时足额做好新入职职工社保、公积金转移接续和缴费工作，保障职工劳动权益。企业年金方面，在集团统一组织下，研究起草企业年金方案实施细则，提请党委会、董事会（党委会代）、总经理办公会审议并原则通过；并经职工代表大会表决通过；向集团报送江汉水网公司企业年金备案文件并取得人力资源和社会保障部备案函，及时完成员工信息采集及企业年金缴费工作。补充医疗保险方面，研究制定公司补充医疗保险规定，提请党委会、董事会（党委会代）、总经理办公会审议并原则通过；完成公司补充医疗保险新合同签订工作。

规范工作流程并提高信息化水平，完成每月薪酬发放和新入职员工社保、公积金关系转移接续、新参保职工的社保卡发放等相关工作。按照武汉市通知要求，完成年度“五险一金”缴费工资（基数）申报工作。开通OA系统薪资查看功能，持续推进薪酬管理信息化建设。（黄琛）

法律事务管理

【法律事务制度体系】 江汉水网公司法律事务管理秉持管理与服务并重理念，全面贯彻落实中国南水北调集团法治建设工作部署，紧紧围绕高质量发展中心任务，从法人治理、制度建设、合同管理、内控风险管理等方面着手，在规范管理、支持改革、保障发展和维护权益中发挥应有作用，有效预防、控制公司可能发生的法律风险。

为落实国务院国资委、集团持续深化法治央企建设部署，提升公司依法治企能力和水平，2022年9月，公司印发《法治建设实施方案（2022—2025）》，明确公司法治建设的重点任务和进度安排。

2022年11月，公司结合开展法律事务管理、防范法律风险的需要，印发《法律事务管理办法（试行）》，明确公司在决策、经营和管理中涉及的法律事项处理方式。

为实现法律合规审核工作标准化、规范化，2022年12月，公司印发《法律合规审核规定（暂行）》，规范开展法律合规审核的程序，明确不同类型合规事项的审核要点。

从规范公司授权管理程序、提升工作效率的角度出发，按照分类管理、分级授权的模式，2023年4月，公司印发《授权委托管理规定》，明确授权委托工作的管理机构、类别与办理程序、授权委托书的使用与监管等。

通过总结公司成立以来的经营管理工作经验，根据国务院国资委、集团合规管理工作要求，2023年10月，公司印发《合规管理办法》，规范和加强合规管理工作，提升依法合规经营管理水平，防控合规风险，保障深化改革和高质量发展。

江汉水网公司法律事务制度体系基本建立，分业务领域设置32名合规管理员，落实合规管理主体责任，提升合规管理质效，在各业务领域指导和保障公司法律事务相关工作开展。（董平）

【法律合规审核】 江汉水网公司《法律合规审核规定》明确法律合规事务审查的原则、机构、范围、内容、要点和流程，通过公司法务工作人员、公司常年法律顾问机构开展法律合规审核工作。法律合规审核主要针对公司规章制度、经济合同、重要决策以及其他有关事项的合法合规性和有效性开展，对其中的相关法律合规风险进行识别、提示。截至2023年，共计完成161项规章制度、255项经济合同、25项重要决策法律合规审核。（董平）

【日常法律咨询】 审计部（法律事务部）履行江汉水网公司日常法律咨询职责，邀请有丰富专业知识和实践经验的律师团队，组织公司各部门合规管理人员、合同管理人员，按年度开展法律合规集中培训，提升员工解决公司经营管理工作中可能面临的人力资源管理、合同管理、招投标实务、安全管理等问题的能力。另外审计部（法律事务部）通过普法微课堂、法律合规工作简报等方式解答公司各部门在日常工作中遇到的法律合规问题，厚植法治文化根基，提升公司日常工作法律合规水平。截至2023年，共计开展1次法律合规集中培训，印发2期法律合规工作简报，举行29期普法微课堂。（董平）

【内控风险合规管理】

1. 管理机制　江汉水网公司党委负责把方向、管大局、保落实，董事会负责定战略、作决策、防风险，经理层谋经营、抓落实、强管理，各级业务及职能部门承担内控风险合规管理主体责任，形成全方位内控风险合规组织管理架构。另外公司设立合规管理委员会，与法治建设领导小组合署办公，统筹协调合规管理工作，定期召开会议，研究解决重点难点问题。审计部（法律事务部）履行江汉水网公司内控风险合规管理工作的归口部门职责，负责组织各职能部门、各建管部，对公司内部控制运行过程中的风险、合规事项进行分析研究，提出应对策略和解决方案，健全内控体系。

2. 管理制度　公司印发了《风险管理与内部控制管理办法（暂行）》《合规管理办法》，作为规范内控风险合规管理的专项制度。截至2023年底，公司组织制定各类规章制度共计161项，建成由88项一级制度、62项二级制度、7项三级制度以及4项其他规范性文件构成的规章制度体系；内容涵盖公司治理、综合管理、招标采购、绩效考核、财务资产、组织人事、风险控制、法律合规、党建、审计、纪检、工程建设、技术、安全、水保、环保、信息机电等各个专业领域；实现管理业务制度全覆盖，满足公司运转和工程建设管理需要，构建起以制度体系、组织体系、运行体系为支撑的合规管理体系。

3. 制度有效性检查　为实现“强内控、防风险、促合规”的管控目标，截至2023年底，公司共开展3次现行制度设计和执行有效性检查。通过成立检查小组、召开座谈交流会、对照清单和调研资料、查看工作台账等方式开展；针对检查过程中发现的问题和不足，下发整改清单，形成问题台账，明确整改责任，督促落实整改措施。各职能部门、各建管部持续加强制度执行过程管控，落实主体责任，强化制度执行刚性，推动内控体系优化和提升。

4. 风险评估监测　公司围绕经营业务特点，结合主责主业，围绕战略风险、财务风险、市场风险、运营风险、法律风险等深入开展风险评估工作，按季度形成监测评估成果并上报中国南水北调集团。截至2023年底，共计上报季度风险监测成果、合规管理数据成果8次，编制年度内控体系工作报告、年度重大经营风险预测评估报告4次。

5. 内控风险合规管理信息化建设　公司结合部门职责及业务开展特点，从提升工作质效的角度出发，在OA办公系统中将内控风险合规管理要求和防控措施嵌入工作流程，通过信息化的方式，对关键节点开展风险合规在线审查。借助江汉水网公司数字孪生平台，在数字建管系统设立合规管理模块，将合规制度、典型案例、合规培训、预警信息纳入信息系统，对重点领域、关键节点进行实时动态监测。数字建管系统中合同执行情况节点与经营管理部合同结算、投资管理节点相连通，数据实时共享，已实现通过数字建管系统对合同履行情

况进行动态监测、对超合同额结算进行提示预警的功能。（董平）

【合同归口管理】 为规范合同管理，有效防范合同风险，2022 年 9 月，江汉水网公司印发《合同管理办法》，按照分级分类管理原则，协同推进合同基础管理与专业管理，建立合同归口管理和专业管理工作机制，采取以合同事前防范、事中控制为主，以事后应对处理为辅的合同管理方式。办法明确审计部（法律事务部）是合同归口管理部门，负责合同管理的指导、监督、检查、法律合规审查等工作，对合同条款法律风险等方面提出法律意见和建议，预防合同纠纷的发生，维护公司合法权益。审计部（法律事务部）于 2022 年进行合同法律合规审核 120 份，于 2023 年进行合同法律合规审核 135 份，并结合管理情况将合同联签审核嵌入 OA 办公系统，将合同基本执行情况统计台账融入数字监管系统，以线上审核联签的方式提升合同基础管理工作质效。（董平）

【法治建设】 江汉水网公司认真落实中国南水北调集团《企业主要负责人履行推进法治建设第一责任人职责实施办法》，始终坚持把法治建设作为“一把手”工程，充分发挥“关键少数”作用。2023 年 7 月，公司成立法治建设领导小组，印发《法治建设领导小组和合规管理委员会工作规则》。公司主要领导组织召开法治建设工作专题会，安排部署、组织推动法治建设工作；定期组织召开党委理论学习中心组学习，将学法活动作为其中一项学习任务，不定期听取法治建设工作情况报告，以“关键少数”示范带动“绝大多数”。

公司不断加强依法治企，强化法治建设组织领导，层层压紧压实责任；推动形成统筹协调，主要负责人亲自抓、分管法治建设领导牵头抓、法务部门具体抓，一级抓一级、层层抓落实的法治建设工作格局。明确分管法治建设领导和法务部门负责人出席或列席董事长办公会、总经理办公会等各类经营决策会议，督促企业主要负责人认真履行法治建设第一责任人职责，不断提升公司依法决策、依法经营管理的能力和水平。

（董平）

专项行动

【管理提升】 江汉水网公司围绕公司高质量发展和引江补汉工程高质量建设任务，对标“三个一流”建设目标，明确 2023 年为公司管理提升年。编制印发《中国南水北调集团江汉水网建设开发有限公司关于印发管理提升活动工作方案的通知》（南水北调江汉综〔2022〕8 号），强化问题导向和成果导向，持续提升思想认识，加强执行能力，健全责任体系，强化协同工作机制，补短板、强弱项，不断提高工作质效，全面促进公司治理和工程管理能力。

2023 年 4 月 13 日，公司成立以主要领导任双组长的管理提升活动领导小组，全面督导管理提升各项工作。按照工作方案，聚焦公司治理和工程建设突出问题，组织各职能部门、各建管部进一步梳理、提炼《管理提升事项任务清单》，确定53方面提升事项，细化制订92条具体提升措施；锚定引江补汉工程初设报批、全面开工建设，做好出口段工程建设，健全公司治理体系，谋划公司发展等重点工作任务，深度融合管理实验室、改革提升、价值创造、成本管理实验室、提质增效、勤俭办企等专项工作安排，大力开展管理提升活动；着重从制度建设、队伍建设、工程管理、科技创新、招标采购、成本管控、数字孪生、内部监督等专业领域全过程深化提升管理能力，不断夯实管理基础，保障公司经营和引江补汉工程高质量发展。

（韩东方）

【管理实验室】 按照《中国南水北调集团有限公司“管理实验室”活动实施方案》（南水北调企管〔2022〕191号）工作部署，江汉水网公司作为“管理实验室”活动试点企业，结合实际印发《中国南水北调集团江汉水网建设开发有限公司“管理实验室”活动工作方案》（南水北调江汉综〔2022〕43号），从基础制度管理完善和管理创新示范建设两方面推进公司治理及工程建设管理水平提升。成立以公司主要领导为组长的“管理实验室”活动领导小组，加强顶层设计，强化过程督导，强抓活动实效。并根据管理创新示范任务目标，同步成立工程建设管理创新示范攻关小组和科技创新管理示范攻关小组，组织专业力量，全力攻克管理难题。

基础管理制度完善包括公司运营管理制度、财务管理制度、人力资源管理制度、风险管理制度、党建和文化建设制度；管理创新示范建设包括工程建设管理和科技创新管理。在此基础上，进一步加压完善公司决策会议审议及领导审批事项清单，编制《建管部运营管理手册》和《南水北调中线引江补汉工程前期工作实施概览》，按照数字孪生总体工作部署，先行开发引江补汉工程数字化建管系统。

根据法人治理和引江补汉工程建设需求，组织制定各类规章制度共162项，内容涵盖公司治理、综合管理、招标采购、绩效考核、财务资产、组织人事、风险控制、法律合规、党建、纪检、工程建设、技术、安全、水环保、信息机电等各个专业领域，实现管理制度全覆盖，满足现阶段公司运转和工程建设管理需要。

工程建设管理创新示范建设以出口段工程建设为试点，围绕“安全工程、精品工程、绿色工程、智慧工程、阳光工程”建设目标，制定建管部管理制度27项，出口段监理单位制定62项、施工单位制定91项，建立了出口段工程建设制度管理体系。建立联管共商机制及重大问题函告（约谈）机制的进度管理规定，推行工程建设激励约束考核及结果应用，推行工程首件认可制，建造智慧工地系统，开展劳动竞赛，严格投资控制，强化党建引领等措施，进一步验证建管模式的科学性、先进性和可行性。

出口段工程实现质量、安全、进度、投资全面受控，工程建设稳步推进。

科技创新管理示范建设围绕提高自主创新能力，深入开展科技攻关，从制度建设、创新体系、管理流程等方面提升管理实效。不断完善科研项目管理体系，编制科研项目管理办法、科技创新体系建设方案、科研项目“揭榜挂帅”实施规定，全面建立健全科技管理规章制度体系，实现科研项目标准化、规范化、流程化管理。推动科研项目落地实施，顺利完成《复杂地质条件下超大直径 TBM 选型、优化及智能掘进系统》科研工作，明确 TBM 主要参数，完成适应性设计。积极推动其他科研项目落地工作，完成《高水头超长有压隧洞水动力特性及水力控制关键技术研究》立项。通过深入开展科技攻关，深化科研成果运用，推动引江补汉工程高质量建设。 （韩东方）

【提质增效】 2022 年 4 月 26 日，按照中国南水北调集团提质增效专项行动要求，江汉水网公司研究制定了《中国南水北调集团江汉水网建设开发有限公司 2022 年提质增效专项行动工作方案》，建立主要负责同志抓总、分管负责同志负责的提质增效工作领导及工作机制，统筹协调指导督促相关工作推进实施。

各部门围绕公司总体经营目标和重点任务清单台账，细化分解目标，扎实推进各项措施，按时保质完成了 2022 年提质增效任务。

2023 年，按照集团提质增效专项行动要求和公司年度重点工作，公司研究制定了《中国南水北调集团江汉水网建设开发有限公司 2023 年提质增效专项行动工作方案》和《2023 年提质增效专项行动重点任务清单台账》。除延续 2022 年制定的提质增效组织机构和工作机制外，对过程管控进行了细化和明确，要求各部门、各单位每季度末 22 日前总结提质增效重点工作开展情况，分析存在的问题，提出推进工作的相关措施，财务资产部汇总编制形成季度工作报告，经公司领导审阅后报集团财务资产部。各部门在共同努力下，较好地完成了 2023 年提质增效工作任务。 （曾宪坤）

【勤俭办企】 2022 年，根据《中国南水北调集团有限公司“艰苦奋斗 勤俭办企”专项行动方案》（南水北调办〔2022〕40 号）工作部署，江汉水网公司结合实际制定公司 2022 年“艰苦奋斗 勤俭办企”专项行动工作方案，从 9 个方面的任务目标，细化到 50 项具体工作举措。强化宣传引导，固牢“紧日子”思想；持续优化健全制度体系，用制度促进节约实效；加强全面预算管理，强化刚性约束；加强用人管理，积极争取社保优惠政策；加强外包管理，规范招标采购；严控管理性费用支出，力争预算节约；践行绿色发展理念，强化集约利用；加强食堂管理，抵制餐饮浪费；加强资金集中管理，提高资金利用效果。统筹公司运营、疫情防控与专项行动各项安排，通过创新工作方法、改进管理流程，定期检查督促进度，探索行之有效的节约模式，不断优化成本管控方法，促进降本节支取得实效。

2023年，根据公司工作部署，结合2022年“艰苦奋斗　勤俭办企”专项行动实施情况和公司管理提升相关工作安排，进一步组织制订2023年“艰苦奋斗　勤俭办企”专项行动任务清单，强化费用支出的源头控制和过程管理，坚决把“钱花在刀刃上”，持续深入开展勤俭节约作风建设。从9个方面任务目标，细化分解到76项具体举措，在资金、预算、人工、招采、合同、三公经费、能源节约、食堂管理等方面持续加大管控力度，强化全面预算管理，加大宣传教育，抵制铺张浪费行为，弘扬艰苦奋斗优良传统，定期督查清单执行情况，不断提升公司经营和工程建设降本增效水平。

（韩东方）

【成本管理实验室】　2022年9月16日，印发《中国南水北调集团江汉水网建设开发有限公司引江补汉工程项目成本管理实验室工作方案》，设置成本管理实验室工作机构，包括领导小组和领导小组办公室。明确了引江补汉工程建设期各阶段、各环节成本管控具体任务；涵盖初设、招采管理等源头管理，设计变更、变更索赔、计量结算、价差管理等过程管理，征迁移民、进度质量安全、合规创优等隐性成本管理，以及项目建管费、工程保险、财务费用和税费等内容，建立了成本管理实验室工作机制。

2023年，引江补汉工程初设批复后，印发文件，明确引江补汉工程成本控制总体目标是不超过初设概算（551.58亿元），按输水工程和汉江影响河段综合整治工程分别制定分年度控制成本目标，年度控制目标后续可结合公司年度投资计划和年度预算目标适时调整。结合引江补汉工程年度工作任务，财务资产部组织编制了2023年和2024年成本管理实验室工作任务清单台账，按照中国南水北调集团要求，按季度对成本管理实验室工作进展情况进行报送。

（曾宪坤）

【价值创造】

1. 建立工作机制，形成工作清单　江汉水网公司高度重视价值创造工作，公司主要领导履行第一责任人责任，亲自部署；公司党委对价值创造行动实施统一领导，分析江汉水网公司面临的新情况、新形势、新问题，研究应对策略和具体工作举措。在中国南水北调集团企业管理部的指导下，根据集团印发的《中国南水北调集团有限公司对标世界一流企业价值创造行动实施方案》，编制完成《中国南水北调集团江汉水网建设开发有限公司对标世界一流企业价值创造行动实施方案》。建立多部门参与的工作推进机制，落实责任，细化分解任务，形成工作任务清单，实行清单式管理，科学有序推进。

2. 及时开展过程评估，确保落地见效　2023年10月，公司组织各职能部门和建管部开展一流企业价值创造行动任务进展及完成情况阶段性自查评估。

以部门为单位，以价值创造行动清单完成情况确认表和成果文件为阶段性自查成果，要求各职能部门和建管部针对自身情况进一步分析当前发现的问题和薄弱环节，进一步完善已完成的成果，加紧安排未完成的任务，动态调整工作措施，优化实施，在计划时间内保质保量完成各项工作，推进价值创造行动取得实质性成效。

3. 创建示范标杆，形成示范效应　公司依托引江补汉工程建设，着力提升管理水平，实现价值创造，以管理实验室为载体，强化顶层设计和过程督导，总结提炼经验，创建示范标杆，提升公司治理水平。根据价值创造行动方案目标，公司成立了工程建设管理创新示范攻关小组和科技创新管理示范攻关小组，组织专业力量，全力攻克管理难题，完善基础管理制度，推进管理创新示范建设。

4. 加强学习培训和宣传引导，营造良好氛围　2023 年 8 月 18 日，公司党委副书记、总经理于涛以“对标世界一流企业的思考”为题为全体干部职工讲授专题党课。2023 年 9 月 8 日，党委理论学习中心组专题学习研讨对标世界一流价值创造相关文件精神。2023 年 9 月 14 日，开展公司发展规划专题培训，同时对照公司印发的价值创造行动实施方案和工作任务清单，宣贯公司价值创造行动的背景、集团的部署和要求、公司实施方案的主要内容及重点工作任务。另外，通过多媒体途径对价值创造相关内容进行专题宣传报道，让价值创造的理念深入人心，营造干事创业的良好氛围。

（詹明玮）

【深化改革提升】

1. 建立工作机制，形成专项方案　江汉水网公司高度重视改革深化提升工作，在中国南水北调集团企业管理部的指导下，依据集团印发实施的《中国南水北调集团有限公司改革深化提升行动实施方案（2023—2025 年）》，结合公司实际情况编制完成《中国南水北调集团江汉水网建设开发有限公司改革深化提升行动实施方案（2023—2025 年）》。建立多部门参与的工作推进机制，落实责任，细化分解任务，形成工作任务清单，实行清单式管理，科学有序推进。

2. 强化责任落实，明确改革目标　公司在印发实施工作方案的同时，建立过程管控工作台账，明确责任部门和完成时限，强化责任落实落地。明确以建设“安全工程、精品工程、绿色工程、智慧工程、阳光工程”为目标，实现引江补汉工程高标准管理、高质量建设、高效率推进。建立健全公司治理体系，构建科学合理的公司规章制度体系，形成职责清晰、协作运转、制衡有效的组织机构和法人治理结构，助推集团打造国际一流跨流域供水工程开发运营集团化企业。

3. 聚焦主责主业，确保实际工作成效　聚焦主责主业，紧盯工程建设重点任务，全力推进工程建设。组织初设和概算修编，对接相关主管部门，顺利获得批复。及早实施施工准备工程，大力推进“百日大干”劳动竞赛活动，工程建设顺利推进。及时分解投资目标、压实责任，2023年全年完成投资29.86亿元，超额完成年度投资计划任务。创新招标模式，采用“一招两采”的方法，同步选择采购了土建施工单位和TBM设备供应单位，为主体工程全面开工建设创造了条件。随着2023年12月30日新进场的7个主体施工标开工令的下达，引江补汉工程进入全面施工阶段，如期实现了主体工程年内全面开工建设的目标。

4. 依托出口段工程，探索创新管理模式　按照集团“管理实验室”活动试点工作安排，公司编制工作方案，成立攻关小组，聚焦管理突出问题，以制度建设为主线，结合管理提升年活动，持续创新管理机制。通过在出口段工程设立“试验田”进行充分的实践检验，打造标杆建设“样板工程”，从管理制度、管理机制、建管模式、科技攻关等方面着力提升工程建设管理水平，出口段工程质量、安全、进度、投资持续受控。及时总结创新成果并在工程全线推广应用，形成《南水北调引江补汉出口段工程标杆建设管理创新》材料，积极申报全国企业管理现代化创新成果。

5. 完善法人治理结构，提升公司治理水平　进一步完善公司法人治理结构，深化价值创造行动，强化企业精益经营，持续提升发展质量效益。印发实施江汉水网公司《一流工程建设实施清单》《一流企业建设实施清单》和《一流品牌建设工作清单》，厘清一流建设标准和要求，制定实施路径，明确节点目标，助推公司“三个一流”建设，稳步提升公司现代化治理水平，着力推进企业改革发展的进程。　（詹明玮）

十、党群工作和企业文化建设

思想政治建设

【强化党的创新理论武装】

1. 引江补汉工程项目法人筹备组专题学习研讨党的十九届六中全会精神　2021年11月19日，引江补汉工程项目法人筹备组组长高必华主持召开党的十九届六中全会精神专题学习会议。会议强调，要深刻领会党百年奋斗的宝贵历史经验。将学习贯彻党的十九届六中全会精神作为筹备组当前和今后一段时期的重大政治任务，与学习贯彻习近平总书记“七一”重要讲话精神和党史学习教育结合起来，与学习贯彻习近平总书记“节水优先、空间均衡、系统治理、两手发力”治水思路结合起来，特别要与习近平总书记提出的“南水北调工程事关战略全局，事关长远发展，事关人民福祉”的重要指示结合起来，找准目标定位与发展方向，加快构建国家水网主骨架、大动脉。要深刻认识引江补汉工程的战略地位。引江补汉工程是南水北调后续工程首个拟开工项目，其开工建设是当前推进南水北调后续工程高质量发展的头等大事，要心怀“国之大者”，切实增强政治责任感和历史使命感，全面推进可研和开工等要件办理，加快项目法人注册工作，全力以赴做好后续工程建设，努力起好头、开好局。

2021年12月16日，引江补汉工程项目法人筹备组组织集中学习，重点围绕党的十九届六中全会精神进行第二次集中学习研讨，筹备组组长高必华主持会议。会议强调，学习贯彻党的十九届六中全会精神是筹备组当前和今后一段时期的重大政治任务，要按照中国南水北调集团党组安排部署，结合工作实际制定学习贯彻实施方案。要着力加强政治引导，营造良好学习氛围，全体党员干部要高度重视，切实增强“四个意识”、坚定“四个自信”、做到“两个维护”，把思想和行动统一到全会精神上来，力求做到学思结合求深化、学悟结合促消化、学用结合促转化。

2. 制定党委理论学习中心组学习制度　根据《中国共产党章程》《关于新形势下党内政治生活的若干准则》《中国共产党党委（党组）理论学习中心组学习规则》等有关党内法规和《中共中国南水北调集团有限公司党组理论学习中心组学习制度》，2022年6月2日，公司党委制定印发《中国南水北调集团江汉水网建设开发有限公司党委理论学习中心组学习制度》（南水北调江汉党〔2022〕22号），明确“总则”“组织与职责”“学习内容、形式与要求”“学习管理”“附则”5方面内容。

3. 制订党委理论学习中心组学习计划　2022年6月14日，公司党委印发《中国南水北调集团江汉水网建设开发有限公司党委理论学习中心组2022年理论学习计划》（南水北调江汉党〔2022〕33号）。全年共组织集中学习12次，研讨发言52人次。重点学习领会构建国家水网核心要义、精神实质和实践要求，深化对国资央企使命任务和国有企业改革规律的认识，在高质量推进引江补汉工程建设实践中，同步谋划公司发展。2023年2月4日，公司党委向集团党组上报《中国南水北调集团江汉水网建设开发有限公司党委关于2022年党委理论学习中心组学习情况的报告》（南水北调江汉党〔2023〕10号）。

2023年3月31日，公司党委印发《中国南水北调集团江汉水网建设开发有限公司党委理论学习中心组2023年理论学习计划》（南水北调江汉党〔2023〕25号），组织召开集中学习12次，研讨发言69人次。组织开展“寻访红色足迹　弘扬革命精神”主题党日活动，邀请资深律师开展合规管理专题讲座，聚焦党内政治生活、全国两会、主题教育、安全生产等开展专题学习研讨。

4. 深入学习宣传贯彻党的二十大精神　2022年10月16日，公司党委组织领导班子和各部门、各单位主要负责人集中收看党的二十大开幕会盛况，并进行交流研讨，全体党员干部职工通过多种形式收听收看党的二十大实况报道。公司党委制定印发《中共中国南水北调集团江汉水网建设开发有限公司委员会关于深入学习宣传贯彻党的二十大精神的通知》（南水北调江汉党〔2022〕84号），统一部署专题学习。其中，公司党委理论学习中心组分别举办3期党的二十大精神专题学习读书班，按照“坚持全面准确，深入理解内涵，精准把握外延”的要求，原原本本、逐字逐句研读党的二十大报告和党章。2022年11月10日，公司党委书记高必华带头作《全面学习贯彻党的二十大精神　奋力开创南水北调后续工程高质量发展新局面》辅导报告，党委委员带头集中开展党的二十大精神宣讲，紧密联系党员干部群众思想和工作实际，把党的二十大精神实质讲清楚，把与南水北调事业紧密联系的部署讲明白，把贯彻落实党的二十大精神的具体实践讲透彻。（刘知伦）

【学习贯彻习近平新时代中国特色社会主义思想主题教育】

1. 召开学习贯彻习近平新时代中国特色社会主义思想主题教育动员部署大会　2023年4月21日，江汉水网公司召开学习贯彻习近平新时代中国特色社会主义思想主题教育动员大会，贯彻落实中国南水北调集团主题教育动员大会精神，对公司开展主题教育进行动员部署。公司党委书记、董事长、主题教育领导小组组长高必华作动员讲话，党委副书记、主题教育领导小组副组长贾志营主持会议，党委委员出席会议，全体干部职工参加会议。会议要求，坚持“学思想、强党性、重实践、建新功”的总要求，要全面贯彻党的二十大精神，聚焦主责主业，牢记初心使命，把主题教育同工程建设有机融合、一体推进，把习近平新时代中国特色社会主义思想转化为坚定理想、锤炼党性和指导实践、推动工作的强大力量，多措并举扎实推进理论学习、调查研究、推动发展、检视整改、建章立制各方面工作，打开全线开工建设的新局面。

2. 制定深入开展学习贯彻习近平新时代中国特色社会主义思想主题教育实施方案　2023年4月24日，公司党委制定印发《中共中国南水北调集团江汉水网建设开发有限公司委员会深入开展学习贯彻习近平新时代中国特色社会主义思想主题教育实施方案》（南水北调江汉党〔2023〕30号），明确学习贯彻主题教育总体要求、工作安排、组织实施和重点工作清单等内容。9月28日，公司党委制定印发《中国南水北调集团江汉水网建设开发有限公司第二批学习贯彻习近平新时代中国特色社会主义思想主题教育工作方案》（南水北调江汉党〔2023〕90号），对第二批主题教育开展的范围、内容、要求等进行了明确。10月11日至11月13日，建管一部、二部、三部党支部分别制定印发主题教育实施方案，按要求开展第二批主题教育。

3. 组织系列专题学习研讨　2023年4月23日至5月19日，公司党委分3期举办为期一周的主题教育专题读书班，由党委班子成员带头领学，深入学习习近平新时代中国特色社会主义思想和习近平总书记关于治水特别是关于南水北调和国家水网的重要讲话重要指示批示精神，深刻领悟“两个确立”的决定性意义，坚决做到“两个维护”，学习贯穿其中的立场观点方法，切实用以武装头脑、指导实践。

制定公司党委学习贯彻习近平新时代中国特色社会主义思想主题教育学习安排，2023年7月21日至8月17日，党委理论学习中心组分“以学铸魂”“以学增智”“以学正风”“以学促干”4个专题开展专题学习研讨，每次学习至少安排3人重点发言，交流分享1～2个前期调研成果，提高学习的针对性与实效性。

4. 党委委员讲学习贯彻习近平新时代中国特色社会主义思想主题教育专题党课　2023年7月20日，江汉水网公司党委书记、董事长、主题教育领导小组组长高必华以“感悟思想伟力　凝聚奋进力量　为推进南水北调后续工程高质量发展建新功”为题，讲授学习贯彻习近平新时代中国特色社会主义思想主题教育专题党课，公司党委委员出席，全体干部职工参加学习。党委委员分别到所在或联系党支部讲授专题党课，引导党员干部深刻领悟习近平新时代中国特色社会主义思想的真理力量和实践伟力，深刻认识在中国式现代化新征程中确保国家水安全的崇高使命和重大责任。

5. 推进"我为群众办实事"常态化长效化 组织各职能部门、各建管部申报"我为群众办实事"实际活动项目，2023年4月10日，公司党委制定印发《中国南水北调集团江汉水网建设开发有限公司2023年"我为群众办实事"实际活动项目清单》（南水北调江汉党〔2023〕28号），突出以履行国资央企"三个责任"为使命办实事、解民忧，抓好引江补汉工程征迁移民搬迁安置等重点工作。

6. 大兴调查研究 认真落实中央《关于在全党大兴调查研究的工作方案》要求，结合集团第二次解放思想大调研，2023年6月25日，公司党委制定印发《中共中国南水北调集团江汉水网建设开发有限公司委员会大兴调查研究 推动高质量发展实施方案》（南水北调江汉党〔2023〕46号），梳理形成对内和对外两个层面14项调研课题，围绕引江补汉工程建设和公司高质量发展存在的突出问题，结合工程技术、建设管理、TBM研究、信息化建设、征迁移民、思想动态等开展调查研究，归纳梳理工作清单和成果清单。

7. 组织召开专题民主生活会 2023年8月31日，公司党委召开学习贯彻习近平新时代中国特色社会主义思想主题教育暨巡视整改专题民主生活会。党委书记、董事长高必华主持，党委班子成员参加，集团党组巡视办、组织人事部及纪检监察组派员通过视频会议指导。会议通报了会前准备情况。高必华代表公司党委班子作对照检查并带头作个人对照检查。班子成员逐一对照检查，其他同志提出批评意见。2023年9月13日，公司党委印发《中共中国南水北调集团江汉水网建设开发有限公司委员会关于主题教育暨巡视整改专题民主生活会情况的报告》（南水北调江汉党〔2023〕71号），将专题民主生活会召开情况上报集团党组。（刘知伦）

【意识形态工作】 2022年8月31日，江汉水网公司党委书记、董事长高必华主持召开江汉水网公司党委意识形态工作专题会议，传达学习习近平总书记在全国宣传思想工作会议上的重要讲话精神，学习《党委（党组）网络意识形态工作责任制实施细则》等文件，审议通过《江汉水网公司党委意识形态工作责任制实施细则（试行）》。2022年9月14日，公司党委正式印发《中国南水北调集团江汉水网建设开发有限公司党委意识形态工作责任制实施细则》（南水北调江汉党〔2022〕69号），明确了"总则""职责分工""主要内容""制度保障""责任追究""附则"6项内容。

2022年12月8日，公司党委书记、董事长高必华主持召开公司党委思想政治暨意识形态工作专题会。学习《建设具有强大凝聚力和引领力的社会主义意识形态》《新时代党的宣传思想工作的根本遵循》《关于在统筹疫情防控和企业经营发展中加强思想政治工作的通知》等内容，会议听取了党委副书记贾志营同志作的《江汉水网公司2022年度干部职工思想动态调查分析报告》。会议要求，要深刻认识意识形态工作的极端重要性，牢牢把握意识形态工作的根本要求，切实扛起意识形态工作的主体责任，在中国南水北调集团党组的坚强领导下，时刻把意识形态工作扛在肩上、抓在手上，以高度的自觉、强扎实的作风，勇于担当、善于担当，抓实抓牢意识形态工作，为高质量建设引江补汉工程筑牢团结奋进共同思想基础。

2022年12月26日，公司党委向集团党组上报《中国南水北调集团江汉水网建设开发有限公司党委关于2022年意识形态工作情况的报告》（南水北调江汉党〔2022〕93号）。

2023年6月30日，公司党委书记、董事长高必华主持召开公司党委2023年上半年思想政治暨意识形态工作专题会议，传达学习习近平总书记关于思想政治和意识形态工作的重要论述精神，分析研判当时思想政治和意识形态形势任务，研究部署安排相关工作。会议要求，要进一步强化思想政治建设，压实工作责任，强化阵地管理，强化宣传思想工作机制建设，加强干部人才队伍建设，把思想政治和意识形态工作重点任务落实到实际工作中，确保下半年各项工作取得实实在在的成效。

2023年9月11日，公司党委向集团党组上报《中国南水北调集团江汉水网建设开发有限公司党委关于2023年上半年意识形态工作情况的报告》（南水北调江汉党〔2023〕70号）。

2023年12月7日，公司党委书记、董事长高必华主持召开公司党委2023年下半年思想政治暨意识形态工作专题会议。传达学习习近平总书记对宣传思想文化工作、网络安全和信息化工作的重要指示精神，听取《关于建管一部、二部、三部干部职工思想动态调查分析的报告》，总结过去一年的思想政治和意识形态工作，研究部署下一步工作安排。会议要求，要坚持用习近平新时代中国特色社会主义思想凝心铸魂，坚持加强和改进企业思想政治工作，加强党对意识形态工作的全面领导，统筹推进企业文化和竞赛文明建设，从严从实、抓紧抓好思想政治和意识形态工作，确保引江补汉工程建设目标不动摇，全力推进南水北调后续工程高质量发展。

2023年12月21日，公司党委向集团党组上报《中国南水北调集团江汉水网建设开发有限公司党委关于2023年意识形态工作情况的报告》（南水北调江汉党〔2023〕125号）。（刘知伦）

组织建设和统战工作

【组织建设】

1. 引江补汉工程项目法人筹备组召开党史学习教育专题民主生活会 2022年1月24日，筹备组召开党史学习教育专题民主生活会筹备组组长高必华主持，筹备组班子成员参加，中国南水北调集团党组巡视办副主任周鹏飞通过视频形式督导，筹备组班子共查摆出15项问题。2022年2月10日，筹备组向集团党组上报《引江补汉工程项目法人筹备组关于党史学习教育专题民主生活会情况的报告》（引江补汉党〔2022〕4号）。

2. 成立公司党委、纪委　经集团直属党委批准，2022年4月19日，江汉水网公司在武汉召开党员大会，选举产生公司第一届委员会和纪律检查委员会。4月25日，集团直属党委印发《关于中共中国南水北调集团江汉水网建设开发有限公司委员会和纪律检查委员会选举结果的批复》（南水北调直属党〔2022〕51号）。

3. 成立基层党组织　2022年6月17日，公司党委印发《中共中国南水北调集团江汉水网建设开发有限公司委员会关于成立党支部的通知》（南水北调江汉党〔2022〕24号），成立7个党支部、14个党小组，公司基层党组织体系逐步健全优化，政治功能和组织力持续增强。

2023年7月7日，公司党委印发《关于同意中国南水北调集团江汉水网建设开发有限公司引江补汉工程建设管理一部党支部选举结果的批复》（南水北调江汉党〔2023〕47号）、《关于同意中国南水北调集团江汉水网建设开发有限公司引江补汉工程建设管理二部党支部选举结果的批复》（南水北调江汉党〔2023〕48号）。8月21日，公司党委印发《中国南水北调集团江汉水网建设开发有限公司党委关于印发调整党支部设置工作方案的通知》（南水北调江汉党〔2023〕61号），以职能部门、建管部为单位分别成立15个党支部，公司基层党组织体系进一步优化。

4. 发挥基层党组织战斗堡垒作用和党员先锋模范作用　2023年8月22日，公司党委印发《中共中国南水北调集团江汉水网建设开发有限公司委员会关于印发开展“党员示范岗”“党员责任区”“党员先锋队”创建活动实施方案的通知》（南水北调江汉党〔2023〕64号），部署开展“党员示范岗”“党员责任区”“党员先锋队”创建活动。2023年12月12日，公司党委印发《中共中国南水北调集团江汉水网建设开发有限公司委员会关于印发“党员示范岗”“党员责任区”“党员先锋队”创建名单的通知》（南水北调江汉党〔2023〕122号），率先在工程建设一线设立26个“党员示范岗”、9个“党员责任区”、3支“党员先锋队”，进一步强化党建引领，引导公司广大党员立足本职岗位，锐意进取、攻坚克难。

5. 推动党建与业务工作深度融合　2022年7月22日，公司党委印发《关于转发开展“党建＋”工程推动党建与业务工作深度融合实施方案的通知》（南水北调江汉党〔2022〕59号），各党支部聚焦公司组建、可研批复、工程开工、初设编制等重点工作，明确8项“党建＋”工程，构建以党建为引领、统筹推进各项工作的机制，推动党建工作与中心工作深度融合。

2023年8月22日，公司党委印发《中共中国南水北调集团江汉水网建设开发有限公司委员会关于印发开展“党建＋一流工程”推进党建与业务工作深度融合实施方案的通知》（南水北调江汉党〔2023〕63号），充分总结经验做法，结合公司实际，指导各党支部聚焦重点工作，明确16项“党建+一流工程”项目，推动党建与工程建设深度融合、相互促进，全面激发党组织活力，促进引江补汉工程高标准高质量建设。

6. 明确公司领导党建工作联系点 根据《中国共产党章程》《关于新形势下党内政治生活的若干准则》《中国南水北调集团公司党员领导干部党建工作联系点实施办法》等有关规定，2022年7月11日，公司党委印发《公司党委委员党建工作联系点的通知》（南水北调江汉党〔2022〕53号），结合公司工作实际和党支部设置情况，2023年10月12日，公司党委印发《公司领导党建工作联系点的通知》（南水北调江汉党〔2023〕105号）。

（刘知伦）

【统战工作】 江汉水网公司党委认真学习中央统战工作会议精神，坚持以习近平新时代中国特色社会主义思想为指导，认真贯彻落实《中国共产党统一战线工作条例（试行）》和中国南水北调集团工作部署，团结凝聚广大统战人士，为推动南水北调后续工程高质量发展作出积极贡献。根据《关于做好集团公司统战工作信息统计工作的通知》要求，按照统一战线工作范围，对公司人员情况进行摸底，分类建立人员台账。

（刘知伦）

精神文明和企业文化建设

【精神文明建设】 2023年4月4日，江汉水网公司党委理论学习中心组赴红安红色革命根据地开展“寻访红色足迹，弘扬革命精神”主题党日活动。公司党委班子成员，各党支部书记参加活动。此次活动引导广大党员干部深切感受到红色政权来之不易、新中国来之不易、中国特色社会主义来之不易，应牢记红色革命历史，继承先烈革命传统，发扬爱党爱国精神，进一步坚定信念、铭记使命、踔厉奋发、勇毅前行。

公司积极沟通对接地方文明单位创建事宜，积极参与地方新时代文明实践活动，结合“世界水日”“中国水周”开展“警校企合作共建　携手共护水源”志愿服务活动；实地走访慰问引江补汉工程建设移民家庭，关心关爱搬迁征迁家庭儿童生活。

开展“光盘行动”志愿服务活动，深入贯彻落实习近平总书记关于艰苦奋斗、勤俭节约、反对浪费等重要指示批示和重要讲话精神，落实公司“艰苦奋斗　勤俭办企”专项行动方案，以党支部为单位开展志愿服务活动，引导全体干部职工科学用餐，发挥良好示范作用，增强节约意识。

（刘知伦）

【企业文化建设】 江汉水网公司党委认真学习贯彻中国南水北调集团《企业文化建设专项规划》，2023年9月25日印发《中国南水北调集团江汉水网建设开发有限公司企业文化建设实施方案》（南水北调江汉党〔2023〕89号），明确了公司企业文化建设的指导思想、工作原则、构建内容、重点任务实施步骤、保障措施5方面内容，一体推进相关工作

开展，使广大干部职工团结在企业的核心价值观和发展愿景之下，增强公司凝聚力、向心力。（刘知伦）

党风廉政建设

【学习贯彻十九届中央纪委六次全会精神】2022年2月17日，引江补汉工程项目法人筹备组召开党风廉政建设专题学习会议，筹备组组长高必华主持，筹备组全体党员参加。会议集中学习习近平总书记在十九届中央纪委六次全会上的重要讲话、十九届中央纪委六次全会会议公报，传达学习中国南水北调集团党组书记、董事长蒋旭光，党组成员、纪检监察组组长张凯在集团2022年党风廉政建设和反腐败工作会议上的讲话，传达集团纪检监察组副组长周晓永在筹备组调研座谈会上的讲话。会议要求，要认真学习贯彻中央纪委六次全会精神，清醒认识拒腐防变的形势和要求，坚决把全面从严治党向纵深推进，确保“三个安全”。加强对党员干部的权力监督，以彻底的自我革命精神，持之以恒正风肃纪，以党内监督带动促进其他监督。聚焦“两个维护”，聚焦党中央重大决策部署，深化政治监督，推动政治监督具体化常态化。以监督保障后续工程高质量发展为立足点，积极探索工程建设领域纪律监督的有效方式方法，构建协作联动、合作共赢的多维监督体系，营造风清气正、干事创业的良好氛围。

（刘知伦）

【落实全面从严治党主体责任】

1. 制定全面从严治党主体责任清单　2022年7月11日，江汉水网公司党委制定印发《中国南水北调集团江汉水网建设开发有限公司党委落实全面从严治党主体责任2022年重点任务清单》（南水北调江汉党〔2022〕52号），明确7方面35项年度重点工作。8月2日，公司党委制定印发《中共中国南水北调集团江汉水网建设开发有限公司委员会落实全面从严治党主体责任清单》（南水北调江汉党〔2022〕63号），把全面从严治党要求向基层延伸。2023年2月10日，公司党委向中国南水北调集团党组上报《中国南水北调集团江汉水网建设开发有限公司党委关于2022年度落实全面从严治党主体责任情况的报告》（南水北调江汉党〔2023〕15号）。

2023年5月31日，公司党委制定印发《中共中国南水北调集团江汉水网建设开发有限公司委员会落实全面从严治党主体责任2023年重点任务清单》（南水北调江汉党〔2023〕37号），明确7方面51项年度重点工作。2024年1月12日，公司党委向集团党组上报《中共中国南水北调集团江汉水网建设开发有限公司委员会2023年落实全面从严治党及党风廉政建设主体责任情况报告》（南水北调江汉党〔2024〕5号）。

2. 召开全面从严治党专题会议　2022年6月30日，公司党委书记、董事长高必华主持召开公司党委全面从严治党专题会议。会议传达学习习近平总书记在中央政治局第四十次集体学习时重要讲话精神、《中国共产党纪律检查委员会工作条例》及集团有关会议、文件要求，审议通过《中国南水北调集团江汉水网建设开发有限公司党委贯彻落实全面从严治党主体责任2022年重点任务清单》。会议要求，要认真学习贯彻习近平总书记重要讲话精神，进一步加深对新形势下党风廉政建设和反腐败斗争的认识，提高一体推进不敢腐、不能腐、不想腐能力和水平。

2023年2月1日，公司党委书记、董事长高必华主持召开公司党委全面从严治党专题会议。会议传达学习习近平总书记在二十届中央纪委二次全会上重要讲话精神，党委委员分别作“一岗双责”履职情况报告，公司党委书记、董事长高必华总结2022年全面从严治党工作情况，安排部署2023年工作。

2023年5月25日，公司党委书记、董事长高必华主持召开公司党委全面从严治党专题会议。会议传达学习《全面从严治党是新时代党的自我革命的伟大实践》《中国共产党处分违纪党员批准权限和程序规定》《信访工作条例》及集团有关文件要求，审议通过《中国南水北调集团江汉水网建设开发有限公司党委贯彻落实全面从严治党主体责任2023年重点任务清单》，听取公司党委第二次专项检查发现问题整改及2023年党委与纪委第一次专题会商会议清单落实情况“回头看”的报告。会议强调，要对照全面从严治党新形势新要求，结合集团纪检监察组检查、党组巡视、工程投资审计等发现的问题，深刻分析存在的差距和不足；提出要坚定不移推进全面从严治党、推进党的自我革命，引领和保障江汉水网事业发展和引江补汉工程建设行稳致远。

3. 召开公司党委与纪委专题会商会议　2022年11月17日，公司党委召开2022年党委与纪委第一次专题会商会议，公司党委全体委员及纪委委员参加会议。会议听取了公司纪委《关于落实全面从严治党主体责任及中央八项规定精神的建议》的汇报，公司党委委员围绕纪委建议依次进行了发言，公司党委书记、董事长高必华同志对全面从严治党工作提出了要求、作出了部署。根据会议精神，将有关要求、建议梳理形成《公司党委落实全面从严治党主体责任及中央八项规定精神专题会商会议任务清单》，推动整改落实。

2023年3月10日，公司党委召开2023年公司党委与纪委第一次专题会商会议。会议由公司党委副书记贾志营主持，公司党委领导班子成员、公司高管及公司纪委委员、有关负责同志参加会议。会议通报了2022年公司党委与纪委第一次专题会商会议任务清单落实情况、公司党委第二次专项检查情况，以及引江补汉工程出口段工程建设管理联合监督检查情况，公司纪委书记王志文同志代表纪委向公司党委提出工作建议，公司党委领导班子成员及高管围绕建议依次进行了发言。公司党委书记、董事长高必华同志对全面从严治党、工程建设管理等工作提出明确要求，作出安排部署。根据会议精神，将有关要求、建议梳理形成《2023年公司党委与纪委第一次专题会商会议任务清单》（南水北调江汉党〔2023〕19号），推动整改落实。

2023年12月13日，公司党委召开2023年第二次与纪委专题会商会议。会议由公司党委副书记、总经理于涛同志主持，公司党委领导班子成员、纪委委员及各职能部门、建管部有关负责同志参加会议。会议通报了引江补汉工程建设联合监督检查情况，公司党委委员、纪委书记王志文同志代表纪委向党委提出纪检工作建议，公司领导班子依次进行了发言，公司党委书记、董事长高必华同志就落实本次会议精神提出了工作要求。根据会议精神，将有关要求、建议梳理形成《2023年公司党委与纪委第二次专题会商会议任务清单》（南水北调江汉党〔2024〕4号），推动整改落实。

4. 召开法治建设暨党内法规执行工作专题会议　2022年12月30日，公司党委副书记贾志营主持召开法治建设暨党内法规执行工作专题会议。会议深入学习贯彻习近平法治思想和《中国共产党党内法规执行责任制规定（试行）》《中央企业主要负责人履行推进法治建设第一责任人职责规定》，听取公司2022年度党内法规执行、制度建设以及法治建设情况。会议要求，要着力增强依规治党和依规治企的自觉性坚定性，要着力强化各项规章制度的系统性科学性实效性，要着力提升党内法规和规章制度的执行力。

2023年12月21日，公司党委书记、董事长高必华主持召开法治建设暨党内法规执行工作专题会议。会议传达学习《关于建立领导干部应知应会党内法规和国家法律清单制度的意见》《中央企业法律纠纷案件管理办法》，听取公司2023年度党内法规执行、制度建设以及法治建设情况，并结合工作实际，对下一步工作提出具体要求。

5. 召开党风廉政建设和反腐败工作会议　2023年2月1日，公司召开2023年党风廉政建设和反腐败工作会议，深入学习贯彻党的二十大精神和二十届中央纪委二次全会精神，贯彻落实集团党风廉政建设和反腐败工作部署，全面总结公司2022年党风廉政建设和反腐败工作，分析形势并对2023年全面从严治党重点任务作出安排。公司党委书记、董事长高必华出席会议并讲话，党委委员、纪委书记王志文总结2022年党风廉政建设和反腐败工作并安排部署2023年工作，党委副书记、总经理于涛主持会议并总结讲话，公司班子成员出席会议。集团纪检监察组，丹江口市纪委监委有关同志视频列席会议。会议要求，要立足公司实际，把握好习近平总书记提出的“三个更加突出”，切实把思想和行动统一到党中央及集团决策部署上来。建立符合规律、切合实际、富有实效的全面从严治党体系，坚定不移推进党风廉政建设和反腐败工作，一刻不停推进全面从严治党，把严的基调、严的措施、严的氛围长期坚持下去，为高质量建设引江补汉工程和高质量发展江汉水网公司提供有力保障。

6. 开展党支部书记抓党建工作述职评议 2023年1月18日，公司党委召开2022年度党支部书记抓基层党建工作述职评议会。公司党委所属7个党支部书记逐一述职，公司党委书记、董事长高必华对各党支部书记述职进行总结点评，党委副书记贾志营主持会议，各部门负责人及党员代表参加评议。会议强调，对照新征程、新任务，对照新时代党的建设总要求，对照集团党组工作部署，要进一步压实党支部书记抓党建工作第一责任人职责，切实把党建和党风廉政建设各项工作抓实抓牢抓到位，不断提升基层党建质量和水平。

7. 开展专项监督检查 根据《关于开展落实全面从严治党主体责任及中央八项规定精神执行情况自查整改工作的通知》（南水北调江汉党〔2022〕64号），公司开展落实全面从严治党主体责任及中央八项规定精神执行情况自查整改工作，根据各职能部门、各建管部自查情况，提出整改建议。2022年12月15日，公司党委印发《关于开展江汉水网公司党委2022年第二次专项检查工作的通知》（南水北调江汉党〔2022〕90号），对全面从严治党和中央八项规定精神落实情况、工程建设管理履职履责、重大安排部署落实执行等情况进行专项检查。根据2023年公司党委与纪委第一次专题会商会议精神，2023年4月6—10日，党群工作部、纪检部会同相关部门组成检查组，对专项监督检查发现问题整改情况开展“回头看”。

（刘知伦）

群团工作

【公司团支部】 经中国南水北调集团团委批准，2023年3月31日，江汉水网公司在武汉召开团员大会，公司党委副书记贾志营出席会议并讲话，大会按程序选举产生了共青团江汉水网公司第一届支部委员会委员。2023年4月17日，集团团委印发《关于中国南水北调集团江汉水网建设开发有限公司第一届团支部委员会选举结果的批复》。

（刘知伦）

【公司工会】 经中国南水北调集团直属党委批准，2023年9月15日，江汉水网公司在武汉召开第一次会员代表大会，集团党组副书记、工会主席于合群出席指导，公司党委副书记、总经理于涛，党委副书记贾志营参加会议。大会按程序选举产生了公司第一届工会委员会和经费审查委员会，提名产生女职工委员。2023年9月25日，集团工会印发《关于同意中国南水北调集团江汉水网建设开发有限公司工会会员大会选举结果的批复》（南水北调工〔2023〕5号）。

（刘知伦）

【文体活动】 江汉水网公司积极组织开展各类文体活动。开展迎新春职工文体娱乐活动，活动精心设计游戏项目，营造欢乐、祥和的节日氛围；开展春季及庆元旦等系列健步走活动；成功举办第一届“江汉水网杯”篮球赛；组织参加

集团乒乓球比赛、“水网杯”职工运动会、职工书画摄影作品展等活动，进一步提升公司凝聚力、向心力。（刘知伦）

【职工权益保障】 江汉水网公司持续抓好节假日、生日、住院、婚丧嫁娶等日常慰问工作，召开“三八”妇女节谈心座谈会，发放端午节、中秋节等“三节”慰问品。组织召开职工代表会议，审议《薪酬管理办法》等涉及干部职工切身利益制度办法，充分发挥工会组织作用，切实保障干部职工合法权益。

（刘知伦）

【青年活动】 2023 年 5 月 4 日，江汉水网公司以深入学习贯彻习近平新时代中国特色社会主义思想和党的二十大精神为主线，举办“青春心向党，建功新时代”主题演讲比赛。7 月 13—14 日，公司团支部赴建管一部组织开展“聆听水利人初心故事　传承新时代水利精神”主题团日活动暨青年员工交流座谈会。公司党委副书记贾志营出席活动，并围绕“大地为布　思想为笔　以水为墨　绘就中华民族伟大复兴水网蓝图”主题讲授专题党课，引导广大青年奋勇争先、建功立业。

2023 年 10 月 31 日，根据中国南水北调集团团委安排部署，制定印发《关于面向中国南水北调集团江汉水网建设开发有限公司团员和青年开展学习贯彻习近平新时代中国特色社会主义思想主题教育工作方案》，组织公司团员和青年深入开展主题教育。

2023 年 11 月 12—16 日，公司团支部组织开展青年思想动态调研，围绕青年工作和生活的状态，深入了解掌握青年员工在职业发展、公司认同、生活状况等方面的真实想法和实际困难，为公司制定更加合理的人力资源政策提供参考。

（刘知伦）

十一、检查监督

纪检工作

【组织建设】 2022年4月19日，江汉水网公司召开党员代表大会暨党委成立大会，选举产生公司第一届纪委。同日，江汉水网公司纪委召开第一次全体会议，选举王志文为公司纪委书记。

2022年5月初，江汉水网公司将9个业务组调整为11个，单独成立纪检组；5月底，公司根据批复的《中国南水北调集团江汉水网建设开发有限公司组织机构、职能配置及人员编制方案》，正式设立了纪检部，部门人员编制为8人，部门内设纪检一处、纪检二处。

2022年6月24日，江汉水网公司成立7个党支部，且均设置纪检委员。

2023年9月26日，江汉水网公司党委将原有的7个党支部调整为由各职能部门、各建管部单独组成的15个党支部，其中，公司本部2个党支部、建管部3个党支部设置纪检委员，其他党支部设置纪检联络员。截至2023年12月31日，江汉水网公司专职纪检干部有4人，兼职纪检干部有8人（其中纪委委员3人、纪检委员5人）。 （赵阳阳）

【制度建设】 2022年，按照保障运行、急用先行的原则，江汉水网公司纪委研究确定纪检监督制度制定计划表，先后制订印发《中国南水北调集团江汉水网建设开发有限公司党风廉政建设和反腐败工作协调小组工作规则（试行）》（南水北调江汉党〔2022〕18号）、《中共中国南水北调集团江汉水网建设开发有限公司纪律检查委员会工作规则》（南水北调江汉党〔2022〕19号）等11项制度，公司纪委建章立制工作基本完成。

2023年，江汉水网公司纪委持续完善制度建设，印发《关于进一步加强基层纪律检查工作的意见》（南水北调江汉纪〔2023〕12号），建立纪检委员半年约谈机制，促进基层纪检干部发挥“前哨”作用。 （赵阳阳）

【机制建设】 江汉水网公司纪委成立后，明确了公司纪委领导体系、组织机构、工作职责，以及监督检查、执纪审查、问责、纪律教育等工作要求，细化纪检部门职责和各项工作任务；成立公司党风廉政建设和反腐败工作协调小组，明确工作职责和工作机制；与湖北省纪委监委、长江委纪检组、引江补汉工程沿线县（市、区）和各参建单位建立廉洁共建工作体系。

（赵阳阳）

【监督工作】

1. 政治监督　2022年，江汉水网公司纪委从干部履职履责、落实执行、安全生产、征迁移民、疫情防控等多个维度，通过提醒谈话、调阅资料、现场监督检查、视频飞检等方式，提出问题和整改建议，为如期完成引江补汉工程重大建设节点的目标提供了纪律保障。以监督推进征迁移民，落实征迁移民履约行为，选派纪检干部参加与丹江口市人民政府就引江补汉工程输水总干渠出口段征迁移民包干协议谈判；对接丹江口市纪委监委，推动征迁移民实施主体纪检监察机关印发《丹江口市纪委监委关于严明引江补汉工程输水总干渠出口段土地征迁工作纪律的通知》，以严明纪律为引江补汉工程项目建设顺利推进保驾护航。

2023年，围绕引江补汉工程建设，2月8—10日，由中国南水北调集团纪检监察组牵头，江汉水网公司纪委联合丹江口市纪委监委组成联合监督检查组，对引江补汉出口段参建各单位工程建设、征迁移民资金使用、廉洁共建等方面开展了监督检查；11月20—24日，公司纪委联合长江委机关纪委，引江补汉工程沿线县（区）纪委监委及公司特聘专家组成监督检查组，对引江补汉工程前期施工准备工程和出口段工程的建管、设计、监理、施工等单位开展联合监督检查。

2023年，江汉水网公司纪委协助公司党委健全完善“第一议题”贯彻学习机制，推动做好巡视“后半篇”文章，协助公司党委制订落实集团公司党组巡视反馈意见整改方案，建立任务清单，明确整改措施、整改责任、整改时限。认真履行整改监督责任，加强日常跟踪督办、开展监督检查，有针对性提出工作建议，督促巡视整改任务落实。

2. 日常监督

（1）健全日常监督体系。2022年，江汉水网公司设置监督举报信箱、举报电话等，初步建立公司信访举报渠道；2023年，进一步完善公司信访举报渠道，完成公司网站举报平台建设，及时督促参建各单位设置监督员公示牌，打通信、访、网、电等信访举报渠道。制订纪检监督、巡查监督与审计监督贯通协同措施；指导建管一部、二部健全监督体系，同步设置纪检委员，建立廉洁共建监督体系。

（2）督促主体责任落实。2022年8月，江汉水网公司纪委协助公司党委开展落实全面从严治党主体责任及中央“八项规定”精神执行情况自查整改工作监督检查。2022年12月，公司纪委协助公司党委重点围绕全面从严治党、中央“八项规定”精神落实及工程建设管理履职履责、重大安排部署落实执行和问题整改等情况开展专项监督检查工作。2023年，协助公司党委组织开展1次全面从严治党监督检查，对苗头性、倾向性问题及时约谈提醒，对发现的问题督促立行立改。

（3）强化招标工作监督。2022 年，提前梳理招标工作中的风险点，查阅其他央企在招标中可采用的纪检监督措施和机制，制订监督方案，对招标全过程进行再监督。及时跟踪公司和筹备组期间存量合同的专项内部审计，督促对检查发现的问题进行整改。2023 年，聚焦招标采购风险点，督促开展招标“双盲演练”、清标复盘，并在关键环节，及时跟进监督；抽查公司招标采购项目，找出薄弱环节，提出意见建议，有效防范风险。

（4）加强选人用人监督。对江汉水网公司校园招聘、干部选调、选拔任用等工作进行监督。严格按相关规定做好党风廉政意见回复工作，2022 年完成 50 余人次党风廉政意见回复，2023 年完成 130 余人次党风廉政意见回复。

（5）开展调研促进日常监督。2023 年 5 月 31 日至 6 月 2 日，江汉水网公司党委委员、纪委书记王志文以“开展有效监督，防范工程建设廉政风险”为主题，赴建管一部、二部开展监督调研，并就防范工程建设廉政风险，对建管部干部职工提出工作要求及建议。

（赵阳阳）

【作风建设】

1. 廉政教育　2022 年，在引江补汉工程开工前，江汉水网公司纪委组织各部门、各建管部根据中国南水北调集团纪检监察组通报查处的违纪违法案例和警示教育会议精神，开展警示教育专题会，增强震慑，查找廉政风险点，研究防范措施。对新入职员工开展廉洁从业和警示教育，邀请丹江口市纪委监委到引江补汉工程出口段现场对参建各单位进行警示教育。2023 年 6 月 28 日，公司纪委组织专职纪检干部和在岗纪委委员、纪检委员、各部门负责人，旁听了武汉市中级人民法院开庭审理的一起职务违法犯罪案件，全程观看了法庭调查、法庭辩论、被告人陈述等环节。2023 年 7 月 11 日，公司纪委以“抓实以学正风，弘扬清廉之风”为主题，组织公司领导、各部门副职以上干部、公司本部党支部委员、团委委员、专职纪检干部 20 余人前往湖北省党风廉政警示教育基地参观学习。2023 年 12 月 19 日，公司范围内开展集中警示教育 1 次，用身边实例教育警示广大干部职工廉洁自律。

2. 监督提醒　2022 年，江汉水网公司纪委开展贯彻落实中央八项规定精神自查，督促对发现的问题进行整改。紧盯重要节假日“四风”问题，采取发送廉政提醒信息、发布廉洁提醒微信公众号文章、组织学习典型案例，节后“零报告”排查等方式，提醒督促全体党员干部职工恪守中央八项规定精神，严守纪律“红线”，驰而不息纠“四风”树新风。组织全体党员干部签订“厉行节约反对浪费”承诺书，纪检干部监督“光盘行动”开展情况。2023 年，公司纪委对信访事项中发现的问题，对相关人员进行谈话提醒，并督促所在党支部召开专题组织生活会，坚决净化甲乙双方来往行为；公司综合部牵头开展落实中央“八项规定”精神自查自纠，促进作风建设。紧盯关键节点，持续纠“四风”树新风，就防汛值班、节日值班、人员在岗、公车使用等情况开展视频“飞检”“四不两直”监督检查。

3. 廉洁文化　江汉水网公司纪委印发《关于加强新时代廉洁文化建设的实施方案》，推进公司新时代廉洁文化建设。各建管部在驻地设置“水清人净”廉洁文化宣传墙，在工程现场设置廉洁共建监督举报公示牌、监督员公示牌、宣传牌，强化员工的廉洁风险防控意识。

（赵阳阳）

【廉洁共建】　2022 年 6 月 7 日，江汉水网公司纪委与水利部长江水利委员会纪检组在武汉签订《南水北调后续工程廉洁共建协议》。

2022 年 9 月 8 日，江汉水网公司纪委书记王志文在丹江口引江补汉工程建设管理一部主持召开引江补汉工程廉洁共建协调组第一次会议，会议明确引江补汉工程廉洁共建协调组和工作组工作机制，审议通过《引江补汉工程廉洁共建实施方案》《引江补汉工程廉洁风险点清单编制要点》，安排部署工程现场设置廉洁共建举报牌事宜。

2022 年 11 月 7 日，围绕工程建设中廉政风险高发的特点，江汉水网公司纪委印发《引江补汉工程廉政风险点及监督措施清单（第一版）》（以下简称《清单》），聚焦关键环节，紧盯“关键少数”，以精准、有力的监督防止腐败滋生，确保公正、依法、依规用权。同时，《清单》也可作为公司各部门、建管部对引江补汉工程开展纪检监督、职能监督检查的参考和指南。

2023 年 6 月 14 日，江汉水网公司分别与引江补汉工程监理项目 3 家中标单位签订了合同，并同步签订了引江补汉工程廉洁共建备忘录。

2023 年 7 月 7 日，江汉水网公司纪委在中国南水北调集团纪检监察组统筹下，邀请湖北省及工程沿线宜昌市、襄阳市、十堰市纪委监委，组织各参建单位，召开引江补汉工程廉洁共建推进会，总结廉洁共建工作经验做法，并就下一步廉洁共建工作进行安排部署。集团纪检监察组副组长周晓永和湖北省监委委员尹晔斌出席会议并讲话，江汉水网公司纪委书记王志文主持会议。湖北省纪委监委二室有关负责同志、工程沿线县（市、区）纪检监察机关负责同志、保康县引江补汉工程建设协调指挥部负责同志，江汉水网公司纪检部、建管部负责同志，引江补汉工程部分参建单位总部纪委书记和各参建单位现场负责人参加会议。

2023 年 8 月 3 日，襄阳市纪律检查委员会印发《长江大保护监督工作方案》，围绕引江补汉工程（襄阳市段）年度工程建设目标，明确了辖区内工程征迁移民、支持配合服务工程建设等事项的监督责任单位和时间节点，推动各地、各部门扛牢引江补汉工程建设政治责任。

2023 年 11 月 24 日，湖北省纪律检查委员会、长江水利委员会机关纪委、中国南水北调集团纪检监察组联合印发《南水北调中线湖北水源区保护协同监督工作办法》（鄂纪发〔2023〕14号），将引江补汉工程建设纳入协同监督对象及内容范围。

2023年11月28日，江汉水网公司分别与引江补汉工程土建施工及金结机电安装标涉及的7家单位签订了合同，并同步签订了引江补汉工程廉洁共建备忘录。同日，江汉水网公司纪委与水利部建设管理与质量安全中心（以下简称“水利部建安中心”）纪委在武汉签订了廉洁共建协作机制协议，双方就下一步廉洁共建工作进行了座谈。水利部建安中心纪委书记刘宝勤，江汉水网公司纪委书记王志文参加座谈。（赵阳阳）

巡视巡察与审计监督

【巡察工作体系建设】 2022年10月14日，江汉水网公司党委制订印发《中共中国南水北调集团江汉水网建设开发有限公司委员会巡察工作办法（试行）》（南水北调工〔2022〕71号），包括：总则、机构和人员、巡察范围和内容、工作方式和权限、工作程序、纪律与责任、附则等7方面内容。11月21日，公司党委印发《关于成立巡察工作领导小组的通知》（南水北调工〔2022〕83号），明确主要职责、组成人员及工作机构，公司党委巡察工作体系初步建立。

（刘知伦）

【巡视问题整改反馈】 2023年5月10日，中国南水北调集团党组巡视组进驻江汉水网公司开展巡视工作，并于2023年5月11—24日对江汉水网公司党委开展了常规巡视。根据中国南水北调集团党组统一部署，2023年7月5日，集团党组巡视组向江汉水网公司党委反馈巡视情况。江汉水网公司组织召开公司党委配合集团巡视工作专题会议，制定印发《中共中国南水北调集团江汉水网公司委员会配合集团公司党组巡视工作方案》（南水北调江汉党〔2023〕34号），集团党组巡视组共反馈了三方面10项32个具体问题。针对反馈的问题，公司党委及时认领并认真落实整改，研究制订了106项整改措施，并印发《中国南水北调集团江汉水网建设开发有限公司党委落实集团公司党组巡视组巡视反馈意见的整改方案》（南水北调工〔2023〕56号）。截至2023年9月28日集中整改期结束，共完成19个问题87项整改措施的对账销号工作，并向集团党组巡视工作领导小组上报《中共中国南水北调集团江汉水网建设开发有限公司委员会关于报送巡视整改进展情况的报告》（南水北调工〔2023〕103号）。截至2023年12月31日，共完成30个问题104项整改措施的对账销号工作，并紧紧围绕未完成问题，狠抓整改落实，扎实做好巡视整改“后半篇文章”。（刘知伦）

【内部审计工作】 2022年10月江汉水网公司印发《内部审计工作管理办法（试行）》；2022年12月印发《违规经营投资责任追究实施办法（暂行）》；2023年3月印发《建设项目审计规定（暂行）》；2023年5月印发《内部控制

审计规定（暂行）》；2023年8月印发《经营投资项目审计规定（暂行）》。

2023年6月，江汉水网公司为加强内部审计工作的领导，提升审计质量，成立党委审计工作领导小组，印发《党委审计工作领导小组工作规则》，明确领导小组的各项职责。

根据《内部审计工作管理办法（试行）》的要求，2023年6月，江汉水网公司组建审计人才库，人才库共计22名成员，主要由公司各部门、建管部工作满八年且具有中级及以上专业技术资格人员组成，参与和配合内外部审计工作。2023年5月和12月，在工程跟踪审计基础上开展工程造价试点审计工作，挑选审计人才库成员，加入审计组参加公司审计。

积极配合审计署完成南水北调东中线一期竣工决算审计、重大引调水工程项目审计、集团公司领导经济责任审计。统筹协调迎审相关工作，成立迎审工作领导小组，制订配合审计工作方案，协调有关部门和单位及时准确提供资料500余份，及时反馈审计取证单，定期上报审计日报和情况信息表；公司参加3次迎审工作例会，汇报审计取证单相关情况，参加4次水利部关于审计问题整改推进会，审计署提出的审计问题均已整改完毕。

按照中国南水北调集团2023年审计项目计划，在5月和12月分两次，对公司开展引江补汉工程建设管理审计工作，按照集团要求，统筹协调迎审相关工作，做好审计相关信息的收集和研判，按要求及时准确报送资料，积极加入审计组参与审计，发挥以训代培作用，深入了解审计重点、难点，为公司后期开展审计工作打下良好基础。（董平）

十二、大事记

2020 年

5 月 20 日，水利部长江水利委员会委托长江勘测规划设计研究有限责任公司开展引江补汉工程项目可行性研究报告编制及先期开工项目的初步设计工作。

5 月 27 日，南水北调中线干线工程建设管理局引江补汉工程建设领导小组正式成立，下设引江补汉工程建设领导小组办公室（以下简称“引江补汉办公室”），负责全面推进引江补汉工程建设各项工作，统筹研究和协调解决工程建设过程中的有关重大问题，中线建管局局长于合群任组长，党组书记李开杰任常务副组长。

6 月 2 日，引江补汉工程建设领导小组办公室入驻武汉办公。

7 月 18 日，中国共产党南水北调中线干线工程建设管理局引江补汉工程建设领导小组办公室临时支部成立。

9 月 1 日，水利部南水北调规划设计管理局赴武汉开展引江补汉工程建设运营体制机制及供水价格调研。

9 月 14—16 日，引江补汉办公室参加水利部水利水电规划设计总院组织的引江补汉地质专题和方案比选专题报告技术讨论会。

10 月 13—15 日，引江补汉办公室参加水利部水利水电规划设计总院组织的《引江补汉工程可行性研究报告》（50 亿规模）审查会。

11 月 21—24 日，引江补汉办公室参加水利部水利水电规划设计总院组织的《引江补汉工程可行性研究报告》（50 亿规模）复审会。

12 月 6 日，水利部水利水电规划设计总院在北京组织召开引江补汉工程输水总干线出口段 5km 初步设计报告审查会，引江补汉办公室参加会议。

12 月 7 日，湖北省水利厅协助引江补汉办公室完成引江补汉工程干线出口段及汉江影响河段建设征地实物调查摸底登记工作。

12 月 25 日，水利部将《引江补汉工程可行性研究报告》（50 亿规模）及审查意见报送至国家发展改革委。

（赵发）

2021 年

1 月 4 日，中国国际工程咨询有限公司印发《关于引江补汉工程规划（2020 年修订）的咨询评估报告》（咨农地〔2021〕60号)。

1月28日，引江补汉工程前期工作组获评中线建管局“2020年度突出贡献集体”称号。

2月10日，生态环境部印发《关于〈引江补汉工程规划环境影响报告书〉的审查意见》(环审〔2021〕11号)。

3月26—28日，水利部部长李国英实地考察了南水北调中线引江补汉工程出口段，并组织召开了座谈会。

6月7—9日，中国南水北调集团董事长蒋旭光一行调研引江补汉工程。集团副总经理孙志禹，中国工程院院士、长江设计集团董事长钮新强，中线建管局副局长孙卫军陪同。

7月26日，引江补汉办公室向湖北省政府办公厅报送《关于申请发布禁止在引江补汉工程建设征地范围内新增建设项目及迁入人口通告的函》(中线局计函〔2021〕12号)。

8月5日，水利部副部长魏山忠在北京组织召开引江补汉工程工作推进会，部署引江补汉工程前期工作，中线建管局党组书记李开杰参加会议。

8月12—14日，水利部水利水电规划设计总院组织召开《引江补汉工程可行性研究报告》(39亿规模)审查视频会。

8月19日，中国南水北调集团党组书记、董事长蒋旭光主持召开推进南水北调后续工程高质量发展工作领导小组第八次会议，研究部署引江补汉工程建设准备有关事宜。中线建管局党组书记李开杰、副局长孙卫军，中线建管局计划发展部，引江补汉办公室参加会议。

8月23日，水利部水利水电规划设计总院向水利部报送《引江补汉工程可行性研究报告审查意见》(水总设〔2021〕264号)。

8月26—29日，水利部副部长魏山忠赴武汉分别与湖北省人民政府省长王忠林、副省长柯俊、长江委主任马建华进行座谈，研究推进引江补汉工程前期工作。南水北调集团副总经理于合群、副总经理孙志禹、战略投资部主任刘远书，中线建管局副局长孙卫军，引江补汉办公室副主任韩志成陪同。

8月30日，水利部印发《关于报送引江补汉工程可行性研究报告(39亿规模)修订成果及审查意见的函》(水规计〔2021〕262号)，并报送至国家发展改革委。

8月31日，引江补汉工程地质灾害评估要件办理完成。

9月2—3日，中国南水北调集团董事长蒋旭光赴武汉与长江委、长江设计集团进行座谈，听取引江补汉工程工作汇报，研究推进引江补汉工程前期工作，并看望慰问引江补汉办公室干部职工。集团副总经理孙志禹，集团办公室主任井书光、战略投资部主任刘远书、办公室副主任杨益、财务资产部副主任曾庆忠，中线建管局党组书记李开杰、副局长孙卫军，引江补汉办公室副主任韩志成陪同。

9月6—18日，引江补汉办公室完成夷陵区、保康县、谷城县、丹江口市的现场实物和社会稳定调查。

9月8日，中国南水北调集团董事长蒋旭光主持召开推进南水北调后续工程高质量发展工作领导小组第十次会议，听取南水北调工程建设运营体制研究成果汇报。中线建管局党组书记李开杰、副局长孙卫军参加会议。

是日，中国南水北调集团副总经理耿六成到生态环境部沟通环评事宜。

9月14日，中国南水北调集团副总经理耿六成到引江补汉办公室进行调研座谈，听取引江补汉工程相关情况汇报，部署要件办理和下一步工作安排。集团环保移民部副主任王瑞增，中线建管局副局长曹洪波参加会议。

9月15日，中国南水北调集团副总经理耿六成与长江水利委员会、湖北省生态环境厅、湖北省水利厅就引江补汉工程环评涉及汉江流域受水区水污染防治规划编制、停建通告发布、移民安置规划大纲和报告审核等事宜进行座谈交流。集团环保移民部副主任王瑞增，中线建管局副局长曹洪波参加会议。

9月16日，中国南水北调集团副总经理耿六成赴保康县、丹江口市现场查勘引江补汉工程7号、8号支洞和出口段。集团环保移民部副主任王瑞增，中线建管局副局长曹洪波参加会议。

是日，引江补汉工程地震安全性评价、节能专题报告两项要件办理完成。

9月26日，中国南水北调集团副总经理孙志禹，党组成员、副总经理耿六成主持召开引江补汉工程第一次协调推进会，中线建管局党组书记李开杰、副局长曹洪波、副局长孙卫军，引江补汉办公室参加会议。

9月27日，中国南水北调集团总经理张宗言、副总经理孙志禹带队赴中铁工程装备集团有限公司调研考察，听取中铁装备集团对引江补汉工程施工装备方案情况的介绍，并与中国中铁、中铁工业和中铁装备有关负责同志进行座谈，引江补汉办公室参加会议。

10月7日，中国南水北调集团副总经理孙志禹主持召开引江补汉工程第二次协调推进会。中线建管局党组书记李开杰、副局长曹洪波、副局长孙卫军，引江补汉办公室参加会议。

10月10日，中国南水北调集团副总经理孙志禹主持召开引江补汉工程第三次协调推进会。集团办公室主任井书光、战略投资部主任刘远书，东线总公司副总经理高必华，中线建管局党组书记李开杰、副局长孙卫军，引江补汉办公室参加会议。

10月11日，中国南水北调集团副总经理孙志禹主持召开引江补汉工程前期关键技术科研专题会，集团科技发展部副主任孙永平、东线总公司副总经理高必华、中线建管局总工程师程德虎参加会议。

10月13日，中国南水北调集团董事长蒋旭光出席在武汉召开的引江补汉工程项目法人筹备组干部大会，宣布正式成立引江补汉工程项目法人筹备组，高必华任引江补汉工程项目法人筹备组组长。

是日，中国南水北调集团总会计师余邦利带队赴湖北省水利厅进行座谈，研究推进引江补汉工程前期工作。

10 月 15 日，引江补汉工程项目招标方案要件办理完成。

10 月 15—16 日，引江补汉工程项目法人筹备组组长高必华带队赴引江补汉工程全线调研。

10 月 16 日，中国南水北调集团副总经理孙志禹主持召开引江补汉工程第四次协调推进会。集团党组成员、副总经理耿六成，集团党组成员、副总经理赵登峰参加会议。

10 月 20 日，引江补汉工程项目法人筹备组组长高必华与长江水利委员会副主任胡甲均进行座谈。

10 月 21 日，引江补汉工程项目法人筹备组组长高必华与中国工程院院士、长江设计集团董事长钮新强进行座谈。

10 月 22 日，中国南水北调集团副总经理孙志禹组织召开引江补汉工程第五次协调推进会。引江补汉工程项目法人筹备组组长高必华、中线建管局副局长曹洪波参加会议。

11 月 5 日，中国南水北调集团董事长蒋旭光主持召开南水北调东中线后续工程前期工作进展专题会，听取引江补汉工程项目法人筹备组有关工作汇报。

11 月 11 日，引江补汉工程项目法人筹备组收到湖北省人民政府发布的停建通告通知。

11 月 16 日，中国南水北调集团总经理张宗言、副总经理孙志禹组织召开引江补汉工程第六次协调推进会。

11 月 20 日，引江补汉工程水土保持方案报告书要件办理完成。

11 月 28 日，引江补汉工程资金筹措方案及证明文件要件办理完成。

12 月 15 日，引江补汉工程文物保护专题要件办理完成。

12 月 28 日，引江补汉工程项目法人筹备组副组长贾志营与湖北省宜昌市水利和湖泊局局长靳鹏、党组成员向阳就要件办理事宜进行座谈。

12 月 31 日，中国南水北调集团副总经理孙志禹在武汉听取引江补汉工程项目法人筹备组工作汇报。筹备组组长高必华就筹备组基本情况、工作开展情况、下一步工作计划、存在问题等内容进行了详细汇报，筹备组副组长于涛、周阳宗、贾志营、王齐常参加会议。

（赵发）

2022 年

1 月 4—7 日，引江补汉工程项目法人筹备组副组长上海峰带队对工程全线进行现场查勘。

1 月 10 日，中国南水北调集团印发《关于高必华等同志任职的通知》（南水北调任〔2022〕1 号）。高必华任中国南水北调集团江汉水网建设开发有限公司董事长（试用期一年）；于涛任中国南水北调集团江汉水网建设开发有限公司董事、总经理；杜孝忠任中国南水北调集团江汉水网建设开发有限公司监事会主席（兼）；王齐常任中国南水北调集团江汉水网建设开发有限公司总会计师（试用期一年)。

1 月 17 日，中国南水北调集团董事长蒋旭光主持召开引江补汉工程推进会，听取引江补汉工程项目法人筹备组工作汇报，对筹备组下一步工作提出意见、建议和要求。集团总经理张宗言、副总经理孙志禹、办公室主任井书光，江汉水网公司董事长高必华、总经理于涛、总会计师王齐常，筹备组副组长贾志营、上海峰参加会议。

1 月 22 日，中国南水北调集团副总经理孙志禹、副总经理耿六成组织召开引江补汉工程年度专题工作会暨第七次协调推进会。江汉水网公司董事长高必华、总经理于涛、总会计师王齐常，筹备组副组长贾志营、上海峰参加会议。

2 月 10 日，江汉水网公司总经理于涛，引江补汉工程项目法人筹备组副组长周阳宗组织召开第一次设计会商会，重点就线路及支洞布置优化、重大科研专项和后续工作计划安排等事宜与长江设计集团进行了详细讨论。

2 月 14 日，江汉水网公司董事长高必华与长江设计集团董事长钮新强座谈，研究推进引江补汉工程建设前期工作。江汉水网公司总经理于涛、总会计师王齐常，筹备组副组长李志伟、周阳宗、贾志营、上海峰参加会议。

2 月 15 日，中国南水北调集团纪检监察组副组长周晓永来武汉听取筹备组工作汇报和党建纪检工作汇报。江汉水网公司董事长高必华、总经理于涛、总会计师王齐常，筹备组副组长李志伟、周阳宗、贾志营、王志文、上海峰参加会议。

2 月 17 日，江汉水网公司董事长高必华主持召开筹备组 2022 年工作座谈会，总结回顾工程前期工作，分析当前面临的形势任务，安排部署 2022 年重点工作。中国南水北调集团副总经理孙志禹，江汉水网公司总经理于涛、总会计师王齐常，筹备组副组长李志伟、周阳宗、贾志营、上海峰参加会议。

2 月 18 日，引江补汉工程项目法人筹备组副组长周阳宗参加湖北省生态环境厅组织召开的引江补汉工程饮用水水源保护区划分技术咨询会。

2 月 24 日，江汉水网公司总会计师王齐常带队赴湖北省税务局商谈江汉水网公司税费事宜。

2 月 25 日，江汉水网公司与武汉市东西湖区人民政府正式签署企业入驻协议，落户东西湖区。江汉水网公司董事长高必华、总经理于涛、总会计师王齐常，筹备组副组长贾志营参加签署仪式。江汉水网公司总经理于涛与东西湖区人民政府区长周明在企业入驻协议上签字。

是日，江汉水网公司在武汉市东西湖区完成注册，注册资本 100 亿元。

2 月 28 日，中国南水北调集团董事长蒋旭光主持召开引江补汉工程工作推进会，听取江汉水网公司工作汇报，并提出相关意见建议。中国南水北调集团副总经理孙志禹、总会计师余邦利、副总经理李刚，江汉水网公司董事长高必华、总经理于涛、总会计师王齐常，筹备组副组长贾志营、李志伟、周阳宗、上海峰参加会议。

3月2日，引江补汉工程项目法人筹备组副组长周阳宗组织召开引江补汉工程2022年第二次设计会商会。会议就要件办理情况及存在的问题、出口段及勘探试验洞项目技术准备工作等事项与长江设计集团进行详细讨论。

3月3日，引江补汉工程项目法人筹备组副组长贾志营与湖北省自然资源厅总工程师田五红进行座谈，研究推进引江补汉工程高质量开工建设事宜。

3月8日，江汉水网公司总经理于涛参加湖北省政府召开的水源保护区划定专题会，会议对引江补汉工程饮用水水源保护区划分研究等相关问题进行了讨论，为航道通航条件影响评价要件办理提供有利条件。

3月8—10日，引江补汉工程项目法人筹备组副组长上海峰带队对工程出口段及24号、25号施工支洞进行详细查勘。

3月9日，江汉水网公司董事长高必华、总经理于涛与湖北省水利厅副厅长焦泰文进行座谈，研究推进引江补汉工程前置要件办理事宜。

3月11日，江汉水网公司董事长高必华、总经理于涛为中国南水北调集团江汉水网建设开发有限公司揭牌。江汉水网公司总会计师王齐常，筹备组副组长贾志营、李志伟、周阳宗、上海峰参加揭牌仪式。

4月2日，水利部水利水电规划设计总院会同湖北省水利厅召开《引江补汉工程建设征地移民安置规划大纲》审查会，江汉水网公司党委副书记贾志营参加会议。

4月6日，中国南水北调集团副总经理耿六成带队赴湖北省林业和草原局、湖北省自然资源厅，分别交流了引江补汉工程涉及长江三峡风景名胜区、矿产资源压覆、用地预审、规划选址、临时用地占用生态红线等事宜。

是日，中国南水北调集团副总经理耿六成带队赴湖北省生态环境厅、湖北省水利厅，分别交流了引江补汉工程环评要件审查及环保措施落实事宜，就年内开工、要件办理、移民征迁机制等需协调的事宜进行了沟通。湖北省生态环境厅副厅长周水华，湖北省水利厅党组成员、副厅长焦泰文，中国南水北调集团战略投资部主任刘远书、环保移民部副主任王瑞增，江汉水网公司总经理于涛、党委副书记贾志营参加会议。

是日，引江补汉工程项目法人筹备组取得《湖北省人民政府关于引江补汉工程不可避让生态红线论证意见的函》。

4月7日，中国南水北调集团副总经理耿六成带队与湖北省发展改革委座谈交流，协调引江补汉工程要件办理、开工准备相关事宜，引江补汉工程项目法人筹备组有关人员陪同。

是日，引江补汉工程项目法人筹备组印发《关于〈引江补汉工程输水隧洞工程保护范围论证报告〉咨询意见的函》，督促长江勘测规划设计研究有限责任公司按咨询意见加快报告的修改完善及矿产压覆评价和评估工作。

4月8日，生态环境部环境影响评价与排放管理司组织召开2022年度重大水利项目环评服务调度会，江汉水网公司总经理于涛、党委副书记贾志营、副总经理李志伟、副总经理周阳宗参加会议。

是日，引江补汉工程项目法人筹备组取得湖北省自然资源厅出具的《湖北省自然资源厅关于引江补汉工程项目用地预审初审意见的报告》。

4 月 11 日，江汉水网公司向自然资源部行政服务大厅报送建设项目用地预审组卷资料，根据行政服务大厅意见，协调湖北省自然资源厅修改完善组卷资料。

是日，江汉水网公司将《中国南水北调集团有限公司办公室关于引江补汉工程输水隧洞工程保护范围的批复》报送至湖北省自然资源厅。

4 月 13 日，江汉水网公司副总经理李志伟主持召开引江补汉工程先期开工项目招标文件编制计划安排专题会。会议针对引江补汉工程先期开工项目招标文件编制、审批各环节进行了讨论，明确了各组分工及完成时间。江汉水网公司副总经理周阳宗、总会计师王齐常、副总经理上海峰及筹备组有关人员参加会议。

4 月 13—15 日，江汉水网公司将《关于恳请出具引江补汉工程规划选址论证报告初审意见的函》分别报送至夷陵区、保康县、谷城县及丹江口市四县（市、区）自然资源和规划局。

4 月 15 日，江汉水网公司总经理于涛主持召开引江补汉工程要件办理专门工作小组第四次会议，讨论分析要件办理过程中的难点、卡点问题，并对下一步工作进行安排部署。江汉水网公司党委副书记贾志营、副总经理李志伟、副总经理周阳宗参加会议。

4 月 19 日，江汉水网公司董事长高必华参加湖北省副省长宁咏主持召开的引江补汉等重大水利工程专题会议，并汇报相关情况。

是日，中国南水北调集团江汉水网建设开发有限公司党员大会暨党委成立大会召开，选举产生江汉水网公司第一届党委委员、纪委委员。江汉水网公司董事长高必华出席会议并讲话，总经理于涛主持会议，其他领导班子成员参加会议。

4 月 21 日，中国南水北调集团组织召开保障农民工工资支付长效机制建设、清欠和减免房租专题动员部署会。江汉水网公司总会计师王齐常及筹备组相关人员参加会议。

4 月 24 日，中国南水北调集团副总经理孙志禹主持召开引江补汉工程第十二次协调推进会，集团副总经理耿六成、副总工程师李长春，江汉水网公司董事长高必华、总经理于涛、党委副书记贾志营、副总经理李志伟、副总经理周阳宗、副总经理上海峰参加会议。

4 月 25 日，水利部组织召开引江补汉工程前期工作第三次调度会。江汉水网公司董事长高必华、总经理于涛、党委副书记贾志营、副总经理李志伟、副总经理周阳宗参加会议。

是日，江汉水网公司向中国南水北调集团报送《中国南水北调江汉水网公司关于引江补汉工程先期开工项目招标实施方案的报告》（南水北调江汉合〔2022〕2号）。

是日，江汉水网公司董事长高必华主持召开引江补汉工程先期开工项目招标实施方案审议专题会，审议通过《引江补汉工程先期开工项目招标实施方案》。公司全体领导班子成员及筹备组有关人员参加会议。

4月26日，江汉水网公司党委副书记贾志营带队赴湖北省自然资源厅参加引江补汉工程规划选址论证会，会议现场通过了规划选址论证报告。

4月27日，江汉水网公司取得《关于〈引江补汉工程压覆矿产资源调查评价报告〉矿产资源储量评审备案的复函》（鄂自然资储备字〔2022〕13号）；4月28日，江汉水网公司将《关于引江补汉工程矿产压覆报批材料准备情况的报告》报送至湖北省自然资源厅。

是日，江汉水网公司督促长江设计集团修改完善《引江补汉工程可行性研究报告（审定稿）》（第3版2022—04）；4月29日，江汉水网公司将可行性研究报告通过行政窗口上报至国家发展改革委。

4月28日，江汉水网公司收到《宜昌市夷陵区人民政府关于引江补汉工程可行性研究阶段建设征地移民安置方案的承诺函》。

是日，江汉水网公司总经理于涛主持召开引江补汉工程要件办理专门工作小组第六次会议，讨论分析要件办理过程中的难点、卡点问题，并对下一步工作进行安排部署。公司党委副书记贾志营、副总经理李志伟、副总经理周阳宗参加会议。

是日，湖北省水利厅印发《关于申请引江补汉工程社会稳定风险评估备案的函》（鄂水利函〔2022〕220号）。

是日，中国国际工程咨询有限公司召开引江补汉工程经济评价专题咨询会，江汉水网公司总会计师王齐常参加会议。

5月5日，江汉水网公司收到《丹江口市人民政府关于引江补汉工程可行性研究阶段建设征地移民安置方案的承诺函》。

5月6日，江汉水网公司收到《保康县人民政府关于引江补汉工程可行性研究阶段建设征地移民安置方案的承诺函》。

是日，江汉水网公司总经理于涛主持召开引江补汉工程要件办理专门工作小组第七次会议，党委副书记贾志营、副总经理李志伟、副总经理周阳宗参加会议。

5月9日，中国南水北调集团副总经理耿六成主持召开引江补汉工程第十三次协调推进会，中国南水北调集团副总经理孙志禹、副总工程师李长春出席，江汉水网公司董事长高必华、总经理于涛、党委副书记贾志营、副总经理李志伟、副总经理周阳宗参加会议。

5月11日，中国南水北调集团副总经理孙志禹主持召开引江补汉工程第十四次协调推进会，中国南水北调集团副总经理耿六成、副总工程师李长春出席，江汉水网公司董事长高必华、总经理于涛、党委副书记贾志营、副总经理李志伟、副总经理周阳宗、副总经理尹延飞、副总经理上海峰参加会议。

5月12日，水利部规计司组织召开南水北调中线引江补汉工程前期工作调度会，中国南水北调集团副总经理孙志禹、副总经理耿六成、副总工程师李长春，江汉水网公司董事长高必华、总经理于涛、党委副书记贾志营、副总经理李志伟、副总经理周阳宗参加会议。

是日，中国南水北调集团向水利部正式报送《中国南水北调集团有限公司关于报请审核引江补汉工程建设征地移民安置规划报告的请示》（南水北调环移〔2022〕84号）。

5月13日，湖北省水利厅出具《湖北省水利厅关于引江补汉工程建设征地移民安置规划报告的审核意见》（鄂水许可〔2022〕96号）。

是日，江汉水网公司董事长高必华主持召开公司党委2022年第一次会议，全体党委委员出席。会议审议通过了公司领导班子成员分工方案、公司“三定”方案、公司建设初期人员编制方案、公司现有人员部门调整方案及外部选调人员考察结果等事项。

5月16日，江汉水网公司副总经理李志伟主持召开出口段施工标招标文件编制协调会，对招标文件编制情况进行讨论，明确责任分工及编制进度计划；5月17日和5月20日，分别组织召开招标文件商务条款、技术条款讨论会，提出修改完善意见。

5月18日，引江补汉工程开工准备工作专班召开第一次会议，会议要求在继续推进要件办理的同时，组织精干力量，从可研报告和出口段初设批复、招标准备、开工用地手续办理及征地移民、现场开工准备等方面，精心谋划，扎实推进。

5月19日，中国南水北调集团副总经理孙志禹主持召开引江补汉工程第十五次协调推进会，中国南水北调集团董事长蒋旭光、总会计师余邦利、副总经理耿六成、副总工程师李长春出席会议。会议重点研究加快推进工程前期工作及开工准备事宜，并对下一步工作作出部署。江汉水网公司董事长高必华、党委副书记贾志营、副总经理李志伟、副总经理周阳宗参加会议。

是日，江汉水网公司董事长高必华以视频会议方式参加集团经营开发座谈会，围绕公司定位、发展思路进行交流发言，并对集团经营开发工作提出了意见建议。公司副总经理李志伟、总会计师王齐常参加会议。

5月19—20日，江汉水网公司联合湖北省水利厅组织开展引江补汉工程出口段开工准备现场查勘和座谈，湖北省自然资源厅、湖北省林业和草原局、十堰市政府、十堰市水利和湖泊局、丹江口市政府、丹江口市水利和湖泊局等相关人员，江汉水网公司总经理于涛、副总经理上海峰参加会议。

5月22日，中国南水北调集团副总工程师李长春主持召开引江补汉工程可研评估工作碰头会，明确主责单位、解释口径等，保证可研报告尽快批复。江汉水网公司董事长高必华及相关责任人参加会议。

5月25日，国家发展改革委正式受理引江补汉工程可行性研究报告审查，并开展委托评估工作。

5月26日，江汉水网公司副总经理李志伟主持召开引江补汉工程出口段施工及监理标招标文件专家咨询会。江汉水网公司副总经理周阳宗、总会计师王齐常、副总经理上海峰及项目设计单位、招标代理机构参加会议。

5月27日，江汉水网公司召开2022年第四次党委会，审议2022年度校园招聘拟录用人员情况报告等七项议题；下午召开公司2022年第五次党委会，审议《中国南水北调集团江汉水网建设开发有限公司工作规则（暂行）》等六项议题。

5月30日，湖北省林业和草原局印发《省林业和草原局关于引江补汉工程穿越长江三峡风景名胜区选址方案核准意见的函》，环评要件前置卡点"一区"问题办结；5月31日，环评报告通过生态环境部部长专题会。

是日，在中国南水北调集团协调推动下，水利部水利水电规划设计总院同意桐木沟检修防汛备料场用地最终面积为300.18亩。

是日，江汉水网公司总经理于涛同志带队赴湖北省自然资源厅，就压覆矿堵点、卡点问题进行深入沟通交流，双方就后续工作安排及时间要求达成一致意见，并就开工先行用地等问题进行沟通和协调。湖北省自然资源厅副厅长曾环宇、总工程师田五红，江汉水网公司党委副书记贾志营参加座谈。

6月1日，江汉水网公司总经理于涛带队赴湖北省自然资源厅，对工程相邻矿权互不影响安全协议签订情况进行沟通，并就出具压覆矿产行政审批初审意见和组卷报审事项达成一致意见。

6月2日，江汉水网公司取得《湖北省自然资源厅关于对引江补汉工程压覆重要矿产资源初审意见的报告》（鄂自然资文〔2022〕166号），并通过自然资源部网站提交引江补汉工程矿产压覆报审材料。

6月3日，江汉水网公司董事长高必华主持召开引江补汉工程开工动员工作领导小组会议，研究并部署各节点工作任务。

6月6日，江汉水网公司收到《中国国际工程咨询有限公司关于引江补汉工程（可行性研究报告）的咨询评估报告（征求意见稿）》。根据中国南水北调集团有关要求，收集整理公司各部门和长江设计集团关于可研咨询报告的反馈意见并上报。

6月7日，江汉水网公司纪委与水利部长江水利委员会纪检组在武汉签订南水北调后续工程廉洁共建协议，并就进一步加强纪检工作协作开展座谈。江汉水网公司董事长高必华出席并与水利部长江委纪检组组长任红梅签署协议。

6月9日，江汉水网公司收到丹江口市自然资源和规划局开工建设动员大会临时用地复垦方案批复文件。

6月10日，生态环境部印发《关于

引江补汉工程环境影响报告书的批复》（环审〔2022〕69 号）文件，环评要件办结。

6 月 14 日，中国南水北调集团副总经理耿六成就引江补汉工程如何实现尽早开工建设一事与湖北省水利厅、十堰市政府、丹江口市政府相关负责同志进行座谈交流。江汉水网公司总经理于涛、副总经理尹延飞陪同，并现场检查引江补汉出口段开工准备情况。

是日，湖北省副省长宁咏到引江补汉工程安乐河出口段调研指导工作，中国南水北调集团副总经理耿六成陪同调研。

6 月 16 日，江汉水网公司收到《中国国际工程咨询有限公司关于引江补汉工程（可行性研究报告）的咨询评估报告》。

6 月 17 日，江汉水网公司配合中国南水北调集团将《中国南水北调集团有限公司关于商请做好南水北调后续工程中线引江补汉工程开工动员大会准备工作的函》（南水北调质安函〔2022〕20 号）报送至湖北省人民政府。

6 月 20 日，中国南水北调集团董事长蒋旭光、副总经理孙志禹一行到引江补汉工程安乐河出口段现场检查开工准备情况，中国工程院院士、长江设计集团董事长钮新强，汉江集团董事长胡军、总经理何晓东，中线水源公司总经理马水山，中国南水北调集团质量安全部主任李开杰，江汉水网公司董事长高必华等陪同。

6 月 21 日，江汉水网公司完成开工建设动员大会新增用地土地补偿费用支付、复垦保证金缴纳。丹江口市自然资源和规划局出具《丹江口市自然资源和规划局关于南水北调中线引江补汉工程项目（丹江口市出口段）临时用地的批复》（丹自规临用〔2022〕10 号），开工建设动员大会会场及爆破区临时用地手续办结。

6 月 23 日，江汉水网公司完成《关于申请报审〈引江补汉工程输水总干线出口段（K189＋226～K194＋786）初步设计报告〉的请示》内部审批流转工作，待可研批复当日上报中国南水北调集团。

6 月 27 日，国家发展改革委以《关于印发〈国家发展改革委关于审批南水北调中线引江补汉工程可行性研究报告的请示〉的通知》（发改农经〔2022〕978 号）批复引江补汉工程可研报告。

是日，江汉水网公司将《关于申请报审〈引江补汉工程输水总干线出口段（K189＋226～K194＋786）初步设计报告〉的请示》上报中国南水北调集团。

是日，水利部政务服务平台正式受理《引江补汉工程输水总干线出口段（K189＋226～K194＋786）初步设计报告》并进行审批，同日开始技术审查流程。

6 月 29 日，水利部批复并印发《引江补汉工程输水总干线出口段（K189＋226～K194＋786）初步设计报告准予行政许可决定书》（水许可决〔2022〕30 号）。

6 月 30 日，水利部南水北调司副司

长袁其田会同水库移民司副司长谭文一行到丹江口督导检查引江补汉工程开工准备工作，并召开加快推进引江补汉工程开工建设协调会，江汉水网公司总经理于涛陪同。

7月1日，丹江口市林业和草原局出具《引江补汉工程输水总干线出口段建设临时使用林地审核同意书》［丹林（临）准字〔2022〕5号］。

7月1—6日，江汉水网公司与湖北省水利厅、十堰市政府、丹江口市政府及有关单位集体办公，就引江补汉工程开工动员大会会务等各项工作进行深入沟通，完成现场分会场指挥方案、会议指南、接待方案等工作；完成爆破区爆破及视频录制；完成分会场现场布置、设备联调及大会预演等。

7月2日，水利部副司长袁其田、中国南水北调集团副总经理李刚一行赴湖北省与分管水利工作的副省长及省水利厅主要负责同志座谈，江汉水网公司董事长高必华陪同。

7月5日，国家林草局出具《使用林地审核同意书》［林资许准（鄂）〔2022〕010号］。

7月7日，南水北调后续工程中线引江补汉工程开工动员大会以视频连线方式在北京和湖北举行。国务院副总理、推进南水北调后续工程高质量发展领导小组组长韩正出席大会，并宣布工程开工。中共中央政治局委员、国务院副总理胡春华主持大会，推进南水北调后续工程高质量发展领导小组有关成员单位、中央有关部门单位和湖北省负责同志，以及南水北调后续工程专家咨询委员会有关专家，工程建设者代表等共260余人参加大会。

7月13日，水利部南水北调司司长李勇一行赴丹江口视察工作，江汉水网公司董事长高必华、副总经理李志伟、副总经理尹延飞及有关部门同志陪同并进行座谈。

7月23—24日，江汉水网公司组织开展引江补汉工程输水总干线出口段土建施工及设备安装标、出口段监理标评标工作；7月25日，评标结果公示；7月28日，中标结果公示。

7月29日，中国南水北调集团董事长蒋旭光、副总经理孙志禹、副总经理耿六成一行赴丹江口视察引江补汉工程，先后察看工程安乐河出口段、石花控制闸现场，以及丹江口建设管理部办公、住宿情况，会见十堰市委、市政府主要领导，双方就推动引江补汉工程开工建设进行深入交流。

7月30日，中国南水北调集团董事长蒋旭光一行在武汉与江汉水网公司开展座谈，公司领导班子及各部门负责同志参加座谈。

8月1日，中国南水北调集团董事长蒋旭光一行拜访中国长江三峡集团（以下简称“三峡集团”）董事长雷鸣山、总经理韩君，双方就共同落实党中央、国务院重大决策部署，进一步深化落实双方战略合作协议进行深入座谈交流。三峡集团副总经理王良友、副总经理范夏夏，中国南水北调集团副总经理孙志禹、副总经理耿六成，江汉水网公司董事长高必华出席座谈会。

是日，中国南水北调集团董事长蒋旭光在武汉拜会湖北省委书记王蒙徽。湖北省委常委、秘书长陈新武，中国南水北调集团副总经理孙志禹、副总经理耿六成，江汉水网公司董事长高必华参加会见。

8月1日、15日，中国南水北调集团董事长蒋旭光与江汉水网公司领导班子开展一对一座谈。

8月4—5日，南水北调后续工程中线引江补汉工程关键技术交流研讨会在武汉召开。中国南水北调集团副总经理孙志禹出席并讲话，江汉水网公司董事长高必华参加并致辞。水利部、科研院所、高等院校，以及水利水电工程规划设计、运行管理、设备制造、科研生产等40多家有关单位，200余位领导、专家、代表现场参会，1600余人通过视频会议形式参会。会议邀请中国工程院院士钮新强、冯夏庭、李术才及中国科学院院士陈祖煜、何满潮五位专家作主题报告，21家单位作隧洞掘进及支护技术、超前处理及智能建造相关专题报告。中国南水北调集团科技发展部主任陈维江、江汉水网公司总经理于涛参加研讨会。

8月5日，中国南水北调集团副总经理孙志禹与江汉水网公司领导班子开展一对一座谈。

8月8—9日，中国南水北调集团总经理汪安南出席第七届湖北省与中央企业项目对接洽谈会。江汉水网公司董事长高必华、总经理于涛陪同参加会议。

8月9日，中国南水北调集团总经理汪安南一行分别与长江水利委员会、长江设计集团开展座谈交流，就中线水源工程运行管理、南水北调后续工作及引江补汉工程设计工作等有关情况进行深入交流。长江水利委员会主任马建华、副主任胡甲均，中国工程院院士、长江设计集团董事长钮新强，中国南水北调集团战略投资部主任刘远书，江汉水网公司董事长高必华、总经理于涛参加座谈。

8月10日，中国南水北调集团总经理汪安南一行与江汉水网公司座谈，听取江汉水网公司关于工程建设和公司组建情况的汇报，并提出具体工作要求。中国南水北调集团战略投资部、公司领导班子及各部门负责同志参加座谈。

8月15日，江汉水网公司完成引江补汉工程出口段施工标、监理标合同签订。

是日，引江补汉工程廉洁共建联席会在武汉召开。中国南水北调集团董事长蒋旭光出席会议并讲话，纪检监察组组长张凯主持会议并讲话，湖北省纪委副书记、省监委副主任马朝晖出席会议并讲话。会上，江汉水网公司与引江补汉工程输水总干线出口段施工单位、监理单位三方共同签署了引江补汉工程廉洁共建备忘录。

8月18日，江汉水网公司董事长高必华讲授“走好第一方阵　建好世纪工程　奋力开创南水北调后续工程高质量发展新局面”专题党课，公司全体党员、干部职工参加。

9月5—9日，中国南水北调集团副总经理耿六成带队赴开化水库、千岛湖配水及滇中引水工程开展调研，江汉水网公司副总经理上海峰参加会议。

9月13—16日，南水北调工程专家委员会专家组开展引江补汉工程沿线调研工作，中国工程院院士、长江设计集团董事长钮新强，江汉水网公司董事长高必华、副总经理周阳宗参加调研。

9月18—23日，江汉水网公司董事长高必华带队赴云南省滇中引水工程建设管理局开展调研，江汉水网公司副总经理尹延飞、总会计师王齐常及相关部门负责人参加调研。

9月26—27日，江汉水网公司董事长高必华带队检查指导引江补汉出口段工程建设及“防风险、保安全、迎二十大”安全加固等相关工作，并召开现场座谈会。江汉水网公司总会计师王齐常、副总经理上海峰参加会议。

9月26—28日，江汉水网公司赴广东粤海珠三角供水有限公司开展调研，江汉水网公司副总经理李志伟、纪委书记王志文及相关部门参加调研。

9月27日，江汉水网公司副总经理尹延飞带队赴湖北省宜昌市夷陵区现场察看补充移民实物调查工作开展情况。

10月9日，江汉水网公司副总经理周阳宗带队赴江西九江瑞昌市武山铜矿竖井进行调研。

10月12日，引江补汉工程勘察设计、建设征地与移民安置监督评估项目合同暨廉洁共建备忘录签署仪式在武汉举行，江汉水网公司与长江设计集团、长江监理咨询公司分别签订了《引江补汉工程勘察设计合同》《引江补汉工程征地拆迁移民工作项目监督评估合同》，同时共同签订了《引江补汉工程廉洁共建备忘录》。江汉水网公司董事长高必华、副总经理李志伟、副总经理周阳宗、副总经理尹延飞、纪委书记王志文，中国工程院院士、长江设计集团首席科学家钮新强，长江设计集团董事长杨启贵、总经理胡向阳、纪委书记胡早萍、副总经理胡维忠，长江水电开发集团董事长张华忠，长江工程监理公司董事长尚文勇出席签约仪式。

10月13日，中国南水北调集团董事长蒋旭光主持召开研究引江补汉工程初步设计和工程建设有关事宜的会议，听取了江汉水网公司工作汇报，并提出了相关意见建议。中国南水北调集团总经理汪安南、副总经理孙志禹、总会计师余邦利、副总经理耿六成、副总工程师李长春，江汉水网公司董事长高必华、党委副书记贾志营、副总经理李志伟、副总经理周阳宗、副总经理尹延飞、总会计师王齐常、纪委书记王志文参加会议。

10月16—21日，江汉水网公司副总经理李志伟、纪委书记王志文带队赴引江补汉工程沿线与地方政府开展调研，答谢沿线地方政府对引江补汉工程前期工作的支持，同时，针对引江补汉工程砂石料综合利用与开发，以及围绕涉水产业拓展方面，了解地方政府诉求并寻求合作契机。

10月21日，中国南水北调集团副

总经理孙志禹主持召开引江补汉工程初设及科研专题有关事宜的会议，听取了江汉水网公司工作汇报，并提出了相关意见建议。中国南水北调集团副总经理耿六成、副总工程师李长春，江汉水网公司董事长高必华、副总经理周阳宗、副总经理上海峰，长江设计集团副总经理胡维忠、副总工宋志忠、副总工李蘅等人参加会议。

11月2日，中国南水北调集团总经理汪安南主持召开《南水北调工程总体规划》修编工作推进会，副总经理孙志禹、总会计师余邦利、副总经理耿六成、副总工程师李长春出席会议，江汉水网公司副总经理周阳宗参加会议。

11月4日，中国南水北调集团总经理汪安南主持召开引江补汉工程初设及2023年工程建设有关事宜专题研究会。会议听取了江汉水网公司关于工程初设及建设情况的汇报，以及长江设计集团关于工程地质等初步成果的汇报，对相关内容进行专题研讨，并对下一步工作作出部署。江汉水网公司副总经理周阳宗、副总经理上海峰参加会议。

11月10日，江汉水网公司召开学习贯彻党的二十大精神干部职工大会，江汉水网公司董事长高必华作题为“全面学习贯彻党的二十大精神　奋力开创南水北调后续工程高质量发展新局面”的专题宣讲，公司全体干部职工参加会议。

11月13日，中国南水北调集团副总经理孙志禹主持召开《南水北调工程总体规划》修编第三次读书会活动，江汉水网公司副总经理周阳宗参加会议并进行发言。

12月15日，江汉水网公司完成公司办公用地网上竞拍，成功竞得位于东西湖区金山大道以南、金南一路以东的地块，地块面积为17279.73m^2。

12月18—19日，江汉水网公司副总经理周阳宗、副总经理上海峰带队查勘出口段边坡裂缝现场，并召开研判处置会，组织设计单位优化处理方案。

12月28日，江汉水网公司完成公司“十四五”发展规划编制。

（汪孟书　赵发）

2023年

1月7日，中国南水北调集团副总经理孙志禹主持召开引江补汉工程初设报告审查预备会，会议听取了战略投资部对集团参加水利部水规总院引江补汉工程初设报告审查工作方案的汇报，对审查会相关工作进行部署。江汉水网公司董事长高必华，副总经理李志伟、周阳宗、尹延飞、上海峰参加会议。

1月8—10日，中国南水北调集团副总经理孙志禹带队参加水利部水规总院组织召开的初设报告审查会。江汉水网公司董事长高必华，副总经理李志伟、周阳宗、尹延飞、上海峰参加会议。

1月10日，中国南水北调集团副总经理孙志禹主持召开引江补汉工程初设报告审查总结预备会。江汉水网公司董事长高必华，副总经理李志伟、周阳宗、尹延飞、上海峰参加会议。

1月11日，江汉水网公司全体干部

职工参加中国南水北调集团转隶大会。

1月12日，江汉水网公司全体干部职工参加中国南水北调集团2023年工作会议。

1月13日，江汉水网公司全体干部职工参加中国南水北调集团2023年党风廉政建设和反腐败工作会议。

是日，江汉水网公司董事长高必华主持召开前期施工准备工程专题报告讨论会，江汉水网公司领导班子全体参加会议。

1月14日，江汉水网公司董事长高必华、副总经理上海峰，前往工程现场察看工程进展情况，慰问引江补汉出口段工程参建各单位，并在丹江口建设管理部召开春节慰问座谈会。

1月17日，中国南水北调集团副总经理孙志禹主持召开引江补汉工程初设报告审查意见落实会，会议听取了战略投资部对引江补汉工程初设审查审批阶段工作方案的汇报，以及江汉水网公司对落实引江补汉工程初设报告审查意见工作方案和临时工程提前开工项目设计方案审批等有关事宜的汇报，并对下一步工作进行安排部署。江汉水网公司董事长高必华、总经理于涛、副总经理李志伟、副总经理周阳宗、副总经理尹延飞、副总经理上海峰参加会议。

1月29日，江汉水网公司总经理于涛赴湖北省水利厅对接引江补汉施工准备工程开工建设相关工作。

1月31日，江汉水网公司召开2023年工作会议。中国南水北调集团总经理汪安南出席会议并讲话。江汉水网公司董事长高必华作题为“凝心聚力　乘势而上　奋力谱写引江补汉工程全面开工建设新篇章”的工作报告。江汉水网公司总经理于涛主持会议。

是日，中国南水北调集团总经理汪安南与江汉水网公司座谈，调研督导引江补汉工程初设及工程施工准备推进情况。

2月1日，江汉水网公司召开2023年党风廉政建设和反腐败工作会议，江汉水网公司董事长高必华出席会议并讲话，江汉水网公司纪委书记王志文总结2022年党风廉政建设和反腐败工作并安排部署2023年工作，江汉水网公司总经理于涛主持会议并总结讲话，公司领导班子成员参加会议。中国南水北调集团纪检监察组、丹江口市纪委监委有关同志通过视频列席会议。

2月8日，江汉水网公司总经理于涛主持召开引江补汉工程前期施工准备工程征迁移民工作专班会议，党委副书记贾志营、副总经理李志伟、副总经理周阳宗、副总经理尹延飞、副总经理王齐常、副总经理上海峰参加会议。

2月8—10日，中国南水北调集团纪检监察组牵头，江汉水网公司纪委联合丹江口市纪委监委、长江工程监理咨询有限公司（湖北）纪委组成联合监督检查组，重点对引江补汉工程出口段参建各方在工程建设、征迁移民资金使用、廉洁共建等情况，以及丹江口建管部学习贯彻党的二十大精神、落实全面从严治党主体责任、党支部建设、组织生活、内控管理、年轻干部教育管理监督等方面开展了联合监督检查。

2月13—14日，水利部水利水电规划设计总院在北京组织召开引江补汉前期施工准备工程专题讨论会。水规总院副院长温续余主持会议，中国南水北调集团有关部门、江汉水网公司、长江设计集团相关负责同志参加会议。

2月16日，中国南水北调集团董事长蒋旭光、副总经理孙志禹、副总经理耿六成一行赴江汉水网公司调研引江补汉工程建设情况，并就加快推进工程建设、加大投资消纳等工作作出安排部署。

2月18日，引江补汉工程出口段正式进入主体隧洞施工。

2月20日，江汉水网公司党委召开2022年度民主生活会。江汉水网公司党委书记、董事长高必华主持会议，全体党委委员参加，集团党组巡视办和纪检监察组以视频会议形式进行督导。

2月20—21日，中国南水北调集团副总经理耿六成一行到引江补汉工程出口段调研工程建设情况，并召开座谈会。

2月24日，水利部副部长王道席赴引江补汉工程取水口调研工程推进情况。水利部三峡工程管理司、水库移民司及湖北省水利厅有关负责同志，江汉水网公司董事长高必华参加调研。

2月27—28日，国务院参事室副主任张彦通一行赴引江补汉工程开展调研活动。中国南水北调集团副总经理赵登峰，江汉水网公司董事长高必华、副总经理周阳宗、副总经理上海峰参加调研。

2月28日至3月1日，水利部南水北调工程管理司副司长、一级巡视员袁其田一行赴湖北省丹江口市引江补汉工程现场开展安全生产专项检查并召开座谈会。江汉水网公司董事长高必华参加会议。

3月2日，江汉水网公司董事长高必华参加中国南水北调集团财务工作会和防汛工作会。

3月3日，中国南水北调集团副总经理孙志禹主持召开引江补汉工程初设审查审批阶段工作协调推进会。

3月5—8日，中国南水北调集团副总经理孙志禹带队参加水利部水利水电规划设计总院组织召开的初设报告复审会。江汉水网公司总经理于涛、副总经理李志伟参加会议。

3月6日，江汉水网公司董事长高必华与襄阳市人民政府副市长张学林在襄阳进行会见，双方就加快推进引江补汉工程建设、涉水业务开发等方面的务实合作进行交流。江汉水网公司党委副书记贾志营、副总经理尹延飞参加会谈。

3月6—7日，水利部建设管理与质量安全中心主任张严明一行检查指导引江补汉出口段工程，并召开座谈会。江汉水网公司董事长高必华、副总经理上海峰参加检查。

3月9日，中国南水北调集团副总经理于合群带队检查引江补汉出口段工程并调研建管三部党支部“党建+”工程实施情况。江汉水网公司董事长高必华、党委副书记贾志营、副总经理上海峰参加检查。

是日，湖北省委委员、常委、副书

记诸葛宇杰一行检查引江补汉出口段工程建设情况。江汉水网公司董事长高必华、副总经理上海峰陪同参加。

3月10日，江汉水网公司启用引江补汉工程建设管理一部、二部、三部共计3枚印章。

3月15日，江汉水网公司领导班子参加南水北调后续工程高质量发展工作领导小组会议暨加快国家水网建设推进集团高质量发展大会。

3月20日，引江补汉工程宜昌段（夷陵区境内）征迁工作正式启动。

3月21日，中国南水北调集团副总经理孙志禹主持召开引江补汉工程初设审查审批阶段工作第二次协调推进会，江汉水网公司总经理于涛、副总经理周阳宗、副总经理尹延飞参加会议。

3月23—24日，中国南水北调集团董事长蒋旭光、副总经理耿六成一行赴湖北省丹江口市调研指导引江补汉工程建设并与参建各方开展座谈。江汉水网公司董事长高必华、副总经理上海峰参加座谈。

3月24日，江汉水网公司总经理于涛参加“复杂地质条件下超大直径TBM选型、优化及智能掘进系统科研”项目研究大纲讨论会。

3月27日，江汉水网公司上报自然资源部引江补汉工程（K0＋000～K186＋226）控制性工程先行用地申请。

3月30日，江汉水网公司总经理于涛主持召开安全生产委员会2023年第一次会议暨应急领导小组会议。江汉水网公司董事长高必华、党委副书记贾志营、副总经理李志伟、副总经理周阳宗、副总经理尹延飞、副总经理上海峰、总会计师王齐常参加会议。

3月31日，江汉水网公司董事长高必华、总经理于涛、副总经理李志伟、总会计师王齐常参加公司管理设施项目建设前期工作专题会。

是日，江汉水网公司党委副书记贾志营参加中国南水北调集团管理实验室专题会。

是日，江汉水网公司召开第一次团员大会暨团支部成立大会，选举成立江汉水网公司第一届团支部委员会。江汉水网公司党委副书记贾志营出席会议。

4月1日，自然资源部批复江汉水网公司引江补汉工程（K0＋000～K186＋226）控制性工程先行用地申请。

4月4日，江汉水网公司董事长高必华带队赴红安红色革命根据地开展“寻访红色足迹，弘扬革命精神”主题党日活动，江汉水网公司领导班子成员，各党支部书记参加活动。

4月6日，江汉水网公司总经理于涛主持召开主体工程招标工作启动会，副总经理李志伟、副总经理周阳宗参加会议。

4月10—14日，江汉水网公司总经理于涛带队赴新疆水利发展投资（集团）有限公司调研，党委副书记贾志营、副总经理周阳宗参加调研。

4月12日，中国南水北调集团副总经理孙志禹赴长江科学院调研水力学模型试验研究，并赴丹江口检查防汛工作开展情况。江汉水网公司副总经理上海峰参加调研。

4月13日，江汉水网公司董事长高必华主持召开公司党委理论学习中心组学习（扩大）会议，传达学习习近平总书记在学习贯彻习近平新时代中国特色社会主义思想主题教育工作会议上的重要讲话精神、习近平总书记关于调查研究重要论述和关于在全党大兴调查研究的工作方案。江汉水网公司副总经理李志伟、副总经理尹延飞、副总经理上海峰、总会计师王齐常、纪委书记王志文参加会议。

4月18日，江汉水网公司董事长高必华听取设计单位分标方案的汇报。江汉水网公司总经理于涛、副总经理李志伟参加会议。

是日，江汉水网公司副总经理李志伟主持召开公司管理设施车位建设指标专题会。

4月19—21日，江汉水网公司总经理于涛陪同国家投资项目评审中心杨萍主任一行进行现场查勘，江汉水网公司副总经理李志伟、副总经理周阳宗参加现场查勘。

4月20日，江汉水网公司董事长高必华参加江汉水网公司安全工作专题会议。

4月21日，江汉水网公司董事长高必华主持召开学习贯彻习近平新时代中国特色社会主义思想主题教育动员大会，贯彻落实集团主题教育动员大会精神，对公司开展主题教育动员部署。公司党委副书记、主题教育领导小组副组长贾志营主持会议，公司党委委员参加会议。

4月22日，中国南水北调集团副总经理耿六成陪同国家投资项目评审中心主任杨萍对引江补汉工程取水口、将军垭弃渣场、6号支洞、雾渡河断裂（岩芯）、3号支洞和邓家畈防汛备料场进行现场查勘。江汉水网公司总经理于涛、副总经理李志伟、副总经理周阳宗参加查勘。

是日，中国南水北调集团副总经理耿六成组织召开引江补汉工程初设概算评审预备会，听取集团相关部门、江汉水网公司和长江设计集团对工程查勘中评审中心领导及专家所提问题的汇报，并对设计概算评审会开展期间有关工作进行部署。

4月23日，中国南水北调集团副总经理耿六成出席国家投资项目评审中心组织召开的南水北调中线引江补汉工程初设概算评审会。江汉水网公司董事长高必华、总经理于涛、副总经理李志伟、副总经理周阳宗参加会议。

是日，江汉水网公司董事长高必华到建管一部调研征迁工作进展、前期工程准备以及建管部建设情况。

4月23—24日，江汉水网公司董事长高必华、党委副书记贾志营、副总经理尹延飞、副总经理上海峰、总会计师王齐常、纪委书记王志文参加公司党委举办的学习贯彻习近平新时代中国特色社会主义思想主题教育第一期读书班。

4月23—25日，江汉水网公司总经理于涛、副总经理李志伟、副总经理周阳宗分别参加国家投资项目评审中心组织召开的南水北调中线引江补汉工程初设概算评审会分组讨论会。

4月25日，江汉水网公司董事长高必华、副总经理尹延飞参加集团审计整改暨经营活动分析会。

4月26日，江汉水网公司总经理于涛、副总经理李志伟、周阳宗到建管一部调研建管部前期工作情况。

是日，江汉水网公司董事长高必华参加中国南水北调集团党组专题会议，并就引江补汉工程进展情况、存在问题及下一步工作打算作重点汇报。

是日，江汉水网公司董事长高必华参加中国南水北调集团党组主题教育理论学习中心组联学会、中国南水北调集团党组2023年思想政治工作第一次专题会议。

4月27日，武汉市东西湖区自然资源和规划局组织召开江汉水网公司管理设施项目报规报建相关问题研讨会，江汉水网公司副总经理李志伟参加会议。

5月6—7日，水利部南水北调工程管理司司长李勇一行检查指导引江补汉出口段工程，并组织召开座谈会。江汉水网公司董事长高必华、副总经理上海峰参加会议。

5月8日，江汉水网公司董事长高必华、党委副书记贾志营、副总经理尹延飞、总会计师王齐常、纪委书记王志文参加配合中国南水北调集团党组巡视组巡视工作专题会议。

是日，江汉水网公司总经理于涛、副总经理李志伟、副总经理周阳宗参加中国南水北调集团引江补汉工程初设概算评审工作会议。

5月9日，江汉水网公司董事长高必华、总经理于涛参加中国南水北调集团安全生产委员会扩大会议。

是日，江汉水网公司副总经理李志伟与东西湖区常务副区长郭小平进行会谈，双方围绕进一步加快公司管理设施项目前期工作进行深入交流。

5月10日，江汉水网公司董事长高必华、总经理于涛、党委副书记贾志营、纪委书记王志文参加中国南水北调集团党组巡视工作见面沟通会。

5月11日，江汉水网公司召开中国南水北调集团党组巡视组巡视公司党委工作动员会。中国南水北调集团党组巡视组组长周鹏飞、副组长杨杰参加会议，江汉水网公司董事长高必华、总经理于涛、党委副书记贾志营、副总经理李志伟、总会计师王齐常、纪委书记王志文参加会议。

是日，中国南水北调集团党组巡视组组长、党组巡视办主任周鹏飞主持召开巡视组听取江汉水网公司党委工作汇报会。巡视组全体成员，江汉水网公司党委委员参加会议。

5月12日，中国南水北调集团董事长蒋旭光主持召开党组会，听取集团战略投资部、江汉水网公司关于引江补汉工程初设工作有关情况的汇报，并对下一步工作作出部署。江汉水网公司董事长高必华、总经理于涛、副总经理李志伟、副总经理周阳宗参加会议。

5月15日，中国南水北调集团总经理汪安南主持召开概算评审意见回复专题会，听取有关情况的汇报，并对下一步工作作出部署。江汉水网公司总经理于涛、副总经理李志伟、副总经理周阳宗参加会议。

是日，江汉水网公司总经理于涛、副总经理周阳宗通过视频参加中国南水北调集团组织的数字孪生南水北调专题工作会，对数字孪生引江补汉工程建设情况进行专题汇报。

5 月 17 日，江汉水网公司总经理于涛主持召开公司激励约束考核管理工作领导小组第一次会议。公司党委副书记贾志营，副总经理李志伟、副总经理周阳宗、副总经理尹延飞、副总经理上海峰，总会计师王齐常，纪委书记王志文参加会议。

5 月 18—19 日，江汉水网公司董事长高必华主持召开公司党委学习贯彻习近平新时代中国特色社会主义思想主题教育第三期读书班。公司党委委员、部门副职以上干部参加读书班学习。

5 月 19 日，江汉水网公司董事长高必华组织召开公司管理设施项目可行性分析报告专题研讨会，公司副总经理李志伟、公司领导曹应超参加会议。

5 月 23 日，江汉水网公司总经理于涛与谷城县县长涂世平一行座谈，围绕引江补汉工程征地移民工作，以及加强工程建设深化合作进行沟通交流。江汉水网公司副总经理尹延飞参加座谈。

5 月 24 日，国务院批准引江补汉出口段项目建设用地。

是日，江汉水网公司董事长高必华主持召开党委理论学习中心组（扩大）学习会议，学习党的二十大报告关于国家安全观的论述以及习近平总书记关于安全生产的重要论述，安排部署公司安全生产工作。公司党委委员、部门副职以上党员干部参加会议。

5 月 25 日，江汉水网公司董事长高必华主持召开公司党委全面从严治党专题会议。公司党委委员、部门副职以上党员干部参加会议。

5 月 26 日，江汉水网公司建管一部会同宜昌市夷陵区和雾渡河镇两级指挥部举行引江补汉工程（夷陵区雾渡河段）第一批建设用地交接仪式，顺利完成引江补汉工程宜昌段第一批建设用地交接。

5 月 29 日，江汉水网公司安全环保部更名为质量安全部，原安全环保部所承担的环境保护和水土保持、文明施工管理职能调整至工程管理部，工程管理部所承担的质量管理职能调整至质量安全部。

5 月 30 日，江汉水网公司组织开展引江补汉工程出口段 2023 年防汛抢险应急演练。公司副总经理上海峰参加活动。

6 月 4—5 日，中国南水北调集团副总经理耿六成一行检查指导引江补汉工程出口段工程建设，并组织召开座谈会，江汉水网公司董事长高必华、副总经理上海峰参加会议。

6 月 6—10 日，江汉水网公司董事长高必华一行赴四川都四项目、广东中铁装备制造基地、珠海隧道工程开展学习贯彻习近平新时代中国特色社会主义思想主题教育专题调研。公司副总经理李志伟参加调研。

6月9—10日，江汉水网公司总经理于涛现场查勘引江补汉出口段工程边坡裂缝处置进展情况，并参加引江补汉隧洞出口变形分析及处理方案专家咨询会，公司副总经理周阳宗参加会议。

6月10—12日，江汉水网公司总经理于涛赴引江补汉工程沿线检查指导前期施工准备工程的施工准备和资源配置情况。

6月14日，江汉水网公司召开引江补汉工程监理项目及前期施工准备工程土建施工项目合同签署仪式。江汉水网公司董事长高必华出席会议并讲话，公司总经理于涛主持会议，副总经理李志伟、副总经理上海峰参加会议。

6月19日，南水北调中线引江补汉工程前期施工准备工程（保康段）开工动员会在湖北保康举行，江汉水网公司党委副书记贾志营作动员讲话。

6月19—21日，中国南水北调集团总经理汪安南带队调研引江补汉工程沿线情况。江汉水网公司总经理于涛参加调研。

6月19—21日，江汉水网公司董事长高必华赴北京与国家投资项目评审中心沟通协调引江补汉工程初设概算审批事宜。

6月20日，南水北调中线引江补汉工程前期施工准备工程（宜昌段）开工动员举行，江汉水网公司副总经理尹延飞作动员讲话。

6月21日，水利部南水北调工程管理司副司长、一级巡视员袁其田一行与湖北省水利厅南水北调处、谷城县人民政府在建管三部召开座谈会，围绕引江补汉前期准备工程征地移民事宜进行深入交流。

6月28日，水利部部长李国英一行调研指导引江补汉出口段工程建设，中国南水北调集团总经理汪安南、江汉水网公司董事长高必华参加会议。

6月30日，江汉水网公司董事长高必华主持召开中国南水北调集团江汉水网建设开发有限公司党委思想政治暨意识形态工作专题会议。公司党委委员、部门副职以上党员干部参加会议。

是日，南水北调中线引江补汉工程前期施工准备工程（谷城段）开工动员会顺利举行，江汉水网公司副总经理上海峰作动员讲话。

7月5日，中国南水北调集团党组巡视组召开会议，向江汉水网公司党委反馈巡视情况。集团党组巡视办主任、巡视组组长周鹏飞，集团办公室副主任、巡视组副组长杨杰出席会议，集团有关部门负责同志，江汉水网公司党委委员参加会议。

是日，中国南水北调集团主题教育巡回指导组组长、党组巡视办主任听取公司党委主题教育开展情况，并同有关支部进行座谈。江汉水网公司党委副书记贾志营参加会议。

7月6日，中国南水北调集团副总经理、主题教育领导小组成员孙志禹以“学思想　强党性　重实践　建新功　加快推动南水北调和国家水网事业高质量发展”为题讲授专题党课，并与青年职工座谈。江汉水网公司党委委员参加党课学习。

7月7日，中国南水北调集团董事长、主题教育领导小组组长蒋旭光赴江汉水网公司检查督导主题教育开展情况，听取江汉水网公司主题教育及巡视整改工作有关情况汇报，并就主题教育及巡视整改工作进行了座谈交流。集团战略投资部、科技发展部、组织人事部、办公室有关负责同志，江汉水网公司党委委员参加会议。

是日，中国南水北调集团纪检监察组在建管二部组织召开引江补汉工程廉洁共建推进会。集团纪检监察组副组长周晓永和湖北省监委委员尹晔斌出席会议并讲话，江汉水网公司纪委书记王志文主持会议。

7月10日，中国南水北调集团副总经济师齐伟一行调研引江补汉出口段工程建设情况，并组织召开专题会，就对标世界一流企业价值创造、管理实验室活动、经营业绩考核、制度建设等方面展开座谈。

7月11日，江汉水网公司党委副书记贾志营主持召开工会临时会员代表大会，选举公司工会“两委”候选人建议人选名单。

是日，江汉水网公司完成工商信息变更（备案）登记手续，公司注册资本变更为110亿元人民币，变更后公司股东为中国南水北调集团（91%股权）、农发基础设施基金有限公司（9%股权）。

7月17日，中国南水北调集团董事长蒋旭光主持召开专题会议研究概算评审工作有关事宜，会议听取了江汉水网公司关于概算评审情况的汇报，就评审意见涉及的建设用地、信息化、保住中央定额安排和盯办分工方案等重要事项作出部署。集团副总经理孙志禹、副总经理耿六成、总会计师余邦利，江汉水网公司总经理于涛参加会议。

7月18日，江汉水网公司副总经理周阳宗主持召开“9·30”数字孪生建设专题推进会，听取工作方案汇报，安排部署下一步重点工作，推进数字孪生工作开展。

7月20日，江汉水网公司董事长、主题教育领导小组组长高必华以“感悟思想伟力　凝聚奋进力量　为推进南水北调后续工程高质量发展建新功”为题，讲授学习贯彻习近平新时代中国特色社会主义思想主题教育专题党课。江汉水网公司党委副书记、主题教育领导小组副组长贾志营主持会议，公司党委委员、全体干部职工参加会议。

7月21日，《江汉水网公司发展规划（2023—2025年）》经中国南水北调集团批复，正式印发实施。

是日，江汉水网公司董事长高必华主持召开党委理论学习中心组学习会议，传达学习习近平总书记关于“以学铸魂”的重要论述精神，围绕“坚定理想信念、铸牢对党忠诚、站稳人民立场”及前期调研形成的千岛湖配供水工程调研报告开展学习研讨。公司党委委员、部门副职以上党员干部参加会议。

7月22日，中国南水北调集团总经理汪安南带队赴评审中心沟通对接概算评审工作。中国南水北调集团副总经理孙志禹，江汉水网公司总经理于涛、副总经理周阳宗沟通对接概算评审工作。

7月25日，中国南水北调集团副总经理耿六成主持召开生态环境保护重点工作推进会，江汉水网公司副总经理上海峰参加会议。

7月26日，湖北省纪委常委、省委巡视办主任马锐一行调研引江补汉工程出口段廉洁共建情况，江汉水网公司纪委书记王志文参加会议。

7月28日，江汉水网公司副总经理上海峰与水利部南水北调规划设计管理局副局长李志竑进行座谈，交流引江补汉工程建设管理、建设标准化、移民安置、工程验收等相关情况。

7月29日，湖北省水利厅一级巡视员丁凡璋一行调研引江补汉工程出口段工程建设情况。

8月4日，江汉水网公司董事长高必华主持召开公司党委落实集团党组巡视反馈意见整改专题会议。公司党委委员参加会议。

8月14日，引江补汉施工供电工程首基铁塔在谷城县紫金镇完成施工，引江补汉施工供电工程进入施工高峰期。

是日，江汉水网公司董事长高必华主持召开公司业务办公用房项目土地购置、立项报告研讨会，公司总经理于涛、总会计师王齐常、公司领导曹应超，以及有关部门参加会议。

8月15—16日，长江委副主任、党组成员吴道喜一行组织开展引江补汉出口段工程安全生产措施备案现场勘查工作，并召开备案工作专题会议。江汉水网公司总经理于涛、副总经理上海峰参加会议。

8月17日，江汉水网公司党委理论学习中心组围绕“以学促干”开展专题学习研讨。江汉水网公司董事长高必华主持，公司党委委员、部门副职以上党员干部参加学习研讨。

8月18日，江汉水网公司总经理于涛以“对标世界一流企业的思考”为题讲授专题党课。公司党委委员、全体干部职工参加党课学习。

8月20日，中国南水北调集团董事长蒋旭光、副总经理于合群一行调研引江补汉工程出口段数字孪生智能建造中心和出口段工程建设情况，江汉水网公司董事长高必华参加调研。

8月21日，湖北省生态环境厅执法局一行赴江汉水网公司建管一部就环评“三同时”落实情况及自主验收情况开展“双随机”抽查，检查环保内业资料和施工现场环保措施落实情况。

8月22日，江汉水网公司党委副书记贾志营主持召开调度指挥系统初版功能评审会，评审确定所有模块主页面、子页面的原型设计、效果图设计、页面内容等，推动系统优化完善。

8月23日，江汉水网公司党委理论学习中心组开展主题教育专题民主生活会前集体学习。江汉水网公司董事长高必华主持，公司党委委员、部门副职以上党员干部参加学习研讨。

8月31日，江汉水网公司董事长高必华主持召开公司党委学习贯彻习近平新时代中国特色社会主义思想主题教育暨巡视整改专题民主生活会。中国南水北调集团组织人事部、党组巡视办、纪检监察组等主题教育巡回指导组成员部门派员出席，公司党委委员参加专题民主生活会。

9月4日，江汉水网公司领导班子成员、全体干部职工参加中国南水北调集团2023年警示教育大会。

9月14日，水利部调水管理司副司长（正司级）王平一行调研引江补汉工程出口段数字孪生智能建造中心和出口段工程建设情况。

9月15日，江汉水网公司党委副书记贾志营主持召开公司工会第一次会员代表大会，选举成立公司工会委员会和经费审查委员会。中国南水北调集团副总经理于合群、江汉水网公司总经理于涛参加会议。

9月18日，江汉水网公司董事长高必华主持召开“9·30”数字孪生引江补汉工程建设月例会，专题听取“9·30”数字孪生建设情况汇报。公司总经理于涛、党委副书记贾志营、副总经理周阳宗、副总经理尹延飞、总会计师王齐常、公司领导曹应超参加会议。

9月19日，江汉水网公司举行引江补汉工程2023年度“百日大干”劳动竞赛动员大会。中国南水北调集团副总经理耿六成出席并讲话，江汉水网公司董事长高必华出席并作动员部署，公司总经理于涛主持大会，副总经理上海峰宣读劳动竞赛方案，中国水利水电第五工程局有限公司、中国中铁电气化局集团有限公司、黄河工程咨询监理有限责任公司等参建单位分别作表态发言。

9月20日，湖北省第六生态环境保护督察组费德平一行调研引江补汉工程生态环境保护工作。

是日，江汉水网公司董事长高必华主持召开公司党委落实巡视反馈意见整改工作领导小组会议，听取巡视整改整体情况汇报、巡视整改监督检查情况汇报及各部门巡视整改存在问题和下一步工作计划。公司党委委员参加会议。

是日，江汉水网公司副总经理尹延飞与湖北省自然资源厅副厅长田五红沟通协调征迁事宜。

9月21日，江汉水网公司董事长高必华主持召开公司主题教育第一批总结暨第二批部署会议。公司党委委员、全体党员干部参加会议。

是日，江汉水网公司副总经理周阳宗通过视频参加水利部组织的数字孪生南水北调工程建设协调会，汇报数字孪生引江补汉工程建设情况。

9月22日，水利部印发《南水北调中线引江补汉工程初步设计报告准予行政许可决定书》（水许可决〔2023〕45号），批复引江补汉工程静态总投资5515823万元，施工总工期108个月。

是日，中国南水北调集团副总经理孙志禹主持召开数字孪生南水北调工程建设专题会，听取数字孪生引江补汉工程建设情况汇报。江汉水网公司董事长高必华、副总经理周阳宗参加会议。

是日，江汉水网公司领导曹应超赴集团商请引江补汉工程的主体工程尽快开展招标相关事宜。

9月26日，引江补汉出口段工程桐木沟检修交通洞顺利贯通，较目标节点提前三个月，引江补汉工程先期开工项目建设取得重大突破。

9月29日，中国南水北调集团总经理汪安南视频连线江汉水网公司建管部，了解引江补汉工程进展、节日期间生产安排和值班情况。

10月10日，中国南水北调集团战略投资部副主任张杰平组织召开江汉水网公司用地购置情况专题会，公司领导曹应超通过视频参会。集团质量安全部、审计部（法律事务部）、环保移民部及江汉水网公司有关部门同志参加会议。

10月13日，中国南水北调集团总经理汪安南检查指导引江补汉工程建设，江汉水网公司董事长高必华参加检查。

是日，水利部南水北调司司长李勇一行调研引江补汉出口段工程建设情况。

是日，湖北省纪委副书记、省监委副主任李莹一行调研引江补汉工程出口段工程建设和廉洁共建工作开展情况，江汉水网公司党委副书记贾志营参加调研。

10月24日，长江委主任刘冬顺一行调研指导引江补汉工程建设，江汉水网公司总经理于涛参加调研。

10月24—25日，江汉水网公司总经理于涛检查督导引江补汉出口段工程及前期施工准备3标工程建设，公司副总经理上海峰参加检查。

10月24—26日，江汉水网公司总经理于涛、副总经理上海峰检查督导引江补汉工程建设，在建管一部召开现场办公会，专题研究推进工程建设有关事宜。

11月1日，江汉水网公司党委副书记贾志营主持召开2023年党支部书记、党务干部培训开班仪式。

11月4—10日，水利部建安中心李玉强带领专家组一行，到引江补汉工程出口段进行巡查，江汉水网公司副总经理上海峰参加检查。

11月7日，中央第十一巡视组组长张谦主持召开下沉调研座谈会。中国南水北调集团副总经理于合群出席会议，中国南水北调集团党组巡视办主任周鹏飞、江汉水网公司党委委员参加会议。

11月9日，中央纪委国家监委驻水利部纪检监察组组长、水利部党组成员王新哲一行调研引江补汉工程出口段数字孪生智能建造中心和出口段工程建设情况。

11月13日，江汉水网公司董事长高必华、公司党委副书记贾志营参加集团主题教育工作推进会。

11月21日，中国农林水利气象工会二级巡视员郭琛主持召开南水北调后续工程劳动竞赛调研座谈会。中国农林水利气象工会主席李忠运，中国农林水利气象工会长江水利委员会主席徐德毅，中国南水北调集团副总经理于合群，江汉水网公司董事长高必华、党委副书记贾志营参加会议。

11月24日，中国南水北调集团副总经理孙志禹、总会计师余邦利在北京组织召开江汉水网公司武汉地块投资主体设立方案事宜专题研讨会，江汉水网公司总经理于涛通过视频参会。

11 月 27 日，中国南水北调集团董事长蒋旭光在北京主持召开江汉水网公司业务办公用房项目专题会。中国南水北调集团副总经理孙志禹、总会计师余邦利，江汉水网公司董事长高必华参加会议。

11 月 28 日，江汉水网公司举行引江补汉工程土建施工及金结机电安装项目合同签署仪式。江汉水网公司分别与中国水利水电第八工程局有限公司、中铁三局集团有限公司、中国水利水电第六工程局有限公司、中铁十八局集团有限公司、中铁隧道局集团有限公司、中铁十二局集团有限公司、中国水利水电第十四工程局有限公司七家单位签署引江补汉工程土建施工及金结机电安装项目合同。

11 月 28 日至 12 月 1 日，水利部南水北调司副司长、一级巡视员袁其田一行三人，对引江补汉工程夷陵段、保康段、出口段建设情况进行调研。江汉水网公司总经理于涛和副总经理上海峰参加调研。

12 月 7 日，江汉水网公司董事长高必华主持召开江汉水网公司党委 2023 年意识形态专题会议。公司党委委员参加会议。

12 月 8 日，江汉水网公司约谈黄河勘测规划设计研究院有限公司。公司副总经理上海峰主持约谈，黄河勘测规划设计研究院有限公司副总工易学文参加约谈。

12 月 14 日，中国南水北调集团副总经理于合群赴湖北省总工会沟通洽谈南水北调后续工程建设全国引领性劳动和技能竞赛有关事宜。江汉水网公司董事长高必华、党委副书记贾志营参加洽谈。

是日，水利部南水北调规划设计管理局副局长李志竑一行调研引江补汉工程安全生产工作，江汉水网公司副总经理上海峰参加调研。

12 月 18 日，中国南水北调集团副总经理孙志禹在北京主持召开经理层专题会议，研究讨论并通过了《江汉水网公司关于增资扩股的请示》。中国南水北调集团总会计师余邦利、战略投资部主任李孝振、财务资产部主任周明勤等相关部门负责人，江汉水网公司董事长高必华、总经理于涛、总会计师王齐常及相关部门负责人在武汉通过视频参会。

12 月 19 日，江汉水网公司领导班子成员、全体干部职工参加中国南水北调集团 2023 年第 2 次警示教育大会。同时，召开江汉水网公司警示教育大会，公司党委委员、全体干部职工参加会议。

12 月 21 日，江汉水网公司在丹江口市约谈黄河工程咨询监理有限公司，黄河工程咨询监理有限公司副董事长梁跃平参加约谈。

是日，江汉水网公司董事长高必华主持召开江汉水网公司党委 2023 年法治建设暨党内法规执行专题会议，公司党委委员参加会议。

12 月 24—25 日，江汉水网公司总经理于涛到建管二部开展元旦节前安全生产检查。

12 月 25 日，湖北省委办公厅组织召开三峡库区绿色低碳发展示范区、丹江口库区绿色可持续发展先行区规划工作会议，江汉水网公司副总经理尹延飞参加会议。

12 月 30 日，引江补汉工程 7 个主体施工标开工建设，工程进入全面开工建设阶段。

12 月 31 日，引江补汉工程施工供电线路及变电站建安工程 1 标、2 标、3 标（建管一部辖段）主体工程完工。

（金彦伶　赵发）

十三、附　录

重要文件

中国南水北调集团江汉水网建设开发有限公司组建方案

引江补汉工程是贯彻落实习近平总书记重要“5·14”讲话精神的重要举措，是南水北调后续工程拟开工建设的首个项目，也是中国南水北调集团成立后承担的第一个重大工程建设项目，具有极强的政治性、示范性和引领性。为筹备组建具有独立法人资格的项目法人实体，加快推进工程开工建设，根据中国南水北调集团党组决策部署和工程建设前期工作需要，经研究讨论，现提出组建方案如下：

一、指导思想

以习近平新时代中国特色社会主义思想为指导，全面贯彻落实推进南水北调后续工程高质量发展座谈会精神，坚持“节水优先、空间均衡、系统治理、两手发力”治水思路，以建好管好南水北调后续工程、提升企业核心竞争力为中心，创新工程管理体制机制，构建具有南水北调特色的现代企业制度，做强做优做大国有资本，为南水北调工程高质量发展提供坚实支撑，更好地服务区域经济社会发展和生态文明建设。

二、组建原则

（一）依法合规。严格按照《中华人民共和国公司法》《中华人民共和国企业国有资产法》等法律法规和政策要求，稳妥有序推进公司组建工作，遵循国家关于引江补汉工程建设运行决策部署和中国南水北调集团党组工作要求，切实保护公司、股东和债权人等相关方的合法权益。

（二）统筹管理。统筹工程开发建设和运行管理，着重构建生产要素和经营要素，切实提升治理水平和治理能力，高质高效实现工程规划目标。

（三）精简机构。按照建立完善中国特色现代企业制度要求，坚持精简高效的原则设置职能部门、管理岗位，做到权责清晰、制衡有效。

（四）党建引领。坚持党对国有企业的全面领导，充分发挥党组织领导核心作用，把方向、管大局、促落实，将党的领导融入公司治理各环节，配齐建强党的工作机构和人员。

三、功能定位与发展方向

公司定位为引江补汉工程项目法人，在中国南水北调集团统一领导下，具体承担工程建设管理职责，对工程建设的质量、安全、进度和资金使用负责。公司以引江补汉工程建设运营为基础，打造示范项目、一流工程，助力南水北调工程和中国南水北调集团高质量发展。

四、具体方案

（一）公司名称。中国南水北调集团江汉水网建设开发有限公司。

（二）公司性质。公司是由中国南水北调集团出资设立的有限公司。公司在做好引江补汉工程建设管理的基础上，积极参与区域水网建设和涉水产业开发。经中国南水北调集团批准，公司可根据需要，依法设立子公司、分公司（项目部）。

（三）法定代表人。公司的董事长为公司法定代表人。

（四）注册资本。公司注册资本为人民币1000000万元，由中国南水北调集团以投入到公司的工程建设资金出资，在2041年12月31日前认缴。

（五）经营宗旨与经营范围。

1. 经营宗旨。坚持“节水优先、空间均衡、系统治理、两手发力”治水思路，以加快构建国家水网主骨架和大动脉为目标，以调水工程开发建设与运营，相关生态保护和环境治理为核心功能，开拓经营，保障国有资产保值增值。

2. 经营范围。工程项目建设管理与运行；工程投资和资产管理；水网规划、建设开发与运营；水生产供应；水生态保护；水污染治理；水文化旅游资源开发运营；工程总承包和专业承包；工程咨询及技术服务；工程勘察设计；电力生产；物业服务；软件和信息系统集成开发及运行维护；土砂石开采；矿产资源开采利用。具体经营范围以市场监督管理机关核定的范围为准，根据实际需要，经审批可依法变更。

（六）公司住所。公司住所在湖北省武汉市，具体地址以工商登记注册为准。

（七）法人治理结构。

1. 党委。公司设立党委，同时，按规定设置纪律检查机构。公司党委领导班子成员9名，设党委书记1名、党委副书记2名，纪委书记1名，其他成员5名。

坚持和完善“双向进入、交叉任职”领导体制，符合条件的党委班子成员可以通过法定程序进入董事会、监事会、经理层，董事会、监事会、经理层成员中符合条件的党员可以依照有关规定和程序进入党委。

党委书记、董事长由一人担任，党员总经理担任党委副书记。党委配备专责抓党建工作的专职副书记，专职副书记进入董事会且不在经理层任职。

2. 董事会。公司设董事会，实行集体审议、独立表决、个人负责的决策制度。董事会由7名董事组成。

董事会成员中包括一名职工董事，经由职工代表大会、职工大会或者其他形式民主选举产生。外部董事人数应当超过董事会全体成员的半数。

董事会设董事长1名，可视需要设

副董事长。董事长和副董事长由股东依照企业领导人员管理有关规定，从董事会成员中指定。

3. 监事会。公司设监事会，监事会由3名监事组成，其中2名监事由股东委派，1名监事由公司职工通过职工代表大会、职工大会或者其他形式民主选举产生。

监事会设监事会主席1名，由全体监事过半数选举产生。董事、高级管理人员不得兼任监事。

4. 经理层。公司设总经理1名，副总经理4名，总会计师1名。经理层是公司的执行机构，谋经营、抓落实、强管理，接受董事会的管理和监督。根据工作需要，依照有关规定和程序，可设其他高级管理人员1～3名，具体数量及职务名称需报中国南水北调集团审批。

（八）机构设置。当前，公司主要任务为做好引江补汉工程的建设管理，结合工程沿线行政区划情况及所辖线路长度，按照优化配置、精简高效的原则，设置公司总部机关部门和分支机构。

五、新设公司与中国南水北调集团的关系

（一）股权关系。中国南水北调集团是公司唯一股东，行使股东权利。公司为中国南水北调集团全资子公司，具有独立法人资格。

（二）管理关系。中国南水北调集团决定公司经营方针和投资计划；依照相关规定对公司进行监督。公司负责贯彻和执行中国南水北调集团相关政策、决策和规定。

（三）经营关系。中国南水北调集团制定有关经营政策、划拨相关资产、提供启动资金及其他必要条件给予公司开办及发展支持。公司按照中国南水北调集团部署和公司章程开展经营活动，独立核算，自负盈亏。

（四）人事关系。中国南水北调集团具有对委派干部的任免权。公司董事、监事、高级管理人员及其他员工按中国南水北调集团有关制度要求和公司章程确定。

六、实施计划

（一）2022年1月31日前，完成公司组建方案和公司章程报批审核。

（二）2022年2月28日前，完成企业名称预核准，协商确定公司具体注册地址和经营场所。

（三）2022年3月31日前，结合中国南水北调集团批复意见，办理公司登记注册相关手续。

（四）2022年6月30日前，完成公司登记注册。（袁周）

中国南水北调集团江汉水网建设开发有限公司章程

第一章　总　则

第一条　为规范中国南水北调集团江汉水网建设开发有限公司的组织和行为，坚持和加强党的全面领导，完善公司法人治理结构，建设中国特色现代企业制度，维护股东、公司和债权人的合法权益，根据《中华人民共和国公司法》（以下简称《公司法》）、《中华人民共和国企业国有资产法》、《企业国有资产监督管理暂行条例》、《国有企业公司章程制定管理办法》、《中央企业公司章程指引（试行）》等法律、行政法规、规章和规范性文件，制定本章程。

第二条　公司名称：

中文全称：中国南水北调集团江汉水网建设开发有限公司。

中文简称：江汉水网公司。

第三条　公司住所：湖北省武汉市东西湖区航天路7号汉江大厦15层。

第四条　董事长为公司法定代表人。

第五条　公司是由中国南水北调集团控股，农发基础设施基金有限公司按投资协议参股，并依法在市场监督管理机关注册登记取得法人营业执照的有限责任公司。公司依法享有法人财产权，独立承担民事责任，并以其全部财产对公司债务承担责任。

第六条　根据《中国共产党章程》《中国共产党国有企业基层组织工作条例（试行）》规定，设立中国共产党的组织，开展党的活动，建立党的工作机构，配齐配强党务工作人员，保障党组织的工作经费。

第七条　公司坚持依法治企，努力打造治理完善、经营合规、管理规范、守法诚信的法治企业。

第八条　本章程对股东、公司、党委成员、董事、监事、高级管理人员具有约束力。

第二章　经营宗旨、范围和期限

第九条　公司经营宗旨：坚持“节水优先、空间均衡、系统治理、两手发力”治水思路，以加快构建国家水网主骨架和大动脉为目标，以调水工程开发建设与运营，相关生态保护和环境治理为核心功能，开拓经营，保障国有资产保值增值。

第十条　公司经营范围：工程项目建设管理与运行；工程投资和资产管理；水网规划、建设开发与运营；水生产供应；水生态保护；水污染治理；水文化旅游资源开发运营；工程总承包和专业承包；工程咨询及技术服务；工程勘察设计；电力生产；物业服务；软件和信息系统集成开发及运行维护；土砂石开采；矿产资源（非煤矿山）开采。（依法须经批准的项目，经相关部门批准后方可开展经营活动）

第十一条　公司的经营期限：长期。

第三章　注册资本、公司股东及其出资情况

第十二条　公司注册资本为人民币1100000万元。

公司根据经营发展需要，可以增加或者减少注册资本。增加或者减少注册资本的程序按照法律、行政法规和本章程有关规定执行。

第十三条　公司各股东的名称、出资方式、出资时间、出资金额及出资比例如下：

序号	股东名称	出资方式	出资时间	出资金额（人民币）	出资比例
1	中国南水北调集团有限公司	货币	2041年12月31日前	1000000万元	90.91%
2	农发基础设施基金有限公司	货币	2022年8月21日前	100000万元	9.09%
合　计				1100000万元	100%

第十四条　股东应当按期、足额缴纳出资。股东以货币出资的，应当按公司章程中规定的各自认缴的出资足额缴纳至公司指定账户；以非货币财产出资的，应当依法办理其财产权的转移手续。

第十五条　公司成立后，应当向股东签发出资证明书。出资证明书应当载明下列事项：

（一）公司名称；

（二）公司成立日期；

（三）公司注册资本；

（四）股东的名称、缴纳的出资额、出资方式和出资时间；

（五）出资证明书的编号和核发日期。

出资证明书由公司法定代表人签字并加盖公司印章。

第十六条　公司置备股东名册，记载下列事项：

（一）股东的名称、住所及联系方式；

（二）股东的出资额；

（三）出资证明书编号。

第四章　股东的权利和义务

第十七条　股东享有以下权利：

（一）出席或者委派代表出席股东会会议，依法行使表决权；

（二）依法行使召集股东会会议、提出议案、提名董事或者监事等权利；

（三）了解公司经营状况和财务状况，依法获得公司经营信息和财务信息，包括查阅、复制公司章程、股东会会议记录和决议、董事会会议决议、公司财务会计报告、股东出资及股权转让的资料等；

（四）依法对公司的经营活动进行监督，提出建议或者质询；

（五）依法转让持有的公司股权，同等条件下优先购买其他股东转让的股权；

（六）依法获得红利和其他形式的利益分配；

（七）公司新增资本时，有权优先按照实缴的出资比例认缴出资；

（八）公司终止、解散、清算时，依法参加剩余财产的分配；

（九）有关法律、行政法规及本章程规定的其他权利。

第十八条　公司的股东应当履行以下义务：

（一）遵守法律法规和公司章程，服从和执行股东会依法作出的决议；

（二）按时足额缴纳所认缴的出资，

公司成立后，不得抽逃出资；

（三）以其所认缴的出资额为限对公司的债务承担责任；

（四）遵守国家保密法律法规和有关规定，对所知悉的国家秘密和公司商业秘密严格履行保密义务；

（五）有关法律、行政法规和本章程规定的其他义务。

第十九条　股东之间可以相互转让其全部或者部分股权。股东向股东以外的人转让其股权时，应当书面通知其他股东征求同意；其他股东自接到书面通知之日起满三十日未答复的，视为同意转让。其他股东半数以上不同意转让的，不同意转让的股东应当购买该转让的股权，如果不购买该转让的股权，视为同意转让；经股东同意转让的股权，在同等条件下，其他股东有优先购买权。两个以上股东主张行使优先购买权的，协商确定各自的购买比例；协商不成的，按照转让时各自的实缴出资比例行使优先购买权。

第二十条　股东依法转让其股权后，由公司将受让人的姓名或者名称、住所以及受让的出资额记载于股东名册，该受让第三人依《公司法》及本章程的有关规定享有权利并承担义务。

第五章　股　东　会

第二十一条　公司由中国南水北调集团及农发基础设施基金有限公司共同出资，组成公司股东会。中国南水北调集团依据有关法律、行政法规和授权，对公司履行股东职责，享有股东权益。农发基础设施基金有限公司按照《农发基础设施基金投资协议》规定享有股东权益。

第二十二条　股东会依法对公司行使下列职权：

（一）决定公司的经营方针和投资计划；

（二）选举和更换非由职工代表担任的董事、监事，决定有关董事、监事的报酬事项；

（三）审议批准董事会的报告；

（四）审议批准监事的报告；

（五）审议批准公司的年度财务预算方案、决算方案；

（六）审议批准公司的利润分配方案和弥补亏损方案；

（七）对公司增加或者减少注册资本作出决议；

（八）对发行公司债券作出决议；

（九）对公司合并、分立、解散、清算或者变更公司形式作出决议；

（十）修改公司章程；

（十一）法律、行政法规或者公司章程规定的其他职权。

对前款所列事项股东以书面形式一致表示同意的，可以不召开股东会会议，直接作出决定，并由全体股东在决定文件上签名、盖章。

第二十三条　中国南水北调集团依照法律、行政法规和本章程规定行使股东权利，农发基础设施基金有限公司按照投资协议约定不向公司委派董事、监事和高级管理人员，不参与公司实际建设运营，对于投后管理事项，按照《农发基础设施基金投资协议》和有关法律法规约定享有包括知情权、质询权及对权益产生重大影响的事项表决权。

第二十四条　农发基础设施基金有限公司对于本章程第二十二条所规定的除第七款、第九款、第十款之外的事项，授权中国南水北调集团代行表决权，授权事项不包括以农发基础设施基金有限公司缴付的增资款形成的股权设置质押或其他权利负担或限制的事项。

股东会维护公司依法享有的经营自主权，可以依照有关规定或投资协议约定由中国南水北调集团授权公司董事会行使股东会的部分职权，决定公司的重大事项。

第六章　公司党委

第二十五条　公司根据《中国共产党章程》规定，经上级党组织批准，设立中国共产党中国南水北调集团江汉水网建设开发有限公司委员会（以下简称公司党委）。同时，按规定设立中国共产党中国南水北调集团江汉水网建设开发有限公司纪律检查委员会（以下简称公司纪委）。

第二十六条　公司党委由党员大会或者党员代表大会选举产生，每届任期一般为 5 年。任期届满应当按期进行换届选举。党的纪律检查委员会每届任期和党委相同。党委成员的任免，由批准设立党委的党组织决定。

第二十七条　公司党委委员为 9 名，设党委书记 1 名、党委副书记 2 名，设纪委书记 1 名，其他成员 5 名。

第二十八条　公司党委发挥领导作用，把方向、管大局、保落实，依照规定讨论和决定公司重大事项。主要职责是：

（一）加强公司党委的政治建设，坚持和落实中国特色社会主义根本制度、基本制度、重要制度，教育引导全体党员始终在政治立场、政治方向、政治原则、政治道路上同以习近平同志为核心的党中央保持高度一致；

（二）深入学习和贯彻习近平新时代中国特色社会主义思想，学习宣传党的理论，贯彻执行党的路线方针政策，监督、保证党中央重大决策部署和上级党组织决议在本公司贯彻落实；

（三）研究讨论公司重大经营管理事项，支持董事会、经理层、监事依法行使职权；

（四）加强对公司选人用人的领导和把关，抓好公司领导班子建设和干部队伍、人才队伍建设；

（五）履行公司全面从严治党主体责任，领导、支持内设纪检组织履行监督执纪问责职责，严明政治纪律和政治规矩，推动全面从严治党向基层延伸；

（六）加强基层党组织建设和党员队伍建设，团结带领职工群众积极投身公司改革发展；

（七）领导公司思想政治工作、精神文明建设、统一战线工作，领导公司工会、共青团、妇女组织等群团组织。

第二十九条　重大经营管理事项须经党委前置研究讨论后，再由董事会按照职权和规定程序作出决定。

第三十条　坚持和完善“双向进入、

交叉任职”领导体制，符合条件的公司党委班子成员可以通过法定程序进入董事会、经理层，董事会、经理层成员中符合条件的党员可以依照有关规定和程序进入党委。

公司党委书记、董事长由一人担任，党员总经理担任党委副书记。公司党委配备专责抓党建工作的专职副书记，专职副书记进入董事会且不在经理层任职。

第七章　董　事　会

第一节　董事会组成和职权

第三十一条　公司设董事会，实行集体审议、独立表决、个人负责的决策制度。董事会由 7 名董事组成，其中，非由职工代表担任的董事由中国南水北调集团提名，公司股东会选举和更换。

董事会成员中包括一名职工董事，经由职工代表大会、职工大会或者其他形式民主选举产生。外部董事人数应当超过董事会全体成员的半数。

第三十二条　董事会设董事长 1 名，可视需要设副董事长。董事长和副董事长由中国南水北调集团依照企业领导人员管理有关规定，从董事会成员中指定。

第三十三条　董事每届任期不得超过 3 年，任期届满考核合格的，经委派或者选举可以连任。外部董事在同一企业连续任职一般不超过 6 年。

董事任期届满未及时改选，或者董事在任期内辞职导致董事会成员低于法定人数的，在改选出的董事就任前，原董事仍应当依照法律、行政法规和公司章程的规定，履行董事职务。

第三十四条　董事会可设战略与投资委员会、薪酬与考核委员会、审计与风险委员会，并可根据实际工作需要设提名委员会和其他专门委员会。

专门委员会是董事会的专门工作机构，由董事组成，为董事会决策提供咨询和建议，对董事会负责。董事会专门委员会负责制订各自的工作规则，具体规定各专门委员会的组成、职责、工作方式、议事程序等内容，经董事会批准后实施。

第三十五条　战略与投资委员会、提名委员会中，外部董事应当占多数，提名委员会主任由董事长担任。薪酬与考核委员会、审计与风险委员会由外部董事组成。

第三十六条　董事会对股东会负责，是公司的经营决策主体，定战略、作决策、防风险，行使下列职权：

（一）制订公司发展战略和规划；

（二）制订公司年度投资计划，根据中国南水北调集团授权，决定经营计划、投资方案及一定额度以上的投资项目；

（三）制订公司的年度财务预算和决算方案；

（四）制订公司的利润分配和弥补亏损方案；

（五）制订公司增加或者减少注册资本的方案；

（六）制订发行公司债券方案；

（七）制订公司合并、分立、解散、变更公司形式等方案；

（八）制订公司章程草案和公司章程

的修改方案；

（九）制订公司国有资产转让、部分子企业国有产权变动方案；

（十）制定公司的基本管理制度；

（十一）决定公司内部管理机构的设置；

（十二）根据授权，决定公司内部有关重大改革重组事项，或者对有关事项作出决议；

（十三）根据有关规定和程序，聘任或者解聘公司总经理，根据总经理的提名聘任或者解聘公司副总经理、总会计师、总法律顾问等公司高级管理人员，根据董事长提名聘任或者解聘董事会秘书，按照有关规定和授权，决定高级管理人员的经营业绩考核和薪酬等事项；

（十四）制订公司的重大收入分配方案，包括公司工资总额预算与清算方案等（中国南水北调集团另有规定的从其规定），批准公司职工收入分配方案、公司年金方案；

（十五）按照中国南水北调集团有关制度规定，聘用或者解聘负责公司财务会计报告审计业务的会计师事务所及其报酬；

（十六）根据授权，批准一定金额以上的融资方案、资产处置方案以及对外捐赠或者赞助；

（十七）决定公司的风险管理体系、内部控制体系、违规经营投资责任追究工作体系、法律合规管理体系，对公司风险管理、内部控制和法律合规管理制度及其有效实施进行总体监控和评价；

（十八）指导、检查和评估公司内部审计工作，决定公司内部审计机构的负责人，建立审计部门向董事会负责的机制，审议批准年度审计计划和重要审计报告；

（十九）制订董事会的工作报告；

（二十）听取总经理工作报告，检查总经理和其他高级管理人员对董事会决议的执行情况，建立健全对总经理和其他高级管理人员的问责制度；

（二十一）决定公司安全环保、维护稳定、社会责任方面的重大事项；

（二十二）审议公司重大诉讼、仲裁等法律事务处理方案；

（二十三）按照中国南水北调集团有关制度规定，决定公司行使所出资企业的股东权利所涉及的事项；

（二十四）法律、行政法规、本章程规定和股东会授权行使的其他职权。

第三十七条　董事会应当依照法律法规和公司章程，结合实际制定议事规则，明确董事会具体权责、行权方式、议事程序、决策机制、支撑保障等内容。

第三十八条　董事会可以根据有关规定，将部分职权授予相关专门委员会、董事长、总经理行使，但是法律、行政法规规定必须由董事会决策的事项除外。

第三十九条　董事会应当制定授权管理制度，依法明确授权原则、管理机制、事项范围、权限条件等要求，建立健全定期报告、跟踪监督、动态调整的授权机制。

第二节　董事的权利和义务

第四十条　董事在公司任职期间享有下列权利：

（一）了解履行董事职责所需的国资监管政策和股东会要求；

（二）获得履行董事职责所需的公司信息；

（三）出席董事会会议和所任职专门委员会会议并对表决事项行使表决权；

（四）提出召开董事会临时会议、缓开董事会会议和暂缓对所议事项进行表决的建议，对董事会和所任职专门委员会审议的议案材料提出补充或者修改完善的要求；

（五）根据董事会的委托，检查董事会决议执行情况；

（六）根据履行职责的需要，开展工作调研，向公司有关人员了解情况；

（七）按照有关规定领取报酬、工作补贴；

（八）按照有关规定在履行董事职务时享有必要的工作条件和保障；

（九）必要时以书面或者口头形式向股东会反映和征询有关情况和意见；

（十）法律、行政法规和本章程规定的其他权利。

第四十一条　董事应当遵守法律、行政法规和本章程，对公司负有下列忠实和勤勉义务：

（一）贯彻股东会意志，忠实维护股东和公司利益、职工合法权益，坚持原则，审慎决策，担当尽责；

（二）投入足够的时间和精力履职，每年度的履职时间和出席董事会会议的次数达到有关规定要求；

（三）保守所知悉的国家秘密、工作秘密和企业商业秘密；

（四）遵守国有企业领导人员廉洁从业规定，不得违反股东会对董事忠实和勤勉尽责的规定和要求，不得利用职权收受贿赂或者其他非法收入，不得侵占公司的财产，不得擅自以公司财产为他人提供担保；

（五）积极参加股东、公司组织的有关培训，不断提高履职能力；

（六）遵守诚信原则，不得利用职务便利为本人或者他人谋取利益，不得违规接受报酬、工作补贴、福利待遇和馈赠；

（七）如实向股东会提供有关情况和资料，保证所提供信息的客观性、完整性；

（八）法律、行政法规和公司章程规定的其他忠实、勤勉义务。

第四十二条　外部董事与公司不应当存在任何可能影响其公正履行外部董事职责的关系。

职工董事除与公司其他董事享有同等权利、承担同等义务外，还应当履行关注和反映职工正当诉求、代表和维护职工合法权益等义务。

第三节　董　事　长

第四十三条　董事长全面负责公司改革与发展等工作，享有董事的各项权利，承担董事的各项义务和责任。

第四十四条　董事长行使下列职权：

（一）向董事会传达中央精神和国务院、股东会关于企业改革发展的部署和有关部门的要求，通报有关方面监督检查所指出的需要董事会推动落实的工作、督促整改的问题；

（二）组织开展战略研究，每年至少主持召开1次由董事会和经理层成员共同参加的战略研讨或者评估会；

（三）确定年度董事会定期会议计划，包括会议次数、会议时间等，必要时决定召开董事会临时会议；

（四）确定董事会会议议题，对拟提交董事会讨论的有关议案进行初步审核，决定是否提交董事会讨论表决；

（五）召集并主持董事会会议，使每位董事能够充分发表个人意见，在充分讨论的基础上进行表决；

（六）及时掌握董事会各项决议的执行情况，并对决议执行情况进行督促、检查，对发现的问题应当及时提出整改要求，对检查的结果及发现的重大问题应当在下次董事会会议上报告；

（七）组织制订、修订公司基本管理制度和董事会运行的规章制度，并提交董事会讨论表决；

（八）组织制订公司的利润分配、弥补亏损、增减注册资本、发行公司债券的方案，公司合并、分立、解散或者变更公司形式等方案，以及董事会授权其组织制订的其他方案，并提交董事会讨论表决；

（九）根据董事会决议，负责签署公司聘任、解聘高级管理人员的文件；根据中国南水北调集团相关规定，代表董事会与高级管理人员签署经营业绩责任书等文件；签署法律、行政法规规定和经董事会授权应当由董事长签署的其他文件；代表公司对外签署有法律约束力的重要文件；

（十）组织起草董事会年度工作报告，代表董事会向股东会报告年度工作；

（十一）组织制订公司年度审计计划、审核重要审计报告，并提交董事会审议批准；

（十二）提出董事会秘书人选及其薪酬与考核建议，提请董事会决定聘任或者解聘及其薪酬事项；提出各专门委员会的设置方案或者调整建议及人选建议，提交董事会讨论表决；

（十三）与外部董事进行会议之外的沟通，听取外部董事的意见，并组织外部董事进行必要的工作调研和业务培训；

（十四）在出现不可抗力情形或者发生重大危机，无法及时召开董事会会议的紧急情况下，在董事会职权范围内，行使符合法律法规、企业利益的特别处置权，事后向董事会报告并按程序予以追认；

（十五）法律、行政法规和董事会授予的其他职权。

第四十五条　董事长不能履行职务或者不履行职务的，由副董事长履行第四十四条规定的各项职权；未设副董事长或者副董事长不能履行职务、不履行职务的，由半数以上董事共同推举一名董事履行。

第四节　董事会会议

第四十六条　董事会会议由董事长召集和主持。董事长不能履行职务或者不履行职务的，由副董事长召集和主持；副董事长不能履行职务或者不履行职务的，由半数以上董事共同推举一名董事召集和主持。

第四十七条　董事会会议包括定期会议和临时会议。召开董事会会议的次数，应当确保满足董事会履行各项职责的需要。董事会每年度至少召开 4 次定期会议。

第四十八条　董事会定期会议计划应当在上一年年底之前确定。定期会议通知和所需的文件、信息及其他资料，应当在会议召开 10 日以前送达全体董事。

第四十九条　有下列情形之一时，董事长应当自接到提议后 10 日内，召集并主持董事会临时会议：

（一）三分之一以上董事提议；

（二）股东会认为有必要；

（三）法律、行政法规和公司章程规定的其他情形。

第五十条　除以上规定的情形和其他紧急事项外，召开董事会临时会议，会议通知和所需的文件、信息及其他资料，应当在会议召开 5 日以前，送达全体董事。

第五十一条　董事会会议应当有过半数董事且过半数外部董事出席方可举行。董事会决议的表决，实行一人一票。

董事对提交董事会审议的议案可以表示同意、反对、弃权。表示反对、弃权的董事，必须说明具体理由并记载于会议记录。

第五十二条　董事会决议分为普通决议和特别决议。董事会通过普通决议时，应当经全体董事过半数同意；通过特别决议时，应当经全体董事三分之二以上同意。

以下事项须经特别决议通过：

（一）制订公司增加或者减少注册资本的方案；

（二）制订公司合并、分立、解散或变更公司形式等方案；

（三）制订公司章程草案和公司章程的修改方案；

（四）制订非主业重大投资方案；

（五）法律、行政法规或者中国南水北调集团规定的应当通过特别决议通过的事项。

第五十三条　当三分之一以上董事或者两名以上外部董事对拟提交董事会审议的事项有重大分歧的，该事项一般应当暂缓上会；认为资料不完整或者论证不充分，以书面形式联名提出该事项暂缓上会的，董事会应当采纳。

同一议案提出缓议的次数不得超过两次。同一议案提出两次缓议之后，提出缓议的董事仍认为议案有问题的，可以在表决时投反对票，或者按照有关规定向有关机构和部门反映和报告。

第五十四条　除不可抗力因素外，董事会定期会议必须以现场会议形式举行。董事会召开临时会议原则上采用现场会议形式；当遇到紧急事项且董事能够掌握足够信息进行表决时，也可采用电话会议、视频会议或者形成书面材料分别审议的形式对议案作出决议。

第五十五条　存在关联关系的董事，不计入董事会研究决策该议题所需出席的董事人数。董事会就该议题作出决议，按照普通决议、特别决议不同类别，须经董事会全体成员（不含存在关联关系的董事）过半数或者三分之二以上同意。

第五十六条　董事会会议，应当由董事本人出席；董事因故不能出席，可以书面委托其他董事代为出席并行使表决权，但外部董事不得委托非外部董事代为出席。委托书中应当载明授权范围、代为表决的意见、授权的期限等。除不可抗力等特殊情况以外，董事每年度出席董事会会议次数不得少于会议总数的四分之三。

第五十七条　董事会可以根据需要聘请有关专家或者咨询机构，为董事会提供专业咨询意见，费用由公司承担。

第五十八条　董事会认为需要进一步研究或者作重大修改的议案，应在对议案进行修改、完善后复议，复议的时间和方式由董事会会议决定。特别重大的事项，应当向股东会报告。

第五十九条　董事会应当将会议所议事项作成会议记录。会议记录应当包括会议召开的日期、地点、主持人姓名、出席董事姓名、会议议程、议题、董事发言要点、决议的表决方式和结果（同意、反对或者弃权的票数及投票人姓名）等内容。出席会议的董事和列席会议的董事会秘书应当在会议记录上签名。会议记录授权委托书应当纳入董事会会议档案进行归档保管。

第六十条　股东会可派人列席公司董事会和董事会专门委员会的会议。公司纪委书记可列席董事会和董事会专门委员会的会议。

第六十一条　董事会可以根据需要邀请公司高级管理人员、相关业务部门负责人和专家等有关人员列席，对涉及的议案进行解释、提供咨询或者发表意见、接受质询。

董事会审议事项涉及法律问题的，总法律顾问应当列席并提出法律意见。

第六十二条　列席董事会会议的人员没有表决权。

第五节　董事会秘书与董事会办事机构

第六十三条　公司设董事会秘书1名，董事会秘书应当具备相关专业知识和经验，应当具有足够的时间和精力履职，一般应当为专职。董事会秘书为公司的高级管理人员，列席董事会会议、总经理办公会等公司重要决策会议以及董事会专门委员会会议。党委会前置研究讨论重大经营管理事项时，董事会秘书应当列席。

第六十四条　董事会秘书履行下列职责：

（一）协助公司董事会加强中国特色现代企业制度和公司治理机制建设，组织开展公司治理研究，协助董事长拟订有关重大方案、制订或者修订董事会运行的规章制度；

（二）组织落实公司治理有关制度，管理相关事务；

（三）组织筹备董事会会议，准备议案和相关材料并对其完整性进行把关，据实制作会议记录，草拟会议决议，保管会议决议、记录和其他材料；

（四）组织准备和递交需由董事会出具的文件；

（五）负责与董事联络，组织向董事提供信息和材料；

（六）跟踪了解董事会决议的执行情况，及时报告董事长，重要进展情况还应当向董事会报告；

（七）负责董事会与股东会的日常联络；

（八）法律法规、公司章程规定和董事会赋予的其他职责。

第六十五条　公司应当制定董事会秘书工作规则，规定董事会秘书的任职条件、工作方式、工作程序等内容，经董事会批准后生效。

第六十六条　董事会设立董事会办公室作为董事会的办事机构，由董事会秘书领导。董事会办公室负责公司治理研究和相关事务、筹备董事会和董事会专门委员会会议，为董事会运行提供支持和服务，指导子企业董事会建设工作。董事会办公室应当配备专职工作人员。

第八章　经　理　层

第六十七条　公司设总经理 1 名，副总经理 4 名，总会计师 1 名。经理层是公司的执行机构，谋经营、抓落实、强管理，接受董事会的管理和监督。公司总经理、副总经理、总会计师等高级管理人员由中国南水北调集团提名，按照领导人员管理有关规定由公司董事会聘任。

根据工作需要，依照有关规定和程序，可设其他高级管理人员 1～3 名，具体数量及职务名称需报中国南水北调集团审批。

第六十八条　总经理对董事会负责，向董事会报告工作，董事会闭会期间向董事长报告工作。

第六十九条　总经理行使下列职权：

（一）主持公司的经营管理工作，组织实施董事会的决议；

（二）拟订公司的发展战略和规划、经营计划，并组织实施；

（三）拟订公司年度投资计划和投资方案，并组织实施；

（四）根据公司年度投资计划和投资方案，决定一定额度内的投资项目，批准经常性项目费用和长期投资阶段性费用的支出；

（五）拟订发行公司债券方案及一定金额以上的其他融资方案，根据授权，批准一定金额以下的其他融资方案；

（六）拟订公司一定金额以上的资产处置方案、对外捐赠或者赞助方案，经董事会授权批准公司一定金额以下的资产处置方案、对外捐赠或者赞助；

（七）拟订公司年度财务预算方案、决算方案，利润分配方案和弥补亏损方案；

（八）拟订公司增加或者减少注册资本的方案；

（九）拟订公司内部管理机构设置方案，以及分公司、子公司的设立或者撤销方案；

（十）拟订公司的基本管理制度，制定公司的具体规章；

（十一）拟订公司的改革、重组方案；

（十二）按照有关规定，提请董事会聘任或者解聘公司其他高级管理人员；

（十三）按照有关规定，聘任或者解

聘除应由董事会决定聘任或者解聘以外的人员；

（十四）拟订公司的收入分配方案；

（十五）拟订公司建立风险管理体系、内部控制体系、违规经营投资责任追究工作体系和法律合规管理体系的方案，经董事会批准后组织实施；

（十六）建立总经理办公会制度，召集和主持公司总经理办公会议；

（十七）协调、检查和督促各部门、分公司、子企业的生产经营和改革管理工作；

（十八）提出公司行使所出资企业股东权利所涉及事项的建议；

（十九）法律、行政法规、本章程规定和董事会授权行使的其他职权。

第七十条　经理层应当制订总经理议事规则，经董事会批准后实施。总经理应当通过总经理办公会等会议形式行使董事会授权。

第七十一条　经理层对公司和董事会负有忠实和勤勉的义务，应当维护股东和公司利益，认真履行职责，落实董事会决议和要求，完成年度、任期经营业绩考核指标和公司经营计划。

第九章　监　事

第七十二条　公司不设监事会，设监事 1 名，由中国南水北调集团提名，公司股东会选举和更换。董事、高级管理人员不得兼任监事。

第七十三条　监事的任期每届 3 年。任期届满，连选可以连任。监事任期届满未及时改派，原监事应当依照法律、行政法规和本章程的规定，履行监事职务。内设监事职责逐步统筹整合到公司董事会下设专门委员会、内部审计等机构。

第七十四条　监事行使下列职权：

（一）检查公司财务；

（二）对董事、高级管理人员执行公司职务的行为进行监督，对违反法律、行政法规、公司章程或者股东会决议的董事、高级管理人员提出罢免的建议；

（三）当董事、高级管理人员的行为损害公司的利益时，要求董事、高级管理人员予以纠正；

（四）依照《公司法》有关规定，对董事、高级管理人员提起诉讼；

（五）公司章程规定的其他职权。

第七十五条　监事可以列席董事会会议，并对董事会决议事项提出质询或者建议。

监事发现公司经营情况异常，可以进行调查；必要时，可以聘请会计师事务所等协助其工作，费用由公司承担。

第十章　职工民主管理与劳动人事制度

第七十六条　公司依照法律规定，健全以职工代表大会为基本形式的民主管理制度，推进厂务公开、业务公开，落实职工群众知情权、参与权、表达权、监督权。重大决策要听取职工意见，涉及职工切身利益的重大问题必须经过职工代表大会或者职工大会审议。坚持和完善职工董事制度，保证职工代表有序参与公司治理的权益。

第七十七条　公司职工依照《中华人民共和国工会法》组织工会，开展工会活动，维护职工合法权益。公司应当为工会提供必要的活动条件。

第七十八条　公司应当遵守国家有关劳动保护和安全生产的法律、行政法规，执行国家有关政策，保障劳动者的合法权益。依照国家有关劳动人事的法律、行政法规和政策，根据生产经营需要，制定劳动、人事和工资制度。结合公司实际，建立员工公开招聘、管理人员选聘竞聘、末等调整和不胜任退出等符合市场化要求的选人用人机制。同时，建立具有市场竞争力的关键核心人才薪酬分配制度，积极有序开展中长期激励工作。

第十一章　财务、会计、审计与法律顾问制度

第七十九条　公司应当依照法律、行政法规和国务院相关部门的规定建立本公司的财务、会计、审计和法律顾问制度。

第八十条　公司会计年度采用公历日历年制，即每年公历1月1日起至12月31日止为一个会计年度。

公司采取人民币为记账本位币，账目用中文书写。

第八十一条　公司应当在每一个会计年度终了后120日内，编制财务会计报告。财务会计报告应当依照法律、行政法规、《企业会计准则》和国务院国资委、财政部等相关部门的规定编制。

公司年度财务报告应当依法经会计师事务所审计，并经过公司董事会审议通过。

第八十二条　公司利润分配按照《公司法》及其他有关法律、行政法规规定执行。

第八十三条　公司内部审计部门根据中国南水北调集团相关规定，对董事会负责，开展内部审计工作，对公司及其分支机构的经营管理活动进行审计监督。

公司内部审计部门接受董事会审计与风险委员会的指导和监督。

第八十四条　公司实行总法律顾问制度，设总法律顾问1名，发挥企业总法律顾问在经营管理中的法律审核把关作用，推进企业依法经营、合规管理。

第十二章　合并、分立、解散和清算

第八十五条　公司合并或者分立，应当由公司董事会提出方案，按本章程规定的程序通过后，按权限报批。

第八十六条　农发基础设施基金有限公司投资退出按照相关法律规定及投资协议约定执行。

第八十七条　公司因下列原因解散：

（一）公司章程规定的营业期限届满或者公司章程规定的其他解散事由出现；

（二）股东会决定解散；

（三）因公司合并或者分立需要解散；

（四）依法被吊销营业执照、责令关闭或者被撤销；

（五）人民法院依照《公司法》相关规定予以解散。

第八十八条　公司因本章程第八十

七条第（一）项、第（二）项、第（四）项、第（五）项规定解散时，应依法成立清算组对公司进行清算。农发基础设施基金有限公司与中国南水北调集团在清算过程中的优先权问题，按照相关法律规定及《农发基础设施基金投资协议》约定执行。清算结束后，清算组应制作清算报告，报股东会批准后依法向公司登记机关申请注销登记。

第十三章　附　则

第八十九条　本章程所称高级管理人员是指公司总经理、副总经理、总会计师、总法律顾问和董事会秘书等。

第九十条　本章程经股东会批准后生效，报公司登记机关备案。

第九十一条　有下列情形之一的，公司应当修改章程：

（一）公司章程规定的事项与现行的法律、行政法规、规章及规范性文件相抵触；

（二）公司的实际情况发生变化，与公司章程记载不一致；

（三）符合法律规定的相关股东会决定修改章程；

（四）发生应当修改公司章程的其他情形。

公司章程的修改，应报股东会批准。涉及公司登记事项变更的，依法办理变更登记。（袁周）

重要制度

【重要制度一览表】

江汉水网公司制度清单（截至2023年底）

序号	制度名称	发文号	发文时间
1	公司工作规则（暂行）	南水北调江汉综〔2022〕14号	2022年6月2日
2	会议管理规定（暂行）	南水北调江汉综〔2022〕16号	2022年7月13日
3	值班工作管理规定（试行）	南水北调江汉综〔2022〕17号	2022年7月14日
4	信息工作管理规定（暂行）	南水北调江汉综〔2022〕20号	2022年8月10日
5	保密工作管理办法（暂行）	南水北调江汉综〔2022〕21号	2022年8月12日
6	公文处理办法（暂行）	南水北调江汉综〔2022〕27号	2022年8月24日
7	通用办公设备家具配置标准（暂行）	南水北调江汉综〔2022〕30号	2022年9月15日
8	业务接待工作管理规定（暂行）	南水北调江汉综〔2022〕39号	2022年10月20日
9	员工体检管理规定（暂行）	南水北调江汉综〔2022〕40号	2022年10月20日
10	办公用房管理暂行办法	南水北调江汉综〔2022〕42号	2022年11月7日
11	网站信息发布管理规定（暂行）	南水北调江汉综〔2022〕44号	2022年12月6日
12	规章制度管理办法	南水北调江汉综〔2023〕11号	2023年4月20日
13	印章管理办法	南水北调江汉综〔2023〕13号	2023年4月26日
14	证照管理办法	南水北调江汉综〔2023〕13号	2023年4月26日

续表

序号	制度名称	发文号	发文时间
15	公务用车管理规定（暂行）	南水北调江汉综〔2023〕14号	2023年5月9日
16	职工食堂管理规定（暂行）	南水北调江汉综〔2023〕15号	2023年5月9日
17	总经理办公会议事规则	南水北调江汉综〔2023〕18号	2023年5月15日
18	董事长办公会议事规则	南水北调江汉综〔2023〕19号	2023年5月15日
19	员工行为规范	南水北调江汉综〔2023〕20号	2023年5月22日
20	新闻宣传工作管理办法	南水北调江汉综〔2023〕22号	2023年6月5日
21	督办工作管理规定	南水北调江汉综〔2023〕23号	2023年6月5日
22	车队管理手册	南水北调江汉综〔2023〕34号	2023年8月17日
23	本部周转住房管理办法	南水北调江汉综〔2023〕35号	2023年8月22日
24	信访工作管理办法（暂行）	南水北调江汉综〔2023〕36号	2023年9月22日
25	引江补汉工程项目管理纲要（试行）	南水北调江汉综〔2023〕41号	2023年11月12日
26	发展战略和规划管理办法（试行）	南水北调江汉经发〔2022〕9号	2022年8月3日
27	综合计划管理实施细则（试行）	南水北调江汉经发〔2022〕10号	2022年8月3日
28	综合统计管理实施细则（试行）	南水北调江汉经发〔2022〕20号	2022年9月27日
29	工程投资控制管理办法（试行）	南水北调江汉经发〔2022〕23号	2022年10月8日
30	合同价款结算管理规定	南水北调江汉经发〔2023〕15号	2023年6月28日
31	采购管理办法	南水北调江汉经发〔2023〕19号	2023年7月5日
32	招标采购管理工作指引	南水北调江汉经发〔2023〕20号	2023年6月15日
33	工程变更和索赔管理办法	南水北调江汉经发〔2023〕23号	2023年8月21日
34	低值易耗品管理办法	南水北调江汉财〔2022〕3号	2022年3月18日
35	企业负责人履职待遇业务支出管理办法	南水北调江汉财〔2022〕8号	2022年5月15日
36	业务招待费管理办法	南水北调江汉财〔2022〕15号	2022年7月8日
37	财务管理办法	南水北调江汉财〔2022〕18号	2022年8月12日
38	固定资产管理规定	南水北调江汉财〔2022〕20号	2022年8月26日
39	职工教育经费管理办法	南水北调江汉财〔2022〕21号	2022年9月16日
40	业务外包经费管理规定	南水北调江汉财〔2022〕24号	2022年10月18日
41	资金管理办法	南水北调江汉财〔2022〕25号	2022年10月21日
42	因公临时出国经费管理规定	南水北调江汉财〔2022〕26号	2022年10月22日
43	会计基础工作管理规定	南水北调江汉财〔2022〕27号	2022年11月3日
44	财务支付管理规定	南水北调江汉财〔2022〕28号	2022年10月28日
45	会议费管理办法	南水北调江汉财〔2022〕29号	2022年7月14日

续表

序号	制度名称	发文号	发文时间
46	资金内控管理规定	南水北调江汉财〔2022〕30号	2022年11月2日
47	全面预算管理办法（试行）	南水北调江汉财〔2023〕6号	2023年4月20日
48	债权债务管理规定（试行）	南水北调江汉财〔2023〕8号	2023年5月10日
49	预算管理委员会及办公室会议议事规则（试行）	南水北调江汉财〔2023〕15号	2023年8月7日
50	备用金管理办法	南水北调江汉财〔2023〕19号	2023年10月14日
51	专家咨询费管理规定	南水北调江汉财〔2023〕21号	2023年10月14日
52	差旅费管理规定	南水北调江汉财〔2023〕27号	2023年12月19日
53	费用报销管理规定	南水北调江汉财〔2023〕27号	2023年12月19日
54	福利费管理规定	南水北调江汉财〔2023〕27号	2023年12月19日
55	公司职工基本养老保险管理办法	南水北调江汉人〔2022〕4号	2022年4月7日
56	公司职工基本医疗保险管理办法	南水北调江汉人〔2022〕5号	2022年4月7日
57	住房公积金管理办法	南水北调江汉人〔2022〕6号	2022年10月18日
58	工伤保险管理办法	南水北调江汉人〔2022〕10号	2022年5月18日
59	生育保险管理办法	南水北调江汉人〔2022〕11号	2022年5月18日
60	劳动合同管理办法	南水北调江汉人〔2022〕12号	2022年5月18日
61	培训管理办法（试行）	南水北调江汉人〔2022〕16号	2022年6月20日
62	职工子女医药费报销办法（暂行）	南水北调江汉人〔2022〕18号	2022年8月19日
63	新入职员工试用期考核管理办法	南水北调江汉人〔2022〕21号	2022年8月24日
64	员工传帮带管理规定（试行）	南水北调江汉人〔2022〕28号	2022年11月2日
65	高质量发展奖励基金管理办法（试行）	南水北调江汉人〔2023〕2号	2023年1月9日
66	人员选调管理规定	南水北调江汉人〔2023〕12号	2023年4月3日
67	职称评聘管理办法	南水北调江汉人〔2023〕15号	2023年4月26日
68	考勤休假管理办法	南水北调江汉人〔2023〕18号	2023年5月29日
69	干部任职试用期满考核办法（试行）	南水北调江汉人〔2023〕20号	2023年7月4日
70	公司章程	南水北调江汉人〔2023〕21号	2023年7月14日
71	建设管理部运营手册	南水北调江汉人〔2023〕22号	2023年7月19日
72	干部人事档案管理办法（试行）	南水北调江汉人〔2023〕28号	2023年9月12日
73	公司本部部门和员工绩效考核办法（暂行）	南水北调江汉人〔2023〕29号	2023年9月12日
74	培训讲师管理规定（试行）	南水北调江汉人〔2023〕30号	2023年9月14日

续表

序号	制度名称	发文号	发文时间
75	建管部领导班子和建管部负责人综合考核评价办法（试行）	南水北调江汉人〔2023〕33号	2023年11月8日
76	企业补充医疗保险管理办法	南水北调江汉人〔2023〕34号	2023年12月11日
77	薪酬管理实施细则（暂行）	南水北调江汉人〔2023〕37号	2023年12月29日
78	薪酬管理办法（暂行）	南水北调江汉人〔2022〕38号	2023年12月29日
79	人才队伍常态化培养办法（试行）	南水北调江汉党〔2023〕57号	2023年8月8日
80	干部兼职管理办法	南水北调江汉党〔2023〕58号	2023年8月10日
81	因私出国（境）管理办法	南水北调江汉党〔2023〕59号	2023年8月10日
82	干部选拔任用工作办法（暂行）	南水北调江汉党〔2023〕68号	2023年9月11日
83	职位管理办法（暂行）	南水北调江汉党〔2023〕69号	2023年9月11日
84	党支部工作规则（试行）	南水北调江汉党〔2022〕15号	2022年6月1日
85	党组织工作经费管理规定（试行）	南水北调江汉党〔2022〕16号	2022年6月1日
86	“三重一大”决策制度实施办法（试行）	南水北调江汉党〔2022〕20号	2022年6月2日
87	党委议事规则（试行）	南水北调江汉党〔2022〕21号	2022年6月2日
88	党委理论学习中心组学习制度	南水北调江汉党〔2022〕22号	2022年6月14日
89	发展党员工作实施办法	南水北调江汉党〔2022〕23号	2022年6月2日
90	党委贯彻落实中国共产党重大事项请示报告条例实施细则（试行）	南水北调江汉党〔2022〕30号	2022年6月10日
91	工会经费支出管理规定（试行）	南水北调江汉党〔2022〕31号	2022年6月10日
92	意识形态工作责任制实施细则	南水北调江汉党〔2022〕69号	2022年9月14日
93	党委巡察工作办法（试行）	南水北调江汉党〔2022〕71号	2022年10月14日
94	干部职工思想动态分析报告工作规定（试行）	南水北调江汉党〔2022〕75号	2022年10月27日
95	基层党支部标准化规范化建设实施方案	南水北调江汉党〔2022〕86号	2022年12月2日
96	党委落实加强领导人员管理监督意见工作方案	南水北调江汉党〔2022〕87号	2022年12月2日
97	党建工作责任制实施办法（试行）	南水北调江汉党〔2023〕4号	2023年1月6日
98	党建工作考核评价办法（试行）	南水北调江汉党〔2023〕5号	2023年1月6日
99	建管部集体研究把关重大事项实施细则	南水北调江汉党〔2023〕60号	2023年8月15日
100	党委“党建+一流工程”实施方案	南水北调江汉党〔2023〕63号	2023年8月22日
101	企业文化建设实施方案	南水北调江汉党〔2023〕89号	2023年9月25日
102	工会工作管理办法（试行）	南水北调江汉党〔2023〕119号	2023年12月5日

续表

序号	制度名称	发文号	发文时间
103	纪委执纪审查工作程序清单	南水北调江汉纪〔2022〕3号	2022年6月8日
104	纪委执纪审查工作职责清单	南水北调江汉纪〔2022〕3号	2022年6月8日
105	纪委关于违反执纪审查有关规定的处理办法	南水北调江汉纪〔2022〕3号	2022年6月8日
106	关于做好失实检举控告澄清工作和严肃查处诬告陷害行为的办法	南水北调江汉纪〔2022〕15号	2022年10月18日
107	党风廉政建设和反腐败工作协调小组工作规则（试行）	南水北调江汉党〔2022〕18号	2022年6月2日
108	纪律检查委员会工作规则	南水北调江汉党〔2022〕19号	2022年6月2日
109	纪检信访举报管理办法	南水北调江汉纪〔2022〕20号	2022年11月8日
110	关于贯彻落实中央八项规定精神实施办法（试行）	南水北调江汉党〔2022〕62号	2022年8月2日
111	党委落实全面从严治党主体责任清单	南水北调江汉党〔2022〕63号	2022年8月2日
112	落实加强“一把手”和领导班子监督意见工作方案	南水北调江汉党〔2022〕70号	2022年10月8日
113	关于进一步加强基层纪律检查工作的意见	南水北调江汉纪〔2023〕12号	2023年9月22日
114	合同管理办法（试行）	南水北调江汉审法〔2022〕3号	2022年9月7日
115	内部审计工作管理办法（试行）	南水北调江汉审法〔2022〕5号	2022年10月17日
116	法律事务工作管理办法（试行）	南水北调江汉审法〔2022〕7号	2022年11月2日
117	法律合规审核规定（暂行）	南水北调江汉审法〔2022〕8号	2022年12月7日
118	违规经营投资责任追究实施办法（暂行）	南水北调江汉审法〔2022〕10号	2022年12月12日
119	建设项目审计规定（暂行）	南水北调江汉审法〔2023〕6号	2023年3月9日
120	授权委托管理规定	南水北调江汉审法〔2023〕7号	2023年4月4日
121	内部控制审计规定（暂行）	南水北调江汉审法〔2023〕10号	2023年5月9日
122	经营投资项目审计规定（暂行）	南水北调江汉审法〔2023〕16号	2023年8月1日
123	风险管理与内部控制管理办法（暂行）	南水北调江汉审法〔2023〕17号	2023年8月21日
124	合规管理办法	南水北调江汉审法〔2023〕20号	2023年10月7日
125	设计变更管理办法（试行）	南水北调江汉科技〔2022〕5号	2022年9月13日
126	勘察设计管理办法（试行）	南水北调江汉科技〔2022〕6号	2022年9月13日
127	科研项目管理办法（试行）	南水北调江汉科技〔2022〕7号	2022年9月16日
128	安全监测管理办法（试行）	南水北调江汉科技〔2022〕12号	2022年12月5日
129	科研项目“揭榜挂帅”实施规定（试行）	南水北调江汉科技〔2023〕13号	2023年10月7日

续表

序号	制度名称	发文号	发文时间
130	工程建设质量管理办法（试行）	南水北调江汉工〔2022〕5号	2022年8月2日
131	引江补汉工程试验检测管理规定（试行）	南水北调江汉工〔2022〕12号	2022年10月19日
132	引江补汉工程项目法人验收管理规定（试行）	南水北调江汉工〔2022〕13号	2022年10月19日
133	引江补汉工程建设监理管理规定（试行）	南水北调江汉工〔2022〕14号	2022年10月19日
134	档案管理办法（试行）	南水北调江汉工〔2022〕15号	2022年11月2日
135	引江补汉工程进度管理规定（试行）	南水北调江汉工〔2022〕20号	2022年12月12日
136	工程建设施工单位激励约束考核规定（试行）	南水北调江汉工〔2023〕3号	2023年1月6日
137	工程建设监理单位激励约束考核规定（试行）	南水北调江汉工〔2023〕18号	2023年5月10日
138	引江补汉工程建设责任单位项目负责人质量终身责任制实施细则（试行）	南水北调江汉工〔2023〕21号	2023年5月15日
139	管理类档案管理规定	南水北调江汉工〔2023〕22号	2023年5月16日
140	引江补汉工程建设期弃渣场及料场管理规定（试行）	南水北调江汉工〔2023〕25号	2023年6月2日
141	引江补汉工程文明施工管理规定（试行）	南水北调江汉工〔2023〕29号	2023年6月16日
142	引江补汉工程建设项目档案管理规定（试行）	南水北调江汉工〔2023〕44号	2023年9月26日
143	引江补汉工程项目档案整理细则（试行）	南水北调江汉工〔2023〕45号	2023年9月26日
144	网络安全管理办法（试行）	南水北调江汉信机〔2022〕5号	2022年9月12日
145	机电安装工程建设管理办法（暂行）	南水北调江汉信机〔2022〕9号	2022年10月19日
146	数字化管理办法（试行）	南水北调江汉信机〔2023〕3号	2023年6月14日
147	突发事件应急管理办法（试行）	南水北调江汉安环〔2022〕1号	2022年9月30日
148	安全生产管理办法（试行）	南水北调江汉安环〔2022〕5号	2022年7月26日
149	安委会工作规则（试行）	南水北调江汉安环〔2022〕7号	2022年8月3日
150	工程建设安全生产管理规定（试行）	南水北调江汉安环〔2022〕8号	2022年8月3日
151	安全教育培训管理规定（试行）	南水北调江汉安环〔2022〕12号	2022年9月30日
152	安全生产风险分级管控与隐患排查治理管理规定（试行）	南水北调江汉安环〔2022〕13号	2022年9月30日
153	生态环境保护管理规定（试行）	南水北调江汉安环〔2022〕15号	2022年10月11日
154	安全生产目标管理规定（试行）	南水北调江汉安环〔2022〕16号	2022年11月2日

续表

序号	制度名称	发文号	发文时间
155	引江补汉工程安全设施“三同时”管理规定（试行）	南水北调江汉安环〔2022〕17号	2022年12月5日
156	安全生产责任制管理规定（试行）	南水北调江汉安环〔2022〕18号	2022年11月2日
157	引江补汉工程安全技术措施方案管理规定（试行）	南水北调江汉安环〔2022〕22号	2022年12月5日
158	消防安全管理规定（试行）	南水北调江汉安环〔2022〕23号	2022年12月5日
159	引江补汉工程建设安全会议管理规定（试行）	南水北调江汉安环〔2022〕25号	2022年12月5日
160	个体防护装备配备管理规定（试行）	南水北调江汉安环〔2023〕6号	2023年4月4日
161	引江补汉工程建设安全生产费用管理规定	南水北调江汉安环〔2023〕10号	2023年8月14日
162	引江补汉工程生产安全事故报告和调查处理管理规定	南水北调江汉质安〔2023〕9号	2023年8月14日

（韩东方）

【部分重要制度全文】

中国南水北调集团江汉水网建设开发有限公司工作规则（暂行）

第一章　总　则

第一条　为进一步明确中国南水北调集团江汉水网建设开发有限公司各决策机制之间的关系和履职行权方式、组织管理规则，形成“权责明确、各司其职、协调运转、有效制衡”的工作机制，根据《中华人民共和国公司法》《中国南水北调集团江汉水网建设开发有限公司章程》等有关规定，结合公司实际，制定本工作规则。

第二章　管理机构与职责分工

第二条　公司管理机构主要包括党委、董事会、经理层、监事会、职工代表大会等。

第三条　公司各管理机构按照职责、权限及相应议事规则，分别审议决策公司生产经营、改革发展、工程建设等事项，监督检查决策事项的执行落实情况。

第四条　公司党委充分发挥“把方向、管大局、促落实”的领导作用，将党的领导融入公司治理各环节，公司其他治理机构要自觉服从和维护公司党委的领导。公司重大经营管理事项必须经党委会前置研究讨论后，再由董事会或董事长办公会作出决定，实现加强党的领导和完善公司治理的统一，确保党的路线方针政策和上级党组织的指示决定在公司得到贯彻落实。

第五条　董事会是公司的经营决策主体，依照法律法规和公司章程行使相应职权。在董事会组建或闭会期间，需由董事会研究决策的重大事项由董事长办公会集体研究决定。

第六条　经理层是公司的执行机构，接受董事会的管理和监督。经理层对公司和董事会负有忠实和勤勉的义务，应当维护股东和公司利益，认真履行职责，落实董事会决议和要求，完成年度、任期经营业绩考核指标和公司经营计划。

经理层主要通过总经理办公会或专题会等形式行使职权。

第七条　监事会包括股东代表和职工代表，由股东委派和民主程序选举产生，依照法律、行政法规和公司章程的规定，履行监事职权。监事可列席董事会会议，并对董事会决议事项提出质询或者建议。

第八条　职工代表大会是公司职工民主管理的基本形式，重大决策要听取职工意见，涉及职工切身利益的重大问题必须经过职工代表大会审议。职工代表大会闭会期间，需要解决的重要事项由公司工会委员会召集职工代表审议。

第三章　会 议 制 度

第九条　公司的重大事项必须按照公司主要会议制度的规定研究决定。公司主要会议包括党委会、董事长办公会、总经理办公会、职工代表大会、年度工作会、专题会、工作例会等。

第一节　党　委　会

第十条　党委会每月至少召开一次，由党委书记召集并主持，参加人员为公司党委委员。党委书记因故不能参加会议的，可以委托担任总经理的党委副书记召集并主持。

第十一条　党委会的议事决策范围、会议组织和议事程序等按照《中国南水北调集团江汉水网建设开发有限公司党委议事规则》执行。

第二节　董事长办公会

第十二条　董事长办公会原则上每月至少召开一次，由董事长召集并主持。出席人员为董事长、董事、党委委员；董事长认为有必要时，可召集相关人员列席。

第十三条　董事长办公会的议事内容、议事程序、会议制度等按照《中国南水北调集团江汉水网建设开发有限公司董事长办公会议事规则》执行。

第三节　总经理办公会

第十四条　总经理办公会原则上每月至少召开一次，由总经理召集并主持。出席人员为总经理、副总经理、总会计师；根据需要，可邀请党委书记、副书记参加会议；公司纪委书记、其他负责同志可列席会议；总经理可根据会议需要，决定其他有关人员列席。

第十五条　总经理办公会的议事内容、议事程序、会议制度等按照《中国南水北调集团江汉水网建设开发有限公司总经理办公会议事规则》执行。

第四节　职工代表大会

第十六条　职工代表大会每年至少召开一次，职工代表大会全体会议必须有三分之二以上的职工代表出席。

第十七条　坚持和完善职工董事制度，保证职工代表有序参与公司治理的权益。在职工代表大会组建期间，需由职工代表大会审议决策的事项，由职工代表、各部门负责人联席会议集体研究决定。

第十八条　职工代表大会依照法律法规和公司规定行使职权。

第五节　年度工作会

第十九条　年度工作会一般在当年集团公司年度工作会议之后。根据工作需要，可适时召开年中工作会。参会人员为董事长、董事、领导班子成员及其他高级管理人员，机关各部门全体人员、所属单位中层（含）以上人员等。

第二十条　年度工作会的主要内容

（一）贯彻集团公司年度工作会议精神，总结上年度工作，安排部署本年度工作；

（二）签订生产经营、安全生产和党风廉政建设责任书；

（三）表彰年度先进集体、个人等。

第二十一条　公司年度工作报告须经党委会研究审议，公司全体干部职工应严格落实年度工作报告各项要求。

第二十二条　各部门、所属单位年度工作报告须经公司分管领导审定。

第六节　专题会

第二十三条　专题会是根据相关工作需要，由公司领导班子成员按照分工组织召开。参加人员为相关领导班子成员，公司相关部门、单位负责人等。

第二十四条　专题会的主要内容

（一）组织研究安排单项工作或专项事务；

（二）协调解决具体问题；

（三）研究决定技术、造价等日常业务事项；

（四）先行将提交总经理办公会、董事长办公会或党委会研究的事项提出决策意见或方案；

（五）其他需要列入专题会的内容。

第二十五条　专题会形成的意见以会议纪要的形式发布，由会议主持人审定并签发。决定的事项由主持人牵头组织，责成相关部门具体办理或实施。

第七节　工作例会

第二十六条　工作例会是为进一步提高公司运转效率，开展协调、安排、检查等工作的定期会议。工作例会每周召开一次，参会人员为公司领导班子成员及其他高级管理人员、各部门及所属单位负责人等。

第二十七条　工作例会主要内容

（一）各部门汇报工作进展、计划及存在问题情况；

（二）对存在问题进行交流协商，提出措施及意见建议；

（三）部署安排近期重点工作。

第二十八条　工作例会由综合部提前收集各部门会议材料，并指定专人做好会议记录，一般不形成会议纪要。

第二十九条　根据工作需要，可视情况调整工作例会召开频次及时间。

第四章　会议组织管理

第三十条　会务工作责任部门

（一）党委会由党群工作部负责会务工作；

（二）董事长办公会由综合部负责会务工作；

（三）总经理办公会由综合部负责会务工作；

（四）职工代表大会由党群工作部负责会务工作；

（五）年度工作会由综合部、党群工作部按分工负责会务工作；

（六）专题会由相关业务主责部门负责会务工作；

（七）工作例会由综合部负责会务工作。

第三十一条　会务工作责任部门负责相关会议议题的征集，经公司分管领导审核后，报请会议主持人审定。

第三十二条　会议通知、纪要（决议）及行文

（一）会议前，由会务工作责任部门协调确定会议召开时间、地点，制订会议议程，经会议主持人同意后，按照规定时限通知与会人员、送达会议材料。涉及保密事项时，按照有关保密规定执行；

（二）会务工作责任部门负责会议组织、会议记录、拟制会议纪要（决议）、整理会议文件等，并保证资料的完整性、真实性、准确性；

（三）会议纪要（决议）由主持人签发。由会务工作责任部门按照档案管理有关规定妥善保管、整理归档。

第三十三条　会议要求

（一）能通过发文部署的原则上不召开会议，能利用视频或电话方式布置的不召开现场会，能在小范围内布置的工作不安排大规模会议；

（二）与会人员基本相同、内容相近、时间相适的多个会议，尽量合并召开；

（三）要注重会议实效，主题鲜明，准备充分，尽量开短会，富有成效地解决问题；

（四）要控制会议成本，厉行勤俭节约，严禁铺张浪费。尽量利用内部会议室召开会议，如确需到外地或宾馆召开会议，应经公司主管领导批准；

（五）参会人员应严格遵守保密纪律和规定，凡涉密的会议内容，不得以任何方式向任何人泄露。

第三十四条　决议的落实和督办

（一）各部门应积极主动做好职责范围内相关会议议定事项的落实工作，并在规定的时间内向负责该事项的公司领导报告落实情况；

（二）会务工作责任部门对会议议定事项进行督办，确保逐项落实到位，并将办理结果及时向会议主持人汇报；

（三）公司年度工作会议提出的年度重点工作目标任务、计划安排、举措要求等，由综合部牵头，及时梳理形成公司年度重点工作清单和分工安排。

第五章　公文、公务活动及请休假

第三十五条　公司公文由综合部归口管理，协调、监督各部门日常公文管理工作。公文处理工作应符合公司公文处理有关规定，满足公司内部治理、管理机制和规则，做到精简高效、准确规范。

第三十六条　地方党政机关及集团安排公司领导参加会议或出席活动，按照相应要求办理。

第三十七条　其他外部单位邀请公司领导出席活动或前来调研、拜访、考察等活动，由综合部或相应业务部门负责接洽工作。

第三十八条　新闻采访、发表文章、宣传报道、印制刊物、举办社会性活动、展览等涉及企业形象的各类宣传、活动，由党委书记或副书记批准。

第三十九条　公司各级领导干部要严格遵守领导干部出国（境）管理规定和外事纪律。因公出国（境）按有关规定办理。

第四十条　严格执行领导干部休假、请假报告制度。

（一）党委书记、董事长和总经理出差或休假、请假按集团有关规定办理。总经理出差或休假、请假，应事前征求党委书记、董事长意见；

（二）党委副书记、纪委书记、副总经理、总会计师、工会主席出差或休假、请假，由党委书记、董事长批准；

（三）其他高级管理人员出差或休假、请假，由总经理批准；

（四）机关部门正职干部出差或休假、请假，经分管领导同意后，由总经理批准；机关部门副职干部出差或休假、请假，由分管领导批准。同部门正副职干部人员一般不能同时全部出差或休假、请假；

（五）公司领导、高级管理人员和机关部门正职负责人出差或休假、请假，应在获得批准后及时告知综合部进行备案。

第六章　工作作风、纪律及廉洁从业规定

第四十一条　公司各级领导干部要严格落实中央八项规定精神，自觉反对“四风”，切实加强作风建设，不断改进文风、会风和工作作风。要深入基层，调查研究，指导工作，注重研究和解决实际问题；到基层考察调研要轻车简从，减少陪同，简化接待。要严格遵守领导干部履职待遇和公务支出有关规定，规范公务接待活动，艰苦奋斗，勤俭节约。

第四十二条　公司各级领导干部要带头严格自律，严守中央廉洁从业各项规定，严格执行重大事项报告制度，不得利用职权和职务影响为本人或特定关系人谋取不正当利益。

第四十三条　公司各级领导干部要严格遵守国家法律法规和公司规章制度，依法经营、担当作为、开拓创新、诚实守信，切实维护公司利益和职工合法权益，努力实现公司高质量发展。

第七章　附　则

第四十四条　本工作规则由综合部负责解释。

第四十五条　本工作规则自印发之日起施行。　（韩东方）

中国南水北调集团江汉水网建设开发有限公司“三重一大”决策制度实施办法（试行）

第一章　总　则

第一条　为全面贯彻习近平新时代中国特色社会主义思想，加强党对中国南水北调集团江汉水网建设开发有限公

司（以下简称公司）的全面领导，规范公司“三重一大”事项决策行为，提高决策水平，防范决策风险，促进领导人员廉洁从业，根据《中国共产党章程》《中国共产党国有企业基层组织工作条例（试行）》《中华人民共和国公司法》《中华人民共和国企业国有资产法》《中华人民共和国工会法》等有关法律法规，以及《中共中央办公厅国务院办公厅印发〈关于进一步推进国有企业贯彻落实“三重一大”决策制度的意见〉的通知》《国务院办公厅关于进一步完善国有企业法人治理结构的指导意见》《国资委党委关于贯彻落实〈关于进一步推进国有企业贯彻落实“三重一大”决策制度的意见〉的通知》《中国南水北调集团有限公司“三重一大”决策制度实施办法（试行）》和《中国南水北调集团江汉水网建设开发有限公司章程》（以下简称《公司章程》）等有关文件规定，制定本办法。

第二条　本办法中“三重一大”事项，是指公司重大决策事项、重要人事任免事项、重大项目安排事项和大额度资金运作事项。

第三条　“三重一大”事项采取集体研究讨论决定的形式，决策主体包括公司党委、董事会以及经董事会授权的决策主体。公司坚持依法推进职工民主管理，“三重一大”事项中凡涉及职工切身利益的重大事项，决策前要充分听取公司职工大会或工会的意见，必要时应当经职工代表大会审议通过。

第四条　决策“三重一大”事项必须遵循以下原则：

（一）坚持党的全面领导。把加强党的领导和完善公司治理统一起来，明确公司党委在法人治理结构中的法定地位，充分发挥党委的领导核心和政治核心作用，把方向、管大局、促落实，依照规定讨论和决定公司重大事项，确保公司正确的发展方向。

（二）坚持依法、科学、民主决策。遵守国家法律法规、党内法规和有关政策规定，保证决策内容和程序依法合规。按规定需报上级组织和有关部门审批的事项，应按规定报批。加强决策前期调研论证，对决策的必要性、可行性、实施条件、实施结果、风险及防范措施，以及预期的经济、政治和社会效应进行综合评估，增强决策的科学性，防止决策失误。充分发扬民主，广泛听取意见，完善职工参与、专家咨询和公司决策相结合的决策机制，保证决策的民主性。

（三）坚持公司决策。公司各决策主体依据各自的职责、权限和议事规则，集体讨论决定“三重一大”事项，防止个人或少数人专断。

第二章　决策范围

第五条　重大决策事项，是指依照《中国共产党章程》《中国共产党国有企业基层组织工作条例（试行）》等党内法规和《中华人民共和国公司法》《中华人民共和国企业国有资产法》等法律法规以及《公司章程》等规定，应由公司党委、董事会决定的事项，以及经集团公司批准或决定后由公司执行的重要事项。主要包括公司贯彻执行党和国家的路线方针政策、法律法规和集团公司重要决定的重大措施，公司发展战略、破产、改制、兼并重组、资产调整、产权转让、对外投资、利益调配、机构调整等方面的重大决策，公司党的建设和安全稳定的重大决策，以及其他重大决策事项。

第六条　重要人事任免事项，是指公司直接管理的领导人员以及其他经营管理人员的职务调整事项。主要包括公司中层以上经营管理人员和下属企业、单位领导班子成员的任免、聘用、解除聘用和后备人选的确定，向控股和参股企业委派股东代表，推荐董事会成员和经理、财务负责人，以及其他重要人事任免事项。

第七条　重大项目安排事项，是指对公司资产规模、资本结构、盈利能力以及生产装备、技术状况等产生重要影响的项目的设立和安排。主要包括年度投资计划，重大工程建设项目安排，重要设备和技术引进，采购大宗物资和购买服务，融资、担保项目，抵押、质押，以及其他重大项目安排事项。

第八条　大额度资金运作事项，是指超过由公司或者集团公司所规定的领导人员有权调动、使用的资金限额的资金调动和使用。主要包括年度预算内大额度资金调动和使用，超预算的资金调动和使用，对外大额捐赠、赞助，以及其他大额度资金运作事项。

第九条　公司“三重一大”事项清单及各决策主体职权详见附件。公司党委根据管理需要适时修订清单内容。

第三章　决策程序

第十条　公司“三重一大”事项分别以党委会议、董事会会议等形式进行集体决策。各决策主体按照各自工作规则、议事规则、授权行使规则等研究决定各自职责权限内的“三重一大”事项，不得以个别征求意见等方式作出决策。紧急情况下由个人或少数人临时决定的，应在事后及时报告，临时决定人应当对决策情况负责，党委、董事会应当在事后按程序予以追认。

第十一条　公司党委按照党委议事规则，对拟提交董事会或董事会授权的决策主体决策的“三重一大”事项进行前置研究讨论，提出意见建议。董事会会议或董事会授权的决策主体研究“三重一大”事项时，应事先与党委沟通，听取党委的意见。进入董事会的党委成员，应自觉贯彻落实党委的意见或决定。

第十二条　“三重一大”事项提交会议集体决策前应当认真调查研究，经过必要的研究论证程序，充分吸收各方面意见。重大投资和工程建设项目，应事先由相关职能部门委托有资质的咨询评估单位评估论证，并充分听取有关专家的意见。重要人事任免，要坚持党管干部原则，并事先征求公司纪委的意见。大额度资金运作，事先由相关职能部门进行论证和风险评估，建立健全资金内控管理机制。研究决定企业改制以及经营管理方面的重大问题、涉及职工切身利益的重大事项、制定重要的规章制度，应听取工会的意见，并通过职工代表大会或者其他形式听取职工群众的意见和建议，必要时还应按有关规定取得法律部门的法律意见书。涉及稳定方面的重大事项，应事先进行稳定风险评估。属于必须向集团公司请示报告的重大事项，应严格按照规定要求开展请示报告工作。

第十三条　提请会议决策的“三重一大”事项议案，应按相关议事规则和程序确定。未纳入会议议程的事项，除遇重大突发事件和紧急情况外，不得在会上临时动议提请审议、决定。

第十四条　决策事项应提前告知所有参与决策的人员，并为所有参与决策人员提供相关材料。必要时，可事先听取反馈意见。对保密事项，应严格遵守保密纪律。

第十五条　决策会议符合规定人数方可召开。与会人员要充分讨论并分别发表意见，会议主持人应最后发表结论性意见。会议决定多个事项时，应逐项研究决定。若存在严重分歧，一般应推迟作出决定。

第十六条　会议决定的事项、过程、参与人及其意见、结论等内容，应完整、详细记录。会议记录、纪要等资料应按规定存档备查。

第十七条　会议议题涉及本人、直系亲属、特定利益关系人，以及存在其他需要回避情形的，参与决策人员应当按照有关制度规定予以回避。

第四章　决策执行

第十八条　“三重一大”事项作出决策后，应按规定及时向集团公司报告报备相关决策情况。

第十九条　公司党委、董事会按照职责分工组织决策实施，明确落实部门和责任人，并定期检查决策执行情况。

第二十条　参与决策的个人对集体决策有不同意见，可以保留或者向上级反映，但在没有作出新的决策前，不得擅自变更或者拒绝执行。如遇特殊情况需对决策内容作重大调整，应重新按规定履行决策程序。

第二十一条　负责执行决策的部门或单位须制定决策实施方案的，应当明确领导责任及具体承办机构和责任人，确保落实决策的工作质量和进度，不得推诿和拖延。

第二十二条　“三重一大”事项决策开展的工作需纳入公司督办事项的，按照公司督办工作有关管理办法强化过程督促和结果管控。

第二十三条　“三重一大”事项决策的实施和完成情况纳入责任部门或单位年度经营责任考核内容，作为业绩考核的重要依据。

第五章　监督检查

第二十四条　公司党委书记、董事长为实施本办法的主要责任人，公司党委委员、董事和经理层等相关人员应当协助和监督党委书记、董事长做好本办法的贯彻执行工作。

第二十五条　公司纪委是公司“三重一大”事项决策实施情况的监督机构，应当依照《国有企业领导人员廉洁从业若干规定》的规定，结合年度考核进行监督检查，对实施情况作出评估，并将领导人员执行“三重一大”决策制度的情况作为重点内容与公司党委沟通，并向集团公司纪检监察组报告。

第二十六条　公司“三重一大”决策制度的执行情况，应作为党委巡察、全面从严治党责任制考核、企业领导人员考察和经济责任审计、党委民主生活会和述职述廉的重要内容。

第二十七条　公司积极推进以职工代表大会制度为基本形式的法定公开民主管理工作，把“三重一大”决策制度的执行情况作为党务公开、企务公开的重要内容，除按照国家法律法规和有关政策应当保密的事项外，在适当范围内公开，主动接受职工群众监督。

第二十八条　公司“三重一大”事项的决策程序和执行情况应自觉接受集团公司纪检监察组监督。

第六章　责任追究

第二十九条　凡违反“三重一大”决策制度，有下列情况之一，给企业造成重大经济损失或其他严重不良影响和后果的，应当追究责任：

（一）违背集体决策原则，个人或少数人擅自决定重大问题，独断专行的；

（二）不履行或不正确履行“三重一大”集体决策程序，不执行或擅自改变集体决定的；

（三）因特殊原因，未经集体讨论决定而个人决策，事后又不报告的；

（四）未向领导集体提供真实情况而造成决策失误的；

（五）执行决策后发现可能造成损失或影响，能够挽回损失或影响而不采取积极措施予以纠错改正的；

（六）违规使用知悉的未公开信息的；

（七）在保密期间泄露集体决策内容或将涉密材料向外泄密的；

（八）其他因违反本规定而造成失误的。

第三十条　对违反“三重一大”决策制度的，应根据事实、性质、情节等，明确集体责任、个人责任及直接责任、领导责任，并依据《中国共产党问责条例》《中国共产党纪律处分条例》《关于新形势下党内政治生活的若干准则》《中国共产党党内监督条例》《国有企业领导人员廉洁从业若干规定》等有关规定和相关法律法规，做出相应的处理。给企业造成经济损失的，应当承担经济赔偿责任；违反规定获取的不正当经济利益，应当责令清退。涉嫌犯罪的，移送有关机关处理。涉及公司领导班子成员的，按有关规定处理。

第七章　附　则

第三十一条　为提高决策效率、分类明确决策权限，应制定董事会授权行使规则，对董事长、总经理进行授权，依法明确授权原则、管理机制、事项范围、权限条件等主要内容。董事长、总经理应当分别通过董事长办公会、总经理办公会的形式行使董事会授权。董事长、总经理授权事项属于公司“三重一大”事项的，应当由党委集体研究后根据党委会意见进行决策。

第三十二条　在董事会组建期间，需要由董事会研究决策的重大事项暂由董事长办公会集体研究决定。

第三十三条　本办法由公司党群工作部负责解释。

第三十四条　本办法由公司党委会审议通过，自印发之日起施行。

（刘知伦）

中国南水北调集团江汉水网建设开发有限公司发展战略和规划管理办法（试行）

第一章　总　则

第一条　为规范中国南水北调集团江汉水网建设开发有限公司（以下简称公司）发展战略和规划（以下简称战略规划）的编制与实施工作，确保战略规划目标的实现，根据《中国南水北调集团有限公司发展战略和规划管理办法（试行）》（南水北调战略〔2021〕30号），结合公司实际，制定本办法。

第二条　本办法所称战略规划，是指公司根据国家发展战略、相关规划和产业政策以及中国南水北调集团有限公司（以下简称集团公司）战略规划，围绕战略定位，聚焦主责主业，在分析外部环境和内部条件基础上，为公司的高质量发展所做出的未来一定时期内的方向性、整体性、系统性的发展思路、总体目标、主要任务和保障措施等。

第三条　本办法适用于公司战略规划的制定及实施管理，包括本部部门及所属单位。

第二章　战略规划体系

第四条　战略规划体系由公司发展战略、5年发展规划和15年远景目标、公司年度综合计划共同构成。

第五条　公司发展战略是对公司的使命、愿景、价值观、战略定位，以及未来较长时间内公司发展思路、战略目标和策略等进行的总体谋划。

第六条　5年发展规划包括总体发展规划和专项发展规划，并体现15年远景目标相关内容。

总体发展规划是指为实施公司发展战略而在未来5年内的总体目标，重点任务和保障措施。

专项发展规划是对总体发展规划的分解与细化。可针对不同业务领域，根据公司发展需要和时间阶段特点，有选择地组织制订。

第七条　专项发展规划包括业务规划、职能管理规划和子公司发展规划。

业务规划是总体发展规划在各项业务上的具体体现和细化，也是实现战略规划目标的主要途径。

职能管理规划是在总体发展规划的指导下，对未来规划期内公司管理职能和专项领域工作的总体规划，可包括党的建设规划、人力资源规划、财务专项规划、科技创新规划、质量安全规划、信息化建设规划等，是对公司发展规划实施的支持和保障。

子公司发展规划是在总体发展规划

的指导下，对未来规划期内子公司发展经营进行的规划，涉及目标、策略、行动方案等内容。

第八条　公司年度综合计划是根据5年发展规划和工作实际，对未来1年各项重点工作的具体安排，相关制度另行制定。

第三章　组织与职责

第九条　董事长办公会、总经理办公会按相关制度规定履行战略规划的决策程序，党委会按规定履行研究讨论的前置程序及相应的决策。

第十条　经营发展部是战略规划的归口管理部门，主要职责：

（一）组织制定战略规划管理相关制度；

（二）组织编制公司发展战略和总体发展规划；

（三）指导、协调公司专项发展规划的制订、修订与调整；

（四）对公司战略规划管理体系的运行情况进行监控，跟踪分析公司战略规划实施效果，并提出工作建议。

第十一条　各部门、各单位负责与职责或业务相关的专项发展规划的制定、实施、修订和实施监控。

第十二条　各部门、各单位应明确战略规划管理工作的分管负责人、归口机构（如有）和主要工作人员。

第四章　制订与修订

第十三条　公司发展战略和总体发展规划的制订，应坚持前瞻性、系统性、可持续性等原则，广泛征求公司各部门、各单位意见。由经营发展部组织编制，报集团公司战略投资部审核后，提请公司总经理办公会审议，党委会前置研究，董事长办公会决策后颁布实施。

第十四条　业务规划

有关部门（单位）组织制订，由总经理办公会决策后颁布实施。

第十五条　职能管理规划

有关职能部门组织制订，其中：

（一）党的建设规划、人力资源规划由党委会决策后颁布实施；

（二）其他职能管理规划由总经理办公会决策后颁布实施。

第十六条　子公司发展规划

子公司组织制订本公司发展规划，报江汉水网公司审核，按子公司决策程序审批后实施。

第十七条　相关业务规划、职能管理规划、子公司发展规划成果颁布实施后，规划编制部门（单位）应及时交经营发展部备案。

第十八条　5年发展规划与国家国民经济和社会发展5年规划的编制期保持一致，规划到期前18个月启动下一期规划编制。

第十九条　在内外部经营环境与条件发生重大变化，经评估认为原战略规划不再适应时，规划编制部门（单位）应及时修订或重新制订，并履行有关审批程序。

第五章　实施、监控和评估

第二十条　公司发展战略通过5年

发展规划和年度综合计划贯彻实施。规划编制部门（单位）负责提出规划任务分解和分工建议，按相关规划决策程序报批后印发实施。

第二十一条　各部门、各单位是战略规划的实施主体，其主要负责人为第一责任人。

第二十二条　对于战略规划实施中涉及的重大战略任务，公司在资源配置和体制机制上给予重点支持和保障。

第二十三条　经营发展部组织对公司战略规划实施进行监控和评估，并跟踪分析公司战略规划实施效果，提出改进建议。

各部门、各单位应做好与本部门（单位）职责或业务相关的专项发展规划的实施监控和改进调整，并积极配合经营发展部开展好战略规划实施监控工作，按要求提交专项分析报告。

第二十四条　各部门可通过咨询研讨、委托研究等方式，加强战略规划的分析、研判和评估等工作。有关成果作为公司战略规划制定、修订等的重要依据和专业支撑。

第二十五条　经营发展部会同相关部门，适时将各专项发展规划的约束性指标和实施成效等，纳入对相关部门、单位的绩效考核。

第六章　附　则

第二十六条　本办法由经营发展部负责解释。

第二十七条　本办法自印发之日起施行。

（詹明玮）

“五个工程”释义

序言

南水北调工程事关战略全局、事关长远发展、事关人民福祉，是优化水资源配置、保障群众饮水安全、复苏河湖生态环境、畅通南北经济循环的生命线和大动脉，是实现中国水资源优化配置、促进经济社会可持续发展、保障和改善民生的重大战略性基础设施。以习近平同志为核心的党中央高度重视南水北调工作，多次作出重要指示批示，2020年11月、2021年5月，习近平总书记半年内两次考察南水北调工程，在南阳亲自主持召开专题座谈会并发表重要讲话，为推进南水北调后续工程高质量发展和国家水网建设指明了前进方向，提供了根本遵循。“十四五”时期，中国进入全面建设社会主义现代化国家新征程，南水北调事业迎来新的发展机遇。

中线引江补汉工程是南水北调后续工程首个开工的重大项目，是全面推进南水北调后续工程高质量发展、加快构建国家水网主骨架和大动脉的重要标志性工程。工程从长江三峡水库引水补汉江，将三峡工程和南水北调工程两大“国之重器”紧密相连，进一步打通长江向北方输水通道，连通长江、汉江流域与华北地区，形成新的水网格局，肩负着续写南水北调光荣梦想的新使命，承担着促进中线工程效益发挥、提高中线工程供水保证率、改善受水区生态环境、提升汉江流域和区域水资源调配能力、缓解汉江中下游水生态环境、支撑汉江流域和受水区绿色发展的重大责任。

江汉水网公司作为引江补汉工程的项目法人单位，当前的核心任务是高质量建设引江补汉工程。工程全体建设者必须迎难而上，把握机遇，牢记“志建南水北调、构筑国家水网”的初心使命，全力建设“安全工程、精品工程、绿色工程、智慧工程、阳光工程”（即“五个工程”），着力将引江补汉工程建设成为南水北调后续工程的精品和国家优质工程，以一流工程建设支撑保障一流企业价值创造，擦亮“南水北调”金字品牌。

工程概况

引江补汉工程作为南水北调中线后续水源工程，从长江三峡库区引水入汉江，沿线由南向北依次穿越宜昌市夷陵区、襄阳市保康县、谷城县和十堰市丹江口市。工程由输水总干线和汉江影响河段综合整治工程组成，输水总干线采用有压单洞自流输水，多年平均调水量为39亿m^3，引水流量随三峡水库水位变化为170～212m^3/s。工程实施后，中线多年平均北调水量将由95亿m^3增加到115.1亿m^3，同时还将向汉江中下游补水6.1亿m^3，补充引汉济渭工程5亿m^3，向沿线补水3亿m^3。工程设计施工总工期108个月，静态总投资551.58亿元。

输水总干线长约194.7km，为单洞布置，由进口建筑物、输水隧洞、石花控制闸、出口建筑物、检修交通洞等组成，其中隧洞长约194.19km，等效洞径10.2m。

汉江影响河段综合整治工程位于丹江口大坝下游约5km处，包括羊皮滩右汊出水渠、航道整治、河道整治等。

输水总干线采用“钻爆法＋TBM法”组合施工方案，其中钻爆法施工洞段总长约71km，占比36%；TBM法施工洞段总长约123km，占比64%，刀盘最大直径为12.2m，单台TBM最大掘进长度约17km。

工程总布置与施工总布置区域内地形地质复杂，地质勘察揭示主体工程沿线将穿越“三高三多”地带，即：高地应力、高水压、高地温，断层多、地下水多、软岩洞段多。

引江补汉工程在中国长距离有压引调水隧洞中单洞长度最长、洞径最大、综合难度最大，是中国调水工程建设极具挑战性的项目之一。

一、安全工程

（一）建设目标

“安全”是引江补汉工程必须牢牢守住的底线，其核心为生命至上、总体安全和本质安全，这是推动引江补汉工程高质量发展的定力所在。秉持“本质安全”生产理念，以创建安全生产标准化为基石，构建全方位、多层次的大安全格局，以“时时放心不下”的责任感，营造浓厚的引江补汉工程安全文化，全力建设安全工程。安全生产总目标是及时发现并消除事故隐患，杜绝较大及以上级别的生产安全事故，遏制一般性生产安全事故，杜绝造成人员死亡的生产安全事故。

（二）建设意义

建设安全引江补汉工程是贯彻落实

习近平总书记重要讲话和指示批示精神的重大政治任务。党的二十大明确提出推进国家安全体系和能力现代化，坚定不移贯彻总体国家安全观，健全国家安全体系等战略部署。习近平总书记多次对安全生产工作作出重要指示，反复强调要坚持发展决不能以牺牲安全为代价这条红线，要求要从守护生命线的政治高度，切实维护南水北调工程安全，为我们做好安全生产工作提供了根本遵循。必须以“时时放心不下”的责任感，扛牢责任，做好安全生产管理各项工作。

建设“安全引江补汉工程”是落实中国南水北调集团“志建南水北调、构筑国家水网”使命的关键举措。“志建南水北调、构筑国家水网”是集团党组深思熟虑后谋划确定的战略目标和宏伟愿景，要实现这一目标愿景，必须要有安全的生产与发展条件作为基础支撑。作为南水北调后续工程首个开工项目和“十四五”期间构建国家水网的重要一步，引江补汉工程具有重大的政治影响和示范效应，确保工程安全对树立和保持南水北调工程品牌形象至关重要，对南水北调集团高质量发展意义重大。必须牢记“志建南水北调、构筑国家水网”的初心使命，心怀“国之大者”，把抓好安全生产工作作为全体干部职工的思想自觉、政治自觉和行动自觉。

建设“安全引江补汉工程”是江汉水网公司必须坚守的责任义务。安全生产关乎江汉水网公司信誉形象和长远发展，没有安全生产这个前提和保障，就谈不上企业的高质量发展。必须统筹组织好各参建单位安全生产，健全安全生产管理体系，采取最严格的安全生产管理措施，确保工程现场安全投入到位、培训到位、管控到位、应急准备到位，切实增强参建各方对安全生产工作极端重要性的认识，真正把安全视作企业的生命，着力建设本质安全型企业，夯实引江补汉工程高质量建设的基础。

（三）建设要求

1. 加强依法合规管理。强化工程建设依法合规管理，严格遵守建设管理程序。督促要求各参建单位认真遵纪守法履行合同，信守承诺，推进安全文明施工标准化，从严落实方案审批，科学组织施工生产，同步做好各项档案资料的整理。坚决杜绝片面追求进度而忽视安全生产，坚决杜绝野蛮施工、冒险作业，坚决杜绝特种作业人员无证上岗，坚决杜绝车辆机械设备带病运行。

2. 从严落实安全责任。建立“层层负责、人人有责、各负其责、高效运转”的网格化责任体系。各级领导干部要保持忧患意识和戒惧之心，坚持“命”字在心，“严”字当头，敢抓敢管、敢于负责，以高度的责任感和紧迫感，带头抓安全。坚决落实全员岗位责任，推动建立纵向到底、横向到边的全员安全生产责任制。压实各参建单位安全生产的主体责任，严格资质准入、教育培训、安全考核和问责追责，把安全管理重心延伸到工区、班组和现场，打通安全工作“最后一公里”。

3. 狠抓源头设计质量。深入细致开展不良地质洞段和特殊结构专项设计，最大限度实现规划设计不留隐患、不留遗憾。加强设计动态优化，结合施工现场情况同步验证设计成果。高度重视施工过程中的地质超前预报，及时预警处置异常水文地质情况。

4. 严格落实双重预防机制。持续推进安全风险管控“六项机制”建设，按季度开展危险源辨识和风险评估，紧紧围绕高空作业、坍塌、机械伤害和触电等导致的人身伤害风险，以及重大设备安全、防洪度汛、弃渣场和料场安全防护、火灾、交通安全等方面风险，分层分级制定管控措施，建立重大安全风险分级管控清单，实现“一标段一清单”，加强动态管理。聚焦系统性、复发性问题隐患，强化隐患治理责任、措施、资金、时限、预案“五落实”，严格执行挂牌督办、治理评价，确保重大隐患闭环管理。

5. 强化全过程安全管理。坚持“初始即严、一严到底”的管理理念，不断强化江汉水网公司安全监管力量，督促参建单位配足、配强安全管理人员，通过经济处罚、停工整顿、人员和队伍退场、参建单位后方函告约谈及公司内部追责机制，形成持续高压严管态势。落实分包单位准入审查机制，杜绝“以包代管”“包而不管”行为，确保任何情况下分包单位和劳务人员的安全生产受控。开展施工作业规范化、标准化建设，不断规范各项工作流程，确保施工全过程安全管理。

6. 综合提升应急处置能力。切实强化“四预”措施和会商研判，科学编制、系统制订各项应急预案，做好各预案的衔接，系统推进引江补汉工程应急管理预案编制工作。加强应急能力建设，提高防灾减灾救灾、突发事故的处置保障能力。强化应急演练，针对可能存在的岩爆、岩溶涌水、断裂带大变形塌方、突泥涌水等突发事件处置的典型场景，开展针对性应急演练，进一步提升组织指挥、应急救援能力。加强应急信息报送管理，通过培训、轮训、案例教学、演练等措施，不断提升信息报送质量和水平。

7. 致力打造安全智能平台。加快完善安全生产信息和智能监控管理系统，持续推进“机械化换人、自动化减人、智能化无人”的安全本质化建设。高标准落实工程出口段等关键部位人员实名和车辆设备轨迹定位系统，形成在线监管平台，实现实时监测和预警，以科技创新驱动打造安全生产工作新格局。

8. 全力营造安全文化氛围。坚持以人为本，营造良好的人文关怀氛围，不断提升全员安全意识和责任感。从公司领导层到一线管理人员都要以身作则，重视安全问题，充分展示安全行为和态度，以形式多样的安全宣传教育活动为载体，着力营造“要安全、能安全、愿安全”的安全文化氛围。

二、精品工程

（一）建设目标

“精品”是引江补汉工程必须始终追求的目标，其核心为创新能力、工匠精神和卓越品质，这是推动引江补汉工程高质量发展的引力所在。贯彻执行国家“质量第一、规范管理、利国利民”的工程质量方针，落实质量终身责任制。坚持设计优秀、技术先进、施工质量优良、节能环保、经济效益和社会效益良好全面统筹，推行项目法人负责、监理单位控制、施工单位保证和政府监督相结合的质量管理体制，始终将“创建优质工程”贯穿项目建设全过程，追求卓越，铸造精品工程。质量目标为：实现较大及以上质量事故“零”目标；单元工程优良率达到85%以上，重要隐蔽工程及关键部位单元工程质量优良率达到90%以上；单位工程外观质量得分率85%以上。

（二）建设意义

建设“精品引江补汉工程”是贯彻落实党中央、国务院关于质量强国战略部署的重大政治任务。水利工程是国民经济和社会发展的重要基础设施，质量是水利工程建设永恒的主题和核心。党的二十大报告明确提出加快建设质量强国，中共中央、国务院印发《质量强国建设纲要》，系统阐述了质量强国建设的主要任务。南水北调工程是重大战略性基础设施，引江补汉工程作为南水北调后续工程的首个开工项目，工程建设者必须充分认识到追求质量提升的重要性，坚定新时代质量强国建设目标要求，全面提高工程建设质量管理水平，推进精品引江补汉工程建设。

建设“精品引江补汉工程”是践行南水北调后续工程高质量建设与江汉水网公司高质量发展的具体举措。江汉水网公司承担着建设和管理引江补汉工程的重任，确保工程高质量建设及后续高质量运营管理是公司当前的首要责任。建设精品引江补汉工程是践行新发展理念、推动高质量发展的具体体现，对于提升南水北调品牌核心竞争力、实现可持续发展具有积极意义，是推动南水北调后续工程高质量建设和江汉水网公司高质量发展的重要保证。

建设“精品引江补汉工程”是追求产品卓越、实现价值创造的现实需要。引江补汉工程是南水北调后续工程的重要组成部分，其建设质量和效益直接关系到国家水资源安全和区域经济社会发展，要实现工程价值的最大化，必须确保工程的质量和效益达到最高水平。通过建设精品引江补汉工程，全面提升科技水平、管理能力和企业形象，增强核心竞争力和市场占有率，不仅是江汉水网公司追求产品卓越、实现价值创造的现实需要，也是企业可持续发展的必然选择。

（三）建设要求

1. 增强建设优质工程意识。强化精品设计，勘察成果科学、精准、全面反映客观实际；勘测方法手段和技术先进；设计成果经多方案分析、比选、论证和优化，在节约投资、降低能源和原材料消耗等方面效果显著，能较好满足要求；设计采用新技术、新设备、新工艺等。注重精品建设，全员参与，周密组织，严格控制，建设内在品质和外观效果兼具且优良的精品工程。坚持择优选商，依法合规开展招采工作，面向全国选择优秀的参建单位进行工程施工。

2. 全面落实质量管理责任。全面履

行项目法人质量管理首要责任，夯实参建各方主体责任，明晰质量管理各方职责，加强组织落实。始终秉持初始即严、一严到底的管理理念，强化激励约束考核，严肃处罚问责机制，形成持续高压严管态势，推动质量管理责任全面落实。

3. 健全完善质量管理机制。建立健全质量控制管理制度体系，完善江汉水网公司负责、参建各方协同落实、政府部门监督保障的质量管理机制，确保质量管理体系运行有效。加强创新技术研发，推广卓越质量管理实践。

4. 样板引路推进标准化建设。加强施工全过程标准化管理，打造基于信息化技术覆盖施工全过程的质量管理标准体系。坚持首件评估、样板引路、试验先行，推广应用首件示范试点，创新工艺工法，保障工程施工质量。完善绿色建材标准，推广应用绿色建材。

5. 深化协同管理与智能监督。深化构建质量管理协同、质量资源共享的创新协作平台。强化质量监督检查力量，配足、配强质量管理人员。向科技借力，实现安全监测、质量检测数据化管理，推动数字建管系统全面运用，利用大数据、云计算、AI 可视化、VR 等新一代信息技术构建引江补汉工程一体化综合智慧运行系统，实现质量监督检查智能化管理。

6. 崇尚先进质量文化。贯彻“标准成为习惯、习惯符合标准、结果达到标准”的管理理念，加强先进质量管理经验推广应用，奖优罚劣，始终追求精益求精的施工质量和安全可靠的工程效果。

三、绿色工程

（一）建设目标

“绿色”是引江补汉工程必须致力实现的图景，其核心为低碳、环保和可持续，这是推动引江补汉工程高质量发展的潜力所在。以建设绿色引江补汉工程和生态引江补汉工程为目标，工程实施期间，改善和优化生态环保措施，减少扰动原地表和损坏植被面积，降低水土流失影响；工程建成后，水土流失治理度达到 97%，土壤流失控制比 1.00，渣土防护率 92%，表土保护率 92%，林草植被恢复率 97%，林草覆盖率 25%；工程涉及的水生生态、陆生生态、生态敏感区，其生态功能不因工程建设而受到破坏；工程区的地表水、地下水、土壤、环境空气质量不因工程施工显著下降，工程区的声环境质量满足相应管理目标，移民安置区生态环境不低于安置前水平。

（二）建设意义

建设“绿色引江补汉工程”是贯彻落实习近平生态文明思想的重要实践要求。引江补汉工程的建设实施，将实现以水资源的增量赋能生态文明建设和绿色发展，工程将有力提升中线工程水资源利用效率和生态效益，为进一步缓解华北地区地下水超采局面、复苏中线沿线河湖生态环境创造新的空间，是深入贯彻落实习近平生态文明思想、贯彻绿色发展理念的具体行动，对推进生态文明建设和美丽中国建设具有重要意义。

建设“绿色引江补汉工程”对支撑汉江流域和中线受水区绿色发展、实现南北两利具有重大意义。引江补汉工程是国家重要战略和发展布局的水资源保障工程，在增强南水北调中线工程的供水保障率、提高首都地区等北方受水区供水安全水平的同时，增加汉江流域水资源量，是缓解汉江中下游经济发展与生态保护压力、改善中线受水区生态环境的重大生态工程，并为引汉济渭工程达到远期调水规模、向工程输水沿线地区城乡生活和工业补水创造条件。

建设“绿色引江补汉工程”是履行社会职责、承担社会责任的生动体现。引江补汉工程建设运行的环境影响范围涉及长江三峡水源区与水源下游区、汉江中下游、丹江口水库、输水沿线区、中线受水区等多个重要水源区和生态敏感区。针对可能存在的各类生态风险隐患，必须要正确处理好发展与保护的关系，推动实施绿色引江补汉工程，通过优化设计、工程措施等综合施策，最大限度降低对生态环境的不利影响，这不仅是依法合规的需要，更是对社会负责任的具体体现。

建设“绿色引江补汉工程”是落实“双碳”战略，推动绿色低碳高质量发展的必经之路。引江补汉工程生产建设过程中将节能减排理念贯穿始终，推行碳减排措施，挖掘碳减排潜力，评估碳减排效益，实现企业经营与生态环境保护相协调，是践行“绿水青山就是金山银山”理念的重要举措，是深入贯彻落实集团节能环保重点工作和碳达峰专项行动部署的具体要求。

（三）建设要求

1. 坚持顶层设计与高位推动。以习近平生态文明思想为指导，围绕生态保护、节能降碳、污染防治、资源集约节约利用落实绿色设计理念，严格遵循生态环境保护措施与主体工程“三同时”制度原则，保证工程环保设计与周边地形地貌充分融合，最大程度减少工程建设区域生态环境的破坏，让水利建筑融于自然环境，努力从源头设计上打造具有南水北调特色的绿色生态工程。

2. 提升能源资源节约意识。广泛宣传环保知识、节能低碳理念，推广绿色发展经验和做法，推进落实“双碳”工作目标，始终将节能减排理念贯穿于生产建设全过程，确保现场设施设备、机械车辆、应用材料等符合低碳环保要求，无高耗能、高排放、高致污设备设施；倡导开挖料利用项目研发，鼓励使用绿色施工新技术、新产品、新工艺、新材料等“四新”技术应用。

3. 强化生态环保监管力度。坚持在项目实施前优化施工组织设计，控制施工建设对生态环境造成的不利影响，采取植物措施恢复、维护和改善工程区域生态环境。坚持用好生态环保工作目标激励约束考核机制，实行环保工作“一票否决”制，对破坏生态环境的违法行为“零容忍”，切实做到凡是不利于环保工作的方案、计划、预案都必须修正，凡是没有环保措施的施工一律不得开工。

4. 确保生态环境修复达标。始终按照生态环境保护相关规定和技术要求，采取科学合理措施全面预防和控制施工建设造成的环境影响和生态破坏，规范实施环境保护与水土保持工程措施、植物措施和临时措施，做好场地清理、整治及迹地恢复等工作，确保防治责任范围内的水土流失治理度、土壤流失控制比、渣土防护率、表土保护率、林草植被恢复率、林草覆盖率满足生态环境修复和设计要求。

四、智慧工程

（一）建设目标

“智慧”是引江补汉工程必须倾力打造的内核，其核心为数字化、网络化和智能化，这是推动引江补汉工程高质量发展的活力所在。以监测感知体系为基础，算力、算法、算据为保障，以全生命周期管理、全方位风险预判、全要素智能调控为目标，将信息技术与工程建设管理深度融合，围绕建筑工程现场生产进度、重点设备及人员管理、绿色文明施工等方面，充分利用高科技，通过打造工程数据中心、工程管控平台和决策指挥平台，实现施工现场一体可视化管理、智能化交互，以数据驱动的自动感知、自动预判、自主决策的柔性组织形态，探索新型智慧工程建设管理模式。

（二）建设意义

建设“智慧引江补汉工程”是贯彻落实习近平总书记重要指示批示精神和党中央、国务院决策部署的重大举措。习近平总书记高度重视网络强国、数字中国建设，对数字化、网络化、智能化提出了一系列明确要求，强调要充分发挥海量数据和丰富应用场景优势，促进数字技术与实体经济深度融合，赋能传统产业转型升级，催生新产业新业态新模式，不断做强做优做大中国数字经济。国家“十四五”规划纲要明确提出，“加快建设数字经济、数字社会、数字政府，以数字化转型整体驱动生产方式、生活方式和治理方式变革”“构建智慧水利体系，以流域为单元提升水情测报和智能调度能力”。引江补汉工程是南水北调后续工程首个开工的标志性项目，大力推进智慧引江补汉工程建设是贯彻落实习近平总书记重要讲话指示批示精神，落实落细党中央、国务院重大决策部署的必然要求。

建设“智慧引江补汉工程”是贯彻落实水利部和集团数字孪生工作部署的具体实践。水利部明确将智慧水利建设作为推动水利事业高质量发展的“六条实施路径”之一，数字孪生南水北调是“志建南水北调、构筑国家水网”的数字化支撑，是实现“精确精准调水”，确保“三个安全”的重要保障。数字孪生引江补汉工程作为水利部首批数字孪生先行先试中唯一一个全生命周期的试点工程，必须以水利部智慧水利建设总体部署和集团数字孪生南水北调建设方案为指引，以“安全、降本、增效”为目的，扎实推进数字孪生引江补汉工程建设，打造大直径深埋长隧洞工程全生命周期数字孪生样板。

建设“智慧引江补汉工程”是高标准建设引江补汉工程的关键支撑。引江补汉工程隧洞开挖施工难度较大，工程建设周期长，参建方多，不确定因素多，管理难度大，需以数字化、网络化、智能化为主线，搭建一套信息化工具，打通工程全生命周期中规划、设计、施工、运营、维护等各环节，实现对工程管理全域空间的全要素数字化表达。以跨阶段的数字孪生工程模型和数据资产为载体，构建数字孪生引江补汉工程，实现数据资产的集成化、协同化应用，最大限度发挥引江补汉工程大数据资产价值，为引江补汉工程高标准建设提供支撑。

建设“智慧引江补汉工程”是江汉水网公司高质量发展的内生需求。随着新一代信息技术的飞速发展和广泛应用，数字孪生已成为助力企业数字化转型、促进数字经济发展的重要抓手。数字孪生已经写入国家“十四五”数字经济发展规划，与大数据、人工智能、5G等一并成为国家数字化战略中的新技术；在行业应用层面，数字孪生成为垂直行业数字化转型的重要赋能技术，被众多企业纳入战略规划，成为数字领域技术和市场竞争的新赛道。江汉水网公司在高质量发展过程中，必须紧抓新机遇，以智慧引江补汉工程引领数字化转型，提升数字化、网络化、智能化水平，促进数字化与工程建设运营产业链深度融合，这是江汉水网公司高质量发展的内生需求和内在动力。

（三）建设要求

1. 打造工程智慧管控体系。以数字化管控体系建设为基础，推动业务管理流程优化及体系重塑；以技术标准体系建设为重点，构建覆盖工程信息化全过程、全领域的技术标准体系，支撑数字孪生建设；以数据治理体系建设为核心，促进数据治理与建设管理深度融合，深入挖掘数据价值，沉淀数据资产；以网络安全体系建设为保障，强化管理能力、丰富监测手段、提升应急处置水平，打造工程智慧管控体系。

2. 推进参建各方业务管理高效协同一体化。以单元工程为桥梁，构建以进度计划为龙头、质量验评为驱动、计量结算为准绳、概算管理为约束、资料归档为保障的“五联动”建设管理体系，实现工程管理状态可明示、管理过程可追溯、监控监测信息可跟踪，突出不同业务环节间的互联互通、数据共享、业务融合，促进业务流程优化和工作模式创新。

3. 构建“空天地”一体化全域感知体系。围绕数字孪生引江补汉工程全生命周期管理的业务需求，建设全域监测感知设施、通信网络设施、计算存储资源及运行实体环境，构建基于物联网和遥感技术的空天地一体化感知体系，实时采集和更新工程全域地理空间信息、实景三维数据、全要素监控监测数据、工程业务数据等，实现对工程建设全过程“人机料法环”的监测感知。

4. 搭建全生命周期数字孪生平台。充分运用数字孪生、云计算、大数据、人工智能、物联网等新一代信息技术，通过“BIM＋GIS”“流程＋场景”“物联＋传感”搭建全生命周期数据底板，建成具备工程全生命周期物联感知操控、全要素数字映射、可视化呈现、分析计算、模拟仿真推演、虚实融合互动以及自学习自优化等核心能力的数字孪生平台，提升工程智能化管理水平和安全保障能力。

5. 强化工程建设管理“四预”能力。聚焦工程地质构造复杂、施工难度大、建设周期长、参建方多等特点，围绕投资、进度、质量、安全“四控体系”建设，开展智能建造应用研究，强化工程的数字化映射、智慧化模拟、精准化决策和“四预”能力，实现“安全、降本、增效”，服务于引江补汉工程高质量建设。

五、阳光工程

（一）建设目标

“阳光”是引江补汉工程必须精心塑造的形象，其核心为崇尚法治、倡导民主和清正廉洁，这是推动引江补汉工程高质量发展的合力所在。构建参建各方全覆盖、全方位、全要素的廉洁建设工作体系，以高质量党风廉政建设，持之以恒正风肃纪，营造公开、公平、公正的良好建设环境，促进参建者廉洁从业、工程建设依法合规，保障引江补汉工程建设廉洁高效。

（二）建设意义

建设“阳光引江补汉工程”是深入推进全面从严治党的必然要求。全面从严治党，基础在全面，引江补汉工程作为贯彻落实习近平总书记重要讲话指示批示精神和党中央重大决策部署的重要举措和推进南水北调后续工程高质量发展的标志性工程，在全面从严治党中有着特殊的地位和作用，必须走在前、作表率，为其他重大跨流域调水工程探索路径、积累经验、提供示范。

建设“阳光引江补汉工程”是高质量推进工程建设的内在要求。“阳光”是引江补汉工程高质量建设的保证，更是建设安全、精品、绿色、智慧引江补汉工程的保障。工程建设中要避免出现严重影响工程质量的问题，只有坚持尊崇法治，充分发扬民主，加强廉政建设，营造阳光透明的良好建设氛围，才能规范参建各方行为，确保各参建主体自觉严格执行国家行业标准、履行合同约定，建设高质量工程。

建设“阳光引江补汉工程”是构建工程建设领域腐败风险防控体系的题中之义。引江补汉工程体量大、资金量大，涉及利益主体多，廉政风险高。管控好廉政风险，营造风清气正的良好建设氛围，对构建科学有效、预警及时、监控有力、综合配套的重大工程项目腐败风险防控体系，具有十分重要的示范作用。

建设“阳光引江补汉工程”是关心保护干部和促进企业健康发展的重要保障。干部成长凝结了组织、家庭的殷切期待和大量投入；爱护干部就必须高度重视工程建设中的腐败风险防控问题，努力使干部不犯错误。工程项目建设管理关系到企业效益和信誉，是企业核心竞争力的体现，也是企业长远发展的重要保障。参建各方必须深刻认识腐败的极端危害性，树立正确的事业观、工作观和发展观，始终保持清醒的头脑，廉洁从业、廉洁建设，共同打造阳光工程。

（三）建设要求

1. 健全完善协同监督体系。着力抓好纪检工作体系建设，明晰工作职责和工作机制。完善纪检工作制度建设，推动纪检工作规范化、法治化、正规化。

建立监督贯通协同机制，推动纪检监督、巡察监督、审计监督和其他各类监督贯通协同高效。围绕“选好人、管好权、找准点、搭平台、强协作”的总要求，构建廉洁共建机制，深化“室地企”协同，强化参建各方联动，打造立体化、网络化的协同监督体系。

2. 突出监督风险防控重点。坚持“问题导向、标本兼治、综合治理、惩防并举、注重预防”方针。突出关键事项、关键环节和关键少数的风险防控，从源头上预防工程建设过程中的腐败问题。强化全链条闭环监督管理，坚持科学决策、民主决策，着力规范权力公开透明运行，有效防止权力失控、决策失误和行为失范，压缩权力行使任性空间。

3. 发挥廉洁共建监督合力。依托廉洁共建机制，加强与工程沿线纪检监察机关、参建各单位、流域管理机构、行业监督部门的沟通联系，强化协同作战，通过联合监督、联防联控、协商会商等方式，及时发现问题，主动沟通情况，移交问题线索，坚持严肃处置，形成监督闭环。

4. 正风肃纪构建阳光工程。严明政治纪律和政治规矩，强化责任担当，坚决贯彻落实中央八项规定及其实施细则精神，以严的总基调一体推进“不敢腐、不能腐、不想腐”。加强纪法教育、职业操守教育，筑牢抵御风险和拒腐防变的思想防线。运用好监督执纪“四种形态”，尤其是运用好“第一种形态”，及时纠治苗头性、倾向性问题，严厉查办不正之风和腐败问题，持之以恒正风肃纪，打造廉洁、阳光、高效的样板工程。

（汪孟书）

荣誉与表彰

【突出贡献集体】

关于表彰2020年度突出贡献集体、杰出人物、岗位能手的决定

（2021年1月28日
中线局人〔2021〕4号）

根据《南水北调中线干线工程建设管理局表彰奖励管理办法（试行）》（中线局人〔2018〕30号）和《关于开展2020年度突出贡献集体、杰出人物及岗位能手表彰奖励评选工作的通知》（中线局人〔2020〕78号），经过申报、推荐、评审，并提请局党组研究决定：授予中线调蓄库项目前期工作组、引江补汉工程前期工作组、河南分局完工验收工作组（按首字笔画排序）3个集体为“2020年度突出贡献集体”称号。

引江补汉工程前期工作组，负责人于澎涛，成员名单如下：

尚宇鸣	刘　彬	张瑞鹤	高　宇
李文斌	宋广泽	陶　李	张高伟
蔡　琰	武晓芳	陈海云	李　腾
刘　屹	张杰平	常志兵	张爱静
刘洋洋	韦耀国	苏　霞	高　森
陈晓楠	李立群	卢明龙	赵　慧
张　静	张子潺	裴　佩	崔瑜涵
孟兵锋	安　康	李占京	杨旭辉
胡靖宇	韩东方	李　志	赵　发
郭　海	黄　跃	黄云辉	王文一

张国锋（温端湖）

【先进集体与先进个人】

江汉水网公司关于表彰2022年度先进集体和先进个人的通知

（2023年1月30日
南水北调江汉人〔2023〕6号）

2022年是江汉水网公司开局起步之年，一年来，全体干部职工锚定目标、团结一致、加压奋进，圆满完成了公司组建、可研批复、工程开工、初设编制等目标任务，为实现引江补汉工程全面开工建设，推动公司高质量发展奠定了坚实基础。为表彰先进，激励广大干部职工干事创业，经公司党委研究，决定对工程管理部等3个先进集体，汪孟书等14名先进个人给予表彰，名单如下：

一、先进集体（3个）

工程管理部　信息机电部　丹江口建设管理部

二、先进个人（14人）

汪孟书　王文一　黄　跃　郭智旭
霍紫烟　赵传波　岳广贤　董　平
景佩瑞　陶少雄　吴仕红　赵良辉
尹建勋　王伟

（温端湖）

【2022年度优秀部门与优秀员工】

江汉水网公司关于公布2022年度绩效考核结果的通知

（2023年1月30日
南水北调江汉人〔2023〕7号）

根据《中国南水北调集团江汉水网建设开发有限公司本部部门和员工绩效考核办法（试行）》有关规定，公司组织开展了2022年度绩效考核工作。经公司领导班子研究确定，对考核评定为A等次的3个部门和优秀等次的19名员工予以表彰，名单如下：

一、考核结果为A等次的部门（3个）

综合部　人力资源部　科技部

二、考核结果为优秀等次的员工

（一）部门副职级以上干部（5人）

孙建平　杨胜祥　黄文强　万金波
杨旭辉

（二）处室干部及以下人员（14人）

韩东方　赵连珍　郭　海　王子琪
袁　周　刘知伦　魏朝森　土志刚
张国锋　张国帅　王宏亮　张　伟
米　迪　张　敏

（温端湖）

【2023年度优秀部门与优秀员工】

江汉水网公司关于公布2023年度绩效考核结果的通知

（2024年2月1日
南水北调江汉人〔2024〕5号）

根据《中国南水北调集团江汉水网建设开发有限公司关于组织开展2023年度绩效考核工作的通知》（南水北调江汉人〔2023〕35号）有关规定，江汉水网公司组织开展了2023年度绩效考核工作，考核结果已经公司党委会议审议通过，考核为A等次的部门（单位）和优秀等次的人员名单如下：

一、考核结果为A等次的部门/单位（4个）

经营发展部　党群工作部　人力资源部　引江补汉工程建设管理三部

二、考核结果为优秀等次的员工(按姓氏笔画排序)

(一)部门职级干部(6人)

万金波　尹建勋　孙建平　杨胜祥
黄文强　彭春林

(二)处室干部及以下人员(25人)

王　伟　王锦涛　司　梦　向志鹏
米　迪　阮梦玉　李　志　杨军平
张　伟　张　敏　张文慧　张国帅
陈朝阳　范先锋　赵　发　赵传波
赵阳阳　莫　文　郭亚娟　郭智旭
曾宪坤　温端湖　鲍玉征　薛智明
魏朝森

其余部门/单位考核结果为B等次，其余人员考核结果为称职等次。(温端湖)

重要新闻

高必华组长一行现场查勘工程现场

2021年10月15—16日，中国南水北调集团引江补汉工程项目法人筹备组组长高必华一行对工程全线进行现场查勘，为工程先期开工部署做好准备。

引江补汉工程是南水北调中线后续水源工程，是落实习近平总书记“5·14”重要讲话精神、推进南水北调后续工程高质量发展的首个拟开工项目，积极推进引江补汉工程早日开工建设具有十分重要的意义。

在全线摸排的基础上，高必华一行重点查看了先期拟开工项目的三个勘探试验洞和出口段工程，详细了解了勘探试验洞岩爆、岩溶、地下涌水等特殊地质情况，以及出口段工程地形地势等情况。高必华指出，引江补汉工程作为落实习近平总书记“5·14”重要讲话精神的首个拟开工项目，中国南水北调集团党组高度重视，集团领导多次指导调研，筹备组必须提高站位、齐心协力、全力以赴高质量推进引江补汉工程早日开工。他强调，引江补汉工程地质条件复杂、施工难度较大、安全风险系数高，筹备组必须心往一处想、劲往一处使，快速整合资源、优化资源配置、协调内外关系，为工程早日开工创造良好条件。

(赵发)

引江补汉工程项目法人筹备组召开2022年工作座谈会

2022年2月17日，南水北调引江补汉工程项目法人筹备组召开年度工作座谈会。会议全面贯彻中国南水北调集团工作会议精神，总结回顾了工程前期工作，分析了当前面临的形势任务，明确了公司的发展方向和发展战略，对2022年重点工作进行了安排部署。

会议指出，在水利部和集团党组的坚强领导下，引江补汉工程各项前期筹备工作取得重大突破，为全面做好工程开工建设奠定了基础。

会议要求，筹备组要在集团党组的坚强领导下，严格按照总体部署和工作安排，提高政治站位，认清责任和形势，抢抓机遇。要锚定打造“一流工程、一流企业、一流品牌”战略目标，高标准、高质量建设好引江补汉工程。要聚焦主责主业，谋划公司新发展，不负集团赋予的光荣使命。

会议强调，在谋划布局2022年的重点工作中，筹备组要牢牢把握十个“关键词”，确保工程顺利开工建设、其他业务延伸发展。一是打好“攻坚战”，加快要件办理可研审批；二是用好“窗口期”，做好开工建设准备工作；三是按下“快进键”，加快公司治理体系建设；四是找准“切入点”，深度参与可研初设过程；五是攻克“技术关”，夯实项目科研技术基础；六是坚持“系统化”，有序开展内控体系建设；七是拨好“算盘珠”，提前谋划其他业务拓展；八是大兴“学习风”，着力培育企业特色文化；九是处好“五关系”，助力实现更高质量发展；十是筑好“防火墙”，坚持党建纪检齐抓共管。

集团党组成员、副总经理孙志禹出席会议。孙志禹充分肯定了筹备组一年多来的工作成绩，他指出，筹备组要不断强化政治担当，认清肩负的历史使命；要充分利用好窗口期，奠定好开工建设基石；要继续坚持严的主基调，把全面从严治党向纵深推进。

南水北调引江补汉工程项目法人筹备组全体干部职工参加会议。（赵发）

中国南水北调集团江汉水网建设开发有限公司注册成立

2022年2月25日，中国南水北调集团江汉水网建设开发有限公司在武汉注册成立，注册资本100亿元。

江汉水网公司定位为中国南水北调集团首个区域总部，是贯彻落实习近平总书记“5·14”重要讲话精神的积极实践。江汉水网公司目前的主要任务是全面做好引江补汉工程开工建设准备，高标准、高质量建设好引江补汉工程，全力促进南水北调后续工程高质量发展，加快构建国家水网。

引江补汉工程作为南水北调后续工程首个拟开工项目，是南水北调中线后续水源的重要依托，是“十四五”期间构建国家水网的重要一步，意义重大。目前，江汉水网公司正在全面推进引江补汉工程要件办理、机构组建、人员配置、地质勘探、关键技术研究等基础工作，加快做好引江补汉工程开工建设相关准备。（赵发）

中国南水北调集团江汉水网建设开发有限公司揭牌

2022年3月11日，中国南水北调集团江汉水网建设开发有限公司在武汉揭牌。江汉水网公司全体干部职工参加揭牌仪式。

当前，引江补汉工程开工建设准备工作正在加速推进。随着江汉水网公司揭牌，前置要件办理将进一步加快，法人治理体系、内控体系建设将进一步完善，科研技术能力将进一步提升，工程开工建设条件日趋完备。

下一步，江汉水网公司将扛起主责、

抓好主业，肩负好引江补汉工程建设这一光荣使命，谋划好开工建设各项重点工作，高标准、高质量履职尽责，力促工程尽早顺利开工建设。（赵发）

蒋旭光出席江汉水网公司干部职工大会

2022年4月7日，中国南水北调集团江汉水网建设开发有限公司召开干部职工大会，中国南水北调集团党组书记、董事长蒋旭光出席会议并讲话，集团党组副书记、副总经理于合群主持会议并宣布党组关于江汉水网公司领导班子的任职决定。

引江补汉工程是集团组建以来首个拟开工建设的后续工程项目，为加快推进工程开工准备，加强后续建设管理，集团党组研究决定成立江汉水网公司，高必华任江汉水网公司党委书记、董事长，于涛任江汉水网公司党委副书记、总经理。

蒋旭光在讲话中强调，江汉水网公司全体干部职工要在公司新任领导班子带领下，切实加强工程建设管理，提高公司治理能力，为实现集团打造“三个一流”目标，发挥好主力军和先遣队作用。一要不断提高政治能力，切实增强做好工作的政治使命感和责任感。二要提高履职能力，统筹公司组建、开工建设、后续发展等工作，奋力开创引江补汉工程建设和江汉水网公司发展新局面。三要加强各级领导班子和干部队伍建设，规范决策程序，加快人员补充和人才培养，营造干事创业良好环境，打造集团人才实践锻炼基地。四要落实全面从严治党各项要求，大力加强基层组织建设、干部作风建设和党风廉政建设，在完善公司治理中切实加强党的全面领导。

江汉水网公司新任领导班子成员及全体干部职工以视频方式参加了会议。

（刘浩杰）

江汉水网公司召开党员大会暨党委成立大会

2022年4月19日，中国南水北调集团江汉水网建设开发有限公司党员大会暨党委成立大会在武汉召开，会议选举产生了江汉水网公司第一届党委、纪委。公司党委书记、董事长高必华出席会议并讲话，党委副书记、总经理于涛主持会议，公司领导贾志营、李志伟、周阳宗、尹延飞、王齐常、王志文、上海峰出席会议。

会上，公司纪委书记王志文宣读了中国南水北调集团直属党委《关于设立集团公司所属子公司党委纪委的通知》《关于同意召开党员大会选举产生党委纪委的批复》《关于同意江汉水网公司党委、纪委组成人员候选人预备人选的批复》。公司党委副书记贾志营作了大会筹备工作报告。会议审议通过了《中国共产党中国南水北调集团江汉水网建设开发有限公司党员大会暨党委成立大会选举办法》。全体参会党员以无记名投票、差额选举方式，选举产生了江汉水网公司第一届党委委员和纪委委员。

公司党委书记、董事长高必华在总结讲话时转达了集团党组对江汉水网公司建设与发展的关心、关怀及对大会召开的祝贺。他指出，选举产生公司党委和纪委是公司全体党员政治生活中的一件大事，也是公司发展里程碑式的大事。对加强公司党建工作，他从七个方面提出要求。一要提高政治站位，突出政治统领。充分发挥党委把方向、管大局、保落实的领导作用，实现加强党的领导和完善公司治理相统一。二要深化理论武装，强化学习自觉。面对新形势新任务，全体党员要树立终身学习理念，不断更新知识，改善知识结构，增强解决问题的能力本领。三要强抓组织建设，夯实组织基础。建立健全党建工作体系，探索建立党建与业务同谋划、同部署、同推进、同考核工作机制。四要加快制度建设，服务创新发展。强化制度体系建设，补齐制度短板，将党的制度建设贯穿于公司治理各环节。五要注重人才培养，打造过硬队伍。坚持党管干部，全面做好干部培养、选拔、管理和使用，特别是着力培养优秀年轻干部。六要加强宣传教育，建设企业文化。全面落实意识形态工作责任制，持续提升宣传教育工作水平，大力加强企业文化和精神文明建设。七要持续正风肃纪，涵养政治生态。坚定不移推进全面从严治党，坚持把规矩抓在初始、把纪律挺在前面，锻造敢于斗争、勇于自我革命的干部队伍。

公司党委副书记、总经理于涛指出，全体党员要以本次大会为契机，自觉捍卫“两个确立”、增强“四个意识”、坚定“四个自信”、做到“两个维护”，高质量建设好引江补汉工程，高质量发展好江汉水网公司事业。（郭亚娟）

南水北调后续工程中线引江补汉工程关键技术交流研讨会在武汉召开

2022 年 8 月 4—5 日，由中国南水北调集团主办，江汉水网公司承办的南水北调后续工程中线引江补汉工程关键技术交流研讨会在武汉召开。来自国内水利工程领域的知名院士、资深专家学者、专业技术人员围绕引江补汉工程施工技术、装备选型、数字化建造等方面的关键技术问题，充分交流先进技术应用、工程建设管理等方面的成功经验，对于加快推动工程安全建设、保障工程质量具有十分重要的意义。中国科学院院士陈祖煜、何满潮，中国工程院院士钮新强、冯夏庭、李术才受邀在会上作主旨报告。集团党组成员、副总经理孙志禹，江汉水网公司党委书记、董事长高必华出席会议并致辞。

孙志禹在致辞中指出，南水北调工程是世界上建设规模最大、供水规模最大、调水距离最长、受益人口最多的调水工程，也是我国重大战略性基础设施，事关战略全局、事关长远发展、事关人民福祉。引江补汉作为进一步完善南水北调“四横三纵”工程体系，加快构建国家水网主骨架和大动脉的重要标志性工程，意义重大。中国南水北调集团将聚力“产学研”合作，坚持以问题为导向，开展科技创新、制度创新、管理创新，做好引江补汉工程建设科技攻关，有效应对工程建设中的各项风险挑战，确保工程质量、安全、进度和投资控制，坚决把这一光荣而艰巨的历史任务完成好。

高必华在致辞中表示，本次研讨会汇聚了国内水利工程特别是地下工程领域的诸多知名院士、资深专家学者和专业技术人员，江汉水网公司作为项目法人，必能充分吸收好会议的最新成果和有益经验，开展好科技创新和技术攻关，把引江补汉工程建设成为经得住历史和人民检验的优质、安全、节约、智能、廉洁的引调水工程。

钮新强院士作了题为“引江补汉工程总体方案及技术挑战”的主旨报告，详细介绍了引江补汉工程规模和总体布局的确定方法，总结了工程建设面临的高压富水、软岩大变形、岩爆等地质问题及应对对策，并结合工程建设运行需求和行业发展趋势，提出了国家水网重大工程运行调度、大埋深长隧洞复杂地质问题处理、数字孪生三个研究方向。冯夏庭院士作了题为“深埋隧洞围岩破坏过程与控制”的主旨报告，从深部真三向高应力及其开挖应力路径变化诱导围岩破裂和灾变机理出发，阐述了深埋高地应力隧洞不同类型岩爆孕育过程机理、智能监测预警方法与主动防控技术等内容。结合引江补汉工程深埋 TBM 隧洞情况，给出了洞室设计、大变形防控、岩爆监测预警与控制的建议。李术才院士作了题为“隧洞突水突泥等重大灾害超前预报与治理”的主旨报告，针对隧洞突水、突泥灾害源超前预报与灾害防控难题，构建和创新了隧洞施工不良地质超前预报理论与方法，揭示了突水突泥灾害发生机理，研发了系列水泥基动水封堵与高效加固材料，形成了地下工程高压水封堵的关键技术。陈祖煜院士作了题为“机器学习助力 TBM 安全、智能掘进：科学，还是炼金术?”的主旨报告，从 5G 社会和大数据发展的进程出发，揭示了当前智能技术的新进展，总结了当前主流的机器学习算法。在此基础上，基于破碎带、塌方段以及岩爆的预测，对机器学习人工智能的应用情况进行了阐述，并为引江补汉工程提出了合理化建议。中国矿业大学陶志刚教授代表何满潮院士作了题为“材料革命与工程革命”的主旨报告，对何满潮院士研发出的一系列具有恒阻大变形特性的 NPR 锚杆/索新材料进行了介绍，该材料表现出了超常的力学特性，并已在能源井工开采、地灾滑坡、软岩大变形隧洞、岩爆引水隧洞等领域得到了广泛应用。

本次交流研讨会还邀请了来自水利部、业内知名高校、科研院所以及水利水电工程规划设计、运行管理、设备制造、科研生产等有关企业，共 40 多家单位，近 200 名领导、专家、代表现场参会，1600 余人通过视频形式参会。其中，21 名专家代表分别围绕隧洞掘进及支护技术、超前处理及智能建造技术两大专题作了交流报告。

引江补汉工程于 7 月 7 日顺利开工，

标志着南水北调后续工程建设拉开了帷幕，国家水网建设迈出重要一步。目前，中国南水北调集团正在积极组织推进引江补汉工程出口段施工建设、移民征迁、科技攻关等相关工作。此次交流研讨会务实高效、成果丰硕，既是水利隧洞领域的一次学术盛会，也是一次行业创新的思想盛宴，充分展示了工程建设中攻克关键技术难题的新理念、新思路和新实践，为确保引江补汉工程建设进度、质量及有效应对安全风险，保障引江补汉工程建设顺利实施提供了强有力的技术支撑。（赵发）

汪安南检查指导江汉水网公司工作

2022 年 8 月 9—10 日，中国南水北调集团党组副书记、总经理汪安南一行赴武汉检查指导江汉水网公司工作，并召开座谈会，对引江补汉工程建设下一步工作提出了具体要求。

座谈会上，汪安南听取了江汉水网公司关于工程建设和公司组建工作的汇报，充分肯定了江汉水网公司自筹备组成立以来所取得的成绩。他强调，引江补汉工程是贯彻落实习近平总书记关于南水北调工作重要讲话指示批示精神的重大举措，是首个开工的南水北调后续工程重大项目，具有标志性意义。江汉水网公司作为工程建设项目法人，一要旗帜鲜明讲政治，继续深入学习贯彻习近平总书记关于南水北调工作的重要指示批示精神，坚决把引江补汉工程建设这一光荣而艰巨的重大任务完成好，为构建国家水网、提升国家水安全保障能力作贡献。二要严格管理，努力提升江汉水网公司的建设管理水平，强化质量投资进度三大目标控制，严字当头，从严管理，确保工程安全、资金安全、干部安全，坚决把引江补汉工程建设成为经得住历史和人民检验的优质工程。三要抓住重点，确保起步阶段引江补汉工程的加快建设，当前要集中精力组织做好初步设计报告编制工作，预判工程建设中可能遇到的重点难点，提前谋划做好各项准备，推进工程加快建设，发挥稳定经济增长的重要作用。四要锚定高质量发展，持续推进科研攻关和技术创新，结合工程建设培育一批具有行业影响力的原创科技成果和科技领军人才，通过创新、提质、降本、增效推进公司长远发展。五要加强党建引领，坚持不懈用习近平新时代中国特色社会主义思想武装头脑、指导实践、推动工作，推进江汉水网公司高质量发展。

集团战略投资部、江汉水网公司负责同志参加会议和座谈。（赵发）

高必华董事长讲授“走好第一方阵　建好世纪工程　奋力开创南水北调后续工程高质量发展新局面”专题党课

2022 年 8 月 18 日，中国南水北调集团江汉水网建设开发有限公司党委书记、董事长高必华以“走好第一方阵　建好世纪工程　奋力开创南水北调后续工程高质量发展新局面”为题讲授专题党课。党委副书记贾志营主持党课。公司全体党员干部职工参加学习。

高必华指出，今年是党的二十大召开之年，是江汉水网公司的开元之年，也是引江补汉工程开工建设的开局之年，是新时代新征程中具有特殊重要性的一年。引江补汉工程是服务国家战略的政治工程、推动可持续发展的经济工程、增进沿线人民福祉的民生工程，是后续水网工程建设管理的试验田和先行队。我们要聚焦主责主业，围绕工程进度、质量安全、成本控制、数字孪生等任务，对标“三个一流”，高标准、高质量建设好引江补汉工程，不断总结工程建设管理中的先进经验和做法，逐步提升竞争力、创新力、影响力，在“志建南水北调，构筑国家水网”的征途上当好先锋队和主力军，以实际行动迎接党的二十大胜利召开。

高必华强调，一要实现“四个转变”，即企业定位转变、市场主体转变、工程任务转变、思维观念转变，不断提升引江补汉工程建设管理能力。二要综合运用“三个手段”，即行政手段、经济手段、技术手段，围绕如何破解引江补汉工程难题，深度介入设计，掌握设计工作主动权，切实抓好设计优化、科研攻关和投资控制工作。三要建设“五个工程”，即优质工程、安全工程、节约工程、智能工程、廉洁工程，奋力推进引江补汉工程高质量建设。四要树立主人翁意识，每一位干部职工都要将自身自觉融入江汉水网事业，进一步增强责任感与使命感，主动担当作为，不断学习新知识，持续提升能力本领。五要团结协作，上下一心，凝心聚力，同频共振，在各自岗位上发挥聪明才智，攻坚克难推动工程建设，打造“一流团队”。六要坚持依法合规，将权力关进制度的笼子，用制度管人，用制度管事，提高制度的执行力，维护制度的权威性，促进权力规范运行。七要加强党风廉政建设，推进全面从严治党向纵深发展，推动党建与业务工作深度融合，开展廉洁共建，发挥监督合力。

贾志营在总结时指出，此次党课既有理论高度，又有实践深度，对引江补汉工程建设和公司未来发展具有很强的指导性和针对性。全体党员、干部要认真学习领会，深刻理解把握，切实抓好落实。一要坚定走好理论武装第一方阵，更加自觉在学懂弄通做实习近平新时代中国特色社会主义思想上下功夫。二要坚定走好攻坚克难第一方阵，着力研究破解“四个转变”、建设“五个工程”等发展难题。三要坚定走好风险防范第一方阵，切实增强忧患意识、底线思维。四要坚定走好全面从严治党第一方阵，切实增强纪律规矩意识，营造风清气正的良好氛围。（郭亚娟）

汪安南调研推进引江补汉工程建设

2022年8月9—10日，中国南水北调集团党组副书记、总经理汪安南一行赴武汉与长江委、长江设计集团座谈，进一步推进引江补汉工程建设，并参加第七届湖北省与中央企业项目对接洽谈会。

在长江委，汪安南与长江水利委员会党组书记、主任马建华等进行了座谈交流。汪安南指出，南水北调工程是构建国家水网的主骨架和大动脉，也是全面提升国家水安全保障能力的重大战略性基础设施。习近平总书记高度重视，在视察南水北调东中线一期工程时，明确了工程“四条生命线”“三个事关”的重要定位，亲自主持召开了推进南水北调后续工程高质量发展座谈会并发表重要讲话，对科学推进工程规划建设，提高水资源节约集约利用水平作出战略部署。希望长江委在《南水北调工程总体规划》修编、引江补汉工程初步设计、中线调蓄工程规划等工作上继续给予大力支持。马建华表示，贯彻落实好习近平总书记关于南水北调重要讲话指示批示精神、推进南水北调后续工程高质量发展是双方共同的责任使命，希望与集团进一步深化合作，建立协调机制，推进已建工程综合效益持续发挥；深化后续工程论证等工作。长江委将全力配合南水北调集团做好《南水北调工程总体规划》修编、引江补汉工程初步设计报告编制等工作，助力加快构建国家水网。

在长江设计集团，汪安南与中国工程院院士、长江设计集团董事长钮新强座谈交流。汪安南希望长江设计集团强化责任担当，加强力量配备，按时高质量完成引江补汉工程初步设计报告编制工作，加快推进南水北调中线调蓄工程规划论证和重大问题研究，做好《南水北调工程总体规划》修编相关工作等。钮新强表示，长江设计集团一定全力以赴、攻坚克难，确保引江补汉初步设计报告编制任务按时高质量完成，全力做好总体规划修编工作。

2022 年 8 月 9 日，汪安南参加了湖北省人民政府举办的主题为“携手打造中部地区战略支点，建设全国构建新发展格局先行区”的第七届湖北省与中央企业项目对接洽谈会，与湖北省领导一道为中国南水北调集团江汉水网建设开发有限公司揭牌。

集团战略投资部、江汉水网公司负责同志参加会议和座谈。（许安强）

南水北调开新局　引江补汉谱新篇

——中国南水北调集团深入学习贯彻党的二十大精神　加快推进引江补汉工程建设

丹江口水库下游安乐河口山顶，“志建南水北调、构筑国家水网”12 个大字赫然耸立；山间，引江补汉出口段以及检修交通洞施工车辆来往穿梭，钻机轰鸣，呈现出一派如火如荼的施工景象。

作为南水北调后续工程首个开工项目、“十四五”期间构建国家水网的关键工程，引江补汉工程于 2022 年 7 月 7 日在万众瞩目中开工建设。工程建成后，将连接南水北调工程和三峡工程，进一步打通长江向北方输水通道，增加中线一期工程北调水量，提高中线工程供水保证率。

引江补汉工程的开工建设对加快构建国家水网主骨架和大动脉、完善我国水资源配置战略格局、促进南北方协调发展具有十分重要的意义。中国南水北调集团高度重视工程建设推进工作，深入学习贯彻党的二十大精神，牢记初心使命，聚焦主责主业，高标准高质量推进引江补汉工程建设，在构建国家水网新征程上奋力书写党和人民满意的答卷。

秉怀调水初心　乘势而上开局起步

习近平总书记心中的“国之大事”。

2020 年 10 月，党的十九届五中全会提出，实施国家水网重大工程。要加强水利基础设施建设，提升水资源优化配置和水旱灾害防御能力。

2020 年 11 月，习近平总书记在党的十九届五中全会召开后不久，来到南水北调东线源头考察江都水利枢纽时强调，“南水北调，我很关心。这是国之大事、世纪工程、民心工程，同三峡工程是等量齐观的。”

2021 年 5 月，习近平总书记来到南水北调中线源头考察陶岔渠首枢纽工程、丹江口水库，主持召开推进南水北调后续工程高质量发展座谈会并发表重要讲话，为南水北调后续工程规划建设指明了前进方向，提供了根本遵循和行动指南。

2022 年 10 月，党的二十大胜利召开，强调要优化基础设施布局、结构、功能和系统集成，构建现代化基础设施体系。引江补汉工程作为南水北调后续工程首个开工项目，将为优化完善国家水网基础设施体系提供重要支撑。

南水北调事业的头等大事。

2020 年 10 月，中国南水北调集团正式成立。至此，南水北调后续工程建设进入了加速期和快车道。

集团党组把引江补汉工程开工建设作为推进后续工程高质量发展的头等大事。集团党组书记、董事长蒋旭光强调，加快推进引江补汉工程开工建设是贯彻落实习近平总书记“5·14”重要讲话精神、推进南水北调后续工程高质量发展的重要举措。要提高政治站位，细化工作方案，加强协同配合，压实各方责任，举全集团之力做好工程前期工作和开工建设准备。中线公司鼎力支持，为工程前期筹备打下良好的基础。

2021 年 10 月，引江补汉工程项目法人筹备组正式成立，承载着重大历史使命应运而生，引江补汉工程建设前期工作全面开局起步。

相关部门、地方政府积极推进引江补汉工程前期工作。在国务院推进南水北调后续工程高质量发展领导小组统一领导下，水利部统筹协调调度，努力推动引江补汉工程从规划到实施；国家发展改革委提前介入评估，具备条件后抓紧报批实施；交通运输部在航评要件办理工作中给予大力支持；生态环境部扎实推进并顺利完成引江补汉工程环评工作；自然资源部和国家林草局积极指导涉及自然资源领域有关工作，加快涉地涉矿要件办理；湖北省人民政府专门成立了引江补汉工程工作协调领导小组，对工程规划设计、要件办理、选址用地等各项工作给予有力支持；专家咨询委员会深入调研，组织开展重大专题研究，及时提出咨询意见。

在多方共同努力下，引江补汉工程顺利开工，南水北调后续工程高质量发展拉开帷幕。

锚定工作目标　蹄疾步稳加压奋进

在集团党组的正确领导下，江汉水网公司坚决履行项目法人各项职责，锚定目标，团结一致，笃定前行，公司组建、可研批复和工程开工三大目标任务圆满实现。

完成公司组建，强化制度支撑。为高质量推进引江补汉工程建设，集团迅速从全国水利、铁路、建筑等各个行业选调精干力量，汇集武汉，汇聚引江补汉。2022 年 2 月 25 日，江汉水网公司注册成立，顺利实现了由筹备组到公司的转换，公司人员从最初的 5 人逐渐发展到现在的近百人，组织架构从最初的四五个工作小组发展为现在的 11 个部门、3 个建设管理部；制度建设也实现了从无到有、从有到优的飞跃。

肩负政治责任感和历史使命感，心怀“国之大者”，不断追风赶月，终见平芜尽处的春山。

极限压缩推进，达成可研批复目标。前置要件办理是工程建设的先决条件，20 件前置要件少一样也不行。为使工程可研报告顺利获得国家发展改革委批复，集团举全集团之力，上下齐心，挂图作战，极限压缩。集团领导靠前指挥，现场督战，多次带队前往国家发展改革委、水利部、自然资源部、生态环境部等中央部委协调解决要件办理中的重大问题，二十次召开专题协调推进会，制订“两图一表”，全力以赴推进要件办理。江汉水网公司按照“盯、快、挤”三字诀全力以赴：专人盯死每项要件办理，不完成绝不回头；每一环节办理完成以后，零时间衔接转入下一流程；针对重难点及“钉子”问题，重点突破，挤压问题空间，逐步破解。

经过集团上下一心的努力，江汉水网公司注册成立后 4 个月内快速完成了全部前置要件办理任务。2022 年 6 月 27 日，国家发展改革委正式批复了可研报告；2022 年 6 月 29 日，水利部正式批复了工程出口段初设报告。

夯实开工基础，达到工程开工目标。开工大会之前，千头万绪，困难重重。为顺利组织引江补汉工程开工动员大会，集团自上而下，齐心合力推动开工事宜。公司迅速组织精干力量，压实责任，全面铺开开工动员大会准备工作。带队驻扎工程开工现场的公司领导自我加压：“开工动员大会不办完，我就不回武汉。”

2022 年 7 月 7 日，国务院副总理、推进南水北调后续工程高质量发展领导小组组长韩正宣布工程正式开工。

披荆斩棘，终见花开。工程现场，一片欢腾。很多职工流下了激动的泪水。

科研攻关先行，助力工程扎实推进。引江补汉工程以地下隧洞为主，隧洞长约 194.3km，输水总干线采用钻爆法和 TBM 法组合施工。工程地形地质条件复杂，岩爆、岩溶、软岩大变形等地质问题突出，诸多技术难题亟待解决，工程建设极具挑战。

江汉水网公司一手抓工程，一手抓科研。2022 年 8 月 4 日，南水北调后续工程中线引江补汉工程关键技术交流研讨会在武汉召开，围绕引江补汉工程关键技术，对工程施工、装备制造、建设管理等方面开展技术交流，为工程进度、质量、安全提供坚实技术支撑。

党建引领保障　汇聚高质量发展合力

江汉水网公司牢牢把握“国企姓党”的根本属性，坚定不移加强党的建设，坚定实施“强根铸魂”工程，以高质量党建引领保障高质量发展。

以“党”为魂，构筑基层战斗堡垒。党的二十大报告指出，全面建设社会主义现代化国家、全面推进中华民族伟大复兴，关键在党。江汉水网公司始终坚持党的领导，全面贯彻习近平新时代中国特色社会主义思想，坚决贯彻落实习近平总书记关于南水北调的重要讲话和指示批示精神。2022 年 4 月，江汉水网公司党委、纪委正式成立。公司党委书记高必华要求，“要充分发挥党委把方向、管大局、保落实的领导作用，实现加强党的领导和完善公司治理相统一”。公司党委全面落实第一议题制度，加快推动“四责协同”体系。在公司党委的部署推动下，公司已完成各项制度办法 108 项，公司章程、“三重一大”事项清单等相继落地，初步形成了党委与董事会、经理层协调运转、有效制衡的公司治理结构。

以“廉”为镜，营造风清气正氛围。2022 年 6 月 7 日，江汉水网公司与长江委纪检组签署了南水北调后续工程廉洁共建协议；8 月 15 日，引江补汉工程廉洁共建联席会议在武汉召开。集团纪检监察组要求：打造廉洁引江补汉工程，积极构建“亲”“清”政商关系。江汉水网公司坚决贯彻落实中央八项规定精神，力建水清人净的廉洁工程。

廉洁底色，从工程建设开始描绘，廉洁建设和工程建设齐头并进，监督与项目一同“上马”。

以“人”为本，搭建人才发展平台。引江补汉工程技术难度大、工程施工条件艰苦，正是培养和锻造人才的“试验田”和“练兵场”。公司成立以来，不断加强对人才工作的领导，通过内部调动、外部选调、校园招聘等方式，陆续到位 99 名干部职工，其中党员 79 名、副高及以上职称 55 人，占比 56%，这是引江补汉工程建设的主力军，也是中国南水北调集团后续发展的蓄能池。

九九归一，全力奋进正当时。

牢记使命担当　谱写南水北调事业新篇章

开工动员大会成功举办只是万里长征第一步，新的使命，新的征程，更需踔厉奋发、砥砺前行。

集团党组书记、董事长蒋旭光亲自前往出口段工程现场，沟通协调地方政府，合力推进移民征迁。集团党组副书记、总经理汪安南带队调研督导引江补汉工程输水总干线出口段工程建设情况，并召开现场办公会议研究部署推进工程建设及初步设计等相关工作。江汉水网公司领导更是常驻现场，拿出了事不办完、誓不还的气魄。8月2日，移民安置任务与投资包干协议签署落地。同时，初设工作加速推进，出口段施工现场更是如火如荼。

目标更加明确，方向更加清晰。

在“通脉、联网、强链”上做好后半篇文章。江汉水网公司既是引江补汉工程项目法人，也是集团第一个区域总部，对标承接集团发展战略。

为此，公司领导班子抢抓机遇，主动作为，谋划了“三步走”发展战略，在高标准、高质量建设好引江补汉工程的同时，不断丰富拓展业务板块，择机拓展区域、地方水网以及涉水产业，着力延长水产业链，为做大做强国有资本和国有企业贡献力量。

新征程是充满光荣和梦想的远征。蓝图已经绘就，号角已经吹响。中国南水北调集团将立足全局，紧紧抓住全面加强水利基础设施建设、加快构建国家水网的历史机遇，切实发挥好国家水网建设国家队、主力军作用，围绕工程进度、质量安全、成本控制、数字孪生等任务，对标“三个一流”，高标准高质量建设好引江补汉工程，不断提升竞争力、创新力、影响力、控制力和抗风险能力，在“志建南水北调、构筑国家水网”的伟大征途上彰显使命担当，为构建“系统完备、安全可靠，集约高效、绿色智能，循环通畅、调控有序”的国家水网作出积极贡献。

（赵传波　赵发　杨丹婷）

高必华春节前检查指导引江补汉出口段工程建设

2023年1月14日，中国南水北调集团江汉水网建设开发有限公司党委书记、董事长高必华赴丹江口检查指导引江补汉工程出口段工程建设情况，看望慰问参建单位及丹江口建设管理部干部职工，并召开座谈会。江汉水网公司副总经理上海峰陪同检查。

当天恰逢小年，迎着新年第一场瑞雪，高必华一行先后来到出口段工程安乐河工区和桐木沟工区。在桐木沟检修交通洞仔细查看了洞室开挖和爆破施工情况，详细听取了施工、监理和设计单位关于工程建设进度、重难点以及后续施工安排的汇报，并前往出口段工程承建单位中国水电五局引江补汉工程项目部进行看望慰问，送上新春的祝福。

随后，高必华赶赴丹江口建设管理部召开座谈会。会上，高必华对丹江口建设管理部在疫情防控形势严峻的情况下，圆满完成公司下达的年度投资、进度、质量、安全目标任务给予了充分肯定，传达学习了集团2023年工作会议精神，部署了明年重点工作任务。

高必华对丹江口建设管理部明年工作提出了五点要求：一是要加强安全文明施工及工程质量控制，对工程质量管理要一严到底，把出口段工程建成样板工程、标杆工程；二是要加强建设管理部管理体系和制度建设，提炼出项目建设管理标准化流程；三是要切实做好人才培养和人才管理工作，当好公司的试验田和练兵场；四是要加强对监理单位的管理，充分发挥监理的专业力量，服务好工程建设；五是要加强党风廉政建设和反腐败教育，确保工程安全、资金安全、干部安全。

综合部、工程管理部、丹江口建设管理部负责同志陪同检查并参加座谈。

（金彦伶）

江汉水网公司召开 2023 年党风廉政建设和反腐败工作会议

2023 年 2 月 1 日，中国南水北调集团江汉水网建设开发有限公司召开 2023 年党风廉政建设和反腐败工作会议，深入学习贯彻党的二十大精神和二十届中央纪委二次全会精神，贯彻落实集团党风廉政建设和反腐败工作部署，全面总结江汉水网公司 2022 年党风廉政建设和反腐败工作，分析形势并对 2023 年全面从严治党重点任务作出安排。公司党委书记、董事长高必华出席会议并讲话，党委委员、纪委书记王志文总结 2022 年党风廉政建设和反腐败工作并安排部署今年工作，党委副书记、总经理于涛主持会议并总结讲话，公司班子成员出席会议。集团纪检监察组，丹江口市纪委监委有关同志视频列席会议。

高必华指出，2022 年公司党委坚持以习近平新时代中国特色社会主义思想为指导，深入学习贯彻党的二十大精神，坚决贯彻落实党中央及集团党组决策部署，全面加强党的建设，坚持初始即严，坚定不移正风肃纪反腐，一体推进“两个责任”。党风廉政建设和反腐败工作力度持续加强，工作体制、机制不断完善，广大干部职工遵规守纪意识不断增强，政治生态持续向善向好，为公司组建、可研批复、工程开工、初设编报等重点任务如期完成提供了坚强政治保障。

高必华强调，随着工程建设全线展开，我们必须清醒看到，公司年度任务将愈加繁重，党风廉政建设和反腐败工作势必同步加压，必须以严的纪律、严的作风、严的措施，保障全年重点任务完成，防范化解工程建设廉政风险。

高必华要求，要立足公司实际，把握好习近平总书记提出的“三个更加突出”，切实把思想和行动统一到党中央及集团决策部署上来。建立符合规律、切合实际、富有实效的全面从严治党体系，坚定不移推进党风廉政建设和反腐败工作，一刻不停推进全面从严治党，把严的基调、严的措施、严的氛围长期坚持下去，为高质量建设引江补汉工程和高质量发展江汉水网公司提供有力保障。

王志文从五个方面回顾总结了 2022 年公司纪委工作以及党风廉政建设和反腐败工作开展情况，分析面临的三种新的形势和考验，强调今年要围绕引江补汉工程建设和公司治理两条主线，坚持监督与公司治理同步推进，廉洁共建与工程建设同步“上马”。着力提高纪检监督的预防、发现、处置三项能力，突出政治监督，做实日常监督，协助公司党委扎实推进全面从严治党向纵深发展。坚持初始即严、一严到底的决心，强化正风肃纪，以宽严相济、容纠并举的担当营造干事创业的生态，助推工程全面开工、出口段工程标杆建设、年度投资目标等重点任务，为公司全面完成年度重点任务提供纪律保证。

于涛总结讲话并就贯彻落实此次会议精神提出三点要求。一是公司各部门、各建管部要迅速组织学习领会本次会议工作部署，精准把握精神实质，推进学习贯彻走深走实。二是充分发挥全面从严治党引领保障作用，层层传导责任压力，不断推动全面从严治党向纵深发展。三是强化监督，切实做到真管真严、敢管敢严、长管长严，以有力的监督保障工程建设和公司经营管理各项任务目标完成。

公司本部干部职工、丹江口建管部相关负责同志在主会场参会，丹江口建管部其他干部职工在视频分会场参会。

（赵阳阳）

汪安南出席江汉水网公司 2023 年工作会议

2023 年 1 月 31 日上午，中国南水北调集团江汉水网建设开发有限公司 2023 年工作会议在汉召开。集团党组副书记、总经理汪安南出席会议并讲话。江汉水网公司党委书记、董事长高必华作了题为“凝心聚力　乘势而上　奋力谱写引江补汉工程全面开工建设新篇章”的工作报告。集团有关部门负责人参加会议。江汉水网公司党委副书记、总经理于涛主持会议，公司班子成员参加会议。

汪安南对江汉水网公司在高效推进公司组建、实现引江补汉工程提前开工、圆满完成初步设计报告编制、全面完成年度投资计划和工程建设目标任务等方面取得的成绩给予了充分肯定。他强调，建设好、运营好引江补汉工程是深入贯彻落实习近平总书记关于南水北调后续工程重要讲话指示批示精神的重大任务和具体行动，是贯彻落实党的二十大精神和中央经济工作会议精神的重要举措和必然要求，是集团和江汉水网公司的重大政治任务和政治责任。

汪安南要求，江汉水网公司要始终坚持以习近平新时代中国特色社会主义思想为指导，全面贯彻落实党的二十大精神，按照集团党组部署，把 2023 年工作进一步细化实化、落实落地。一是全面深入学习贯彻党的二十大精神，切实把学习成效转化为推动引江补汉工程高质量建设和江汉水网公司高质量发展的实际行动。二是全面加快工程建设，依法科学加快施工准备工程建设，在确保质量和安全的前提下推进主体工程全面开工、加快建设。三是全面加强安全生产管理，健全安全生产责任体系，强化科技兴安能力，提升本质安全水平，确保工程安全生产。四是全面强化质量进度投资控制，坚持生态优先理念，争创优质精品工程。五是全面提升工程建设管理水平，强化管理创新和企业经营，向管理要质量、要效益、要发展。六是全面推进公司高质量发展，聚焦主责主业，提升市场开拓和经营管理能力。七是全面强化科技创新，聚焦工程建设特点难点，攻克技术难题，打造核心技术。八是全面加强人才培养，以工程建设为载体，培养一支高素质专业化人才队伍。九是全面加强党的建设，一刻不停推进全面从严治党向纵深发展，以高质量党建引领保障企业高质量发展。

高必华在报告中详细总结了江汉水网公司2022年工作。他指出，2022年是党的二十大胜利召开之年，也是江汉水网公司创建开局之年和引江补汉工程开工建设之年。在集团党组的坚强领导下，江汉水网公司聚焦主责主业，切实履行项目法人职责，圆满完成了公司组建、可研批复、工程开工等目标任务。成绩的取得根本在于习近平总书记的亲切关怀和党中央的高度重视，关键在于集团的坚强领导，得益于各级政府和上级有关部门的大力支持，离不开公司全体干部职工和参建各方的辛勤付出。向所有关心、支持引江补汉工程建设和公司发展的社会各界朋友表示由衷的敬意，向全体干部职工、参建各方一年来的辛勤付出和无私奉献表示衷心的感谢。

高必华强调，2023年是全面贯彻党的二十大精神的开局之年，是全面推进南水北调后续工程高质量发展、加快构建国家水网的关键一年，也是引江补汉工程迈向全面开工建设的加速起步之年，江汉水网公司必须准确把握南水北调在党和国家事业全局中担当的重大使命，准确认识引江补汉工程面临的新形势、新要求、新任务，坚定信心，抢抓机遇，乘势而上，切实增强做好引江补汉工程全面开工建设的信心和底气，奋力谱写引江补汉工程全面开工建设新篇章。

高必华要求，2023年江汉水网公司要重点抓好以下九个方面的工作。一是毫不松懈，精心组织初步设计批复工作，保证初步设计报告尽早获批。二是统筹协调，全力推进工程全面开工建设，确保完成年度投资任务和工程建设任务。三是持续加压，深入做好出口段工程建设，不断提高管理水平，树立窗口形象。四是开拓创新，持续做好科研攻关工作，重点做好与当前工程建设密切相关的科研成果推广和转化。五是一丝不苟，严把工程建设质量关口，争创优质精品工程。六是压实责任，狠抓安全生产和生态环保工作，切实提高工程建设安全和生态环保管理水平。七是完善机制，持续健全公司治理体系，不断提升公司治理能力。八是精心谋划，积极开创公司发展之路，持续践行公司发展战略。九是强根铸魂，以高质量党建引领保障高质量发展，积极营造风清气正的政治氛围和干事创业的生动局面。

于涛就贯彻落实2023年工作会议精神提出要求。一要提高站位，抓好学习贯彻。切实把思想和行动统一到集团的决策部署和公司的工作安排上来，进一步凝聚共识，激发干劲。二要把准要求，抓好工作谋划。确保引江补汉工程高质量建设，为南水北调后续工程事业更好更快发展做出积极贡献。三要目标导向，狠抓责任落实。确保各项任务落地落实、见行见效，努力打造开工就是倒计时，进场就是大决战的奋斗氛围。四要毫不松懈，抓好当前重点工作。紧盯初设批复目标，做好首批开工项目实施工作，制订工程总体进度计划，为工程全面开工建设打好基础。

公司本部干部职工、丹江口建管部相关负责同志在主会场参会，丹江口建管部其他干部职工在视频分会场参会。

（赵发）

引江补汉工程正式进入主体隧洞施工阶段

历经7个多月的艰苦奋战，南水北调后续工程首个开工项目中线引江补汉工程建设取得突破性进展。2023年2月18日上午，在引江补汉工程输水总干线出口，随着多臂凿岩台车启动钻孔施工，引江补汉工程正式进入主体隧洞施工阶段，将为引江补汉工程全面开工建设奠定坚实基础。

引江补汉工程于2022年7月7日正式开工，工程建成后将提高汉江流域的水资源调配能力，增加南水北调中线工程北调水量和供水保证率，为汉江流域和华北地区提供更好的水源保障，实现南北两利。引江补汉输水总干线出口段工程位于湖北省襄阳市谷城县、十堰市丹江口市境内，包括出口段5085m输水隧洞。输水总干线出口段工程概算投资（静态）约14.84亿元，施工合同总工期为60个月。

输水总干线出口段隧洞施工区域将穿越涌水、突泥、大断裂和软岩大变形等不良地质，遭遇强岩爆、高温、有害气体等施工难题，安全风险极高，施工难度极大，在国内外调水工程中尚无先例。中国南水北调集团科学布局、超前谋划，加大大型机械化配套和智能化设施投入，隧洞开挖采用全电脑凿岩台车钻孔、光面爆破等先进技术，初期支护及二衬混凝土施工采用智能支护台架、衬砌台车等智能化手段，可有效节约人工和建设成本，保障施工效率与进度，为工程安全保驾护航。

引江补汉输水总干线出口段工程开工以来，中国南水北调集团周密组织、精心安排，克服疫情不利影响，高标准高质量推进工程建设，出口段工程安乐河和桐木沟两大工区工作面已全线铺开，2022年12月25日桐木沟检修交通洞实现进洞。目前，施工现场进场作业人员400余人、机械设备195台，工序相互衔接，工程建设有序推进。

引江补汉工程全长194.8km，采用深埋、长距离、大口径隧洞输水，工程沿线地质条件复杂，是我国极具挑战的重大水利工程项目。水利部领导多次亲临现场调研督导，要求强化质量安全控制，坚持“确保质量、确保安全、科学施工、能快尽快”的原则，努力把引江补汉工程建设成为经得起历史和实践检验的精品工程。湖北省政府专门成立工作协调领导小组，协调各厅局和地方各级政府推进工程规划设计、要件办理、选址用地、征地移民等各项工作，丹江口市成立服务引江补汉工程建设指挥部，为工程建设顺利推进保驾护航。

中国南水北调集团把引江补汉工程开工建设作为推进后续工程高质量发展的头等大事。集团党组书记、董事长蒋旭光多次现场调研督导，并协调前期工作和现场相关工作，他强调，加快推进引江补汉工程开工建设是贯彻落实习近平总书记“5·14”重要讲话精神、推进南水北调后续工程高质量发展的重要举措。要全面学习贯彻落实党的二十大精神，提高政治站位，加强协同配合，压实各方责任，举全集团之力做好工程前期工作、征迁移民和现场建设管理工作，高标准高质量推进引江补汉工程建设。集团党组副书记、总经理汪安南带队调研督导引江补汉工程输水总干线出口段工程建设情况，并召开现场办公会研究部署推进工程建设及初步设计等相关工作。

作为引江补汉工程项目法人，江汉水网公司严格落实项目法人责任制、招标投标制、建设监理制和合同管理制等制度，强化过程指导、服务与监督，压实现场建设管理部及各参建单位责任，确保工程建设进度、质量、安全时时受控。同时，围绕安全、质量、进度、投资控制，建立健全管理体系，深入推行施工过程标准化管理，坚持首件评估、样板引路、试验先行，创新工艺工法，切实保障工程质量。经过广大建设者7个多月的奋战，克服高边坡、深基坑高强度开挖施工组织与安全稳定问题，实现了出口段主隧洞进洞目标。

下一步，中国南水北调集团将全面贯彻党的二十大精神和中央经济工作会议精神，聚焦引江补汉工程全面开工的总体目标，统筹谋划，加压奋进，努力开创引江补汉工程全面开工建设新局面，为扩大有效投资、以工代赈助力稳就业、促进经济运行整体好转作出积极贡献。

（赵发　王伟　孙润达）

蒋旭光一行赴江汉水网公司调研推进引江补汉工程建设

2023年2月16日，中国南水北调集团党组书记、董事长蒋旭光，党组成员、副总经理孙志禹、耿六成一行赴江汉水网公司调研推进引江补汉工程建设情况，并就加快推进工程建设、加大投资消纳等作出安排部署。

蒋旭光全面听取了引江补汉工程建设工作汇报。蒋旭光指出，江汉水网公司不断提高政治站位，全力以赴，攻坚克难，取得了引江补汉工程提前开工、初步设计报告提前半年编制完成、出口段工程进度目标全面实现、工程和企业发展统筹推进、党建全面加强的优异成绩，是一支能打硬仗、堪当重任的干部队伍。

蒋旭光强调，引江补汉工程作为南水北调后续工程首个开工项目，其政治意义、标志意义、示范意义重大，一定要充分认识面临的风险和挑战，以更加昂扬的精神状态和一往无前的奋斗姿态投身到工程建设中。一是提高政治站位，以党的二十大精神为引领，全面增强政治责任感和历史使命感。二是全力推进初步设计报告尽快批复，统筹进度和质量，咬定目标不放松，尽快实现全面开工目标。三是全面加快工程建设，优化进度安排，全力推进出口段工程标杆建设和施工准备工程尽早开工实施，形成更多实物工作量。四是全面加强质量、安全管理，构建严密科学有效的质量安全管理体系。五是严格投资控制，把提质增效贯穿规划建设运营全过程各方面。六是深化创新，加强复杂地质条件下超大直径 TBM 选型、深埋大直径 TBM 快速施工等重大关键技术攻关和数字孪生引江补汉工程建设。七是坚持绿色发展，统筹做好节能、减污、降碳，努力打造绿色工程。工程建设中，要一刻不停推进党风廉政建设和反腐败斗争，为工程顺利实施提供坚强政治保障。

孙志禹、耿六成分别对推进引江补汉项目建设、初步设计、科技攻关和征地移民等工作作出具体部署。

集团有关部门、单位负责同志，江汉水网公司中层以上领导干部参加调研座谈。（赵发）

蒋旭光一行调研指导引江补汉工程建设

2023 年 3 月 23—24 日，中国南水北调集团党组书记、董事长蒋旭光，党组成员、副总经理耿六成一行赴湖北调研引江补汉工程输水总干线出口段工程建设。

蒋旭光一行实地查看了输水隧洞出口、安全智能建造中心、安乐河工区拌和站及综合加工厂、桐木沟检修交通洞、两郧断裂带地表防渗固结灌浆工区的工程建设情况，并在项目建管部召开座谈会，听取了江汉水网公司及出口段工程建管部和设计、施工、监理等各参建单位关于工程建设进展和下一步工作计划的情况汇报，详细询问了工程建设过程中的重点、难点问题。

蒋旭光对工程建设开工后取得的阶段性成效给予肯定，并对抓好引江补汉工程建设工作提出明确要求：一是提高政治站位，引江补汉工程是南水北调后续工程首个重大开工项目，各参建单位要深刻认识引江补汉工程的重要地位和特殊意义，以高度的责任感、使命感抓好建设管理；二是高标准、严要求，各参建单位要提高管控标准、严格过程管理，初始即严，一严到底，把引江补汉工程打造成为安全工程、优质工程、绿色工程、科技工程、廉洁工程。在工程建设过程中严格按照规范和设计要求，形成科学完整的工程管理体系；三是统筹初步设计与前期准备相关工作，设计规划要统筹好先进性和实用性，确保引江补汉工程设计理念先进、施工过程可操作性强、后期运行安全经济实用；四是继续深入推进征迁稳定工作，为工程建设提供用地保障，将绿色环保理念贯穿于引江补汉工程建设全过程；五是强化数字孪生建设，在工程建设之初就要做好顶层设计，采用先进技术，努力实现工程建设进度、质量、安全、投资控制等数字化、智能化全流程管控；六是强化构建完善的质量控制体系，建立全链条、闭环式的工程管控措施，预警、防范和化解工程质量建设隐患，夯实质量管理基石；七是全方位强化安全生产意识，全面做好工程现场安全生产工作，织牢织密安全生产防护网，全力确保引江补汉工程安全生产形势持续稳定向好，要高度重视出口段工程防汛工作，把汛情考虑得更严峻、更复杂些，提前完善防汛应急预案，开展防汛应急演练，落实极端天气防汛措施，全面提升突发汛情应急处置能力，筑牢汛期安全防线。

耿六成对引江补汉工程输水总干线出口段工程建设进行了工作部署，要求各参建单位强化管理，全面开展标准化、规范化建设，将引江补汉出口段工程打造为标杆，发挥引领示范作用。

集团战略投资部、质量安全部、环保移民部、江汉水网公司参加调研。

（王伟　金彦伶）

孙志禹检查指导引江补汉出口段工程防汛工作

2023年4月12日，中国南水北调集团党组成员、副总经理孙志禹赴湖北省丹江口市检查指导引江补汉出口段工程防汛工作并召开座谈会。中国南水北调集团江汉水网建设开发有限公司党委委员、副总经理尹延飞、上海峰陪同检查。

孙志禹一行先后查看了安乐河河道整治、安全智能建造中心、输水隧洞出口工程建设情况，详细听取了相关建设项目推进及防汛备汛准备工作开展情况的汇报，并具体了解了基坑抽排水系统配备、水文气象信息等内容。

座谈会上，孙志禹同参建各单位工作人员进行了深入交流，重点听取了参建单位防汛工作重点和防汛措施。他强调，引江补汉工程位于长江、汉江流域，汛期降雨量丰沛，且受台风和局部地形影响大，易出现短时强降水天气。防汛无小事，面对错综复杂的环境，各参建单位要高度重视防汛度汛工作，坚决确保工程安全，保障人民生命财产安全。一是在工程建设过程中要高度重视基坑围堰的坡脚防护；二是做好出口段基坑抽排水工作，考虑雷暴等极端天气影响，提前准备备用电源，保证排水设备正常使用；三是加强边坡截排水设施检查，保障排水通畅；四是做好生产生活营地避险措施，防范山洪、泥石流等地质灾害；五是建立完善防汛体系机制，与地方水文、气象等单位建立信息交互、共享机制，及时获取汛情信息，做好预防应急等工作。

集团质量安全部、江汉水网公司和出口段工程各参建单位有关负责同志参加检查。（王伟　金彦伶）

于涛检查指导引江补汉前期施工准备工程

2023年6月10—12日，中国南水北调集团江汉水网建设开发有限公司党委副书记、总经理于涛赴引江补汉工程沿线检查指导前期施工准备工程的施工准备和资源配置情况。

于涛沿工程线路由北向南途经十堰市丹江口市、襄阳市谷城县、保康县和宜昌市夷陵区，重点查看了17号、8号检修洞和雾渡河工区现场，认真听取参建各单位工作汇报，深入了解前期施工准备工程征地移民、参建各单位进场以及施工作业等情况。

于涛指出，引江补汉工程作为南水北调后续工程首个开工重大项目，意义重大，要不断提高政治站位，高标准高质量建设引江补汉工程。他强调，一是各建设管理部要进一步明确自身功能定位，聚焦主责主业，做好辖区内建设项目管理工作，咬定年度目标不放松。二是各建设管理部要进一步提升自身管控能力，逐步完善各项管理制度，坚持高标准、严要求，不断加大对工程建设相关方的管理力度。三是参建各单位务必强化责任担当与合规意识，跑步进场，高效开局，全面精准策划实施，有序推进前期施工准备工程早开工、快建设。四是参建各单位务必加强沟通协调、通力合作，发挥各方优势特长，积极主动配置资源，着力解决开工实施重难点问题，落实做好工程项目建设进度、质量、安全等工作。五是参建各单位务必加强与沿线地方政府的沟通联系，做到文明施工，尽量降低因工程建设给当地群众带来的不便，努力营造和谐有序的建设环境，共同将引江补汉工程建设成为“安全工程、精品工程、绿色工程、智慧工程、阳光工程”。

于涛还实地查看了建设管理部办公生活环境，与新入职员工进行交流，勉励大家在江汉水网事业高质量发展中踔厉奋发、锻炼成长。

综合部，建设管理一部、二部、三部以及参建各单位有关负责同志分时段参加。

（鲍玉征　温端湖）

江汉水网公司举行引江补汉工程监理项目及前期施工准备工程土建施工项目合同签署仪式

2023年6月14日，中国南水北调集团江汉水网建设开发有限公司在汉召开引江补汉工程监理项目及前期施工准备工程土建施工项目合同签署仪式。公司党委书记、董事长高必华出席会议并讲话，党委副书记、总经理于涛主持会议，党委委员、副总经理李志伟、上海峰出席会议。

会上，参建各单位简要介绍了自身基本情况，从思想认识、技术准备、管理体系等方面作了详细汇报，充分表达了认真践行“志建南水北调、构筑国家水网”的决心。

高必华对六家签约单位表示祝贺，对各单位高质量完成引江补汉工程的决心表示肯定。围绕如何建设好引江补汉工程，他强调：一是提高政治站位，充分认识引江补汉工程的重大意义，要以习近平总书记重要指示批示精神作为推进南水北调后续工程高质量发展的根本遵循，将高标准高质量建设引江补汉工程当成我们最大的政治任务和头等大事；二是强化责任担当，创建优质工程，引江补汉工程地质条件复杂，在我国长距离有压引调水隧洞中单洞长度最长、洞径最大、综合难度最大，希望大家要充分认识工程施工难度，进一步优化资源配置，用一流人员，一流技术，一流制度，一流管理来参与引江补汉工程建设；三是营造和谐环境，打造廉洁工程，高标准高质量建设引江补汉工程离不开和谐的建设环境，参建各单位务必加强责任担当与合规意识，盯牢关键环节，防范廉政风险，守好廉洁关口，为工程建设保驾护航。

于涛希望参建各单位吹响冲锋号角，携起手来，齐心合力，有序推进前期施工准备工程早开工、快建设，并落实做好工程项目建设进度、质量、安全等工作。

江汉水网公司有关部门，山西省水利水电工程建设监理有限公司、黄河勘测规划设计研究院有限公司、北京海策工程咨询有限公司、中铁三局集团有限公司、中铁十八局集团有限公司、中国水利水电第十四工程局有限公司有关负责同志参加签署仪式。

（全明威　刘艳波）

南水北调引江补汉工程前期施工准备工程（保康段）开工动员会顺利举行

2023年6月19日上午10点18分，南水北调引江补汉工程前期施工准备工程（保康段）开工动员会在湖北保康顺利举行，中国南水北调集团江汉水网建设开发有限公司党委副书记贾志营作动员讲话。随着翻页启动台徐徐展开，标志着引江补汉工程前期施工准备工程（保康段）正式开工。

引江补汉工程（保康段）包括7号支洞下游洞挖终点至14号支洞下游洞挖终点段（保康县境内）输水总干线主隧洞、辖段内施工支洞及竖井、张家山料场、辖段内的其他料场及弃渣场等。管理区域输水总干线主隧洞长度约64.65km、施工支洞合计长度约15.88km。该段地形地质条件复杂，隧洞穿越断层多，部分涉及高水压、岩溶水和高地温。施工技术难度极大，项目建设极具挑战性。

引江补汉工程是南水北调后续工程首个开工重大项目，是贯彻落实习近平总书记在推进南水北调后续工程高质量发展座谈会上重要讲话精神的具体实践，是推进国家水网建设的重要举措。近日，中共中央、国务院印发了《国家水网建设规划纲要》，为加快构建国家水网进一步指明了方向和路径。在中国南水北调集团党组和江汉水网公司党委的坚强领导下，引江补汉工程建设管理二部锚定目标，充分发扬不怕苦、不怕累的实干精神，及时协调解决工作中遇到的难题。为确保引江补汉工程（保康段）各项工作高效有序推进，保康县委、县政府高度重视，成立了引江补汉工程建设协调指挥部，设立专门机构、组建工作专班。在工程沿线各级政府和参建各方的团结协作、密切配合下，征地移民、工程施工准备等各项准备工作顺利进行，为推进工程全面开工建设奠定了坚实基础。

前期施工准备工程正式开工，对于攻克地质难题、缩减引江补汉工程关键工期、缓解工期压力具有重要意义，也有助于快速形成实物工程量、落实年度投资目标、助力地方经济快速发展。同时，更为下一步征地移民营造了良好的工程建设氛围，并为主体工程全面开工创造了良好条件。

接下来，引江补汉工程建设管理二部将始终坚持把高标准高质量建设引江补汉工程作为头等大事，继续秉持初始即严、一严到底，高标准、严要求，一如既往与各级地方政府和参建各方密切配合、通力协作，共同将引江补汉工程建设成“安全工程、精品工程、绿色工程、智慧工程、阳光工程”。

保康县主要领导，县直相关单位、相关乡镇主要负责同志参加，长江设计集团、黄河勘测规划设计研究院有限公司、中铁十八局集团有限公司、湖北海多星地理信息工程有限公司、国家林业和草原局中南调查规划院、长江工程监理咨询有限公司（湖北）引江补汉移民安置监督评估项目部等单位有关代表参加。

（杨丹婷　鲍玉征）

南水北调引江补汉工程前期施工准备工程（宜昌段）开工动员会顺利举行

2023 年 6 月 20 日上午，南水北调引江补汉工程前期施工准备工程（宜昌段）开工动员会在宜昌市夷陵区雾渡河镇工程现场顺利举行。宜昌市政协副主席谭业明出席，中国南水北调集团江汉水网建设开发有限公司党委委员、副总经理尹延飞作动员讲话。

引江补汉工程（宜昌段）主要建设内容包括输水总干线主隧洞、辖段内施工支洞及竖井、料场和弃渣场等；其中，输水总干线主隧洞长约 72.05km，施工支洞和竖井合计长约 15.14km。该段地形地质条件复杂，部分涉及高地应力、高水压、高地温，而且断层多、地下水多。施工技术难度极大，项目建设极具挑战性。前期施工准备工程正式开工，对于攻克地质难题、缩减引江补汉工程关键工期、缓解工期压力具有重要意义，同时有助于快速形成实物工程量、落实年度投资目标、助力地方经济快速发展，为主体工程全面开工创造条件。

引江补汉工程是南水北调后续工程首个开工重大项目，是贯彻落实习近平总书记在推进南水北调后续工程高质量发展座谈会上重要讲话精神的具体实践，是推进国家水网建设的重要举措。近日，中共中央、国务院印发了《国家水网建设规划纲要》，为加快构建国家水网进一步指明了方向和路径。在中国南水北调集团党组和江汉水网公司党委的坚强领导下，引江补汉工程建设管理一部锚定建设目标，主动对接、积极协调、勠力攻坚。宜昌市政府将引江补汉工程纳入重大工程项目推进任务清单。夷陵区委、区政府高度重视，成立引江补汉工程建设协调领导小组，设立指挥部，组建工作专班。在工程沿线各级政府和参建各方的团结协作、密切配合下，征地移民、施工准备等各项工作有序推进。

下一步，引江补汉工程建设管理一部将围绕推进工程高标准高质量建设核心任务，聚焦实现投资、进度、质量、安全等工作目标，进一步完善建设管理体系，强化内控管理，积极营造参建各方以及地方协同配合的良好工程建设氛围，努力将引江补汉工程建设成“安全工程、精品工程、绿色工程、智慧工程、阳光工程”。

宜昌市水利湖泊局有关负责人，夷陵区主要负责同志、有关领导以及相关部门负责人，相关乡镇负责人及有关工作人员，长江设计集团有限公司、山西省水利水电工程建设监理有限公司、中铁三局集团有限公司等参建单位代表参加。（温端湖）

汪安南检查督导引江补汉工程建设

2023 年 6 月 19—21 日，中国南水北调集团党组副书记、总经理汪安南检查督导引江补汉工程建设。

汪安南一行采取“四不两直”方式实地检查了出口段工程、桐木沟交通洞、两郧断裂带灌浆现场施工情况，查看了石花控制闸、取水口以及 14 号、12 号、11 号、8 号、3 号支洞施工准备工程推进情况，分别在引江补汉工程建管一部、三部主持召开现场办公会，听取江汉水网公司及各参建单位关于工程建设情况汇报，并就持续抓好引江补汉工程建设作出安排部署。

汪安南指出，引江补汉工程是南水北调后续工程首个开工项目，是贯彻落实习近平总书记重要讲话精神的具体实践，是推进国家水网建设的重要举措。前一阶段，在各方共同努力下，工程建设进展顺利，开局良好，值得肯定。下一步，江汉水网公司要进一步提高政治站位，扛牢政治责任，本着对党和人民高度负责的态度，高质量高标准建设好引江补汉工程。

汪安南强调，江汉水网公司要对标一流工程、一流企业，持续优化完善工程建管体系，提升建管水平，守牢安全底线，确保工程进度、质量和安全。一是切实担负起项目法人主体责任，全面落实安全、质量、投资、进度、廉洁等目标，高标准推进工程建设。二是压实各方责任，改进管理模式、提升管理能力，优化管理流程、提高工作效能，全力以赴完成年度建设目标任务。三是统筹发展与安全，将质量安全工作提格管理，落实各项安全生产措施，守牢安全底线，确保不发生人员伤亡事件。四是加快推进施工准备工程建设，尽早开展主体工程招标准备，为主体工程建设提供工期保障。五是坚持既定目标，紧盯关键环节，加强沟通协调，加快推进初步设计报告审批，为主体工程全面开工提供必要条件。六是加强文明施工标准化建设，切实推进精细化管控措施落地见效，全力打造一流工程文明施工样板。七是加快推进数字孪生引江补汉建设，推动 BIM 技术在工程全生命周期运用，提升工程数字化、网络化、智能化管理能力。八是强化科技创新机制建设，立足当前、着眼长远，统筹推进关键技术攻关和人才培养。

集团战略投资部、质量安全部、江汉水网公司有关负责同志参加检查。

（盛旭军）

南水北调引江补汉工程前期施工准备工程（谷城段）开工动员会顺利举行

2023 年 6 月 30 日下午，南水北调引江补汉工程前期施工准备工程（谷城段）开工动员会在襄阳市谷城县五山镇工程现场顺利举行。襄阳市人民政府副市长、党组成员张学林出席并宣布工程开工，谷城县委书记黄克立致辞，县委副书记、政法委书记许杰锋主持，中国南水北调集团江汉水网建设开发有限公司党委委员、副总经理上海峰介绍项目情况，中国水利水电第十四工程局有限公司党委委员、副总经理黄岗作表态发言。

引江补汉工程（谷城段）主要建设内容包括输水总干线主隧洞、施工支洞、石花控制闸、竖井、料场、弃渣场及进场道路等，其中输水总干线主隧洞长度约 62km，施工支洞和竖井合计长度约 11.86km。该段地形地质条件复杂，涉及高地应力、高水压、高地温，而且断层多、地下水多。施工技术难度极大，项目建设极具挑战性。

引江补汉工程是南水北调后续工程首个开工重大项目，是贯彻落实习近平总书记在推进南水北调后续工程高质量发展座谈会上重要讲话精神的具体实践，是推进国家水网建设的重要举措。近日，中共中央、国务院印发了《国家水网建设规划纲要》，为加快构建国家水网进一步指明了方向和路径。在中国南水北调集团党组和江汉水网公司党委的坚强领导下，引江补汉工程建设管理三部锚定目标、铆足干劲促进项目建设。为确保引江补汉工程（谷城段）各项工作高效有序推进，襄阳市政府、谷城县委、县政府高度重视，成立引江补汉工程建设协调指挥部并成立领导小组，组建工作专班。在工程沿线各级政府和参建各方的团结协作、密切配合下，征地移民、工程施工准备等各项准备工作顺利进行，为推进工程全面开工建设创造了良好基础。

下一步，引江补汉工程建设管理三部将围绕高标准、高质量建设引江补汉工程，聚焦实现投资、进度、质量、安全等工作目标，扛起经济责任、政治责任、社会责任，提高思想认识，强化责任落实，加强规划管理，努力建设安全、精品、绿色、智慧、阳光引江补汉工程。

襄阳市政府、农业农村局、水利局有关负责同志，相关乡镇负责同志及有关工作人员，长江勘测规划设计研究有限责任公司、北京海策工程咨询有限公司、中国水利水电第十四工程局有限公司等参建单位代表参加。（金彦伶）

奋楫笃行　勇担重任　高标准建设引江补汉工程　切实推进南水北调后续工程高质量发展

2022年7月7日，南水北调后续工程首个开工项目中线引江补汉工程正式拉开建设帷幕。

一年来，在水利部、国务院国资委的坚强领导下，中国南水北调集团深入学习贯彻党的二十大精神，以学习贯彻习近平新时代中国特色社会主义思想主题教育为契机，坚定“志建南水北调、构筑国家水网”初心使命，锚定高标准高质量建设引江补汉工程目标任务，把主题教育同工程建设有机融合、一体推进，切实将学习成果转化为工作探索实践的强大动力，如期推进引江补汉进入主体隧洞施工，顺利推进各项前期施工准备工程，加快建设数字孪生引江补汉，坚持将引江补汉工程打造为安全工程、精品工程、绿色工程、智慧工程、阳光工程。

打造标杆样板引路

引江补汉工程对全面推进南水北调后续工程高质量发展和加快构建国家水网具有标志性意义。率先开工的出口段工程，对于其他标段具有较强的示范效应。如何开好头起好步？中国南水北调集团江汉水网建设开发有限公司决定以标杆建设引领全线规范化标准化，实现可借鉴可复制的建管模式样板。

2023年6月27日，在引江补汉工程出口段安乐河工区，在混凝土罐车和混凝土输送泵车的隆隆声中，作业人员正进行主洞洞口渐变段的衬砌施工，主洞施工已经完成进尺183m。在桐木沟检修交通洞工区，洞挖施工完成进尺558m。

“初始即严、一严到底。”江汉水网公司建管三部主任尹建勋说，“我们全面推行施工过程标准化管理，坚持首件评估，样板引路，试验先行，推进智能建造，初步构建起完备的建设单位负责、监理单位控制、设计和施工单位保证以及政府监督相结合的工程管理体系。”

进入出口段安乐河工区，全封闭的自动拌和系统、数控综合加工厂、全封闭骨料加工系统映入眼帘。通过集中布置附属设施，施工单位实现了集中管理，为全面推行“首件制”创造了条件。精心准备，认真做好第一仓混凝土、第一批钢筋加工，以“首件工程”样板示范为引领，提高施工工艺水平和技术质量管理水平。

“作业面配备先进的多臂凿岩台车、智能二衬台车、自动养护台车和液压自动栈桥，相互配套的全机械化设备，保证了施工效率、质量及作业安全。”施工单位负责人苟三江说，这是严格落实江汉水网公司推动隧洞施工智能化建设，提升本质安全水平的需要，最终达到“机械化换人、自动化减人、智能化无人”的效果。

洞室开挖安全隐患多。蔡永斌是施工单位专职安全员，每天进洞巡查临时用电等安全事项。江汉水网公司要求参建单位配足、配强安全管理人员，强化现场安全巡查、日常检查和隐患问题整改，通过严厉的问题督察追责机制，形成高压严管态势。

"我们对重点部位加大安全风险管控力度，建立分级管控清单，实现'一标段一清单'。"黄河工程咨询监理公司总监理工程师赵文涛说，通过开展施工作业规范化、标准化建设，不断规范现场各项作业流程，夯实安全生产基础。

在安乐河工区，一个集安全教育体验、文化宣传、智慧工地及会议等多个功能于一体的数字孪生智能建造中心引人注目。施工单位充分利用物联网、5G、AI和BIM建模等技术，推进数据共享和安全、质量智慧管理工作。

"物料管理全过程记录，直观反映工程形象进度，可展示各类技术方案并生成模型。"施工单位负责人说，这种"先导式"监管，采用人员实名和车辆设备轨迹定位系统，建立在线实时监管平台，可实现远程监测和预警，从传统的被动监管到主动监管转变。

有了样板的引领，引江补汉出口段工程建设迅速步入正轨。江汉水网公司及时启动了引江补汉前期施工准备工程，包括9条施工支洞、16条进场道路、8个弃渣场和相应的弃渣运输道路及4个料场开采运输道路等。目前，前期施工准备工程中标单位相继进场开工，为引江补汉主体工程全面施工创造了良好条件。

"志建南水北调，争创一流工程"。在引江补汉工程出口段，施工单位开展的为期5个月的劳动竞赛活动激发了工人们的斗志，各个班组之间、各个场区之间比学赶超的良好氛围已经初步形成。

厚植绿色生态为先

绿色是南水北调工程的底色。

引江补汉工程跨越神农架自然保护区、三峡风景名胜区等，如何按照绿色发展要求，文明施工、规范管理，最大程度降低环境敏感区域的影响，是树立引江补汉工程新形象的前提。

骄阳似火，出口段安乐河工区车来车往，放眼望去，施工现场并没有尘土飞扬。原来，环保理念体现在一些细节上，自动拌和系统、数控综合加工厂和骨料加工系统实现了全封闭，砂石骨料仓库上方配置了喷淋系统，洒水车、雾炮车定时作业，洗车池杜绝了运输车辆带泥上路。

中国南水北调集团严格执行生态环境保护措施与主体工程"同时设计、同时施工、同时投产使用"的环境保护制度，将环保设计与周边地形地貌充分融合，始终围绕生态保护、节能降碳、污染防治、资源集约节约利用等方面开展工作，努力从源头设计上打造具有南水北调特色的绿色生态工程。

"我们先后与地方协调推进了2个生态敏感区选址、汉江中下游5条河流水环境综合治理及工程沿线10个弃渣场变化位置选址确定等诸多工作，实现了生态环境设计工作的突破性进展。"江汉水网公司工程管理部副主任李占京说。

江汉水网公司成立专门的生态环境保护机构，严格落实引江补汉工程初步设计报告中全面响应环境影响评价报告和水土保持方案批复意见要求。

在安乐河生活营地，生活废水全部

被收集起来，经过生活污水处理系统，再用于工区绿化、道路洒水降尘，实现了循环利用。在混凝土拌和站，施工单位通过采用“沉淀池＋中和池＋清水池”工艺处理碱性废水，实现了生产用水的循环利用。

“在出口段两个工区，生活生产用水全部回收利用，实现了一滴污水也不外排的环保目标。”建管三部环保专员张阳光说，他们还与丹江口市签订协议，由专业机构上门回收生活垃圾和废油液体。

江汉水网公司把水土保持与环境保护工作纳入对施工单位的考核内容，严格管理引江补汉出口段工区弃渣场，安全堆放渣土，表面覆盖绿网，打造“生态典范”弃渣场。永久和临时边坡采取挂网喷护，生态复绿。

环保不是一朝一夕，而是长期功课。出口段开工后，江汉水网公司迅速召开引江补汉工程出口段生态环境保护管理工作专题会，加强与地方的协作和沟通，建立突发环境事件应急联络机制，实行生态环境保护工作“一票否决”制度。

“我们的目标是争创‘国家水土保持示范工程’和‘中国生态文明奖’。”高必华说，为此，江汉水网公司推动现场建管部、各参建单位建立并完善了生态环境保护管理制度、突发环境事件应急预案、弃渣场及料场管理规定等制度体系，从一点一滴抓起，用示范带动引江补汉工程建设绿色发展。

一年来，江汉水网公司与生态环保公司展开合作，在引江补汉工程建立监测监控体系，充分利用数字孪生、遥感测量、在线监控、视频监控和大数据分析等手段，持续做好环境影响长期跟踪监测与管理，确保全过程各环节的可控性和可追溯性。

保障移民征迁合规

规划好大中型水利水电建设征地补偿和移民安置工作，是维护移民合法权益，保障工程建设顺利进行的基础。引江补汉工程建设征地涉及宜昌市夷陵区、远安县，襄阳市保康县、谷城县，十堰市丹江口市等3个市、5个区（县），建设征地总面积19672.5亩。

一年来，江汉水网公司坚持以履行国资央企“三个责任”为使命办实事、解民忧，推进“我为群众办实事”常态化长效化。围绕征迁协调机制、先行用地手续办理、出口段正式用地手续办理、初步设计概算审批等重点工作，创新工作思路，加大与省、市、县各级政府协调力度，努力营造良好工程外部环境。

2022年8月2日，江汉水网公司与丹江口市人民政府签订了移民征迁包干协议，征地搬迁安置工作全面展开。

丹江口市成立了服务引江补汉工程建设指挥部，制订了引江补汉工程输水总干线出口段搬迁安置补偿方案。指挥部每周召开工作调度会，研究解决搬迁过程中的实际问题。各参建人员积极配合，坚持以人为本，推动搬迁工作顺利进行。

征迁工作牵涉面较广，事务繁杂。丹江口市移民服务中心主任王涛、三官殿街道办事处党委书记陈安林、三官殿街道办事处主任刘忠清克服疫情防控带来的困难，白天走乡串户做政策宣讲工作，晚上研判征迁矛盾，积极寻求解决办法，经常加班到深夜。

在湖北省及工程沿线各级人民政府的大力支持下，引江补汉工程出口段移民征迁工作比原计划提前10天完成，积累了丹江口征迁经验，沿线地方征迁部门纷纷前来学习取经，为夷陵区、保康县、谷城县和丹江口市等一系列征迁移民安置工作打下了坚实基础。

引江补汉工程移民征迁涉及区（县）多、专项类别多、需执行标准多。今年3月，湖北省政府印发《关于调整湖北省引江补汉工作协调小组成员的通知》，将江汉水网公司纳入省级协调小组。宜昌、襄阳、十堰3个地市级和夷陵、保康、谷城、丹江口4个区（县）级协调机构进一步充实完善。

引江补汉工程连通长江、汉江流域与华北地区，对保障国家水安全、促进经济社会发展、服务构建新发展格局将发挥重要作用。沿线地方政府高度重视，全力以赴推进征迁工作。

截至目前，夷陵区、保康县、谷城县内的前期施工准备工程现场勘测定界工作已全部完成，永久用地范围内林地采伐手续办理完毕。自然资源部批复引江补汉工程1058亩先行用地申请，前期施工准备工程先行用地范围内具备开工条件。

坚持科技创新赋能

2022年8月4—5日，来自水利部、中国南水北调集团、知名高校、科研院所，以及水利水电规划设计、建设运行管理、设备制造、科研生产、工程施工等40多家单位，院士、专家和与会代表近200人汇聚武汉，为引江补汉工程建设有效应对多重风险挑战出谋划策、贡献智慧。

引江补汉工程采用深埋隧洞输水，是我国在建长度最长、洞径最大、一次性投入超大直径TBM设备最多、洞挖工程量最大、引流量最大、综合难度最大的长距离引调水工程，面临强岩爆、突泥涌水、大断裂、软岩变形、高地温、有害气体等多重风险挑战。

一年来，针对工程特点难点，中国南水北调集团围绕提高自主创新能力，指导江汉水网公司深入开展科技攻关，从制度建设、科技创新体系、科技创新管理流程指引等相关工作，积极推进“管理实验室”活动试点。

结合主题教育贯彻落实中央《关于在全党大兴调查研究的工作方案》要求，围绕引江补汉工程建设和公司高质量发展存在的突出问题，江汉水网公司大力开展工程技术、建设管理、TBM研究、信息化建设、征迁移民、安全环保等重点领域调研活动，深入实地调研了新疆、云南等地类似工程现场，为引江补汉工程科技创新工作积累经验，并把好的经验做法提炼、融合、固化成符合公司高质量发展的管理制度。

江汉水网公司目前已经初步形成了《科研项目管理办法（修订稿）》《江汉水网公司科技创新体系建设方案》《科研项目“揭榜挂帅”实施办法》等制度，实现科研项目管理的标准化、规范化、流程化。

先行完成“复杂地质条件下超大直径 TBM 选型、优化及智能掘进系统”招标工作。通过深入开展科技攻关，深化科研成果运用，编制完成了 TBM 主参数和适应性设计报告初稿，立项了“高水头超长有压隧洞水动力特性及水力控制关键技术研究”。

推进智慧水利建设是推动水利高质量发展的“六条实施路径”之一，数字孪生引江补汉工程是建设数字孪生南水北调的重要支撑，包括勘察设计、工程建设及工程运营三个阶段。江汉水网公司聚焦先行先试任务目标，完成勘察设计数字孪生平台和数字化建管系统功能模块开发及上线运行。

一年来，江汉水网公司成立数字孪生建设领导小组，将数字孪生建设纳入重点督办事项清单，先后开展 50 余次对外交流，逐步明确建设方案、目标、思路和技术路径，从系统设计和实现效果两个方面不断完善，编制系统操作手册、管理细则及考核指引，加快推进系统应用落地。目前，勘察设计孪生平台已基本开发完成，具备设计成果可视化展示条件，已在江汉水网公司本部内网环境部署试运行。

“强化数字孪生引江补汉工程建设，实现工程建设数字化、智能化的全流程管控。”今年 4 月初，中国南水北调集团党组书记、董事长蒋旭光在调研引江补汉工程时强调。目前，引江补汉工程数字化建管系统已完成投资、进度、质量、安全等 7 个功能模块开发，并上线试运行。预计今年 12 月底完成智能监控系统主要功能开发和上线试运行，2025 年基本建成建设期数字孪生平台 1.0 版。

引江补汉工程建设是推进南水北调后续工程高质量发展的生动实践，开工一年来，面对重重挑战，始终牢记重任在肩。中国南水北调集团将继续牢牢把握主题教育“学思想，强党性，重实践，建新功”总要求，牢记“志建南水北调、构筑国家水网”初心使命，以拼搏不息的姿态，继续高标准、高质量推进引江补汉工程建设，奋力谱写南水北调后续工程与国家水网高质量发展新篇章，为中国式现代化提供坚强有力的水资源支撑和水安全保障。（许安强）

江汉水网公司召开 2023 年半年工作座谈会

2023 年 7 月 5 日，中国南水北调集团江汉水网建设开发有限公司组织召开 2023 年半年工作座谈会。公司党委书记、董事长高必华作了题为“坚定信心　勇毅前行　全力推进年度各项主要任务目标高标准高质量完成”的工作报告。党委副书记、总经理于涛主持会议，班子成员分别进行工作部署，相关部门、建管部作交流发言。

会议的主要任务是以党的二十大精神为指引、深入开展学习贯彻习近平新时代中国特色社会主义思想主题教育，系统总结回顾公司上半年主要工作，分析当前面临形势任务，对下半年重点工作进行安排部署。

会议指出，在集团党组的坚强领导下，引江补汉工程建设及公司治理工作均取得了重要进展，为引江补汉主体工程全线开工建设总体目标的实现奠定了基础。

高必华强调，我们必须准确认识引江补汉工程面临的新形势、新要求、新任务，坚定信心，抢抓机遇，勇毅前行，切实增强做好引江补汉主体工程全线开工建设的信心和底气。

高必华要求，下半年要继续深入开展学习贯彻习近平新时代中国特色社会主义思想主题教育，坚决做好巡视整改后半篇文章，在集团的坚强领导下，重点抓好以下七个方面的工作。一是全力推进已开工项目加速建设，总结提炼好出口段工程建设的经验、做法，应用于后续工程建设。二是全力推进主体工程全线开工建设，结合集团工作部署和工程总体建设进度要求，明确目标，压实责任，确保年度建设任务和投资计划顺利完成。三是始终把安全和质量放在第一位，不断健全质量安全制度标准，持续完善应急管理体系，全面实现质量安全管理强化提升。四是深入调研对标，注重成果运用，加快推动科研项目实施和数字孪生建设，全力推进科研攻关取得实质进展。五是进一步健全公司治理体系，切实提高公司规范化、精益化管理水平，不断提升公司治理能力。六是抓紧推动公司2023—2025发展规划宣贯对照落实和管理设施项目建设工作，全力推进经营发展落地见效。七是始终坚持把政治建设摆在首要位置，压紧压实全面从严治党主体责任，坚决落实好集团党组巡视整改工作各项任务，扎实推进党的建设。

于涛就贯彻落实会议精神提出要求，一要提高政治站位，扛牢政治责任。以高度的政治责任感和强烈的历史使命感，切实履行好项目法人主体责任，全力推动工程高质量建设。二要抓好学习贯彻，系统谋划工作。切实把会议精神转化为推动事业发展的强大力量，落脚于系统谋划各项工作的有力举措。三要咬定目标任务，狠抓责任落实。坚持信心不减、标准不降，确保年度建设任务和投资计划顺利完成。

各部门、各建管部全体干部职工参加会议。（赵发）

中国南水北调集团首个“人才教育培训实践基地”在江汉水网公司揭牌

2023年8月21日，中国南水北调集团首个“人才教育培训实践基地”在江汉水网公司揭牌。集团党组书记、董事长蒋旭光出席揭牌仪式，并与集团党组副书记、副总经理于合群，江汉水网公司董事长、党委书记高必华共同揭牌。

蒋旭光指出，在江汉水网公司设立集团公司首个“人才教育培训实践基地”，是集团党组深入开展主题教育的重要行动，是集团进一步加强干部人才队伍建设、深入实施人才强企战略的重要举措，标志着集团教育培训体系建设迈出新步伐。他对做好人才教育培训实践基地的建设与管理工作提出三方面要求：一要充分发挥教育培训实践基地的效能，完成各项教育培训和实践任务，满足集团对各类人员的培训需求；二要全面提高教育培训实践基地的工作水平，力争实现一流学员素质、一流教育培训、一流保障服务“三个一流”目标；三要切实保障教育培训实践基地的规范有效运作，着力将实践基地打造成为集团人才培养平台的样板。

集团办公室、质量安全部、组织人事部，江汉水网公司负责同志参加仪式。

（刘浩杰）

于涛讲授主题教育专题党课

2023 年 8 月 18 日，中国南水北调集团江汉水网建设开发有限公司党委副书记、总经理、主题教育领导小组副组长于涛以“对标世界一流企业的思考”为题，向公司全体干部职工讲授学习贯彻习近平新时代中国特色社会主义思想主题教育专题党课。

于涛从世界一流企业的共性要素、具体内涵、核心特征、对标世界一流企业的差距、江汉水网公司的发展内涵、创建世界一流企业的举措等六个方面，为全体党员干部职工上了一堂既有理论高度又有实践深度的主题教育专题党课。

于涛指出，江汉水网公司各级党组织和党员干部要充分认识加快建设世界一流企业的重要性，统一思想、凝聚共识，确保相关工作举措落实落地，认真贯彻落实党中央、集团党组及公司党委关于建设世界一流企业的各项决策部署，以实际行动练就推动引江补汉工程高质量建设和江汉水网公司高质量发展的看家本领。

于涛强调，要坚持党的领导，把握正确方向。始终把坚持党的领导、加强党的建设放在首位，将党的领导贯穿于加快建设世界一流企业工作始终，以江汉水网公司发展规划为引领，明确目标任务、聚焦突出问题，建立世界一流企业对标体系，不断提升管理能力和价值创造能力，确保集团党组和江汉水网公司党委的决策部署落到实处。要强化思想意识，着力精准对标。准确把握集团和江汉水网公司关于建设世界一流企业的部署要求，利用党委理论学习中心组和党支部专题学习，进一步提高建设“一流工程、一流企业、一流品牌”的思想意识，以对标一流和价值创造为抓手，高效落实重点工作任务，加快推进一流建设。要坚持顶层设计，强化统筹推进。以加快建设产品卓越、品牌卓著、创新领先、治理现代的世界一流企业为目标，创新优化工程建设投资运营模式，稳步推进引江补汉工程建设，谋划江汉水网公司新发展，为助推集团打造中国特色国际一流跨流域供水工程开发运营集团化企业提供坚强支撑。（郭亚娟）

“两手发力”拓展融资渠道　加快后续工程建设　引江补汉工程项目贷款签约仪式在汉举行

2023 年 9 月 6 日，南水北调中线引江补汉工程项目贷款签约仪式在中国南水北调集团江汉水网公司举行。中国南水北调集团党组书记、董事长蒋旭光出席并讲话，党组成员、总会计师余邦利主持仪式，国家开发银行党委委员、副行长刘进代表项目贷款银行发言。

引江补汉工程项目贷款工作经过深入比选和谈判，江汉水网公司最终与国家开发银行、中国进出口银行、中国农业发展银行、中国工商银行、中国农业银行、中国建设银行、中国银行、招商银行共 8 家银行达成合作协议。本次签约是集团“两手发力”拓展融资渠道、加快推进后续工程规划建设的重要举措，对于保障引江补汉工程建设资金需求具有重要意义。

蒋旭光对各家银行为南水北调工程、国家水网建设提供的全方位金融支持表示感谢。他指出，南水北调是实现我国水资源优化配置、促进经济社会可持续发展的重大战略性基础设施。引江补汉工程作为南水北调后续工程首个开工重大项目，对加快构建国家水网主骨架和大动脉、完善我国水资源配置战略格局具有重要意义。此次签约是中国南水北调集团贯彻落实中央决策部署、“两手发力”加快南水北调后续工程高质量发展的重要举措，同时充分体现了各家金融机构支持国家重大基础设施建设的政治担当。中国南水北调集团将秉持“平等、互利、共赢”的宗旨，认真履行贷款合同，依规使用资金，接受资金监管，保障各方合法权益。希望在此次合作的基础上，进一步与各家银行广泛开展多领域、多层次合作，实现双赢、共同发展，开创企业与银行合作的新篇章，为加快构建国家水网、为中国式现代化提供水安全保障贡献力量。

刘进表示，南水北调是缓解我国北方地区水资源严重短缺、优化水资源配置的重大战略性基础设施。做好南水北调后续工程建设的金融服务工作，使命光荣、责任重大。下一步，国家开发银行将坚守基础设施银行职能、定位，与各家银行机构一道，为集团提供更加优质高效的金融服务，推进引江补汉工程高质量建设，为加快构建国家水网作出开发性金融新的积极贡献。

集团财务资产部、江汉水网公司主要负责同志，国家开发银行等 8 家银行总行部门及所属湖北省分行有关负责同志参加。 （赵发）

百日大干风正劲　披襟岸帻自奋蹄

——江汉水网公司举行引江补汉工程 2023 年度“百日大干”劳动竞赛动员大会

2023 年 9 月 19 日，中国南水北调集团江汉水网建设开发有限公司在湖北丹江口市举行引江补汉工程 2023 年度“百日大干”劳动竞赛动员大会。中国南水北调集团党组成员、副总经理耿六成出席并讲话，江汉水网公司党委书记、董事长高必华出席并作动员部署，党委副书记、总经理于涛主持，党委委员、副总经理上海峰宣读劳动竞赛方案，中国水利水电第五工程局有限公司、中国中铁电气化局集团有限公司、黄河工程咨询监理有限责任公司等参建单位分别作表态发言。

引江补汉工程作为南水北调中线后续水源工程，从长江三峡库区引水入汉江，沿线地质条件复杂，具有“三高三多”的特点，工程建设极具挑战性。工程建成后，可有效提高汉江流域水资源调配能力，增加南水北调中线工程北调水量，提升中线工程供水保障能力，并为引汉济渭实现远期调水规模创造条件。引江补汉工程开工建设以来，江汉水网公司在集团的坚强领导下，始终坚持高标准严要求，全面推行施工过程标准化管理，推进智能建造，坚持首件评估、样板引路、试验先行。目前，出口段工程、前期施工准备工程、施工供电工程等均正在按照年度计划要求紧锣密鼓有序实施，质量安全受控，成效初步显现，形象面貌焕然一新。

耿六成指出，引江补汉工程作为南水北调后续工程首个开工重大项目，是落实习近平总书记“5·14”重要讲话精神，加快构建国家水网主骨架和大动脉的标志性工程，对完善我国水资源配置战略格局、促进南北方协调发展具有十分重要的意义。

耿六成强调，星光不问赶路人，时光不负实干者。一是要始终牢记职责使命，以高度的政治责任感、强烈的历史使命感和时不我待的危机感，锚定2023年度投资计划和各项建设任务，持续掀起大干实干快干的建设热潮。二是要全面强化现场质量管理，压紧压实安全生产责任，加大施工资源投入，提速施工建设进度，做好征迁移民用地保障，全面加强生态环境保护，全力确保高质量完成年度各项目标任务。三是“百日大干”劳动竞赛的号角已经吹响，各参赛单位要闻令而动，锚定目标，开局即争胜，起步就冲刺，以“奋战百日、勇创佳绩”的昂扬激情和奋斗姿态，以“坚如磐石、务实重行”的坚韧意志和务实作风，真抓实干，全面实现本次劳动竞赛各项节点目标，为稳增长、促投资、扩内需作出积极贡献。

高必华表示，各参建单位要加强组织领导，周密部署、奋勇争先、勇挑重担、强化落实，要充分展现国资央企的责任担当与精神风貌，迅速掀起“比学赶超”的劳动竞赛建设热潮，全力以赴奋战百日，为确保年度建设目标实现，为初步设计报告批复后主体工程全面开工建设创造条件。

集团质量安全部，江汉水网公司，长江设计公司、黄河咨询监理、山西水利监理、北京海策监理、黄河设计监理、中国水电五局、中铁十八局、中国水电十四局、中铁三局、湖北电力院、中铁电气化局、中铁十二局、葛洲坝电力、国网武汉南瑞、中铁十一局15家参建单位共120余人参加。 （任敬存　赵发）

引江补汉工程桐木沟检修交通洞实现贯通

2023年9月26日，随着最后一声炮响，引江补汉出口段工程桐木沟检修交通洞顺利贯通，较节点目标提前三个月，标志着引江补汉工程先期开工项目建设取得重大突破。

桐木沟检修交通洞是引江补汉工程首个开工建设的施工支洞。该洞为马蹄形，洞长865m。全程纵深向下，坡度起伏大，地质情况复杂，转弯弧度大，上层围岩破碎，下层围岩坚硬，且陡缓分布不均匀，给洞挖作业、爆破除渣及后续隧洞衬砌作业均带来了诸多困难。面对诸多不利因素，在中国南水北调集团江汉水网建设开发有限公司的坚强领导下，引江补汉工程建设管理三部始终团结带领参建各方紧密协作、多措并举、迎难而上，不断提速工程建设。

引江补汉工程桐木沟检修交通洞的顺利贯通，大大鼓舞了一线员工的士气，加速了主体工程进度，同时为主隧洞后续顺利施工打下了坚实基础。下一阶段，建管三部将继续加强工程精益化管理，持续强化施工安全、质量过程监管，提升标准化水平，勠力同心、接续奋战，确保工程始终沿着高标准、高质量方向迈进。（金彦伶　向志鹏）

汪安南检查调研引江补汉工程建设情况和丹江口水库水质安全保障工作

2023年10月12—13日，中国南水北调集团党组副书记、总经理汪安南赴湖北省丹江口市检查指导引江补汉工程建设，调研丹江口水库水质安全保障工作，并分别在江汉水网公司和中线水源公司召开座谈会。

汪安南一行来到引江补汉出口段工程建设现场，查看了数字孪生智能建造中心、出口段输水隧洞和桐木沟检修交通洞工程建设情况，详细听取了江汉水网公司和各参建单位关于工程建设、质量安全和数字孪生等方面工作的汇报，对取得的阶段性成果给予肯定。汪安南强调，引江补汉工程作为南水北调后续工程首个开工项目，对全面推进后续工程高质量发展、加快构建国家水网具有标志性意义。一是要坚持高标准严要求，结合正在开展的主题教育，以高质量党建引领高质量发展，依法科学精细推进引江补汉工程高质量建设。二是要坚决守牢守住质量安全底线，常怀敬畏之心，毫不松懈抓好安全生产和工程质量管理。充分发挥项目法人核心作用，系统统筹参建各方力量，全方位提高工程建设管理水平，将引江补汉工程打造成水利工程领域建设的标杆。三是要加强科技创新，解决工程建设中的重大科技问题，提高工程建设质量、安全、进度和投资控制的科技贡献率。加强数字孪生引江补汉工程建设，推进智能建造，促进安全、降本和增效，提高企业运行效率效益。四是要全面加强党的建设和干部队伍建设，结合工程建设着力培养专业科技人才和经营管理人才，特别是对年轻干部的培养使用，为南水北调后续工程和国家水网建设培养优秀人才。

汪安南一行观看了数字孪生丹江口建设系统演示，乘船深入丹江口库区察看了库区蓄水、淹没消落区以及水质监测设施等情况，听取了今年丹江口水库170m蓄水工作、水质安全保障工作情况的介绍。汪安南指出，中线水源公司全面贯彻落实习近平总书记重要指示，在加强库区水质保护和水质监测，切实维护好南水北调中线工程“三个安全”方面做了大量工作，成效显著。汪安南强调，一是要牢记习近平总书记殷殷嘱托，切实守护好南水北调中线工程核心水源区，确保“一泓清水永续北上”。尽可能增加水质观测频次，多收集原始数据，结合数字孪生丹江口进一步加强水质观测和预判分析，强化数据共享，为维护水质安全提供科学决策依据。二是要强化水量动态调度，充分发挥丹江口优水优用的作用，尽可能向北多送水、送好水，更好发挥工程效益。三是要坚持常抓不懈，积极推动法治建设，加快开展生态补偿研究，切实提高管理水平和保护、修复水平。

集团质量安全部、环保移民部，江汉水网公司，水网智科公司以及中线水源公司有关负责同志参加检查调研。

（盛旭军　金彦伶）

于涛一行检查督导引江补汉工程建设

2023年10月24—26日，中国南水北调集团江汉水网建设开发有限公司党委副书记、总经理于涛，党委委员、副总经理上海峰到引江补汉工程建设沿线检查督导工程建设，并在引江补汉工程建设管理一部召开现场办公会，专题研究推进工程建设有关事宜。

于涛一行先后实地调研引江补汉工程谷城段、保康段、宜昌段工程建设情况，现场查勘沿线各支洞开挖支护、进场道路施工以及供电工程施工现场，并详细了解建设进度、质量安全、环水保等工作情况。于涛强调，各相关方要锚定百日大干劳动竞赛目标，科学组织资源投入，强化现场质量管理，压实安全生产责任，确保如期完成年度建设目标。

在听取建管一部、二部、三部工程建设情况专题汇报后，于涛指出，自前期施工准备工程开工建设以来，沿线工程形象面貌发生明显变化，工程质量安全总体受控，现场建管人员能力素质有较大提升，展现了良好的精神风貌。围绕下一步工程建设，他强调，一是正确认识当前工程建设面临的形势任务，结合正在开展的第二批主题教育，以高质量党建引领高质量发展，守住工程安全底线，严控工程质量，力促工程建设进度，确保完成年度投资计划。二是主体工程招标工作正在有序推进，要强化与部门的沟通衔接，深入学习掌握招投标文件，提前思考、科学谋划主体工程进场有序衔接事宜。三是要进一步强化合规意识，在工程建设管理、内控管理、从严治党等方面严格执行规定、履行程序。

上海峰强调，各建管部要不断加强体系建设和运转，夯实建设管理工作基础；要不断强化质量安全、环境保护和水土保持管理意识，以最高标准、最严要求抓出精品工程；要坚定信心、下定决心、精心组织，全力推动实现年度建设目标。

公司综合部、建管一部、建管二部、建管三部主要负责同志及有关负责同志参加。（司梦　温端湖）

江汉水网公司举行引江补汉工程土建施工及金结机电安装项目合同签署仪式

2023 年 11 月 28 日，中国南水北调集团江汉水网建设开发有限公司在武汉举行引江补汉工程土建施工及金结机电安装项目合同签署仪式。公司党委书记、董事长高必华出席会议并讲话，党委副书记、总经理于涛主持会议，党委委员、副总经理周阳宗、上海峰，党委委员、纪委书记王志文，公司领导曹应超出席会议。

会上，参建各单位简要介绍了自身基本情况，从政治站位、组织保障、资源投入、技术准备、管理体系等方面作了详细汇报，充分表达了认真践行“志建南水北调、构筑国家水网”的决心。

高必华对与会各单位表示祝贺，对各单位高标准、高质量建设引江补汉工程的决心表示肯定。围绕如何建设好引江补汉工程，他强调：一是提高政治站位，充分认识引江补汉工程的重大意义，引江补汉工程作为南水北调后续工程首个开工重大项目，是我们落实习近平总书记“5·14”重要讲话精神的具体实践，参建各单位要增强合同履约意识，为把引江补汉工程建设成为国家水网的标杆样板奠定坚实基础；二是强化措施、落实责任，高标准高质量建设好引江补汉工程，参建各方要充分利用各自优势，主动优化资源配置，深入开展数字孪生系统建设，将新技术、新管理、新理念带入到工程建设实践中，立志将引江补汉工程建设成为经得起历史和人民检验的安全、精品、绿色、智慧、阳光工程；三是强化党建引领，建设廉洁工程，高标准、高质量建设引江补汉工程离不开和谐的建设环境，在接下来的建设历程中，希望我们各方能够“亲上加清”，以廉洁共建为纽带，将建设廉洁工程作为我们共同的政治责任，盯牢关键环节，把好廉洁关口，全面营造风清气正、高效务实的建设环境。

于涛希望参建各单位能够提高站位、统一思想，加强协作、形成合力，推动项目建设齐头并进，认真践行“志建南水北调、构筑国家水网”的历史使命，高标准高质量完成引江补汉工程建设任务。

引江补汉工程作为南水北调中线后续水源工程，从长江三峡库区引水入汉江，沿线由南向北依次穿越宜昌市夷陵区、襄阳市保康县、谷城县和十堰市丹江口市。为有压单洞自流输水，多年平均调水量为 39 亿 m^3。工程建设后将连通三峡水库“大水缸”和丹江口水库“大水盆”，把三峡工程与南水北调工程两大“国之重器”紧密相连，是全面推进南水北调后续工程高质量发展、加快构建国家水网主骨架和大动脉的重要标志性工程，可提高汉江流域水资源调配能力，增加南水北调中线工程北调水量，提升中线工程供水保障能力，并为引汉济渭工程达到远期调水规模创造条件。

中国水利水电第八工程局有限公司、中铁三局集团有限公司、中国水利水电第六工程局有限公司、中铁十八局集团有限公司、中铁隧道局集团有限公司、中铁十二局集团有限公司、中国水利水电第十四工程局有限公司、中铁工程装备集团有限公司、中国铁建重工集团股份有限公司主要负责同志参加签署仪式。（赵发）

大干快干　科技赋能

——南水北调中线引江补汉工程建设纪实

2023年11月28日，江汉水网公司在武汉举行引江补汉工程土建施工及金结机电安装项目合同签署仪式，7家单位签署总金额280.78亿元合同，拉开了引江补汉工程全面开工建设的序幕。

联网补网，国家水网“主骨架”更坚实

千里输水线，世纪调水梦。50多年论证，数十万名建设者10多年攻坚，9年来工程安全稳定运行，如今南水北调东中线一期工程累计调水超670亿m^3，为1.76亿人提供了有力的水安全保障。

中线工程已由规划之初的补充水源成为主力水源，受水区对南水依赖度不断提高。实施京津冀协同发展战略、建设雄安新区等对水资源保障提出更高要求。科学推进后续工程规划建设，势在必行。

引江补汉工程开工建设，将在我国水资源优化配置上写下浓墨重彩的一笔。大江大河间，一条近195km的输水隧洞，出三峡，穿群山，连江汉，抵达南水北调中线水源地丹江口水库坝下汉江，烟波浩渺的三峡水库将与南水北调世纪工程“牵手”，国家水网将进一步织密。

为何实施引江补汉工程?

看用水需求。受水区对南水的需求量逐渐增加。

看水源供给。丹江口水库是南水北调中线工程的水源地，引江补汉工程将三峡水库和丹江口水库相连，打通长江、汉江流域与京津冀豫地区的输水大通道，完善国家骨干水网格局，将为汉江流域和京津冀豫地区提供更好的水资源保障。

开足马力，工程建设扎实推进

江汉水网公司面对引江补汉工程地质条件复杂多变、单洞距离长、开挖直径大、隧洞埋深大、建设周期长、工程战线长等诸多技术瓶颈和管理难题，积极探寻工期保障措施，不断优化设计方案，进一步细化进度计划，压茬推进初步设计报告审批和主体工程招标采购，提前实施前期施工准备工程，强化已开工项目过程管控，着力降低工期风险。

2022年6月29日，水利部正式批复引江补汉工程出口段初步设计报告。2023年9月22日，水利部正式批复引江补汉工程初步设计报告。目前，7家土建施工及金结机电安装项目施工单位已进驻现场。

11月17日，笔者来到湖北省丹江口市的引江补汉工程输水总干线出口段施工现场，只见机械车来回穿梭，隧洞内，三臂凿岩台车、全自动液压台车开足马力进行掌子面钻孔作业和二次衬砌施工，繁忙而有序。

引江补汉工程建设管理三部工程处处长蔡连利介绍，隧洞地质条件复杂，施工难度大，施工单位加大了大型机械化设备和智能化设施的投入。现在使用的三臂凿岩台车采用全电脑控制，相比传统作业方式，既提高了工效，又保证了施工的安全和质量。实行首件认可制，开展管理提升年活动，出口段工程建设管理全面受控。

引江补汉工程输水总干线出口段工程包括 5085m 的输水隧洞、出口建筑物和桐木沟检修交通洞。从今年 2 月主体隧洞开始施工至 12 月 7 日，出口段主隧洞已经开挖掘进了 919m；9 月 26 日，洞长 865m 的桐木沟检修交通洞提前贯通。

离开出口段，继续向湖北省西北部进发。一路山峦重叠，公路蜿蜒回环。2 个小时的车程后，汽车驶入湖北省襄阳市北部一座山水相依、历史悠久的百年古城——保康县。这里有大小山头 3000 余个，平均海拔 910m，素有“八山一水一分田”之称。在这个沟壑纵横、地势起伏多变的古城，国家重大民生工程——引江补汉工程正在建设。引江补汉工程 8 号至 14 号支洞（竖井）就分布在此。山高水丰注定了在此地凿山引水会遇到极大挑战。

工期紧，任务重，工程建设容不得半点拖延。11 月 18 日一早，引江补汉工程建管二部工程处副处长范先锋就到施工现场督促工程进度。去往施工支洞的路上，我们遇到施工单位用骡马运送电力塔杆材料。范先锋介绍，施工用电线路要穿越海拔上千米的荆山山脉，一条靠人走出的狭窄山间小道，徒步两个多小时才能到达塔基浇筑施工现场，砂石物料和钢材等更是要靠骡马一点一点运送，在深山里搭建输电铁塔的难度不言而喻。看着重峦叠嶂、人迹罕至的山峦，如今是一片繁忙的场面，一队队骡马穿行在密林山岗，一组组工程专班作业在陡壁山崖，成为引江补汉工程建设的一道亮丽风景。

“路虽远行则将至，事虽难做则必成”。经过盯办、督办、跟办，建管二部工程供电标（3 标和 4 标）建设任务已完成大半，保康县 8 号变电站首台 35kV 主变压器也成功就位，为后续变电站内电缆敷设、设备调试、投运送电打下坚实基础。

在工程的进口端湖北宜昌，山间秋意渐深，早晚寒意渐重，引江补汉工程 1 号支洞工地现场热火朝天，数十台挖掘机挥舞着有力的“臂膀”，混凝土罐车、渣土车在工地上来回穿梭。自今年 9 月 19 日引江补汉工程启动 2023 年度“百日大干”劳动竞赛以来，引江补汉工程建管一部紧紧围绕 2023 年度投资计划和各项建设任务，争分夺秒促进度，质量安全“两手抓”，工程技术做保障，党建引领聚合力，全面掀起“百日大干”热潮。截至 12 月 6 日，前期施工准备工程 1 标完成年度投资任务的 95%，支洞掘进总计 544m，弃渣场、防汛备料场、桥梁等工程已全部提前完工，其他建设任务正对照年度目标有序有力推进。

江汉水网公司各建管部紧盯节点、抢抓进度，以“时不我待”的精神和“只争朝夕”的行动，干出项目建设“加速度”。11月上旬，邓家畈防汛备料场、将军垭弃渣场完成施工；11月中旬，3号支洞开挖支护进尺超过200m，引江补汉工程首台主变压器成功就位，桥梁工程预计比原计划提前5个月完工……

科技赋能，助力工程高质量建设

数字孪生引江补汉作为首批数字孪生先行先试中唯一一个全生命周期的试点工程，对加强工程全生命周期“四预”支撑能力建设具有开拓性意义。在水利部统一领导和组织协调下，中国南水北调集团高位推进、周密部署，将数字孪生引江补汉先行先试工作列入重要议事日程，加快推进数字孪生建设，努力打造大直径深埋长隧洞工程全生命周期数字孪生样板，助力南水北调后续工程高质量发展。

据江汉水网公司信息机电部信息化处处长吴仕红介绍，引江补汉工程数字孪生先行先试主要以工程出口段为重点，建设内容包括信息基础设施、数字孪生平台、业务应用及标准规范。目前，基本完成调度指挥系统、数字建管系统、移民征拆系统、勘察设计数字孪生平台及调度指挥中心建设，基本实现“能看、能管、能预测、能提醒、能追溯”以及“数据实时化、办公无纸化”，满足工程建设管理远程监管现场、动态跟踪数据指标、开展决策会商及监测预警处置要求，实现了“能看工程现场、能看数据指标”，投资、进度、质量、安全四大要素高效管控，可动态分析工程建设全过程数据，关键数据及监测指标可预警提醒，工程建设全过程“可追溯、可分析、可复演”。

2023年11月，引江补汉工程勘察设计数字孪生应用项目荣获2023年“智水杯”水工程BIM应用大赛“勘测设计组金奖”。这是水工程行业认可度和含金量最高的BIM赛事奖项之一。

本次参赛的勘察设计数字孪生应用针对引江补汉工程输水隧洞穿越地层众多、地质条件复杂，设计方案需动态调整的问题，通过数字赋能，将设计工期从1年半压缩至半年，满足项目开工要求。该项目充分利用数字孪生技术，实现全专业全流程数字化设计与交付，形成了集岩芯AI识别、智能地质编录、线路快速比选、隧洞支护参数化建模、成果数字化交付的成套数字孪生勘察设计解决方案，助力工程勘察设计提质增效。所搭建的勘察设计数字孪生平台采用标准化、模块化、平台化设计理念，具备一站式数据处理发布、低代码孪生应用搭建、孪生场景交互式制作、组件化模型知识管理服务等能力，可支撑工程全生命周期数字孪生建设。

目前，引江补汉工程已进入全面建设阶段，今后将基于勘察设计数字孪生成果，深化开展建设和运行的数据资源整合、多业务融合驱动、多场景多目标模拟决策等数字孪生建设，助力工程建设与运行安全降本增效，赋能国家水网加快推进。

高效率、高质量、高水平建设引江补汉工程的号角已经吹响！不久的将来，大江大河间，一条近195km的输水隧洞将横空出世。工程建成后，可向汉江中下游补水6.1亿m^3，有力推动汉江流域生态经济带建设。同时，南水北调中线水源将更加充沛，多年平均北调水量可从原设计的95亿m^3提高到115.1亿m^3。而且为引汉济渭实现远期调水规模创造条件，汉江上游引汉济渭工程年均引水量可由近期的10亿m^3增加至15亿m^3，有效保障关中平原供水安全。

（张小俊　赵发）